全訂版の序

　本書は、第二東京弁護士会により1990年に発刊された「消費者問題法律相談ガイドブック」の五訂版です。四訂版は、当会消費者問題対策委員会が主体となって2010年9月に発刊されましたが、それから9年が経過し、令和という新時代を迎え、満を持しての改訂となりました。内容は、多くの箇所が書き下ろしとなっており、正に全面改訂版といえるものになっています。

　消費者問題に関わる法律相談は、法律や判例だけでなく、社会や技術の変化によって、大きく様変わりしています。消費者問題の紛争処理に携わる弁護士や関係者の方々は、これら種々の問題について、常に最新の知識を得ることが必要です。またここ数年、消費者契約法や特定商取引法等の消費者問題に関わる基本的な法律について重要な改正がなされており、これらの改正については、企業側の相談を受ける弁護士においても正確に理解しておく必要があります。さらに本書は、公益通報に関する相談についても触れられており、様々な意味で、多くの法曹関係者、相談員の皆さま、その他関係者の方々のお役に立てる内容となっていると思います。

　本書が、一人でも多くの皆さまのお手元に届き、消費者問題の紛争処理に役立つことを願ってやみません。

2020年2月
第 二 東 京 弁 護 士 会
会 長　関 谷 文 隆

目　　次

第1編　総論

第1章　消費者問題・消費者相談とは

第1　消費者を取り巻く情勢と弁護士のかかわり

　弁護士会や法テラス、区役所等の公的機関で法律相談を担当していると、消費者被害を訴える者の相談を受けることが少なくない。最近は特に、高齢者の消費者被害が増加傾向にある[1]。また、企業法務や渉外業務を専門とする弁護士であっても、顧問先企業に勤務する従業員や役員から消費者被害に関する相談を受けることは珍しくないし、弁護士自身の親族や友人から消費者被害の相談が寄せられることもある。

　平成27年3月24日閣議決定された消費者基本計画を踏まえ、消費者庁は、企業が存続し発展するためには消費者・顧客からの信頼が重要であるという消費者志向経営を推進している[2]。企業としても、自らが提供する商品・サービスが誤って消費者に被害をもたらすことがないよう細心の注意を払う必要があり、そのため、弁護士が消費者問題に関する法的アドバイスを求められる場面はますます増加していくと予想される。本書はこのような法律相談に対応するために必要な諸法令や、実務上のノウハウを提供するものである。

第2　消費者保護に関する法令の概観及び近時の改正法

1　いわゆる基本法

(1) 消費者基本法

　消費者問題に関連する多数の法令の基本と位置付けられる法律である。昭和43年に制定された消費者保護基本法が36年ぶりに大幅に見直され、平成16年6月、名称も改めて制定された。消費者保護基本法が「消費者保護」に重点を置き、事業者に対して規制を加え、これにより消費者保護を図るものが中心であったのに対し、消費者基本法は「消費者の権利」を明記し、消費者行政を消費者の権利に支えられた「自立支援」のための法令であると位置づけた点で、それまでの消費者政策の基本理念を大きく転換したものである。

(2) 消費者安全法

　消費者庁の創設に伴い、消費者被害を防止し、消費者の生活の安全を確保するため、平成21年に制定された。消費者事故の発生を防止するため、内閣総理大臣による基本方針の策定、都道府県及び地方公共団体による消費生活相談等の事務の実施及び消費生活センターの設置、消費者事故等に関する情報の集約等、消費者安全調査委員会による消費者事故等の調査等の実施、消費者

1　2018年8月8日付け国民生活センター発表によると、2017年度、全国消費者生活情報ネットワーク（PIO-NET）に寄せられた相談件数のうち70歳以上の被害は約20％を占める。
2　平成28年4月付け消費者志向経営の取組促進に関する検討会報告書

被害の発生又は拡大の防止のための措置を規定している。

　平成26年6月、消費生活センターの体制機能の強化という観点から、消費生活センターへの消費生活相談員の配置を定め、相談員の資格や権限を明記し、また地域見守りネットワークの充実を図るという観点から、地方公共団体において消費者安全確保地域協議会を設置できることを明記するなど、地方消費者行政にとって重要な改正が行われた。

(3)　消費者教育の推進に関する法律

　消費者と事業者との間の情報の質・量や交渉力に差があることで生じる消費者被害を防止するとともに、消費者自らが考えて行動できるよう、その自立を支援するためには消費者教育が重要であるとの観点から、消費者教育や消費者市民社会の定義、基本理念、国や地方公共団体の責務を定めた法律である。平成24年8月に制定、同年12月施行された。

2　取引に関する主な法律

　消費者保護のための法規制は極めて多数にわたり本書ではすべてを網羅できないため、以下においては法律相談等で頻繁に活用する諸法令を列挙する。また、本書の各論では紙面の制約から主要な諸法令のみを解説するが、本書はあくまでも法律相談を行う際の基礎知識の提供を目的としているから、実際に消費者相談を受けるにあたっては、本書の解説をもとに関連諸法令をつぶさに調査・検討することが必須となる。

(1)　消費者契約法

　消費者と事業者の情報力・交渉力の格差を前提とし、消費者の利益擁護を図ることを目的として平成12年4月に制定された。平成18年改正により消費者団体訴訟制度が導入、平成19年6月より運用されており、平成20年改正により消費者団体訴訟制度の対象に景品表示法と特定商取引法が、平成25年改正により食品表示法がそれぞれ含まれるようになった。さらに平成28年改正により、不実告知における重要事項の範囲の拡大、過量販売規制の導入、取消権の行使時における返還義務の範囲、取消権行使期間の伸長等を内容とする重要な改正がなされた。詳細は17頁以下。

(2)　特定商取引に関する法律

　訪問販売等に関する法律を前身とし、平成16年改正により現在の名称となった。その後複数の改正を経て、近時では、平成24年改正により訪問購入規制の導入、平成28年改正により指定権利制度廃止、電話勧誘販売への過量販売規制の導入、取消権行使期間の伸長等を内容とする重要な改正がなされた。詳細は44頁以下。

(3)　割賦販売法

　割賦流通秩序の確立を目的として昭和36年に制定された。平成20年に大幅な改正が行われ、クレジット規制の強化、違反事業者に対する罰則の強化等が図られている。詳細は95頁以下。

(4)　貸金業法

　貸金業者に対する規制を定め貸金需要者等の保護を図ることを目的とする法律であり、昭和58年に制定された。平成18年に大幅な改正が行われた。

(5)　出資の受入れ、預り金及び金利等の取締りに関する法律

　不特定多数の者から金銭を集めることの規制及び高金利貸付の禁止を定めた法律であり、昭和

23年に制定された。

(6)　金融商品取引法

　証券取引法を前身とし、投資サービス規制と取引所の自主規制機能の強化等を内容として、平成18年改正により現在の名称となった。平成29年改正では取引の高速化に関する法整備がなされた。詳細は121頁以下。

(7)　金融商品の販売等に関する法律

　金融商品に関する説明義務、金融商品販売業者等の損害賠償責任、勧誘の適正の確保に関する方針の策定、公表の義務づけ等に関する定めが置かれている。詳細は129頁以下。

(8)　商品先物取引法

　商品取引所法を前身とし、平成21年改正により海外先物取引と店頭取引を一元的に規制する形に改められ、現在の名称となった（「海外商品市場における先物取引の受託等に関する法律」は廃止された。）。詳細は176頁以下。

(9)　特定商品の預託等取引契約に関する法律

　金の地金による現物まがい商法で社会問題となった豊田商事事件をきっかけとして、昭和61年5月に制定された。契約にあたっての書面交付義務や、不実告知や威迫行為の禁止、クーリングオフなどの規制が定められている。

(10)　ゴルフ場等に係る会員契約の適正化に関する法律

　ゴルフ会員権の乱売で社会問題となった茨城カントリークラブ事件をきっかけとして、平成4年5月に制定された。契約にあたっての書面交付義務や、不実告知や威迫行為の禁止、クーリングオフなどの規制が定められている。

(11)　保険法・保険業法

　保険法は、保険契約に関する一般的なルールを定めた法律である。従来商法に定められていた保険契約に関する規定を全面的に見直し、平成20年に独立した法律として制定され、平成22年4月1日より施行された。詳細は保険業法と併せて158頁以下。

　保険業法は、保険事業に関する行政的監督、保険会社の組織、運営に関する規制を定めた法律であり、平成7年に制定された。平成26年、顧客の意向把握義務や顧客への情報提供義務等の保険募集の基本的ルールの創設、保険募集人に対する規制の整備等を内容とする重要な改正がなされた。

(12)　不動産特定共同事業法

　バブル崩壊後、不動産小口化商品を扱っていた業者の倒産等で投資家が損害を被ったこと等を契機として、平成6年に制定された。平成29年改正では小規模不動産特定共同事業が創設され、クラウドファンディングに対応するための環境整備がなされた。

(13)　宅地建物取引業法

　第二次大戦後、悪質業者の排除と不動産業の健全な発展のため、昭和27年に制定された。営業保証金の供託義務、契約にあたっての書面交付義務や説明義務、クーリングオフなどの規制が定められている。

(14)　旅行業法

　第二次大戦後、悪質業者の排除と旅客に対する接遇の向上のため、昭和27年に「旅行あつ旋業法」として制定され、昭和46年改正で旅行業法に改題された。営業保証金の供託義務、契約にあたっての書面交付義務や説明義務などの規制が定められている。

⒂　資金決済に関する法律

　資金決済システムを巡る環境の変化に対応するため、プリペイドカード等を規制していた「前払式証票の規制に関する法律」の廃止に伴い平成22年に施行された法律で、資金の決済や移動に関係する事業者を規律する。電子マネー発効業者のほか、決済代行業者も規制対象となる。同法は平成28年改正、令和元年の改正法により、仮想通貨（暗号資産に改称）取扱事業者に対し、事業に際する登録のほか、不正流出防止、利用者財産の保全等の義務が課せられるなど、規制が徐々に強化されている。

⒃　犯罪による収益の移転防止に関する法律

　マネー・ロンダリング及びテロ資金供与対策のための規制を定めた法律であり、平成19年に制定され、平成20年3月1日に全面施行された（「金融機関等による顧客等の本人確認等及び預金口座等の不正な利用の防止に関する法律」は廃止された。）。金融機関などの特定事業者に対して、本人特定事項や取引を行う目的等の確認記録作成義務、取引記録等の作成義務、疑わしい取引の届出義務等が課されている。

⒄　犯罪利用預金口座等に係る資金による被害回復分配金の支払等に関する法律

　振り込め詐欺等の被害者に対する被害回復分配金の支払手続等を定めた法律であり、平成19年に制定された。振り込め詐欺や架空請求詐欺、恐喝等の犯罪に遭い、金融機関の口座に被害資金を振り込んだ場合に同法による資金返還の対象となる。

⒅　探偵業の業務の適正化に関する法律

　探偵業に関する必要な規制を定めた法律である。平成18年6月に制定され、平成19年6月より施行された。探偵業の定義、届出制、契約時の探偵業者の義務等が規定されている。

⒆　公益通報者保護法

　公益のために通報を行った労働者の保護を目的として、平成16年に制定された。公益通報の対象、公益通報者の保護制度、通報先と保護要件及び通報者・事業者及び行政機関の義務を定めている。詳細は283頁以下。

3　インターネットや情報に関する主な法律

⑴　電子消費者契約及び電子承諾通知に関する民法の特例に関する法律

　インターネットを利用した契約の増加に伴い、消費者のPC操作ミス等による消費者トラブルが急増したことを受け、平成13年に制定された。民法の特例として電子商取引などにおける消費者の操作ミスの救済、契約の成立時期の転換等を定めている。詳細は268頁以下。

⑵　特定電気通信役務提供者の損害賠償責任の制限及び発信者情報の開示に関する
　法律

　特定電気通信による情報の流通によって権利の侵害があった場合の特定電気通信役務提供者（プロバイダ等）の損害賠償責任の制限及び発信者情報の開示を請求する権利について定めた法

律であり、平成13年に制定された。詳細は268頁。

(3) 特定電子メールの送信の適正化等に関する法律

いわゆる迷惑メールへの対策を定めた法律であり、平成14年に制定された。詳細は268頁。

(4) 個人情報の保護に関する法律

個人情報の有用性に配慮しつつ、個人の権利利益を保護することを目的として、平成15年に制定された。個人情報の取扱いに関し、国及び地方公共団体の責務及び個人情報取扱事業者の義務を定める。平成27年改正により、個人情報保護委員会の新設、個人情報の定義の明確化、要配慮個人情報の新設、匿名加工情報の新設、小規模取扱事業者への適用等を内容とする重要な改正がなされた。

(5) 電気通信事業法

平成27年5月22日に公布され、平成28年5月21日より施行された「電気通信事業法等の一部を改正する法律」により、電気通信事業分野における消費者保護ルールが明確にされた。具体的には、携帯電話サービス、光回線インターネットサービスなどの電気通信サービスについて、書面交付義務、初期契約解除制度、適合性の原則、自動更新時の事前通知など、新たな消費者保護ルールが導入されている。

4　表示に関する主な法律

(1) 不当景品類及び不当表示防止法（景品表示法）

商品・サービスに関する不当な景品類や表示による顧客の誘引を防止するため、独占禁止法の特例を定めることより、公正な競争を確保し、一般消費者の利益を保護することを目的とする法律である。昭和37年に制定され、その後多数の改正を経て、平成20年改正により消費者団体訴訟制度が導入され、平成26年改正により課徴金制度が導入された。

(2) 食品表示法

食品を摂取する際の安全性及び一般消費者の自主的かつ合理的な食品選択の機会を確保するため、食品衛生法、JAS法及び健康増進法の食品の表示に関する規定を統合した法律である。平成25年6月に制定され、平成27年4月に施行された。

5　安全・衛生に関する主な法律

(1) 製造物責任法

消費者が欠陥商品により生命・身体・財産に対し拡大被害を被った場合の製造者等に対する損害賠償責任追及に関して定めた民法の特別法である。平成6年に制定された。

(2) 食品衛生法

第二次世界大戦後、食品・食品営業を対象とする取締法規を一本化すべく昭和22年に制定され、その後多数の改正を経て現在の内容に至った。食品の安全性の確保のため公衆衛生の見地から必要な規制その他の措置が定められている。

(3) 食品安全基本法

国民の健康保護が最も重要であるという基本理念に基づき、食品の安全性確保を目的として平

成15年に制定された。同法をもとに、平成15年に内閣府に食品安全委員会が設置され、食品安全の評価が行われている。

(4) 医薬品、医療機器等の品質、有効性及び安全性の確保等に関する法律

従前は薬事法という名称であったが、平成25年改正により現在の名称となった。同法では医薬品、医薬部外品、化粧品、医療機器の定義やルールを定めている。

(5) 消費生活用製品安全法

消費生活用製品の安全対策を講ずる必要から昭和48年に制定された。特定製品の製造・輸入及び販売の規制、消費生活用製品の安全の確保につき、民間事業者の自主的な活動の促進について規定している。平成18年改正により、消費生活用製品に係る重大な製品事故に関する事故情報の報告・公表制度が導入されている。平成19年改正により、製品の経年劣化による事故を未然に防止するため、長期使用製品安全点検・表示制度が創設された。

(6) 住宅の品質確保の促進等に関する法律

欠陥住宅によるトラブルの防止と、迅速的確な解決のため、平成11年に制定された。「日本住宅性能表示基準制度」「瑕疵担保責任の厳格化」「指定住宅紛争処理機関」の定めを大きな柱とする。詳細は257頁以下。

第2章 消費者相談の処理手順 とチェックポイント

1 確認すべき事項

消費者相談において確認すべき事項も基本的には一般の法律相談と異ならず、何よりも客観的証拠に基づいて事実関係を確認し関係諸法令を調査することに尽きる。消費者相談の場合に事実関係として最低限確認すべき事項として、以下のようなものがあげられる。

(1) 商品及び契約内容の確認

相談者が購入した商品と契約の内容を確認することが最も重要である。確認にあたっては、相談者から聴取だけでなく、客観的証拠（契約書、重要事項説明書、パンフレット等）に目を通すべきである。どのような法律相談でも証拠の確認は最重要事項であるが、特に消費者相談の場合は、相談者が契約内容はもちろん、自ら購入した商品に精通しているのも稀であるため、弁護士が客観的証拠に直接目を通して商品内容や契約内容を把握することは絶対に不可欠である[3]。その結果、相談者の思惑に反して法的問題がないと判断せざるを得ない場合もあるので、できれば

---

3 書証や消費者行動特性を踏まえずに経験則だけに頼って判断することは実態に即さない結論を導くことにつながりかねないし、他方、契約書等に安易に依拠して事実認定することも危険があることに留意しなければならない。司法研修所編『現代型民事紛争に関する実証的研究－現代型契約紛争(1) 消費者紛争』（法曹界、平成23年）32頁、70頁参照。

初回相談で契約書等にひととおり目を通しておきたい。

(2)　販売業者の確認

　相談者に商品を販売した業者に関する情報の確認も重要である。まず必要なのは、販売業者の商号・住所・電話番号等の所在確認である。商品内容を検討した結果、販売業者等に対して責任追及できると判断した場合であっても、販売業者がもはや実体を有していない場合には、受任しても被害回復は困難だからである。また販売業者は所在地を転々とさせている場合があるので、最新の資料（できれば登記情報）に基づいて住所等を確認する必要がある。法人のみならず、その代表者・役員・販売員の氏名・住所・電話番号も確認すべきである。販売業者に連絡がつかなくても、代表者や金主等の個人に連絡がつき、その者等に責任を追及した結果被害回復につながるケースは少なくないからである。そのため、組織関係を把握する必要性も高い。

(3)　購入態様の確認

　相談者が、購入した商品の内容について販売業者からどのような説明を受けたか、どのような勧誘を受けたか、商品内容をどの程度理解して購入したかを聴取する。開示されている情報の問題点や相談者の理解の程度を確認することで、販売行為の違法性の有無・程度や過失相殺についての見込みを立てることができる。また、勧誘態様を確認することで、特定商取引法（訪問販売、通信販売、電話勧誘販売に係る取引、連鎖販売取引、特定継続的役務提供に係る取引、業務提供誘因販売取引、訪問購入に係る取引が適用対象となる。同法1条）、消費者契約法（不実の告知、断定的判断の提供、不利益事実の不告知、不退去・退去妨害による困惑による場合は取消事由となる。同法4条）など各種法令の適用可能性や程度を判断できる。

(4)　相談者の属性の確認

　相談者の属性（相談者の年齢、判断力の程度、資力、当該商品に対する知識、投資・購入の経験、投資の目的等）を聴取する。これらを確認し、適合性の原則（顧客の属性に照らして不適当な勧誘を行ってはならないという規制）への違反の有無を検討することで、消費者契約法や金融商品取引法等の適用可能性や販売行為の違法性の程度、過失相殺についての見込みを立てることができる。相談者が事業として又は事業のために契約している場合、消費者契約法の直接適用はない点（同法2条1項）、営業のために又は営業として契約した場合、特定商取引法の適用除外（同法26条1項1号）に該当する可能性がある点にも注意が必要である。

(5)　高齢者を対象とする消費者被害

ア　高齢者による取引の特徴

　高齢者は、「お金」「健康」「孤独」の3つの大きな不安を持っているといわれている。悪質業者がこのような状況につけこんで殊更に不安をあおり、又は親身な姿勢を装うなどして高齢者を信用させ、契約させるケースがしばしばみられる。また、高齢者は自宅にいることが多いため、電話勧誘販売や訪問販売（購入）による被害に遭いやすいのも特徴である。さらに、高齢者は親族や福祉関係者等に被害に遭った事実を知られたくないとの思いから被害を隠したり、あるいは高齢者自身で解決しようとして次々と被害に遭っていることもある。

　加えて、高齢者は身体能力のみならず判断能力においても年齢相応の衰えがあり、またそれ以上に認知機能が低下していることがある。そのため、自身には被害の認識がなく、親族や福祉関

係者等の第三者によって被害が発見されるケースも少なくない。

イ 相談時の留意点

以上の高齢者の消費者トラブルの特徴から、相談時に留意すべき点は以下のとおりである。

(ア) 高齢者本人以外からの相談

本来であれば高齢者本人から相談を受けるのが原則であるが、高齢者の親族や福祉関係者からの相談も多いことを念頭に置く必要がある。上述した理由で高齢者本人からは聴けない話を聴取する必要性が高いことも多いから、相談者が本人ではないという理由だけで相談を拒絶すべきではない。本人からスムーズな聴取を行えるようサポートしてもらうことも検討すべきである。

(イ) 高齢者の意思確認

高齢者本人に消費者被害の認識があるかを確認し、認識がないのであれば、被害の認識を共有してもらうところから始めなければならない。そのうえで、弁護士に対し委任する意思があるか、親族や福祉関係者に知られたくないか等について意思確認をする必要がある。

(ウ) 聴取時間の確保

高齢者は判断能力が十分ではなく又は記憶力が低下している場合が多いため、聴き取り時間を十分に取り、わかりやすい言葉で説明するよう心掛けるべきである。

(エ) 出張相談の実施

高齢者の親族や福祉関係者からの相談を踏まえ、高齢者本人から聴取する必要性があると認められた場合には、身体面や心理的負担の軽減にも配慮し、出張相談も積極的に行うべきである。

(オ) 認知機能の低下に対するサポート

認知機能の低下に付け込まれて被害が発生したケースでは、持ち込まれた相談の解決のみでは、再度の被害を予防できない。相談者に認知機能の低下が窺われる場合には、能力の低下の程度に応じて後見等申立て、社会福祉協議会が提供している地域福祉権利擁護事業の利用（ヘルパー等の派遣、少額の金銭管理や通帳等の重要書類の管理を行うもの）、任意後見契約及び財産管理契約（ホームロイヤー契約含む）等の利用や、関係機関に繋げることも並行して検討する必要がある。

2 法律構成の検討

交渉を先行させるにせよ、直ちに訴訟提起するにせよ、早期の段階で法律構成を検討することは不可欠である。まず考えられるのは、契約の不成立、契約の取消・無効・解除の主張、債務不履行責任の追及、不法行為責任の追及である。また、被害回復には直結しないとしても、刑事告訴や債権者破産申立を検討すべき場合もある。

(1) 契約の不成立

そもそも、契約が不成立であれば代金を支払う必要がなくなるので、最初に検討すべき点である。消費者に契約締結の自覚がない場合（ワンクリック詐欺等）や、契約内容を全く理解していない場合（未成年者や高齢者、障害者等）には、効果意思がないため意思表示の合致が認められず、契約は不成立となる。

(2) 契約の取消・無効・解除

契約の成立過程に瑕疵があることを理由に、契約の有効性自体を否定する方法である。民法、消費者契約法、特定商取引法等で取消・無効・解除が主張される主な事由としては、①行為無能力（民法4条以下）、公序良俗違反（民法90条）、錯誤（民法95条）、詐欺（民法96条1項）、強迫（民法96条1項）、履行不能による解除（民法543条）、瑕疵担保責任に基づく解除（民法570条）といった民法上の規定、②不実の告知、断定的判断の提供、不利益事実の不告知、不退去・退去妨害による困惑といった消費者契約法上の規定（消費者契約法4条）、③不実の告知、過量販売といった特定商取引法上の規定（特定商取引法9条、9条の2）等がある。

(3) クーリングオフ制度

クーリングオフ制度（頭を冷やして考え直す期間を消費者に与え、一定の熟慮期間内であれば消費者が事業者との間で締結した契約を一方的に解除できるという制度）の適用の可否は必ず検討すべきである。もっとも、クーリングオフ制度が適用されるのは、法律や契約書（法定されていなくても契約書に規定がある場合もある）に定めがある場合に限られ、また、適用される要件（クーリングオフ期間の起算点や期間の長短）も様々である。

(4) 通信販売における解約返品制度

通信販売には不意打ち勧誘がないので、クーリングオフではなく、特定商取引法第15条の3第1項で解約返品制度が設けられている。

(5) 電気通信事業法における初期契約解除制度・確認措置

主なプロバイダ（インターネット接続）サービス等、一定の範囲の電気通信サービスの契約について、契約書面の受領日（初日算入）から8日間が経過するまで、理由なく契約を解除できる制度（初期契約解除制度）が設けられている。また、主要な携帯電話サービスには、8日間以内に申し出て、電波の状況が不十分と判明した場合や契約締結前の説明等が基準に達しなかったことが判明した場合に、機種端末も含めて契約解除できる制度（確認措置）が設けられている。

(6) 債務不履行責任の追及

契約の有効性をいったん認めた上で、販売業者が契約上の義務（信義則上の義務を含む）を履行しない旨を主張する方法である（民法415条）。契約書等に販売業者の果たすべき義務（説明義務等）について明確な規定がある場合に有効な方法である。また、不当利得返還の場合と異なり、損害賠償の範囲について相当因果関係が認められる限りで拡大できる余地を生ずる点で消費者に有利である。

しかし、この場合でも、代表者等、関係する個人に対する責任が追及できない点が消費者にとってデメリットとなる。また、契約上の義務の内容については結局争いになることが多く（信義則上の義務の場合は尚更である）、立証責任の負担の程度は不法行為と異ならない。なお、過失相殺（民法418条）の適用がある点にも注意が必要である。

(7) 不法行為責任の追及

今日、最も多く主張されているのは不法行為に基づく損害賠償請求である（民法709条）。不法行為を主張するメリットには、代表者等個人の責任追及が可能（共同不法行為、使用者責任）、損害賠償の範囲が広い（慰謝料、弁護費用も含まれるケースが多い）という点が挙げられ、一方でデメリットと思われる立証の困難性は、実は詐欺取消や債務不履行と比べて大差がない（結局

のところ、詐欺や契約上の義務違反を立証するのと変わらない)。また、契約の取消等や債務不履行の主張と両立する場合も多く、予備的に主張することもできる。もっとも、過失相殺の適用がありうること (民法722条2項)、時効期間が短い点 (民法724条) は、不法行為を主張する際のデメリットとなる。

(8) 刑事告訴

犯罪被害者等は、告訴 (捜査機関に対し犯罪事実を申告し犯人の訴追を求める意思表示) をすることができる (刑事訴訟法230条)。

告訴により期待できる効果としては、販売業者に関与した者に対する刑事責任の追及が可能となるのみならず、刑事処分を前提とした示談交渉による被害回復の途が開けること、公判記録を閲覧・謄写して利用することで民事手続を有利に進めることができること (民事訴訟では否認していても刑事公判では自白する場合も多い) 等がある。ただし、捜査機関は告訴受理に極めて消極的であることが多いため[4]、告訴状に証拠を添付することはもちろん、要請を重ねつつ証拠を補充していく等の、粘り強い対処が必要である。

(9) 債権者破産

消費者が販売業者又は代表者等関係者に対して損害賠償請求権もしくは不当利得返還請求権等の債権を有している場合、消費者 (債権者) を申立人として、販売業者又は代表者等関係者に対し破産手続開始を申し立てることが有効な場合もある (破産法18条)。

破産手続のメリットとしては、破産管財人によって販売業者等の資産状況が明らかとなること、販売業者等の意向に関わりなく資産が配当されることが挙げられる。破産手続のデメリットとしては、予納金が極めて高額であること、全債権者に平等に配当されてしまうので消費者以外に大口の債権者がいる場合は十分な被害回復が図れないこと等がある。

3 解決手段の検討

(1) 交渉

ア 交渉の処理手順

販売業者等が返還に応じないことが確実な場合を除いて、まずは交渉から始めるのが通常である。弁護士名義で書面 (内容証明郵便) を出すと、販売業者から連絡が来ることがあるので、その場合は直ちに交渉に入り、代金返還について折り合いがついた場合には和解書を作成する。

内容証明郵便に「詐欺である」、「不法行為である」という断定的な記載をすると、販売業者から「名誉毀損だ」等と反論されたり、場合によっては弁護士会に懲戒申立てをされることもある。そのような可能性があるとあらかじめ判断される場合、「詐欺である可能性がある」、「不法行為である可能性がある」というように婉曲的な記載にすると、余計なやり取りを回避できる。

和解交渉は可能な限り直接面会して行うべきである。弁護士と面会すること自体が販売業者に

---

4 桶川ストーカー殺人事件を契機とした「告訴・告発の受理・処理の適正化と体制強化について」(平成12年4月14日付け警察庁丙捜二発第3号) に続き、「知能犯罪に関する告訴・告発の受理・処理の適正化について」(平成24年1月20日付け警察庁丁捜二発第6号)、「告訴・告発の受理体制及び指導・管理の強化について」(平成24年12月6日付け警察庁丙刑企発第103号等)、「告訴・告発の受理体制及び指導・管理の強化に係る具体的留意事項ついて」(平成24年12月6日付け警察庁丁刑企発第224号等) といった通達が出されているが、告訴受理に至るまでのハードルは依然として高いのが実情である。

大きなプレッシャーを与える場合があるからである。面会の場所は、自らの事務所、弁護士会館、販売業者の事務所等が考えられるが、販売業者の都合に配慮する必要はない。時間が許すのであれば、弁護士が販売業者を訪問して業務実態を把握することも有益である（販売業者に代理人が就任した後は困難であることが多い）。和解する際には、安易に妥協せず、全額返還を求めるのを原則とすべきである。もっとも、解決に要する時間、販売業者の資力、訴訟提起した場合に予想される判決内容（特に過失相殺に注意）等諸事情に鑑み、一定額を減額して和解することもありうるが、その場合は依頼者に十分説明し了解を得なければならない。

　また、分割返還による和解は原則として避けるべきである。多くの販売業者は、時の経過によって連絡すら取れなくなってしまうからである。長期分割よりも、返還金の総額を減額してでも一括又は短期分割にした方がよいこともある。特に分割返還による場合には、期限の利益喪失条項を忘れてはならないし、将来の未払に備えて和解書を執行受諾文言付き公正証書（民事執行法22条5号）とすることも検討すべきである。

　債務名義を得るという観点から、即決和解（訴え提起前の和解・民事訴訟法275条）の方法もあるが、裁判所の混雑により期日が遅くなる危険性もある。

イ　交渉のメリット、デメリット

　交渉のメリットとしては、手続が簡便であること（内容証明郵便だけで解決する場合もある）、費用が低額で済むこと（印紙代がかからない、弁護士費用も訴訟の場合より低額となる）、迅速な解決を図れること（訴訟提起の場合は第1回期日までに1か月以上かかる）等がある。販売業者のなかには「消費者センター5割、弁護士7割」等とあらかじめ返還ルールを決めている業者もおり、即日代金を返還してくるケースもある。

(2)　民事調停

　一般的には、交渉が不成立の場合は直ちに訴訟提起するのが鉄則であるが、裁判所において民事調停を申し立てて解決を図る場合もある。

　民事調停のメリットとしては、訴訟に比べて印紙代が低額で済むこと、裁判所における手続を利用することで販売業者に心理的にプレッシャーを与えることができること（交渉には応じなくても民事調停には応じる事業者もいる）、和解内容を調停調書にすることで債務名義を取得できること（民事調停法16条）である。

　民事調停のデメリットとしては、販売業者が調停に応じる意思がない場合には解決に資さないこと、調停委員が消費者問題を理解していない場合には妥当な解決案が出されないこと、調停手続の間に販売業者が倒産してしまうリスクがあること等がある。

　なお、調停不成立の場合、その通知を受領したときから2週間以内に訴訟提起しないと調停申立時に訴訟提起したものとみなされず（民事調停法19条）、印紙代を流用できなくなる等の不利益があるので注意が必要である。

(3)　ADR（裁判によらない紛争解決手段）

　ADR（Alternative Dispute Resolution）とは、裁判によらない紛争解決手段のことをいう。裁判外紛争解決手続の利用の促進に関する法律（ADR法）が、平成19年に施行された。

　制度の利用方法については、裁判所ウェブサイト（http://www.courts.go.jp/adr.html）が

紹介する各ADRポータルサイトを参照されたい。

　ADRは設営機関により、司法型（民事調停、家事調停）、行政型（独立行政法人国民生活センター紛争解決手続、建設工事紛争審査会等）、民間型（弁護士会仲裁センター、PLセンター等）に分類することができる。また、手続構造により、調整により当事者の合意をめざす調整型と、あらかじめ第三者の審理・判断に従う合意の下に手続きを開始する裁定型がある。

　消費者問題に深く関連があるのは、事業者と消費者間で生じた消費者紛争について国民生活センター紛争解決委員会が実施する解決手続（和解の仲介・仲裁）である。この手続の主な特徴は、無料で利用できること[5]、消費者問題に精通した仲介委員が原則2名で対応すること、手続が終了した場合にはウェブサイト[6]において結果概要が公表されること（国民生活センター法36条、事業者名が公表されることもある）、期日で和解後に事業者が履行しない場合、当事者からの申し出により、上記紛争解決委員会から義務履行勧告を行うことができること（同法37条）、訴訟援助制度があること（同法40条）等である。上記のとおり公表されている結果概要は、弁護士が同種の消費者被害を解決するにあたっても有益な情報であり、参考とすべきである。

(4)　訴訟

ア　訴訟における注意点

　交渉やADR、民事調停で解決が図れない場合、訴訟を提起することになる。消費者問題に関する訴訟の進め方も、基本的には一般民事事件の訴訟と異なるところはない。もっとも、以下の点に注意するとよい。

(ア)　第一回期日までの事前準備の重要性

　消費者問題に関する訴訟であることを裁判所に理解させる必要がある。多くの裁判所は、「契約書等の書類に署名捺印がある以上取引に問題はない」という心証を出発点とするが、販売業者は訴訟を見据えて実に巧妙に契約書等の書類を整えている。したがって被害者側の代理人は、商品や契約内容及び勧誘態様の悪質性を十分に主張・立証し、一般の民事事件以上に裁判所の心証を引き寄せる努力をしなければならない[7]。第一回期日の段階から漏れのない主張・立証を行うなどして裁判所に事案の全体像を把握させるよう心がけるべきである。

(イ)　迅速な訴訟進行の重要性

　消費者被害の場合、販売業者の大半は零細事業者であるため、訴訟が長引くうちに実質的に倒産状態となり、勝訴判決を得ても強制執行が不可能となるケースが多い。そこで、訴訟提起及び提起後の訴訟進行は迅速に行う必要がある。例えば、販売業者から時間稼ぎのための求釈明を繰り返させないようにあらかじめ主張・立証を尽くすべきであるし、販売業者に検討の時間がなかったという言い訳をさせないように、書面の提出期限は厳守すべきである。さらに、次回期日もできる限り近い日時で入れてもらうべきである。

(ウ)　柔軟な主張を試みる

5　もっとも、電話等通信料、郵送料、話し合いに必要となる交通費の負担は必要である。
6　http://www.kokusen.go.jp/adr/hunsou/kekka_gaiyou.html
7　司法研修所編、前掲書、32頁、70頁参照。また、消費生活センターに寄せられた相談事例を全国的に集計したデータベースである「PIO-NET（パイオ　ネット）」に当該販売業者についての苦情や相談に関する情報が登録されている場合、当該販売業者の勧誘態様の立証に有用である（司法研修所編、前掲書、10頁以下、62頁以下、69頁参照。）。これらの情報は、弁護士会照会によって入手できる。

訴訟とはいえ、できる限り柔軟な主張を試みるべきである。例えば、依頼者が事業者であるため消費者契約法が直接適用できないケースであっても、消費者契約法の趣旨を不法行為の違法性を裏付ける一事情として援用することは可能である。民法上の詐欺（民法96条）とまでは断定できない場合であっても、詐欺的不法行為であることを前提とした和解案が裁判所から提示されることもある。

　(エ)　判決か和解か

　当事者双方の主張・立証が繰り返される過程で、裁判所から和解の余地の有無を問われるのが通常である。被害者側の主張立証が十分で、有利な判決が予想される場合には判決を希望するのが原則である。しかし、販売業者が判決に従う見込みが薄く、かつ強制執行に値するめぼしい資産もない場合には、一定程度減額した上で和解をし、和解の席上で和解金の支払をさせることも考えてよい。総額の支払義務は認めさせるが、和解金額を支払えば残額の支払義務を免除するという条項を定める場合もある。

　イ　訴訟のメリット・デメリット

　訴訟の最大のメリットは、判決による債務名義を取得できる点にある。販売業者が返還に応じない場合は交渉や調停は奏功しないが、訴訟によって勝訴判決を取得すれば販売業者の言い分にかかわらず強制執行に着手できる。なお、訴訟提起後もしくは第一審判決後に初めて和解交渉に応ずる姿勢を見せる販売業者もいる。

　一方、訴訟のデメリットは、時間と費用がかかる点にある。訴訟は、通常1か月に1度程度のペースでしか進行せず、販売業者が答弁書等の書面提出を殊更に遅延したり、無意味な求釈明を繰り返すことで進行遅延を図ることも多い。そこで、十分な事前準備をした上で、訴訟提起後の進行も迅速に行う必要がある。訴訟費用について最も問題となるのは印紙代である。被害が多額であれば印紙代が数十万円に上ることもあるので、あらかじめ相談者に十分説明することが必要である（場合によっては印紙代の積立てを勧める）。

(5)　民事保全

　販売業者との交渉に先行若しくは並行して、販売業者及び代表者等の資産を調査することが重要である。資産を発見した場合、可能な限り民事保全を行うべきである。訴訟係属後に販売会社が倒産状態に陥り、勝訴判決が紙切れと化すことが実に多いが、民事保全によってこのような事態を防ぐことができるし、余裕をもって訴訟を追行できる。保全執行が成功した時点で、販売業者が慌てて被害弁償に応じるケースもある。

　民事保全のデメリットは、高額な保証金が必要となる点である。一般に、債務不履行や不法行為に基づく損害賠償請求権を被保全権利とする場合、保証金の基準は20〜30％程度と紹介されている例もあるが[8]、裁判所の面接期日において、代理人が消費者問題であることを十分説明し理解を得ることで、保証金の減額に成功した例も少なくない。その際には、違法性の程度を具体的に説明するだけでなく、同種事案（できれば同一業者）の勝訴判決を多数紹介することが有効である。

8　司法研修所編『民事弁護教材 改訂 民事保全（補正版）』（日本弁護士連合会、平成25年）29頁。

【仮差押えの保証金（単位＝%）の基準（司法研修所編・民事弁護教材による）】

目的物／被保全債権	動産	不動産	債権			自動車		
			預金給料	敷金・保証金預託金供託金	その他	登録	取上げ	併用
手形金・小切手金	10〜25	10〜20	10〜25	10〜20	10〜25	10〜20	15〜25	20〜30
貸金・賃料売買代金　その他	10〜30	10〜25	10〜30	10〜25	10〜30	10〜25	20〜30	25〜35
交通事故損害賠償	5〜20	5〜15	10〜25	5〜15	5〜20	5〜15	10〜20	15〜25
その他の損害賠償	20〜30	15〜30	25〜35	15〜30	20〜30	15〜30	20〜35	25〜35
詐害行為取消権	20〜30	15〜35	20〜40			15〜40		

(6) 口座凍結

振り込め詐欺や架空請求詐欺、恐喝等の犯罪に遭い、金融機関の口座に被害資金を振り込んだ場合には、犯罪利用預金口座等に係る資金による被害回復分配金の支払等に関する法律（いわゆる振込詐欺救済法。平成20年6月21日施行）・に基づく口座凍結手続が利用できる。この法律に基づく公告はウェブサイト上でなされており[9]、凍結された口座も検索できる。凍結された口座への預金債権を差押債権として別途仮差押えを申し立てることもできるので、利用できる場合には積極的に活用すべきである。（詳細は112頁以下）

(7) 強制執行

勝訴判決が確定したにもかかわらず、販売業者が任意の支払に応じない場合、速やかに強制執行手続に移行する。事前の資産調査により、販売業者等の資産（所有不動産、取引先に対する売掛債権等）が明らかであれば不動産執行や債権執行が可能であって問題が少ない。

一方、資産が明らかにならなかった場合は、販売業者の事務所における動産執行を検討する。もっとも、ゴルフ場等多数の高額動産を抱えているような場合を除き動産執行が奏功するケースは稀であるし（無剰余執行の禁止に注意・民事執行法63条）、事務所の開錠にすら応じない販売業者が多く、開錠のための執行業者を依頼する費用もかかる。動産執行を行う場合は、執行官面接において執行日を現金保有の可能性の高い時期にする等綿密な打合せをするとともに、執行不能リスクをあらかじめ依頼者に十分説明することが必要である。

なお、金銭の支払を内容とする確定判決や和解調書、調停調書等を持っている場合（支払督促や公正証書しかない場合は除かれる点に注意）、先行して財産開示手続（民事執行法196条以下。平成16年改正）を検討してもよい。

(8) 資産調査

最終的に販売業者又はその代表者等からの被害回復を実現するためには、販売業者等が資産を保有していることが必要になる。そのため、交渉、民事調停、訴訟、民事保全、強制執行等のあらゆる段階において、資産調査を並行させることが不可欠である。

資産調査にあたっては、法人のみならずその代表者等の役員も対象とすべきである。販売業者の多くは、営業活動の終盤になると法人所有の財産を代表者等の名義に移行し、そのまま実質的に倒産させてしまうからである。調査の結果、代表者等の役員が資産を保有していることが判明

---

9 振り込め詐欺救済法に基づく公告等システム（http://furikomesagi.dic.go.jp/）

した場合は、その役員に対しても責任追及すべきである（民法709条、会社法429条等）。

法人の調査方法については、法人の登記情報を取得して、法人の本店等の所在地を調べ、本店等が所在する不動産の所有関係を調査する。また、法人の取引関係が明らかな場合、売掛債権の存在を調査する。

代表者個人の資産調査については、法人の登記情報から代表者の氏名、住所を確認し、住民票及び戸籍の附票から現在及び過去の居住不動産を調べ、その所有関係を調査する。また、代表者以外の役員については、住所は登記されていないものの、法務局で利害関係者として登記申請書・附属書類（役員の就任承諾書等）を閲覧することで申請時の住所が判明するので、これを手掛かりとする。なお、商業登記規則が改正され（平成28年10月１日施行）、閲覧を申請する際には利害関係を証する書面の添付が必要となったため（同規則21条）注意が必要である。

(9) 事件の終了

無事に被害回復された場合はもちろん、そうでない場合であっても、事件終了時にはその旨を依頼者に丁寧に説明しなければならない。説明は、できるかぎり直接面談して行うべきである。説明に際しては、事件処理の経緯を説明するのはもちろんであるが、再び同じような被害に遭わないよう注意を促すことも重要である。いったん詐欺的商品を購入した者の名簿は広範囲で出回っていると考えた方がよいからである。

また、この面談の際に、販売業者等から返還された現金や、依頼者から預かっていた資料の原本等を返還することも忘れてはならない。依頼者との金品のやりとりの際には領収証や受領証を発行すると後の無用なトラブルを回避できる。

(10) 福祉面からのサポート

依頼者が高齢者の場合、さらなる消費者被害を防止するために、依頼者又は親族に対し、成年後見制度の利用、社会福祉協議会で実施するサービスの利用等を提案すべきである。

また、各地方自治体において、高齢者の消費者被害を防止するために、例えば録音機能付電話の無料貸し出しや携帯電話のアプリ機能を利用した消費者被害に関する情報発信等の対策が講じられている場合もあるため、このような情報提供も有益である。

4 特殊な解決方法

(1) 消費者団体訴訟制度

消費者団体訴訟制度とは、特別な消費者団体に事業者に対する訴訟提起等を認める制度である。この制度では、内閣総理大臣の認定を受けた適格消費者団体（消費者契約法13条、平成30年８月現在19団体）が、事業者の不当な行為（消費者契約法、特定商取引法、景品表示法、食品表示法に違反する行為）の差止請求訴訟を消費者に代わって提起することができる。また、消費者の財産的被害の集団的な回復のための民事の裁判手続の特例に関する法律が平成28年に施行され、適格消費者団体の中から新たに認定された特定適格消費者団体（平成30年４月現在３団体）が、消費者に代わり、事業者に対して被害の集団的な回復を求めることができるようになった。

(2) 弁護団による解決

消費者事件の特徴として、一度に多数の被害者が生じるという点がある。例えば、販売業者の

間では同種商品の購入歴のある被害者の名簿が法に反して広範囲で出回るため、新手の悪徳商品が発明されると、名簿に掲載された被害者のもとには夥しい数のダイレクトメールや電話勧誘が行なわれ、新たな被害が続発することが多い。また、多数の投資家を集めていた悪質業者が破綻する場合も多い。このように、大量に発生した被害者を救済するためにとられるのが、弁護団を結成して集団的に解決するという手法である。

　弁護団による集団的解決を図るメリットとしては、画一的解決が図れること（同様の主張を各別にする手間が省ける）、効率的解決が図れること（多くの弁護士による知識や情報の集約が可能）、弁護士費用が安価で済むケースが多いこと、販売業者に対するプレッシャーが大きくなること、裁判所に有利な心証を形成させる効果があること（多数の同種被害があることだけでも効果は大きい）等がある。

　一方、集団的解決のデメリットとしては、膨大な事務作業が事務局に集中すること、依頼者の足並みが揃わない場合に画一的解決が図れないこと等がある。

5　民法の一部を改正する法律

　平成29年5月26日に「民法の一部を改正する法律」（平成29年法律第44号）が成立し、一部の規定を除き2020年4月1日から施行されることになった。改正事項は債権関係にとどまらず総論部分も含んだ広範囲なものであり、消費者関係諸法令も同法改正にあわせて改正されている。消費者相談に重大な影響を及ぼすと考えられる重要な改正としては、

- ・錯誤につきいわゆる動機の錯誤が法定されたものの錯誤全体の効果が取消権の発生とされたこと（95条）、
- ・意思表示にみなし到達規定が置かれたこと（97条）、契約承諾の意思表示の発生時期が到達時とされたこと（旧526条1項削除）、
- ・債権消滅時効について権利行使が可能であることを知ったときから5年ととという時効期間が新設されたこと（166条）、
- ・生命・身体の侵害による不法行為債権の消滅時効期間が最長20年（権利を行使可能な時から）とされたこと（724条）、
- ・法定利率が見直されたこと（404条2項、3項）
- ・定型約款規定が新設されたこと（548条の2以降）
- ・瑕疵担保責任と債務不履行責任を契約不適合責任に統合されたこと（562条）

などが挙げられる。今後、新民法が適用される消費者契約には、同規定を前提とした新たな実務対応が必要とされるため、十分な法令研究が必要である。

第2編　消費者相談に必須な基本法令

第1章　消費者契約法

第1　消費者契約法の概要

1　成立と改正

　消費者契約法は平成12年4月14日に成立し、平成13年4月1日の施行日以降に締結された消費者契約に適用される（附則）。同法の平成18年改正（平成19年6月7日施行）によって消費者団体訴訟制度が導入され（本書第1編第2章4項、15頁）、平成20年改正（平成21年4月1日施行）によって景品表示法及び特商法に、平成25年改正（平成27年4月1日施行）によって食品表示法にもそれぞれ同制度が導入された。

　さらに、平成28年改正（平成29年6月3日施行。同日以前に締結された消費者契約についてはなお改正前の消費者契約法が適用される）によって、不実告知における重要事項の範囲の拡大、過量販売取消権の導入、取消権の行使期間の延長、不当条項の追加がなされることとなった。

　さらに、平成30年の改正（平成31年6月15日施行予定。同日以前に締結された消費者契約についてはなお改正前の同法が適用される）によって取り消しうる不当な勧誘行為の追加、無効となる不当な契約条項の追加、事業者の努力義務の明示等がなされることとなった。

2　法の構成

　総則（1条～3条）、意思表示の取消に関する規定（4条～7条）、条項の無効に関する規定（8条～10条）、補則（11条）、消費者団体訴訟に関する規定（12条～47条）、雑則（48条、48条の2）、罰則（49条～53条）、附則に分かれる。

3　法の意義と活用にあたっての留意点

　後述するとおり、消費者契約法はすべての消費者契約を対象とした包括立法であり、この意義は大きいが、内容面においてはいまだ消費者の立場から不十分な点も少なくない。例えば、情報提供義務が盛り込まれず、法的効力のない努力義務にとどまった（平成30年改正により内容の具体化が図られたものの、いまだ努力義務にとどまる）ことや、取消し及び無効に関する規定の要件が絞りに絞られた（平成28年、平成30年改正により若干の改善が図られた）ことから、適用場面が極めて限定され、必ずしも消費者被害救済に十分活用し難いことなどである。

　したがって、消費者契約法の活用にあたっては、各条項につき、「消費者と事業者との間の情報の質及び量並びに交渉力の格差にかんがみ、…消費者の利益の擁護を図り、もって国民生活の安定向上と国民経済の健全な発展に寄与すること」（第1条）という法の目的に沿うような解釈、つまり、取消しや無効の要件を現実に即した広さで捉える裁判例の蓄積と解釈の確立が必要であ

るし、法改正にも留意しなければならない。

　なお、本章の記述の中で、「逐条解説」とは「消費者契約法逐条解説」（消費者庁ウェブサイト「消費者の窓」所収）を指し、「参考事例」は、この逐条解説に記載された行政解釈上の事例を指す。

第2　消費者契約法が適用される契約（法2条）

1　概論

　消費者契約法は、すべての消費者契約を対象とし、業種や取引形態を問わない包括立法である。ただし、労働契約は適用除外である（法48条）。

　「消費者契約」とは、消費者と事業者との間で締結される契約をいう（法2条3項）。「消費者」とは個人（自然人）であって、かつ、事業として又は事業のため（事業関連目的）でなく契約の当事者となるものをいう（法2条1項）。「事業者」とは、法人その他の団体か、個人（自然人）であっても、事業として又は事業のために契約の当事者となるものである（法2条2項）。

2　消費者契約にあたるのか

　「消費者契約」該当性を巡って、「事業として又は事業のため」の契約か否かが問題となることが多い。「事業として」とは、同種の行為を反復継続して行うことをいい、「事業のために」とは、事業の用に供するために行うものが該当する。

　もっとも、事業者が消費者に対し、あえて契約書に事業者名（廃業同然の屋号など）を記入させる例や、内職商法のように「事業」の開始が予定されているという外見をもつ悪質商法やフランチャイズ契約などがある中、外形的な判断では十分な被害救済を図ることができない。したがって当該契約の実質に着目した法の解釈・適用が必要である。

　「事業として又は事業のため」の契約の該当性に関しては、次の裁判例が参考となる。

　・大阪簡判平成16年10月7日兵庫県弁護士会ウェブサイト

　リース契約を締結する際の勧誘において販売業者による虚偽説明があった事案について、当該契約がリース会社と消費者との間の消費者契約に該当するとして不実告知による契約の取消しを認めた。消費者は過去に事業を行い契約時には廃業していたが、販売業者の勧めによりリース契約書の「個人事業者」の欄に署名していた。裁判ではリース会社は個人契約であることを争わず、判決も消費者契約と認定した。

　・東京高判平成16年5月6日判タ1153号275頁

　事業者が相手方個人を「消費者契約法にいう消費者でない」と争った事案で、個人が事業として又は事業のために契約を締結したと認めるに足りる証拠はないとして消費者契約法の適用を認める判断をした。「事業として又は事業のため」であることの主張立証責任は法の不適用を主張する事業者にあることを前提としたと考えられる。

第3　事業者の情報提供等の努力義務（法3条1項）

　現行消費者契約法3条1項は、「事業者は、消費者契約の条項を定めるに当たっては、消費者の権利義務その他の消費者契約の内容が消費者にとって明確かつ平易なものになるよう配慮するとともに、消費者契約の締結について勧誘をするに際しては、消費者の理解を深めるために、消費者の権利義務その他の消費者契約の内容についての必要な情報を提供するよう努めなければならない。」と規定する。また、平成30年改正後は、法3条1項柱書において「事業者は、次に掲げる措置を講ずるよう努めなければならない。」と規定し、同条項1号において、「消費者契約の条項を定めるに当たっては、消費者の権利義務その他の消費者契約の内容が、その解釈について疑義が生じない明確なもので、かつ、消費者にとって平易なものになるよう配慮すること。」、同条項2号において、「消費者契約の締結について勧誘をするに際しては、消費者の理解を深めるために、物品、権利、役務その他の消費者契約の目的となるものの性質に応じ、個々の消費者の知識及び経験を考慮した上で、消費者の権利義務その他の消費者契約の内容についての必要な情報を提供すること。」と規定する。いまだ努力義務にはとどまるものの、その中身について具体化が図られた。

　このように同条項では情報提供義務は努力義務とされているが、消費者保護にとっては不十分であって法的義務化が望まれる。

　事業者に対して情報提供義務を認めた判例として、次のものがある。

・大津地判平成15年10月3日最高裁ウェブサイト

　PC講座の受講生が、厚生労働省の教育訓練給付制度を利用して受講することを希望していたが、講座運営者の説明不足のために同制度を利用できなかったとして、不法行為に基づき受講料相当の損害金等の支払いを求めた事案で、消費者契約法施行以前の契約に関する事案であったが、消費者契約法1条、3条1項及び4条2項の趣旨を根拠として、事業者は取引上の信義則により適切な告知・説明義務を負うとして、損害賠償の一部を認容した。

・京都地判平成24年1月12日判時2165号106頁

　インターネット通信サービスを利用し、約20万円の通信料金を課金された原告が、携帯電話事業者に対し、通信料金の返還を求めた事件につき、事業者に通信料金が高額化していることを原告に注意喚起しなかった情報提供義務違反を認め、原告（消費者）の請求の一部を認めた。

第4　申込み又は承諾の意思表示の取消による被害救済（法4条－7条）

1　取消権の発生原因と効果

　「消費者」は、法4条1項～4項に記載された事由、すなわち、

　　(1)　不実告知による誤認（同条1項1号）、(2)　将来の見込みに対する断定的判断（同条1項2号）、(3)　不利益事実の故意（平成30年改正により重大な過失の場合において追加）の不告知による誤認（同条2項）、(4)　不退去による困惑（同条3項1号）、(5)　退去妨害に

　　よる困惑（同条3項2号）、(6)　社会生活上の経験不足の不当な利用による困惑（平成30年
　　改正により同条3項3、4号追加）、(7)　加齢等による判断力の低下の不当な利用による困
　　惑（平成30年改正により同条3項5号追加）、(8)　霊感等による知見を用いた告知による困
　　惑（平成30年改正により同条3項6号追加）、(9)　契約締結前に債務の内容を実施すること
　　等による困惑（平成30年改正により同条3項7、8号追加）、(10)　過量販売（同条4項）
に該当する場合、当該消費者契約の申込み又は承諾の意思表示を取り消すことができる。

　法4条1項〜3項の成立要件は、事業者の不適切行為と、消費者の自由な意思決定の阻害との
二つの要素から構成される。取消の効果として発生するのは原状回復義務であるから、消費者の
落ち度を理由とした過失相殺は抗弁とならない。なお、株式・出資の引き受け、基金の拠出が消
費者契約によりなされた場合、法4条の取消はできない（第4、6(2)　35頁）。

(1)　不実告知による誤認（法4条1項1号）

ア　要件

　「事業者」が、①消費者契約の締結について「勧誘をするに際し」、②「重要事項」（法4条5
項に定義規定）について、③「事実と異なることを告げる」ことにより、「消費者」が、④当該
告げられた内容が事実であるとを「誤認」し、⑤「それによって」当該消費者契約の申し込み又
は承諾の意思表示をしたこと。

イ　相談事例へのあてはめにあたって留意すべき論点

(ア)　「勧誘」とは（①）

　「勧誘」とは、消費者の契約締結の意思の形成に影響を与える程度の勧め方をいうのが通説で
ある[10]。勧誘行為の定義については、個々の消費者の意思形成に直接影響を与えるものとの見解
が事業者から主張されていたが、近時最高裁は事業者が自己の商品の原料の効用等を記載した新
聞折込チラシを配布することが「勧誘」に当たるか否かが争われた事案において、法4条1項な
いし3項、5条、12条1項及び2項にいう「勧誘」につき、法に定義規定は行われていないが、
「例えば、事業者が、その記載内容全体から判断して消費者が当該事業者の商品等の内容や取引
条件その他これらの取引に関する事項を具体的に認識し得るような新聞広告により不特定多数の
消費者に向けて働きかけを行うときは、当該働きかけが個別の消費者の意思形成に直接影響を与
えることもあり得るから、事業者等が不特定多数の消費者に向けて働きかけを行う場合を上記各
規定にいう『勧誘』に当たらないとしてその適用対象から一律に除外することは、法1条の趣旨
目的に照らし相当とはいい難い。したがって、事業者等による働きかけが不特定多数の消費者に
向けられたものであったとしても、そのことから直ちにその働きかけが法12条1項及び2項にい
う『勧誘』に当たらないということはできないというべきである。」と判示し（最判平成29年1
月24日判時2332号16頁）、不特定多数の消費者に向けられた広告宣伝であっても勧誘に該当しう
ることが明確になった。

　今後の下級審裁判例の集積が期待されるが、消費者被害救済に当たる弁護士としては、事業者
に対し、広告等も勧誘に該当し得るとの主張を積極的に行うべきである。下級審裁判例として、
俳優等の養成所を経営する事業者から当該養成所に入所した消費者に送付された案内書類につい

10　逐条解説28頁

て、「契約の締結について勧誘をするに際して送付された」とした裁判例（神戸簡判平成14年3月12日消費者法ニュース60号211頁）がある。

　㈑　「重要事項」とは（②）

　平成28年改正前の本条4項は、「重要事項」の列挙事由として、当該消費者契約の目的となるものの「質、用途その他の内容」（1号）、「対価その他の取引条件」（2号）を定めていた。

　しかし、改正前の要件では、契約を締結する動機にかかわる不実告知は重要事項に該当せず、住宅リフォーム問題などについて、被害事例が多発し社会問題に発展したにもかかわらず契約を取り消すことができないという不合理が発生していた。

　そこで、平成28年改正では不実告知に限り「重要事項」を拡張することとし（本条5項）[11]、「重要事項」の列挙事由として新たに3号として「当該消費者契約の目的となるものが当該消費者の生命、身体、財産その他の重要な利益についての損害又は危険を回避するために通常必要であると判断される事情」を定める等の改正がなされた。

　なお、平成28年改正前の「重要事項」に関する次の裁判例が参考になる。

　・大阪高判平成16年4月22日消費者法ニュース60号156頁

　一般的な小売価格は法4条5項1号に掲げる重要事項に該当するとして、一般市場価格41万4000円との値札をつけて陳列されたファッションリングを29万円で購入した購入者による契約の取消し（不実告知）を認めた。

　・東京地判平成17年3月10日消費者法ニュース72号29項

　「消費者契約法4条1項1号にいう重要事項は、本件商品自体の品質や性能、対価等のほか、本件建物への本件商品の設置の必要性、相当性等が含まれるものと解すべきである」として、「床下がかなり湿っている。このままでは家が危ない」との説明につき不実告知による取消しを認めた。

　・東京高判平成18年1月31日公刊物未登載

　教材売買契約において、教育役務の提供の有無及び教材購入の資金調達方法を重要事項と認めた。

　㈒　「事実と異なることを告げる」とは（③）

　「事実と異なること」とは、事実又は真正でないことをいう[12]。告知の内容が客観的に真実又は真正でなければ足り、そのことを事業者が認識している必要はない。主観的評価であるため客観的事実として真実又は真正であるか否かを判断することができない内容（例えば、「新鮮」「安い」「（100円だから）お買い得」など）は「事実と異なること」の告知の対象にはならない、との解釈がある。しかし、価格の相場や収穫時期、保存方法などについての客観的事実に基づいて「事実又は真正でない」ことの判断ができる場合を除外すべきではない。前掲大阪高判平成16年4月22日（ファッションリングに関するもの）が参考になる。

　㈓　「当該告げられた内容が事実であるとの誤認」とは（④）

　「誤認」とは、違うものをそうだと思って認めることをいい、事業者の不実告知により、消費

11　本条5項柱書きの括弧書きにより、不利益事実の不告知（本条2項）については、本条5項3号の適用が排除されている
12　逐条解説29頁

者が当該告げられた内容が事実であろうという認識を抱くことである。

㋔ 事業者の行為（要件ア①〜③）と消費者の当該消費者契約の申込み又はその承諾の意思表示の間に因果関係が存在すること（⑤）

事業者の行為という先行事実が消費者に誤認を生じさせ、この誤認が後の消費者の行為を生じさせるという二重の因果関係（事業者の行為→消費者の誤認→消費者の当該消費者契約の申込み又はその承諾の意思表示）が必要である。

⑵ 将来の見込みに対する断定的判断の提供による誤認（法4条1項2号）

ア 要件

「事業者」が、①消費者契約の締結について「勧誘をするに際し」、②「物品、権利、役務その他の当該消費者契約の目的」となるものに関し、③将来におけるその価額、将来において当該消費者が受け取るべき金額、その他の「将来における変動が不確実な事項」につき、④「断定的判断を提供」することにより、「消費者」が、⑤当該提供された「断定的判断」の内容が確実であるとの「誤認」をし、⑥「それによって」当該消費者契約の申し込み又は承諾の意思表示をしたこと。

イ 相談事例へのあてはめにあたって留意すべき論点

㋐「勧誘」とは（①）

第4、1⑴ イ㋐（20頁）に記載したのと同じ。

㋑「物品、権利、役務その他の当該消費者契約の目的」とは（②）

物品とは、一般的に有体物を指し、権利とは、事業者から利益を享受しうる地位を指し、役務とはいわゆるサービス（結婚情報サービス、予備校での授業等）を指す。およそ消費者が消費者契約に基づき享受する利益のほぼ全部が該当する。

㋒「将来における変動が不確実な事項」とは（③）

通説的見解からは「消費者の財産上の利得に影響するものであって将来を見通すことがそもそも困難であるもの（例えば証券取引に関して、将来における各種の指数・数値・金利・通貨の価格）」を指し、かつ、一定の前提のもとで客観的に将来を見通すことが可能な情報を提供することは除外される、とされる[13]。

しかしながら、この見解は規制対象が「財産上の利得」に関わる事項のみに限定され、狭きに失する。現実の消費者被害は、美容商品や学習教材等に関連し、財産上の利得以外の事項（役務提供の効果など）について断定的判断が提供された事例が多い。運勢や将来の生活状態という変動が不確実な事項が「その他の将来における変動が不確実な事項」に該当するかという問題もある。被害救済のためには、これらの事例へ本条項を適用しうるよう、より広く解釈する必要がある。運勢や将来の生活状態という変動が不確実な事項につき、法4条1項2号の「その他の将来における変動が不確実な事項」に該当するか否かが争点となり、第一審はこれを認めたが、控訴

---

13 逐条解説37〜38頁。特定の前提での断定的情報の提供につき「事業者がある商品・サービスについての効用・メリットを説明する場合で、一定の前提の下で客観的に将来を見通すことが可能な情報を提供することは問題とならない。例えば、ガソリン代、電気代等の節約については、『このような使用条件の下では』という一定の前提のもとで将来を見通すことが可能であることから、そのような前提とともに説明する限りにおいては、ここでいう『将来における変動が不確実な事項』には当たらない。」とされている。

審はこれを認めなかった（ただし、暴利行為として公序良俗に反し無効とした）裁判例がある（第一審は神戸地裁尼崎支部判平成15年10月24日兵庫県弁護士会ウェブサイト、控訴審は大阪高判平成16年7月30日同サイト）。

　㈔　「断定的判断を提供する」とは（④）

　確実でないものを確実である（例えば、利益を生ずることが確実でないのに確実である）と誤解させるような決めつけ方をいう。

　断定的判断の提供にあたるとされた裁判例として、次のものがある。

　・東京簡判平成16年11月15日最高裁ウェブサイト

　内職商法につき、「月2万円は確実に稼げる」との発言は断定的判断の提供にあたるとして取消を認めた。

　・名古屋地判平成19年1月29日兵庫県弁護士会ウェブサイト

　「確実に当たる攻略情報をお教えします」等のパチスロ攻略情報購入の勧誘は断定的判断の提供にあたるとした。

　・福岡地判平成19年2月20日国民生活センター報道資料平成20年10月16日公表

　「絶対に稼げる」「誰でもできる」等のパチンコ攻略情報購入の勧誘は断定的判断の提供にあたるとした。

　・東京地判平成17年11月8日判時1941号98頁

　パチンコで獲得する出玉の数について断定的判断の提供に該当するとした。

　・大阪高判平成19年4月27日判時1987号18頁

　外国為替取引業者と顧客との間で預託金の約3分の1の支払を受け約3分の2の返還を放棄する旨の和解契約につき、当該業者から顧客に「会社は営業停止の行政処分を受け倒産し、預託金はほとんど戻ってこない」との不確実な事項につき「断定的判断の提供」がなされたとして法4条1項2号に基づく取消しが認められた。

　㈕　当該提供された「断定的判断」の内容が確実であるとの「誤認」とは（⑤）

　事業者の断定的判断の提供により、消費者が当該提供された断定的判断の内容が実現されるであろうという認識を抱くことである。

　㈖　事業者の行為（要件ア①〜④）と消費者の当該消費者契約の申込み又はその承諾の意思表示の間に因果関係が存在すること（⑥）

　第4、1⑴　イ㈔（22頁）に記載したのと同じ。

⑶　不利益事実の故意（又は重過失）による不告知による誤認（法4条2項。重過失については平成30年改正により追加）

ア　要件

「事業者」が、①消費者契約の締結について「勧誘をするに際し」、②ある「重要事項」、又は「当該重要事項に関連する事項」について、③当該消費者の「利益となる旨を告げ」、④かつ、当該「重要事項」について当該消費者の「不利益となる事実」（当該告知により当該事実が存在しないと消費者が通常考えるべきものに限る）を「故意又は重大な過失によって告げなかった」（重過失については平成30年改正により追加）ことにより、「消費者」が⑤当該事実が存在しない

との「誤認」をし、⑥「それによって」当該消費者契約の申し込み又はその承諾の意思表示をしたこと。

イ　例外

当該「事業者」が当該「消費者」に対して当該事実を告げようとしたにもかかわらず、当該消費者がこれを拒んだときは、この限りでない。

ウ　相談事例へのあてはめにあたって留意すべき論点

㋐「勧誘」とは（①）

第4、1(1)　イ㋐（20頁）に記載したのと同じ。

㋑「重要事項」及び「当該重要事項に関連する事項」とは（②）

「当該重要事項に関連する事項」とは、基本的には、「ある重要事項」にかかわりつながる事項を広く意味するが、一般的・平均的な消費者が不利益事実が存在しないと誤認する程度に密接にかかわりつながる事項である必要がある[14]。

不利益事実の故意の不告知における「重要事項」の判断に関しては最高裁判例がある。金の商品先物取引の委託契約において将来の金の価格が法4条2項本文にいう「重要事項」にあたるかが問題となった事案において、最高裁は、同条項本文にいう「重要事項」が、同条4項（平成28年改正前）で、当該消費者契約の目的となるものの「質、用途その他の内容」又は「対価その他の取引条件」をいうと定義され、同条1項2号における断定的判断の提供の対象となる事項が「将来におけるその価額、将来において当該消費者が受け取るべき金額その他の将来における変動が不確実な事項」と明示されているのとは異なり、商品先物取引の委託契約に係る将来における当該商品の価格など将来における変動が不確実な事項を含意するような文言は用いられていないことから、将来における金の価格は「重要事項」に当たらない、と判示した（最判平成22年3月30日判タ1321号88頁）。

㋒「当該消費者の利益になる旨を告げ」とは（③）

消費者契約を締結する前の状態と後の状態とを比較して、一般的・平均的な消費者ではなく「当該消費者」（＝個別具体的な消費者）に利益（必ずしも財産上の利益に限らない。）を生じさせるであろうことをいい、契約前後の状態を比較して利益になると消費者が認識するに足りる情報を提供すれば足りる。

㋓　当該「重要事項」について当該消費者の「不利益となる事実（当該告知により当該事実が存在しないと消費者が通常考えるべきものに限る）」を「故意又は重大な過失によって告げなかった」とは（④）

「当該消費者の不利益となる事実」とは、消費者契約を締結する前の状態と後の状態とを比較して、一般的・平均的な消費者ではなく「当該消費者」（＝個別具体的な消費者）に不利益（必ずしも財産上の不利益に限らない）を生じさせるおそれがある事実をいう。例えば、有価証券の取引で、取得価額より売却価額が下回るおそれがあること、すなわち元本欠損が生じる恐れがあ

14　不利益事実の不告知の対象が「当該重要事項について当該消費者の不利益となる事実（当該告知により当該事実が存在しないと消費者が通常考えるべきものに限る。）」と限定されているため（後述（上記④を指す））、実際上この「事項」は、一般的・平均的な消費者が不利益事実が存在しないと誤認する程度に「ある重要事項」に密接にかかわりつながるものである（逐条解説40〜41頁）。

ることが「当該消費者の不利益となる事実」に当たる。

不利益事実のうち「当該告知により当該事実が存在しないと消費者が通常考えるべきもの」とは、事業者の先行行為（ある重要事項又は当該重要事項に関連する事項について当該消費者の利益となる旨を告げること）により、一般的・平均的な「消費者」が通常は当該重要事項について当該消費者の不利益となる事実は存在しないであろうと認識するものをいう。実際には不利益となる事実は存在するため、同事実を存在しないと認識することが「誤認」であるといえる（後述⑤参照）。

「故意に」とは、「当該事実が当該消費者の不利益となるものであることを知っており、かつ、当該消費者が当該事実を認識していないことを知っていながら、あえて」という意味であるとの見解もあるが、詐欺の故意や害意と同水準の立証を消費者側に求めることになるため、消費者契約法の趣旨に反する解釈である。文言どおり、「当該消費者に不利益な事実が存在することの認識」が事業者にあれば足りると解すべきである。

平成30年改正によって「又は重大な過失によって」との文言が追加されたため、必ずしも「当該消費者に不利益な事実が存在することの認識」がない場合であっても、重大な過失によって当該認識を持っていなかった場合については、本条に基づく取消しが可能となった。

平成30年改正前の「故意」の要件についての裁判例として、歌手養成コースがある旨の養成所の広告を見て応募したが、実際には基本的には俳優の養成所で、広告記載の月謝も演技コースのものであって、歌手コースを履修するには月謝の増額が必要だったという事案で、裁判所は法4条2項の「故意」について、「Y（養成所）がX（応募者）に月謝の値上げを告げていなかった以上、Xがこれを知らなかったのは当然であり、しかも、この事実はYにおいても認識し得たはずであるから、この点についてはYには『故意』があったと言わざるを得ない」と判示し（神戸簡判平成14年3月12日消費者法ニュース60号211頁）、不利益となる事実の告知をしないこと自体から故意の存在を推認するという形で、「故意」の要件の立証負担を緩和した。

参考事例としては、「医療保障を充実した女性向けの保険」（掛金は同額で保証は2500万円になるほか、収入保障と女性特有医療保険が付く（利益事実））を勧められ、定期付終身保険の転換契約をしたが、契約後、終身保険部分が減額され、予定利率も低くなったことが判った（不利益事実）場合、利益となる旨を告げ、不利益となる事実を故意に告げていないので4条2項に該当し取り消しうることなる。

(オ) 当該事実が存在しないとの「誤認」とは（⑤）

事業者の不利益事実の不告知により、消費者は当該消費者の不利益となる事が存在しないであろうという認識を抱くことをいう。例えば、事業者がマンションを販売するにあたり、実際には「半年後には隣接地に高層マンションの建設計画がある」が、それを知りつつこれを消費者に告知しないまま「眺望・日当たり良好」と宣伝して販売した場合には、通常消費者は事業者の告知により、「将来的にも隣接地に建物ができて眺望・日照は遮られることはない」と認識するが、事実は異なるため「誤認」があるということになる。

(カ) 事業者の行為（要件ア①〜④）と消費者の当該消費者契約の申込み又はその承諾の意思表示の間に因果関係が存在すること（⑥）

第4、1(1) イ(オ)（22頁）に記載したのと同じ。

(キ) 不実告知と不利益事実の不告知の主張（⑦）

不実告知（法4条1項1号）と不利益事実の不告知（法4条2項）とは明確に区別しきれない場合がある。例えば、ある商品について有利な点のみを宣伝し不利な点を隠して販売すれば不利益事実の不告知に該当するが、同時に一部を隠して全体としてよい商品だという誤った印象を与えるという視点からは不実告知にも該当する。

このような境界事例では、不実告知と不利益事実の不告知による契約取消を、ともに主張することなどを検討するとよい。

(4) 不退去による困惑（法4条3項1号）

ア　要件

「事業者」が、①消費者契約の締結について「勧誘をするに際し」、②消費者が事業者に対し「その住居又はその業務を行っている場所」から「退去すべき旨の意思を示した」にもかかわらず、事業者が「それらの場所から退去しない」ことにより、「消費者」が、③「困惑」し、④「それによって」当該消費者契約の申し込み又は承諾をしたこと。

イ　相談事例へのあてはめにあたって留意すべき論点

(ア) 「勧誘」とは（①）

第4、1(1) イ(ア)（20頁）に記載したのと同じ。

(イ) 消費者が事業者に対し「その住居又はその業務を行っている場所」から「退去すべき旨の意思を示した」にもかかわらず、事業者が「それらの場所から退去しない」とは（②）

a 「その住居又はその業務を行っている場所」とは、当該消費者がその公私にわたり生活に用いている家屋等の場所をいう。「住居」とは当該消費者が居住し日常生活を送っている家屋を、「業務を行っている場所」は当該消費者が労働している場所をいう。

「退去すべき旨の意思を示した」とは、「お引き取りください」と告知するなど直接的な場合に限らず、間接的・黙示的を問わず、社会通念上、退去してほしいという意思が表示された場合を含むと解すべきである。間接的又は黙示的な表示として例えば以下のケースがある。

　　i 時間的な余裕がない旨を告知した場合

　　　例：「時間がありませんので」「いま取り込み中です」「これから出かけます」と告知した場合

　　ii 当該消費者契約を締結しない旨を明確に告知した場合

　　　例：「要らない」「結構です」「お断りします」と告知した場合

　　iii 口頭以外の手段により意思を表示した場合

　　　例：手振り身振りで「帰ってくれ」「契約を締結しない」という動作をした場合

b 「それらの場所から退去しないこと」については滞留時間の長短を問わない。

(ウ) 「困惑」とは（③）

「困惑」とは、困り戸惑い、どうしてよいか分からなくなるような、精神的に自由な判断ができない状況をいう。畏怖（おそれおののくこと）も含む広い概念である。

(エ) 事業者の行為（要件ア①②）と消費者の当該消費者契約の申込み又はその承諾の意思表示

の間に因果関係が存在すること（④）

　事業者の行為という先行事実が消費者に困惑を生じさせ、この困惑が後の消費者の行為を生じさせるという二重の因果関係（事業者の行為→消費者の困惑→消費者の当該消費者契約の申込み又はその承諾の意思表示）が必要である。

　裁判例としては、消費者が「そのようなものは入れんでいい、必要ない。」「帰ってくれ。」「換気扇は必要ない、私らを騙しているんじゃないか。」などと述べたにもかかわらず、事業者が午前11時から午後6時30分まで居座り勧誘した事案において、不退去により困惑させて契約を締結させたとして請負契約を取り消し、業者に対して既払金の返還請求を、信販会社に対しては抗弁対抗を認めたものがある（大分簡判平成16年2月19日消費者法ニュース60号59頁）。

(5)　退去妨害（第4条3項2号）

ア　要件

「事業者」が、①消費者契約の締結について「勧誘するに際し」、②当該消費者契約の締結について勧誘している「場所」から「退去する旨の意思を示した」消費者を、その場所から「退去させない」ことにより、「消費者」が、③「困惑」し、④「それによって」当該消費者契約の申し込み又は承諾をしたこと。

イ　相談事例へのあてはめにあたって留意すべき論点

㋐　「勧誘」とは（①）

　第4、1(1)　イ㋐（20頁）に記載したのと同じ。

㋑　当該消費者契約の締結について勧誘している「場所」から「退去する旨の意思を示した」消費者を、その場所から「退去させない」こと、とは（②）

　a　「当該事業者が当該消費者契約の締結について勧誘をしている場所」は勧誘している場所であればよく、事業者の事業所かどうかを問わない。

　b　「退去する旨の意思を示した」とは、直接・間接、明示・黙示を問わず、社会通念上、退去する意思を示したと評価される場合を含むと解すべきことは、「退去すべき旨の意思を示した」の場合と同様である。間接的又は黙示の表示としては、以下のケースがある。

　　ⅰ　時間的な余裕がない旨を消費者が告知した場合

　　ⅱ　当該消費者契約を締結しない旨を消費者が明確に告知した場合

　　ⅲ　口頭以外の手段により消費者が意思を表示した場合

　　　例：帰ろうとして部屋の出口に向かった場合

　　　　　身振り手振りで「契約を締結しない」という動作をしながら、消費者が椅子から立ち上がった場合

　c　「退去させないこと」とは、条文のとおり当該消費者の退去を困難にさせた場合を意味すると解すべきである[15]。拘束時間の長短を問わない。

　参考となる裁判例として、浴衣を買いに来た客に対し、高額な喪服セットの購入を長時間勧誘しクレジット契約を締結させた事案で、法4条3項2号、5条1項により、立替払契約の取消し

15　物理的な方法であるか心理的な方法であるかを問わず、消費者の一定の場所からの脱出を不可能もしくは著しく困難にする行為」を要する（逐条解説49頁）

を認めたものがある（名古屋簡判平成17年9月6日公刊物未登載）。同裁判例は、法4条3項2号の「退去する旨の意思を示した」には、同法の目的からは、「時間がない、用事がある、要らない」等の間接的に退去の意思を示す場合も含まれ、「その場所から当該消費者を退去させないこと」とは、退去の意思の表示があったのに、当該消費者を当該場所から退出させるのを困難にさせた場合を広く意味し、当該消費者にとって心理的にでも退去させない状況になっていれば足りるとした。

㋑　「困惑」について（③）

第4、1(4)　イ㋑（26頁）に記載したのと同じ。

㋒　事業者の行為（要件ア①②）と消費者の当該消費者契約の申込み又はその承諾の意思表示の間に因果関係が存在すること（④）

第4、1(4)　イ㋒（26～27頁）に記載したのと同じ。

退去妨害による取消しを認めた裁判例として、宝石貴金属販売の展示会で、顧客が販売店従業員に対し、帰宅したいと告げたにもかかわらず勧誘を続けられ退去できず、困惑してネックレスの購入、立替払契約を締結させられた事案で法4条3項2号による立替払契約の取り消しを認めたものがある（札幌地裁平成17年3月17日消費者法ニュース64号209号）。

(6)　社会生活上の経験不足の不当な利用による困惑（平成30年改正により同条3項3、4号追加）

ア　要件

「事業者」が、①消費者契約の締結について「勧誘をするに際し」、②事業者が消費者に対し、社会生活上の経験不足を不当に利用する行為をしたことにより、「消費者」が、③「困惑」し、④「それによって」当該消費者契約の申し込み又は承諾をしたこと。

なお②の具体的内容については平成30年改正後の法4条3項3号、4号で以下のとおり規定された。

「当該消費者が、社会生活上の経験が乏しいことから、次に掲げる事項に対する願望の実現に過大な不安を抱いていることを知りながら、その不安をあおり、裏付けとなる合理的な根拠がある場合その他の正当な理由がある場合でないのに、物品、権利、役務その他の当該消費者契約の目的となるものが当該願望を実現するために必要である旨を告げること。

イ　進学、就職、結婚、生計その他の社会生活上の重要な事項

ロ　容姿、体型その他の身体の特徴又は状況に関する重要な事項」（平成30年改正後の法4条3項3号）

「当該消費者が、社会生活上の経験が乏しいことから、当該消費者契約の締結について勧誘を行う者に対して恋愛感情その他の好意の感情を抱き、かつ、当該勧誘を行う者も当該消費者に対して同様の感情を抱いているものと誤信していることを知りながら、これに乗じ、当該消費者契約を締結しなければ当該勧誘を行う者との関係が破綻することになる旨を告げること。」（平成30年改正後の法4条3項4号）

イ　相談事例へのあてはめにあたって留意すべき論点

㋐　「勧誘」とは（①）

第4、1(1)イ(ア)（20頁）に記載したのと同じ。

(イ)　社会生活上の経験不足を不当に利用する行為について（②）

　具体的な内容が文言化されたため、当該条文への当てはめについて、類似事例も含め幅広に検討を行う必要がある。

(ウ)　「困惑」について（③）

　第4、1(4)イ(ウ)（26頁）に記載したのと同じ。

(エ)　事業者の行為（要件ア）と消費者の当該消費者契約の申込み又はその承諾の意思表示の間に因果関係が存在すること（④）

　第4、1(4)イ(エ)（26～27頁）に記載したのと同じ。

(7)　加齢等による判断力の低下の不当な利用による困惑（平成30年改正により同条3項5号追加）

　ア　要件

「事業者」が、①消費者契約の締結について「勧誘をするに際し」、②事業者が消費者に対し、加齢等による判断力の低下を不当に利用する行為をしたことにより、「消費者」が、③「困惑」し、④「それによって」当該消費者契約の申し込み又は承諾をしたこと。

　②について平成30年改正により、以下のとおり法4条3項5号が追加された。

「当該消費者が、加齢又は心身の故障によりその判断力が著しく低下していることから、生計、健康その他の事項に関しその現在の生活の維持に過大な不安を抱いていることを知りながら、その不安をあおり、裏付けとなる合理的な根拠がある場合その他の正当な理由がある場合でないのに、当該消費者契約を締結しなければその現在の生活の維持が困難となる旨を告げること」（平成30年改正後の法4条3項5号）

　イ　相談事例へのあてはめにあたって留意すべき論点

(ア)　「勧誘」とは（①）

　第4、1(1)イ(ア)（20頁）に記載したのと同じ。

(イ)　加齢等による判断力の低下を不当に利用する行為について（②）

　明文化された行為類型に留意し、類似事例も含め幅広く要件該当性を検討すべきである。

(ウ)　「困惑」について（③）

　第4、1(4)イ(ウ)（26頁）に記載したのと同じ。

(エ)　事業者の行為（要件ア）と消費者の当該消費者契約の申込み又はその承諾の意思表示の間に因果関係が存在すること（④）

　第4、1(4)イ(エ)（26～27頁）に記載したのと同じ。

(8)　霊感等による知見を用いた告知による困惑（平成30年改正により同条3項6号追加）

　ア　要件

「事業者」が、①消費者契約の締結について「勧誘をするに際し」、②消費者に対し、霊感等による知見を用いた告知をしたことにより、「消費者」が、③「困惑」し、④「それによって」当該消費者契約の申し込み又は承諾をしたこと。

②について平成30年改正により、以下のとおり法4条3項6号で規定された。

「当該消費者に対し、霊感その他の合理的に実証することが困難な特別な能力による知見として、そのままでは当該消費者に重大な不利益を与える事態が生ずる旨を示してその不安をあおり、当該消費者契約を締結することにより確実にその重大な不利益を回避することができる旨を告げること。」（平成30年改正後の法4条3項6号）

イ　相談事例へのあてはめにあたって留意すべき論点

㈠　「勧誘」とは（①）

第4、1⑴イ㈠（20頁）に記載したのと同じ。

㈣　霊感等による知見を用いた告知について（②）

具体的な内容が文言化されたため、当該条文への当てはめについて、類似事例も含め幅広に検討を行う必要がある。

㈥　「困惑」について（③）

第4、1⑷イ㈥（26頁）に記載したのと同じ。

㈢　事業者の行為（要件ア）と消費者の当該消費者契約の申込み又はその承諾の意思表示の間に因果関係が存在すること（④）

第4、1⑷イ㈢（26～27頁）に記載したのと同じ。

⑼　契約締結前に債務の内容を実施すること等による困惑（平成30年改正により同条3項7、8号追加）

ア　要件

「事業者」が、①消費者契約の締結について「勧誘をするに際し」、②事業者が消費者に対し、契約締結前に債務の内容を実施すること等をしたことにより、「消費者」が、③「困惑」し、④「それによって」当該消費者契約の申し込み又は承諾をしたこと。

②について平成30年改正により、以下のとおり法4条3項7、8号で規定された。

「当該消費者が当該消費者契約の申込み又はその承諾の意思表示をする前に、当該消費者契約を締結したならば負うこととなる義務の内容の全部又は一部を実施し、その実施前の原状の回復を著しく困難にすること」（平成30年改正後の第4条3項7号）

「前号に掲げるもののほか、当該消費者が当該消費者契約の申込み又はその承諾の意思表示をする前に、当該事業者が調査、情報の提供、物品の調達その他の当該消費者契約の締結を目指した事業活動を実施した場合において、当該事業活動が当該消費者からの特別の求めに応じたものであったことその他の取引上の社会通念に照らして正当な理由がある場合でないのに、当該事業活動が当該消費者のために特に実施したものである旨及び当該事業活動の実施により生じた損失の補償を請求する旨を告げること。」（平成30年改正後の第4条3項8号）

イ　相談事例へのあてはめにあたって留意すべき論点

㈠　「勧誘」とは（①）

第4、1⑴イ㈠（20頁）に記載したのと同じ。

㈣　契約締結前に債務の内容を実施すること等について（②）

具体的な内容が文言化されたため、当該条文への当てはめについて、類似事例も含め幅広に

検討を行う必要がある。

(ウ) 「困惑」について（③）

第４、１(4)イ(ウ)（26頁）に記載したのと同じ。

(エ) 事業者の行為（要件ア）と消費者の当該消費者契約の申込み又はその承諾の意思表示の間に因果関係が存在すること（④）

第４、１(4)イ(エ)（26～27頁）に記載したのと同じ。

(10) 過量な内容の契約の場合（法４条４項）

ア　趣旨

高度高齢化社会が進むにつれ、事業者が、認知症等により合理的判断が困難となった高齢の消費者の状況につけ込み、不必要な物を大量に購入させるような被害が多発した。このような被害は民法90条や同法709条による救済も可能ではあるが、各規定は抽象的で要件が必ずしも明確でない。そこで平成28年改正では、合理的な判断をすることができない事情がある消費者に対し、事業者がその事情につけ込んで過量な内容の契約を締結させた場合につき、明確かつ具体的な要件をもって消費者に契約の取消権を認めた。

同改正はあくまでも契約の一類型に関するものにすぎないが、今後も同様の「つけ込み型」の不当な契約に取消権が認められる可能性があり、消費者立法の動向も注目すべきである。

イ　要件

「事業者」が、①消費者契約の締結について「勧誘をするに際し」、②物品、権利、役務その他の「当該消費者契約の目的」となるものの③分量、回数又は期間（以下「分量等」という）が④「当該消費者にとっての通常の分量等」を⑤「著しく超えるものであること」を⑥「知っていた場合」において、「消費者」が⑦その勧誘により当該消費者契約の申し込み又はその承諾の意思表示をしたとき

ウ　相談事例へのあてはめにあたって留意すべき論点

(ア) 「勧誘」とは（①）

第４、１(1)イ(ア)（20頁）に記載したのと同じ。なお、ここでいう「勧誘」は、過量な内容の消費者契約の締結についての勧誘を指す。したがって、結果的に過量な内容の消費者契約が締結されたとしても、事業者の勧誘自体は適切な分量等の消費者契約に係るものであった場合、例えば、呉服店で事業者が一着ずつ着物を示して当該着物の購入を勧誘し、消費者の好みに合う着物を選びながら最終的に合計十着を示したところ、当該消費者が、一着に決められないから十着全部を購入した、というような場合には、ここでいう勧誘には当たらない。

(イ) 物品、権利、役務その他の「当該消費者契約の目的」とは（②）

第４、１(2)イ(イ)（22頁）に記載したのと同じ。

(ウ) 「分量等」について（③）

本項が適用されるのは、消費者契約の目的となるものの分量等が当該消費者にとって通常想定される範囲を著しく超える場合である。したがって、例えば、消費者契約の目的となるものが、当該消費者にとって過度な「性質・性能」を備えたものであっても、「分量等」が通常想定される範囲を著しく超えなければ、本項の規定による取消しは認められない[16]。

㈘ 「当該消費者にとっての通常の分量等」とは（④）

　消費者契約の目的となるものの内容及び取引条件並びに事業者がその締結について勧誘をする際の消費者の生活の状況及びこれについての当該消費者の認識に照らし、当該消費者契約の目的となるものの分量等として通常想定される分量等をいう。この分量等がどの程度のものかは、消費者契約の目的となるものの ⅰ）内容、ⅱ）取引条件、ⅲ）事業者がその締結について勧誘をする際の消費者の生活の状況、ⅳ）当該消費者の認識という要素を総合的に考慮した上で、一般的・平均的な消費者を基準として、社会通念を基に規範的に判断される[17]。

㈙ 「著しく超えるものであること」とは（⑤）

　本項の規定が適用されるには、当該消費者契約の目的となるものの分量等が当該消費者にとっての通常の分量等を「著しく超える」ことが必要であり、「著しく超える」か否かについては、④に挙げた4つの要素を考慮した上で、一般的・平均的な消費者を基準として、社会通念を基に規範的に判断される。

　なお、既に同種契約を締結していた場合には、当該消費者が新たに締結した消費者契約の目的となるものの分量等だけでなく、既に締結していた同種契約の目的となるものの分量等も考慮に入れ、これらを合算した分量等が、当該消費者にとっての通常の分量等を著しく超えるものであることが要件となる。「同種」であるかの判断は、事業者の設定した区分によるのではなく、過量性の判断対象となる分量等に合算されるべきかどうかという観点から判断される。具体的には、その目的となるものの種類、性質、用途等に照らして、別の種類のものとして並行して給付を受けることが通常行われているかどうかによって判断される。この場合、取消しの対象となるのは、既に締結していた同種契約ではなく消費者が新たに締結した消費者契約に係る意思表示である[18]。

㈚ 「知っていた場合」とは（⑥）

　事業者が、過量な内容の消費者契約の締結について勧誘をした場合であっても、その際に、当該消費者契約が消費者にとって過量な内容の消費者契約に当たることを知らなかった場合には、取消権は発生しない。過量であることを「知っていた」というのは、その評価の基礎となる事実の認識があったことを指す。したがって、事業者が、基礎となる事実は全て認識すれば、その評価を誤った（過量ではないと考えていた等）としても、過量であることを知らなかったことにはならない[19]。

㈛ 事業者の行為（要件ア①〜⑥　過量性を知りながら勧誘をすること）と消費者の当該消費者契約の申込み又はその承諾の意思表示の間に因果関係が存在すること（⑦）

　第4、1(4)　イ㈘（26〜27頁）に記載したのと同じ。

2　取消しの対第三者対抗力（法4条6項）

　法4条1項から4項までの規定による消費者契約の申込み又は承諾の意思表示の取消しはこれ

16　逐条解説78頁。
17　逐条解説78〜79頁。
18　逐条解説80〜81頁。
19　逐条解説82頁。

をもって善意の第三者に対抗することができない[20]。

3　媒介の委託を受けた第三者（受託者等）への準用（第5条1項）〜クレジット契約などの場合に活用〜

(1)　趣旨

　消費者契約の締結に第三者が介在し、事業者ではなく当該第三者の不適切な勧誘行為に影響されて消費者が自らの欲求の実現に適合しない契約を締結した場合であっても、合意の瑕疵が事業者の責めに帰すべき場合には、当該消費者が契約に拘束されることは衡平を欠く。そこで法は、消費者契約の実態を踏まえ、事業者が第三者に対して消費者契約の締結の媒介（消費者に勧誘をすることを含む）を委託した際、当該委託を受けた第三者が、消費者に対し法4条1項から4項までに掲げる行為をした場合にも、各規定をそれぞれ準用することとしている。

(2)　相談事例へのあてはめにあたって留意すべき論点

　「媒介」とは、第三者が両者の間に立って尽力することをいうが、必ずしも契約締結の直前までの必要な段取り等を第三者が行っていなくてもよい。

　「当該委託を受けた第三者（その第三者から委託（二以上の段階にわたる委託を含む。）を受けた者を含む。）」とは、事業者が第三者に対して上記委託をする場合のみならず、事業者から委託を受けた第三者による別の第三者への再委託（この場合は二段階以上の多段階にわたり委託する場合も含む）も含むという意味である。生命保険募集や旅行代理店、宅地建物取引業者等などで行なわれている。

　例えば、宝石販売業者が困惑させる勧誘により消費者に(a)宝石の購入承諾と(b)信販会社への立替払いの申込みの意思表示をさせた場合、(b)の契約は信販会社から宝石販売業者への委託に基づくものである。消費者はいずれの契約も取り消し、既払金を取り戻せる。

　裁判例としては、絵画の展示会商法において、販売店による退去妨害（法4条3項2号違反）により消費者が絵画購入に関するクレジット（立替払）契約を締結させられた事案につき、販売店がクレジット会社から委託を受けた第三者に該当するとして、本条項により当該契約の取消しを認めたもの（東京簡判平成15年5月14日最高裁ウェブサイト）、割賦支払額の不実告知によりクレジット契約の取消しを認めたもの（東京簡判平成16年11月29日最高裁ウェブサイト）、クレジット契約による立替金等が、耐震や揺れ防止工事としては有効でない工事の立替払いとして使用されるという不利益事実を故意に告げていないとしてクレジット契約の取消しを認めたもの（小林簡判平成18年3月22日消費者法ニュース69号188頁）等がある。

4　代理人（第5条2項）

(1)　趣旨

　法4条1項から4項（法5条1項において準用する場合を含む。）に規定する消費者契約の申込み又は承諾の意思表示に関し、代理人の行った意思表示を本人がしたとみなす規定である。

20　改正民法の下では、「善意でかつ過失がない第三者」に対抗できないこととなる（改正民法第96条第3項）。これを受けて、同改正法が施行された時点で、同様に本条第6項も改正されることになろう。

すなわち、代理人及び復代理人が消費者契約の締結に関与する場合において、法4条1項から4項（本条第1項において準用する場合を含む。）に規定する消費者契約の申込み又は承諾の意思表示については、当該意思表示の事実の有無を民法101条第1項にならい、「代理人のなした意思表示」によって判断する。

(2) 相談事例へのあてはめにあたって留意すべき論点

「消費者契約の締結に係る消費者の代理人、事業者の代理人及び受託者等の代理人」とは、消費者又は事業者が契約当事者となる場合の締結の代理権を有する者のほか、受託者がさらに第三者に媒介を委託する場合の準委任の締結の代理権を有するものを含むと解されており、これら代理人等を介した消費者契約に法4条1項から4項に規定された取消権が発生するかどうかは、各代理人等の意思表示等の具体的態様を基準に判断されることになる。

なお、消費者の代理人を消費者とみなす場合において、消費者契約の取消権行使を授権されていない無権代理人による契約取消までを認めようという趣旨ではない。

裁判例として、貴金属の展示会商法に関し、販売会社の従業員によるクレジット（立替払）契約の勧誘・締結が法5条所定の受託者等の代理人による媒介行為にあたるとした上で、同契約が販売会社従業員の退去妨害により消費者を困惑させて締結されたとして法4条3項2号による取消しを認めたものがある（札幌地裁平成17年3月17日消費者法ニュース64号209頁）。

5 民法規定等との関係（第6条、第6条の2、第11条）

(1) 民法96条との関係（第6条）

法4条1項から4項（5条1項において準用する場合を含む）までの規定は、民法96条の規定の適用を妨げない。

(2) 取消権を行使した消費者の返還義務（第6条の2）

ア 趣旨

消費者取消権の効果については本法に規定がなく、民法に委ねられる。もっとも、改正民法の下では無効な法律行為に基づく債務の履行として給付を受けた者は、原則として原状回復義務を負うから（改正民法121条の2）、本法の規定により意思表示を取り消した消費者の返還義務の範囲は、現民法で規定された現存利益の返還よりも広くなる可能性が高い。

これでは取消権を認めた趣旨が没却されるおそれがあるため、平成28年改正では、消費者の返還義務の範囲を従来どおり現存利益に限定すべく本条が設けられた。

イ 要件

消費者契約に基づく債務の履行として給付を受けた「消費者」が、法4条1項から4項までの規定により消費者契約の申込み又は承諾の意思表示を取り消した場合に、給付を受けた当時その意思表示が取り消すことができるものであることを知らなかったとき

ウ 効果

民法121条の2第1項の規定にかかわらず、消費者の返還義務の範囲が現存利益に限定される。なお、平成28年改正の施行日は平成29年6月3日であるが、本条は、上記の性質に鑑み、民法改正法の施行の日に施行される。

(3) 他の法律の適用（法11条）

　消費者契約の申込み又はその承諾の意思表示の取消し及び消費者契約の条項の効力については、消費者契約法に特段の定めがない事項に限り民法及び商法の規定が適用される（法11条1項）。これに対し、民法及び商法以外の個別法の私法規定において、消費者契約法の規定に抵触する場合には、原則として個別法の私法規定が優先的に適用される（法11条2項）。

6　取消権の行使期間等（法7条）

(1) 取消権の行使期間（法7条1項）

ア　趣旨

　本法は、消費者に対し民法の定めよりも取消権行使を広く認めるものであるので、私人間におけるあらゆる行為を想定し、その取消権の行使期間を定める民法と比べ（一方当事者である事業者の取引は迅速処理が求められる）、取消権の行使期間を短く規定した。

イ　平成28年改正

　平成28年改正前は、法4条1項から4項までの取消権の行使期間につき、追認することができる時から6か月間とされていたが、改正により1年間に伸長された。取消権は契約締結のときから5年を経過したときは時効により消滅する。なお、取消権者、取消の効果、追認、取消追認の方法、追認の要件及び法定追認については民法の規定による。

ウ　「追認をすることができる時」の解釈

① 誤認類型の場合（法4条1項、2項）：消費者が誤認したことに気付いた時である。

② 困惑類型の場合（法4条3項）：事業者の退去しない行為及び退去させない行為による困惑を脱した時である。

③ 過量な内容の消費者契約の場合（法4条4項）：当該消費者契約を締結するか否かについて合理的な判断をすることができない事情が消滅した時である。

(2) 株式、新株の引受の取消しの制限（法7条2項）

　株式の引受けという行為は、対公衆的意思表示としての性質を有し、この行為を信頼する公衆の利益を保護すべき要求が強い。この性質は会社法に規定する詐欺又は強迫等の取消しの理由によらず妥当するから、消費者契約法においても同様に株式引き受けの取消しを制限した。また、この趣旨は、会社法以外の法律の規定により株式若しくは出資の引受け又は基金の拠出につき詐欺又は強迫を理由として取り消せない場合にも同様に当てはまることから、そのような場合においても、法4条1項から3項までの規定により、その取消しをすることができない[21]。

第5　消費者契約の条項の無効による救済（法第2章第二節）

1　概説

　第2章第二節は、およそ消費者契約において効力を認めることが適当でない契約条項を定型的

---

21 逐条解説116～117頁。

に列挙し、これらを一律無効とすることで消費者契約の内容の適正化を図っている。なお、列挙されていない契約条項の効力は民法等の他の法律により決せられるべきであり、条文の反対解釈により列挙された契約条項以外は無効にならない、とする見解は誤りである（法10条参照）。

2　事業者の免責条項等の無効（法8条1項）

消費者契約において、次のような契約条項を無効とする。

単に責任を免除する規定のみならず、平成30年改正により、当該事業者にその責任の有無を決定する権限を付与する条項についても同様に無効となることが明示された。以下、①〜⑤における「（免除）し、又は当該事業者にその責任の有無（又は限度）を決定する権限を付与」の文言（かっこ内は執筆者）については、平成30年改正により追加される文言である。

- ①　事業者の債務不履行により消費者に生じた損害を賠償する責任の全部を免除し、又は当該事業者にその責任の有無を決定する権限を付与する条項（法8条1項1号）
- ②　事業者の債務不履行（当該事業者、その代表者又はその使用する者の故意又は重大な過失によるものに限る。）により消費者に生じた損害を賠償する責任の一部を免除し、又は当該事業者にその責任の限度を決定する権限を付与する条項（同条項2号）
- ③　消費者契約における事業者の債務の履行に際してされた当該事業者の不法行為により消費者に生じた損害を賠償する責任の全部を免除し、又は当該事業者にその責任の有無を決定する権限を付与する条項（同条項3号）
- ④　消費者契約における事業者の債務の履行に際してされた当該事業者の不法行為（当該事業者、その代表者又はその使用する者の故意又は重大な過失によるものに限る。）により消費者に生じた損害を賠償する責任の一部を免除し、又は当該事業者にその責任の限度を決定する権限を付与する条項（同条項4号）
- ⑤　消費者契約が有償契約である場合において、当該消費者契約(請負契約の場合は、仕事)の目的物に隠れた瑕疵があるときに、当該契約により消費者に生じた損害を賠償する事業者の責任の全部を免除し、又は当該事業者にその責任の有無を決定する権限を付与する条項（同条項5号）[22]

参考事例として次のものがある。

・「当スポーツジムで怪我をされた場合、いかなる理由であっても一切賠償を致しません」との契約条項は、法8条1項1号、同3号に該当し無効となると考えられる。
・「事業者の損害賠償責任は30万円（契約金額の3割）を限度とします」との契約条項は、同条1項2号、同4号の「一部を免除する」に該当し、事業者の債務不履行や不法行為について、事業者に故意又は重過失がある場合には無効となると考えられる。

3　第8条第1項5号の適用除外（法8条2項）

法8条1項5号に一見該当する契約条項であっても、以下の場合には同条項を適用しない。

---

22 民法改正により瑕疵担保責任に関する規定が改正されることを受けて、同改正法が施行された時点で、本条項5号は削除される（逐条解説120〜122頁参照）。

① 当該事業者が、瑕疵のない物をもってこれに代える責任（代物提供責任）、又は当該瑕疵を修補する責任（瑕疵修補責任）を負うとされている場合（法8条2項1号）

② 当該消費者と当該事業者の委託を受けた他の事業者との間の契約、又は当該事業者と他の事業者との間の当該消費者のためにする契約で、当該消費者契約の締結に先立って、又はこれと同時に締結されたものにおいて当該消費者契約（請負の場合は仕事）の目的物に隠れた瑕疵があるときに、当該他の事業者が、当該瑕疵により当該消費者に生じた損害を賠償する責任の全部若しくは一部を負い、瑕疵のない物をもってこれに代える責任を負い、又は当該瑕疵を修補する責任を負うとされている場合（同条項2号）。

なお、民法改正に伴い瑕疵担保責任に関する規定も変更されるため、同改正法が施行された時点で、本条2項について、「瑕疵」を「目的物が種類又は品質に関して契約の内容に適合しないもの」との用語に改められる（改正民法562条1項参照）。

4 消費者の解除権を放棄させる条項等の無効（法8条の2）

平成28年改正において、以下の新たな不当条項の類型が規定された。平成30年改正において、事業者に解除権の有無を決定する権限を付与する条項についても無効とする旨明示された。

① 事業者の債務不履行により生じた消費者の解除権を放棄させ、又は当該事業者にその解除権の有無を決定する権限を付与する条項

② 消費者契約が有償契約である場合において、当該消費者契約（請負契約の場合は、仕事）の目的物に隠れた瑕疵があることにより生じた消費者の解除権を放棄させ、又は当該事業者にその解除権の有無を決定する権限を付与する条項

本条は、消費者の解除権を放棄させる契約条項をその限りにおいて無効とするものである。契約条項が無効となった結果、債務不履行（又は瑕疵担保責任）に基づく解除については契約には何の定めもなかったこととなり、事業者に債務不履行（又は目的物に瑕疵）があった場合には、消費者は、民法541条（瑕疵担保の場合は、同法570条）の規定に従い、契約の解除をすることができる[23]。

5 事業者に対し後見開始の審判等による解除権を付与する条項の無効（法8条の3）（平成30年改正により追加）

平成30年改正により「事業者に対し、消費者が後見開始、保佐開始又は補消費者契約助開始の審判を受けたことのみを理由とする解除権を付与する消費者契約（消費者が事業者に対し物品、権利、役務その他の消費者契約の目的となるものを提供することとされているものを除く。）の条項は、無効とする」旨の規定が新設された。

---

23 改正民法では、引き渡された目的物に瑕疵があった場合の解除は、債務不履行の規定に基づいて行われるものとされているため（改正民法564条参照）、同改正法が施行された時点で、本条の規定も債務不履行か瑕疵担保責任かを区別することなく、事業者の債務不履行に基づく消費者の解除権を放棄させる契約条項を無効とするものに改正される。

6 消費者が支払う損害賠償の額を予定する条項等の無効（法 9 条）

(1) 解除に伴う損害賠償額の予定等の条項（法 9 条 1 項 1 号）

ア 要件

①当該消費者契約の「解除に伴う」損害賠償の額を予定し、又は違約金を定める契約条項であって、②これらを「合算した額」が、③「当該条項によって設定された解除の事由、時期等の区分に応じ、当該消費者契約と同種の消費者契約の解除に伴い当該事業者に生ずべき平均的な損害の額を超える」こと

イ 効果

平均的な損害を超える部分が無効となる。

ウ 相談事例へのあてはめにあたって留意すべき論点

(ア) 「契約の解除に伴う」とは（①）

約定解除権の行使又は法定解除権の行使いずれをも指す。本号は、たとえ消費者の責めに帰すべき事由により事業者が解除権を行使する場合であっても、事業者は一定の金額を超える損害賠償等を請求することができない趣旨である。

(イ) 損害賠償の額と違約金を「合算した額」とは（②）

消費者契約において、契約の解除に伴う損害賠償額の予定と併せて、損害賠償とは趣旨が異なる違約罰的なものとして高額な違約金を規定する場合があり得る。このような場合には、消費者に過大な義務を課すおそれがあるため、両者を合算した額が事業者に生じる平均的な損害を超えてはならないとする。

(ウ) 「当該条項によって設定された解除の事由、時期等の区分に応じ、当該消費者契約と同種の消費者契約の解除に伴い当該事業者に生ずべき平均的な損害の額」とは（③）

同一事業者が締結する多数の同種契約事案について類型的に考察した場合に算定される平均的な損害の額という趣旨である。具体的には、解除の時期等により同一の区分に分類される複数の同種の契約の解除に伴って当該事業者に生じる損害の額の平均値を意味する。したがって、この額はあらかじめ消費者契約において算定することが可能である。また、「平均的な損害」は、当該消費者契約の当事者たる個々の事業者に生じる損害の額について、契約の類型ごとに合理的な算出根拠に基づき算定された平均値であり、当該業種における業界の水準を指すものではない。

「解除の事由」とは具体的な解除原因を指す。解除に伴う損害賠償額の予定等については、具体的な解除原因によって解約手数料の額を区分している場合や、解除の時期により区分している場合がある。また、売買契約の場合には、解除により商品が返品されたか否かで区分している場合があり得る。「当該条項において設定された」とは、解除に伴う損害賠償額の予定等の区分の仕方は、業種や契約の特性により異なるものであるところ、「平均的な損害」であるかどうかの判断は当該条項で定められた区分ごとに判断するとの意味である。ただし、「平均的な損害」の額の算定については、消費者側の「解除の事由」により事業者に生ずべき損害の額が異なることは、一般的には考え難い[24]。

---

24 逐条解説150頁。

本条に関する裁判例として、次のものがある。

・東京地判平成14年3月25日判タ1117号289頁

平均的な損害について、民訴248条を適用して認定した。

・大阪地判平成14年7月19日判タ1114号73頁

平均的な損害について、損害賠償の予定を定める条項の有効性を主張する事業者側がその立証責任を負うとした。

・最判平成18年11月27日判タ1232号97頁

大学の入学試験の合格者と当該大学との間の在学契約における納付済みの授業料等を返還しない旨の特約について、消費者契約法9条1号により、平均的損害を超える部分は無効とした。

(2) 支払懈怠の場合の損害賠償額の予定等の条項（法9条1項2号）

ア 要件

① 「当該消費者契約に基づき支払うべき金銭」の全部又は一部を、②消費者が支払期日（支払回数が2回以上である場合には、それぞれの支払期日。以下この号において同じ。）までに「支払わない場合」における損害賠償の額を予定し、又は違約金を定める条項であって、これらを合算した額が、③支払期日の翌日からその支払をする日までの期間について、その日数に応じ、当該支払期日に支払うべき額から当該支払期日に支払うべき額のうち既に支払われた額を控除した額に年14.6パーセントの割合を乗じて計算した額を超えるもの

イ 効果

年14.6%を超える部分について無効となる。

ウ 相談事例へのあてはめにあたって留意すべき論点

(ア) 「当該消費者契約に基づき支払うべき金銭」とは（①）

売買契約の目的物である商品の代金、役務提供契約における役務の対価、立替払契約における支払金等がこれに含まれる。

(イ) 消費者が「支払わない場合」とは（②－1）

期限を徒過した場合を指す。本号は、金銭債務の支払遅延の場合の損害賠償を対象とするものである。不正乗車の割増運賃のような、支払期日以外の条項違反による損害賠償の予定又は違約金は法9条1項1号の対象となり、本号の対象とはならない。

(ウ) 「損害賠償の額を予定し、又は違約金を定める条項であって、これらを合算した額」とは（②－2）

第5、6(1) ウ(イ)（38頁）に記載したのと同じ。

(エ) 「当該支払期日に支払うべき額」（③－1）

金銭債務の支払期限に支払うこととされる金額を指す。複数回に分割して支払う場合は、それぞれの支払いごとの支払期限及び金額を指す。

(オ) 「年14.6パーセント」（③－2）

本条項は、消費者が金銭債務の不履行をした場合において事業者に発生する平均的な損害額の上限を定める規定であるが、この上限額は業種横断的な適用を前提に、同条項の趣旨や市場の実情、他の立法等を踏まえて設定されるべきであるところ、銀行取引を始め我が国の取引において

遅延損害金額が年14.6%（日歩4銭）とされ一般慣習化していること、「賃金の支払いの確保等に関する法律」においても未払賃金の遅延損害金が同率とされていることとに鑑み、当該利率が法定された。

年14.6%は単利であり、当該条項が日・月等の単位で損害賠償額の予定等を定めているときは、これを年利に換算する。

エ　具体例

具体例を挙げると、月額7000円の駐車代を11ケ月分滞納した後、7万7000円を一括で支払ったが損害金33万円を請求された。契約書に滞納した場合1日1000円の損害金を払うという条項があった場合、第9条1項2号に該当し年14.6%を超える部分につき無効となると考えられる。

もっとも、ビデオのレンタル契約で1日延滞すると300円の延滞料がかかるとの契約条項の場合、レンタルビデオの延滞料は物品の賃借についての追加料金であり、消費者の金銭債務の支払遅延に対する遅延損害金ではないと解すれば形式上第9条1項2号には該当しないとも考えられる。

オ　参考となる裁判例

裁判例として次のものが参考となる。

・札幌簡判平成13年11月29日消費者法ニュース60号211頁

平成11年2月に借り入れた20万円について、事業者と消費者が平成13年6月に合意した和解契約に基づく貸金返還請求訴訟で、和解契約上の年率26.28%の約定遅延損害金を9条2号により年率14.6%に制限した。

・東京高判平成16年5月26日判タ1153号275頁

信用保証委託契約に基づく求償元金及び約定遅延損害金（18.25%）の請求のうち、遅延損害金について、年利14.6%を超える部分の約定を無効とした。なお、原審は東京地判平成16年2月5日判タ1153号277頁。

・最判平成18年11月27日民集60巻9号3437頁

Xらが、各々Y大学への入学を辞退してY大学との間の在学契約を解除したなどとして、Y大学に対し、不当利得返還請求権に基づき、学生納付金相当額及びこれらに対する遅延損害金の支払を求めた事案で、次のとおり判示した。①原告らは、本件入学金の納付により、大学に入学し得る地位又は学生たる地位を取得するなどしてその対価を享受しているから、その後に入学を辞退してもその返還を求めることはできない。②平均的な損害及びこれを超える部分については、基本的には違約金等条項である不返還特約の全部又は一部が平均的な損害を超えて無効であると主張する学生が主張立証責任を負う。③一人の学生が特定の大学と在学契約を締結した後に当該在学契約を解除した場合、その解除が当該大学が合格者を決定するに当たって織り込み済みであれば、原則として、その解除によって当該大学に損害は生じない。④一般に4月1日には、学生が特定の大学に入学することが客観的にも高い蓋然性をもって予測できるから、在学契約の解除の意思表示がその前日である3月31日までにされた場合には、原則として、大学に生ずべき平均的な損害は生じず不返還特約はすべて無効となり、在学契約の解除の意思表示が同日よりも後にされた場合には、原則として、学生が納付した授業料等及び諸会費等は、それが初年度に納付す

べき範囲内のものにとどまる限り、大学に生ずべき平均的な損害を超えず、不返還特約はすべて
有効となる。

7　消費者の利益を一方的に害する条項の無効（法10条）による救済

(1)　趣旨

　消費者契約の実態をみると、法8条及び9条に規定する契約条項以外にも、消費者の利益を一
方的に害する条項が存在する。そこで、本条では消費者契約の条項が無効となる場合についての
包括的なルールを定めている。すなわち、本条では、「公の秩序に関しない規定」（任意規定）の
適用による場合に比べ、消費者の権利を制限し又は消費者の義務を加重する契約条項で（第1要
件）、民法1条2項の基本原則に反して消費者の利益を一方的に害するもの（第2要件）の効力
を否定している。平成28年改正では、かかる趣旨を踏まえつつ、予測可能性を高め、紛争を予防
する等の観点から、第1要件に該当する条項の例として、「消費者の不作為をもって当該消費者
が新たな消費者契約の申込み又はその承諾の意思表示をしたものとみなす条項」が挙げられ条文
に加えられた。

(2)　要件

　①　消費者の不作為をもって当該消費者が新たな消費者契約の申込み又はその承諾の意思表示
をしたものとみなす条項その他の法令中の公の秩序に関しない規定の適用による場合に比して、
消費者の権利を制限し又は消費者の義務を加重する消費者契約の条項であって②民法1条第2項
に規定する基本原則に反して、消費者の利益を一方的に害するもの

(3)　効果

　当該条項を無効とする。

(4)　相談事例へのあてはめにあたって留意すべき論点

　ア　各要件の留意点

　(ア)　「法令中の公の秩序に関しない規定」とは

　「公の秩序に関しない規定」とは強行規定ではない規定、すなわち任意規定のことを指す。任
意規定には、法律の明文の規定のみならず一般的な法理等も含むと解されている（最判平成23年
7月15日民集65巻5号2269頁）。「一般的な法理等」としては、賃貸借契約において特約がなけれ
ば賃借人は更新料を支払う義務は負わないというものや、所有者の意思によらずに所有権の放棄
は認められないというもの等が考えられる（以下、「任意規定」という場合には、一般的な法理
等も含めた「任意規定」を指すものとする。）。

　前記のとおり、平成28年改正で加えられた「消費者の不作為をもって当該消費者が新たな消費
者契約の申込み又はその承諾の意思表示をしたものとみなす条項」は、この要件を満たす契約条
項の一例ということになる。

　(イ)　「消費者の権利を制限し、又は消費者の義務を加重する」とは

　消費者と事業者との間の特約がなければ、本来であれば消費者が任意規定によって権利を行使
できるにもかかわらず、不当な特約によってその権利を制限すること、又は消費者と事業者との

間の特約がなければ、消費者には本来であれば加重されることのない義務であるにもかかわらず、不当な特約によってその義務を加重することを指す。

　㈡　「民法第1条第2項に規定する基本原則に反して」とは

　民法の指導原理である「信義誠実の原則」（民法1条2項）に反すること。

　㈢　「消費者の利益を一方的に害する」とは

　消費者と事業者との間にある情報や交渉力の格差を背景として、不当条項により消費者の法的に保護されている利益を信義則に反する程度に両当事者の衡平を損なう形で侵害すること、すなわち民法等の任意規定及び信義則に基づいて消費者が本来有しているはずの利益を、信義則上両当事者間の権利義務関係に不均衡が生じる程度に侵害することを指す。

　逐条解説（166頁）は、本条によって無効となる可能性がある条項の例として、事業者からの解除・解約の要件を緩和する条項、事業者の証明責任を軽減し、又は消費者の証明責任を加重する条項、消費者の権利の行使期間を制限する条項を挙げている。これらを参考に、本条の適用範囲を拡張する必要がある。

　イ　参考となる裁判例

　本条により条項が無効とされた裁判例として、次のものがある。

　・大阪地判平成15年9月26日消費者法ニュース57号157頁

　子犬の売買について、生命保証制度に加入しなかった場合には子犬が死亡しても販売会社は免責されるとの契約条項を無効として、売主の瑕疵担保責任を全面的に認めた。

　・大阪高判平成21年8月27日判時2062号40頁

　建物賃貸借契約における更新料支払の約定につき、本条後段違反で無効とした。

　・大阪高判平成20年11月28日公刊物未登載

　建物賃貸借契約に伴う定額補修分担金特約につき、通常使用損耗の原状回復費用を消費者に負担させるものとして本条後段により無効とした。

　・最判平成23年3月24日民集65巻2号903頁

　居住用建物の賃貸借契約に付された敷引特約は、当該建物に生ずる通常損耗等の補修費用として通常想定される額、賃料の額、礼金等他の一時金の授受の有無及びその額等に照らし、敷引金の額が高額に過ぎると評価すべき場合には、当該賃料が近傍同種の建物の賃料相場に比して大幅に低額であるなど特段の事情のない限り、信義則に反して消費者である賃借人の利益を一方的に害するもので本条項により無効と解するのが相当としつつ、本件敷引金の額は、上記経過年数に応じて上記金額の2倍弱ないし3.5倍強にとどまっていること、賃借人が、本件契約が更新される場合に1か月分の賃料相当額の更新料の支払義務を負うほかには、礼金等他の一時金を支払う義務を負っていないことなどから、本件特約を無効とはできないとした。

　・最判平成23年7月15日民集65巻5号2269頁

　居住用建物の賃借人が、更新料の支払を約する条項（更新料条項）が法10条により無効であると主張し、賃貸人に対し不当利得返還請求権に基づき支払済みの更新料の返還を求めた事案。最高裁は、本条項の第1要件にいう任意規定には、明文の規定のみならず、一般的な法理等も含まれると解するのが相当と判示した上で、「賃貸借契約は、賃貸人が物件を賃借人に使用させるこ

とを約し、賃借人がこれに対して賃料を支払うことを約することによって効力を生ずる（民法601条）のであるから、更新料条項は、一般的には賃貸借契約の要素を構成しない債務を特約により賃借人に負わせるという意味において、任意規定の適用による場合に比し、消費者である賃借人の義務を加重するものに当たるというべきである」としながらも、賃貸借契約書に一義的かつ具体的に記載された更新料条項は、更新料の額が賃料の額、賃貸借契約が更新される期間等に照らし高額に過ぎるなどの特段の事情がない限り、法10条にいう「民法第1条第2項に規定する基本原則に反して消費者の利益を一方的に害するもの」には当たらないと解するのが相当とし、更新料の額を賃料の2か月分とし、本件賃貸借契約が更新される期間を1年間とする規定について、無効とすることはできないとした。

第6　差止請求（法第3章）＝消費者団体訴訟制度

1　制度の概要

　消費者契約法第3章（差止請求）が規定する消費者団体訴訟は、少額でありながら高度な法的問題を孕む紛争が拡散的に多発するという消費者取引の特性に鑑み、同種紛争の未然防止・拡大防止を図り消費者の利益を擁護することを目的として、直接の被害者である消費者の訴えによらなくても、一定の要件を満たした適格消費者団体が、事業者を相手に、不当な勧誘行為や不当契約条項の差し止めを請求することができる制度である。差止請求の対象となるのは、消費者契約法が定める不当勧誘行為・不当条項締結行為並びに景品表示法が定める優良誤認表示及び有利誤認表示、特商法が定める不実告知、故意の事実不告知、威迫・困惑によるなどの不当勧誘行為、著しく虚偽又は誇大広告、クーリングオフ妨害となる特約、解約等に伴う損害賠償の額の上限を超える特約などの不当特約の締結などである。

　なお、民法改正により瑕疵担保責任に関する規律が改正されることを受けて、同改正法が施行された時点で、法8条の規定と合わせて本条3項本文括弧書も改正されることになる。

2　参考となる裁判例

　貸金業者の早期返還違約条項（借主が貸付金の返済期限が到来する前に、貸付金全額を返済する場合に（期限の利益を喪失したことによる返済を除く）、返済時までの期間に応じた利息以外に返済する残元金に対し割合的に算出される金員を貸主に対し交付する旨を定める契約条項）を法10条（消費者の利益を一方的に害する条項）違反だと認め、含む契約の停止などを認めた裁判例（大阪高等裁判所平成21年10月23日消費者庁ウェブサイト）。このほか、消費者庁ウェブサイトに、判決・和解例の情報がある[25]。

---

25 差止請求事例については、http://www.caa.go.jp/planning/25sashitomejirei.html。

第7 参考文献

1 「コンメンタール消費者契約法」（日弁連消費者問題対策委員会編・商事法務）

2 「消費者契約法逐条解説」（消費者庁ウェブサイトから）

3 「消費者契約法の評価及び論点の検討等について」（平成19年8月20日・内閣府国民生活局消費者企画課）参考資料10裁判例集

第2章　特定商取引に関する法律

第1　総論——特定商取引に関する法律（特商法）の改正経緯

1　消費者トラブルの変遷・拡大に伴う規制対象の拡充

(1) 前身の訪問販売法の法改正の経緯

　特定商取引に関する法（特商法）は、昭和51年に制定された「訪問販売法等に関する法律」（訪問販売法）を前身とする。訪問販売法は、押し売りなどの店舗外販売やマルチ商法など、当時多発していた消費者被害を規制する法律であり、制定当初は「訪問販売」「通信販売」「連鎖販売取引」のみが規制され、対象となる商品やサービス（「指定商品」「指定役務」「指定権利」と言われるもの）も限定されていた。しかしながら消費者トラブルの拡大や被害内容の変遷に伴い、法改正により徐々に規制対象が拡大していった。その概要は以下のとおりである。

　　昭和63年改正　キャッチセールス、アポイントメントセールスが規制対象化。指定商品・指定権利が拡大。

　　平成8年改正　電話勧誘販売が規制対象化。

　　平成11年改正　特定継続的役務提供が規制対象化。指定法人制度の導入。（なお併せて割販法も改正され、継続的役務に係る抗弁権の接続規定が新設。）

(2) 特商法に法律名を変更した後の改正

　訪問販売法が規制対象とする販売方法が拡大したため、平成12年改正により法律の名称が法規制の実態に即して「特定商取引に関する法律」に改称され、規制対象取引も内職・モニター商法などの「業務提供誘引販売取引」に拡大し、誇大広告規制（特商法36条）など消費者保護規制の強化が図られた。

　その後も、消費者トラブルの変質や多様化に伴い、次のとおり法改正が行われ、現在の特商法規制に至っている。

　　平成14年改正　メールによる広告を規制。

　　平成15年改正　特定継続的役務提供契約の対象範囲を拡大。

　　平成16年改正　販売目的を隠して虚偽誇大な説明を行なう悪質業者によるトラブルを防止するため、民事・行政規定の整備・強化。

平成19年・政令改正　指定商品・指定役務の追加。

平成20年改正　インターネット通信販売トラブルや抜け穴解消のため、割販法と併せて指定商品・指定役務の撤廃、過量販売解除権を創設等の改正。

平成24年改正　「訪問購入」を新たな取引類型として規制対象化。

平成28年改正　指定権利の見直し、FAX広告のオプトイン規制、取消権の消滅時効の伸長、指示命令・業務禁止命令の新設等。

(3)　特商法の現在のすがた

　以上のとおり、特商法は、我が国における消費者トラブルの拡大に対応し、法規制を拡充して現在に至っている。現在、規制対象となる販売類型は、次のとおりであって、それぞれの類型に応じ、事業者に対し行政規制と民事規制が定められている。

　　　　訪問販売（法第二章第二節）

　　　　通信販売（法第二章第三節）・ネガティブオプション（法59条）

　　　　電話勧誘販売（法第二章第四節）

　　　　特定継続的役務提供（法第四章）

　　　　業務提供誘引販売取引（法第五章）

　　　　連鎖販売取引（法第三章）

　　　　訪問購入（法第五章の二）

　本章では、これらの販売類型ごとに各種規制や裁判例を解説するとともに、消費者被害に巻き込まれた相談者から相談を受けた場合にとるべき対応を説明していく。

2　法の性質と考え方

　特商法は業法であって、行政規制は事業者が所轄官庁・主務大臣に対して負うべき義務であり、消費者との契約関係を直接に規律するものではない。

　しかしながら、当該規制に違反した事業者は行政処分の対象となるし、不適切なプロセスを経て契約に至ったことが明らかであれば、公序良俗違反その他の民法の一般条項を通じて契約の有効性に反映されうることに留意すべきである。

第2　訪問販売

1　特商法の適用要件（法2条1項）

(1)　意義

　訪問販売は、事業者が商品購入意思がない顧客の自宅等へ突然訪問し、事業者の主導的な勧誘（不意打ち勧誘）により顧客の自由な意思決定が一定程度阻害された状況下で契約締結に至ることが多く、消費者被害を生み出しやすい取引類型である。そのため、訪問販売に対しては、顧客が正確な契約条件等を認識できるように法定書面の交付を必要とし、不意打ち勧誘がなされた後の一定期間は冷静に契約について検討し解除ができるようクーリングオフ規定を設け、あるいは

不当な勧誘行為を禁止行為として規定するなどしている。

(2) 要件

「訪問販売」として同法の適用を受けるための要件は下記のとおりである。

① 販売業者又は役務提供事業者が（主体）

② 購入者等に対し（相手方）

③ 営業所等以外の場所において／特定顧客に対しては営業所等において（場所）

④ 商品・特定権利・役務の（対象）

⑤ 契約の申込みを受け又は契約を締結して行う取引（行為）

(3) 販売業者又は役務提供事業者（主体）

販売又は役務の提供を業として営む者の意味であり、「販売又は役務の提供を業として営む」とは、営利の意思をもって反復継続して取引を行うことをいう。営利の意思の有無は客観的に判断される（経済産業省「特定商取引に関する法律等の施行について」以下「通達」）。

(4) 購入者等（相手方）

購入者等が営業のために又は営業として締結する場合は適用除外となるので注意を要する。2(1)（49頁）を参照。

(5) 営業所等（場所）

ア 営業所等の例

特定商取引に関する法律施行規則（以下「規」という）1条は、営業所等の例として下記を定めている。

(ア) 営業所

商法上登記を要する本店、支店のみでなく広く営業の行われる場所をいい、通常は店舗を指す（通達）。

(イ) 代理店

代理商の営業所のことであり、代理商とは、一定の商人のために継続反復してその営業の部類に属する取引の代理又は媒介をする者をいう（通達）。

(ウ) 露店、屋台店その他これらに類する店

「露店」とは、路傍等において屋根を設けることなく物品を陳列して販売を行うもの、「屋台店」とは持ち運ぶように作った屋根のある台に物品を陳列して販売を行うもの等をいう。バス、トラックに物品を陳列し、顧客が自由に商品を選択できる状態で販売を行うもの等は、外見上何を販売しているかが明確であれば「その他これらに類する店」に該当する（通達）。

(エ) その他一定の期間にわたり商品を陳列し、当該商品を販売する場所であって、店舗に類するもの

①最低2、3日以上の期間にわたって、②商品を陳列し、顧客が自由に商品を選択できる状態で、③展示場等販売のための固定的施設を備えた場所で販売を行うものをいう（通達）。

通常は店舗と考えられない場所であっても、実態としてしばしば展示販売に利用されている場所（ホテル、公会堂、体育館、集会場等）で前記3要件を充足する形態で販売が行われていれば、これらも店舗に類する場所での販売に該当する。

上記３要件はすべて充足される必要がある。例えば、２、３日以上の期間にわたって商品を陳列し、販売のための固定的施設を備えている場所において、原則として事業者が指名した者等特定の者のみが入場して販売が行われていても、その場で販売員が取り囲む等顧客が自由意思で契約締結を断ることが客観的に見て困難な状況であれば、顧客が自由に商品を選択できる状態にあるとはいえず、②の要件を欠くため、「店舗に類する場所」に該当しない。

近時の裁判例で、形式的には店舗に類する場所において販売がなされても、顧客が自由に商品を選択できる状況になかったとして、店舗に類する場所への該当性を否定したものが存在する（東京地判平成20年３月28日判タ1276号323頁）。

㈹ 自動販売機その他の設備であって、当該設備により売買契約又は役務提供契約の締結が行われるものが設置されている場所

例えば、自動車道の入口に設置されている発券機、あるいはコインロッカーや郵便差出箱など、事業者による勧誘が行われることがなく、顧客の意思表示により、自動的に契約締結を行うための手続が開始される設備が設置されている場所をいう（通達）。

イ 訪問販売該当性のある特定顧客

下記の類型の誘引方法による顧客（特定顧客）については、営業所等における取引であっても、訪問販売に該当する（法２条１項２号本文、特定商取引に関する法律施行令（以下「令」という。）１条）。

㈹ キャッチセールス（同行型販売）

営業所等以外の場所において呼び止めて営業所等に同行させる販売方法（法２条１項２号本文）。「同行させる」とは、呼び止めた地点から営業所等まで相当程度の距離を、呼び止めた者が案内していくことを意味する。したがって、通常の店舗販売業者が店舗の前で行う呼び込みは、同行させる行為が欠けており、これに該当しない（通達）。

㈽ アポイントメント・セールス（目的隠匿型呼出販売）

電話・郵便等により、売買契約又は役務提供契約の締結について勧誘する意図や目的を告げずに営業所等への来訪を要請する販売方法（令１条１号）。例えば「あなたは選ばれたので○×を取りに来て下さい。」と告げる場合や、本来の販売の目的たる商品等以外のものを告げて呼び出す場合がこれに該当する。

なお、勧誘の対象となる商品等について、自らがそれを扱う事業者であることを告げたからといって、必ずしも当該商品について勧誘する意図を告げたと解されない。例えば、「見るだけでいいから。」と告げるなど販売意図を否定しているときには、当該商品について勧誘する意図を告げたことにはならない（通達）。

㈿ アポイントメントセールス（有利条件型呼出販売）

電話・郵便等により、他の者に比して著しく有利な条件で売買契約又は役務提供契約を締結できる旨を告げて営業所等への来訪を要請する販売方法（令１条２号）。ただし、当該要請の日以前に、当該販売又は役務の提供の事業に関して取引のあった者に対して要請する場合は除かれる。

(6) 商品・特定権利・役務（対象）

ア　指定商品制及び指定役務制の廃止

　原則として全ての商品・役務と、法で定められた特定権利が対象とされる。平成20年改正前は、適用対象となる契約を政令に掲げられた指定商品・指定権利の販売契約、指定役務の提供契約に限定されていたが、改正により限定が廃止され、平成21年11月30日以前に締結された契約のみ、対象が指定商品及び指定役務の提供に限定される。また同改正では指定権利制は維持されたものの、平成28年改正において、指定権利制は廃止され、特定権利として整理された。

イ　指定商品（平成21年11月30日以前に締結された契約が対象）

　指定商品とは、国民の日常生活に係る取引において販売される物品であって政令で定めるものをいう（法旧2条4項、令旧別表1参照）。

ウ　特定権利（平成29年12月1日以後に締結された契約が対象）

　特定権利とは、①施設を利用し又は役務の提供を受ける権利のうち国民の日常生活に係る取引において販売されるものであって政令で定めるもの、②社債その他の金銭債権、③株式会社の株式、合同会社、合名会社若しくは合資会社の社員の持分若しくはその他の社団法人の社員権又は外国法人の社員権でこれらの権利の性質を有するものをいう（法2条4項）[26]。平成28年改正により指定制が撤廃され、CO_2排出権等も含まれることとなった。

エ　指定役務（平成21年11月30日以前に締結された契約が対象）

　指定役務とは、国民の日常生活において係る取引において有償で提供される役務であって政令で定めるものをいう（法旧2条4項、令旧別表3参照）。

(7)　チェックフローチャートⅠ（特商法の訪問販売に関する規定の適用の有無）

　特商法の訪問販売に関する規定の適用の有無を判断する際に、思考の整理の一助となるように、簡単なチェックフローチャートを作成したので、参考にしていただきたい。

---

[26] 旧法の指定権利は次のとおり限定されたものであった（平成28年改正前の特商法2条4項、令3条、別表1）。

番号	指定権利	具体例
1	保養のための施設又はスポーツ施設を利用する権利	リゾートクラブ会員権、スポーツクラブ会員権、ゴルフ場会員権
2	映画、演劇、音楽、スポーツ、写真又は絵画、彫刻その他の美術工芸品を鑑賞し、又は観覧する権利	映画、演劇等各種チケット
3	語学の教授を受ける権利	英会話学校利用権

チェックフローチャートⅠ（特商法の訪問販売規定の適用の有無）

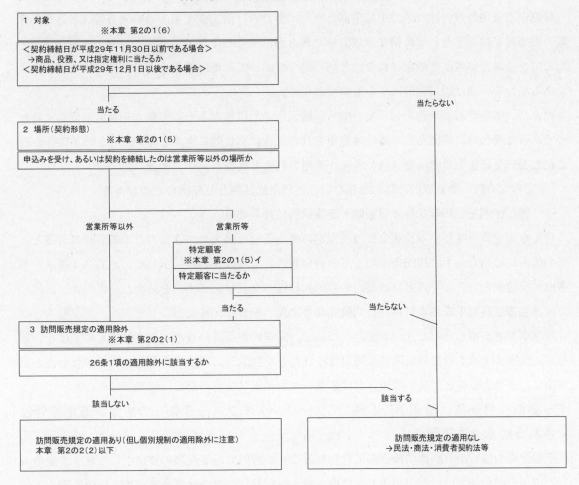

2　特商法の適用除外要件（法26条）

　特商法では以下のとおり適用除外が詳細に定められており、特商法の規制自体が及ばない場合、規制の一部について適用がない場合があるので注意を要する。

(1)　訪問販売に関する規定の全規定が適用除外となる場合（法26条1項）

　次の場合、特商法の規定の適用はない。

・申込者が、営業のために又は営業として締結する取引（同項1号）

・国外に在る者に対する取引（法26条1項2号）

・国又は地方公共団体が行う販売又は役務の提供（同項3号）、労働組合等の団体がその構成員に対して行う取引（同項4号）

・事業者がその従業者に対して行う取引（同項5号）

・株式会社以外の者が発行する新聞紙の販売（同項6号）

・弁護士等が行う一定の役務の提供（同項7号）

・金融商品取引業者等、宅地建物取引業者等、旅行業者等が行う一定の取引（同項8号イないしハ）

・その他の法律の規定によって、勧誘若しくは広告の相手方、その申込みをした者又は購入者若しくは役務の提供を受ける者の利益を保護することができると認められる販売又は役務の

提供として政令で定めるもの（同項 8 号ニ）

特商法の適用の可否について主に争点とされてきたのは法26条 1 項 1 号の該当性（申込者が営業のために又は営業として締結する取引）であるが、同号の趣旨は、契約の目的・内容が営業のためである場合に本法が適用されないという趣旨であって、契約の相手方の属性が事業者や法人である場合を一律に適用除外とするものではない。

例えば、事業者名で契約を行っていても、購入商品や役務が主として個人や家庭で使用するためであった場合は、原則として本法は適用される。特に実質的に廃業していたり、事業実態がほとんどない零細事業者の場合には、本法が適用される可能性が高い（通達）。

「営業のために」する取引にはあたらないとされた裁判例として次のものがある。

- 　神戸地判平成15年 3 月 4 日金融・商事判例1178号48頁

自動車販売等を業とする株式会社の消火器の充填薬剤の購入は、営業のため若しくは営業としての購入には当たらず、法26条 1 項 1 号の適用除外の適用はないと判示した上、同法 4 条、5 条書面の交付がないことを理由に、契約から約40日後のクーリングオフを認めた。

- 　名古屋高判平成19年11月19日判時2010号74頁・判タ1270号433頁

零細事業者が申し込んだリース契約について、同契約が事業のためになされたものではないとして、法26条 1 項 1 号の適用除外の適用はないことを判示し、同法 5 条書面の交付がないことを理由に、契約から約 2 年 8 か月後におけるクーリングオフを認めた。

(2)　書面交付義務（法 4 条、5 条）、クーリングオフ（法 9 条）の規定が適用除外とされる場合（法26条 3 項）

その全部の履行が契約締結後直ちに行われることが通例である役務の提供として政令で定めるもので、その全部又は一部が契約の締結後直ちに履行された場合（省令で定める場合に限る）。

ア　政令で定める役務の提供（令 6 条）

下記に掲げる役務の提供であって、役務提供事業者が営業所等以外の場所において呼び止めて営業所等に同行させた者から役務提供契約の申込みを受け、又はその者と役務提供契約を締結して行うもの。

- ㈠　海上運送法19条の 6 の 2 又は20条 2 項に規定する事業として行う役務の提供
- ㈡　飲食店において飲食をさせること
- ㈢　あん摩、マッサージ又は指圧を行うこと
- ㈣　カラオケボックスにおいてその施設又は設備を使用させること

イ　省令で定める場合（規23条の 3 ）

- ㈠　当該役務提供契約の締結後、直ちにその全部が履行された場合
- ㈡　当該役務提供契約の締結後、直ちにその全部が履行されることとなっている場合であって、役務の提供を受ける者の申出によって、その一部のみが履行された場合

(3)　クーリングオフ（法 9 条）の規定が適用除外とされる場合

- ア　その販売条件又は役務の提供条件についての交渉が、事業者と消費者との間で相当の期間にわたり行われることが通常の取引の態様である商品又は役務として、政令で定めるものの販売又は提供（法26条 4 項 1 号、令 6 条の 2 ）。自動車の購入等である。

イ　契約の締結後速やかに提供されない場合には、その提供を受ける者の利益を著しく害する
おそれがある役務として、政令で定める役務の提供（法26条4項2号、令6条の3）。電気
やガス等である。

ウ　書面（法4条、5条）を受領した場合において、その使用若しくは一部の消費により価額
が著しく減少するおそれがある商品として政令で定めるものを使用し又はその全部若しくは
一部を消費したとき（法26条4項第1号、令6条の4、別表3）。

エ　書面（法4条、5条）を受領した場合において、相当の期間品質を保持することが難し
く、品質の低下により価額が著しく減少するおそれがある商品として政令で定めるものを引
き渡されたとき（法26条5項2号）。

オ　即時履行契約（法5条2項）において、代金、役務の対価の総額が3000円に満たない場合
（法26条5項3号、令7条）。

(4)　氏名等の明示義務（法3条）、拒否者に対する再勧誘の禁止等（法3条の2）以
外の規定が適用除外とされる場合

ア　その住居において契約の申込みをし、又は契約を締結することを請求した者
に対して行う場合（法26条6項第1号）。

顧客が、「○○を購入するから来訪されたい」等、「契約の申込み」又は「契約の締結」を明確
に表示した場合、その他取引行為を行いたい旨の明確な意思表示をした場合、「請求した者」に
当たる。

商品等についての単なる問合せ又は資料の郵送の依頼等を行った際に、事業者から訪問して説
明をしたい旨の申出があり、これを顧客が承諾した場合は、顧客から請求を行ったとは言えない
ため、本号には該当しない。また、事業者の方から電話をかけ、事前にアポイントメントを取っ
て訪問する場合も同様である。

さらに、例えば、消費者が台所の水漏れの修理を要請し、その修理のために事業者が来訪した
際に、台所のリフォームを勧誘された場合についても適用除外に当たらないと考えられる（通
達）。

イ　事業者が、その営業所等以外の場所において契約の申込みを受け、又は契約
を締結することが通例であり、かつ、通常、消費者の利益を損なうおそれがな
いと認められる取引の態様で、政令で定めるもの（法26条6項2号、令8条）

(ア)　店舗販売業者又は店舗役務提供事業者が定期的に住居を巡回訪問し、契約の申込み、契約
の締結の勧誘を行わず、単にその申込みを受け、又は請求を受けてこれを締結して行う販売
又は役務の提供

(イ)　店舗販売業者又は店舗役務提供事業者が顧客（当該訪問の日前1年間に、当該販売又は役
務の提供の事業に関して、取引のあった者に限る）に対してその住居を訪問して行う販売又
はその住居を訪問して役務提供契約の申込みを受け若しくは役務提供契約を締結して行う役
務の提供

(ウ)　店舗販売業者以外の販売業者又は店舗役務提供事業者以外の役務提供事業者が継続的取引
関係にある顧客（当該訪問の日前1年間に、当該販売又は役務の提供の事業に関して、2以

　　上の訪問につき取引のあった者に限る）に対してその住居を訪問して行う販売又はその住居
　　を訪問して役務提供契約の申込みを受け若しくは役務提供契約を締結して行う役務の提供
　(エ)　販売業者又は役務提供事業者が、事業所に所属する者に対して、その事業所において行う
　　販売又はその事業所において役務提供契約の申込みを受け若しくは役務提供契約を締結して
　　行う役務の提供（その事業所の管理者の書面による承認を受けて行うものに限る）
(5)　損害賠償等の額の制限（法10条）の規定が適用除外とされる場合（法26条7項）
　　割賦販売で訪問販売に該当する場合は適用除外となる。

3　訪問販売に対する規制

(1)　氏名等の明示義務

　事業者は、訪問販売をしようとするときは、その勧誘に先立って、その相手方に対し、①事業者の氏名又は名称、②売買契約又は役務提供の契約の締結について勧誘する目的である旨、③当該勧誘に係る商品若しくは権利又は役務の種類の各事項を明らかにしなければならない（法3条）。

　ここでいう「勧誘に先立って」とは、相手方が勧誘を受けるか拒否するかを判断する最初の重要な機会を確保できる時点と解すべきであって、少なくとも勧誘の対象となった顧客に対し契約締結の意思形成に影響を与える行為を開始する前に告げなければならない。

　上記の事項のうち①については個人事業者の場合、戸籍上の氏名又は商業登記簿に記載された商号、法人にあっては、登記簿上の名称であることを要する。例えば、会社の販売員が訪問した場合に当該販売員の氏名のみを告げることや、正規の名称が「㈱××商事」であるにもかかわらず、「○○公団住宅センター」や「○○アカデミー」等の架空の名称や通称のみを告げることは、本号にいう「氏名又は名称」を告げたことにはならない（通達）。

　上記の事項のうち②の勧誘目的の具体的な告げ方としては、以下のような例が考えられる（通達）。

「本日は、弊社の健康布団をお勧めにまいりました。」

「水道管の無料点検にまいりました。損傷等があった場合には、有料になりますが、修理工事をお勧めしております。」

(2)　勧誘における事業者の義務等

ア　勧誘を受ける意思の確認努力義務（法3条の2第1項）

　事業者は、訪問販売をしようとするときは、相手方に対し、勧誘を受ける意思があることを確認するよう努めなければならない（法3条の2第1項）。

　この確認は、相手方に勧誘を開始する前に、明示的に行う必要がある（特商法に関する法律第3条の2等の運用指針－再勧誘禁止規定に関する指針－。以下「指針」）。

イ　拒否者に対する再勧誘の禁止（法3条の2第2項）

　事業者は、訪問販売に係る売買契約又は役務提供契約を締結しない旨の意思を表示した者に対し、当該売買契約又は当該役務提供契約の締結について勧誘をしてはならない（法3条の2第2項）。

(ア)　訪問販売お断りステッカーについて

消費者庁は、「契約を締結しない旨の意思」を表示する方法につき、消費者が明示的に契約締結の意思がないことを表示した場合を指すものとし、例えば「訪問販売お断り」と記載されたステッカー等を貼っておくことは、意思表示の対象や内容、表示の主体や表示時期等が必ずしも明瞭でないため、「契約を締結しない旨の意思」の表示には当たらないとする（「改正特商法における再勧誘禁止規定と「訪問販売お断り」等の張り紙・シール等について」平成21年12月10日消費者庁取引・物価対策課）。

しかし、消費者側が同ステッカー等を拒絶の予告表示として活用することは十分可能である。また、同ステッカー等に、一切の業者との間で一切の契約締結をする意思がない旨が具体的に記載されている場合には、「契約を締結しない旨の意思」の表示に当たると解すべきである。また、上記消費者庁の解釈をもってしても、同ステッカー等が無意味となるものではないから、むしろ同ステッカー等は、今後も積極的に活用されるべきである。

(イ)　同居人に対する再勧誘について

同居者の1人が契約を締結しない旨の意思表示をしたからといって、他の同居者に対して勧誘を行うことは直ちに違法とはならないが、一度契約を締結しない旨の意思を表示した者の住居を訪問することは、例えば同一人物に対する再勧誘を行うことになる場合があり得るから、そのような場合には違法となる（指針）。

(ウ)　再勧誘の禁止の範囲

「勧誘をしてはならない」とは、その訪問時においてそのまま勧誘を継続することはもちろん、その後改めて訪問して勧誘することも禁止されるという意味である。同一会社の他の勧誘員が勧誘を行うことも当然に禁止される。なお、勧誘が禁止されるのは「当該売買契約又は当該役務提供契約の締結について」であり、これに当たらない別の商品等の契約についての勧誘は禁止されない（指針）。

(3)　書面交付義務

訪問販売においては、顧客が取引条件を確認しないまま契約を締結してしまったり、契約条件が曖昧であることなどが原因で後日トラブルとなることが多い。そのため、契約の申込み及び締結の段階で契約条件を明確にした書面を交付することが義務づけられている。この書面の交付は、クーリングオフの期間の起算点としての意味を有している点が重要である。そして、書面が交付されていても、記載事項の脱漏がある場合は、書面の交付がないものとしてクーリングオフの期間が進行しないことになるので、交付された書面の内容のチェックも重要である。

ア　申込書面（法4条）

事業者は、営業所等以外の場所において契約の申込みを受けたとき又は営業所等において特定顧客から契約の申込みを受けたときは、直ちにその申込みの内容を記載した書面を交付しなければならない。

ここで、「直ちに」とは、当該申込み行為又は取引行為が完了した際その場で、という意味である（通達）。そのため、いったん営業所に戻ってから書面を作成し、後日これを交付した場合には同条違反となる。

なお、申込みと同時に契約締結に到ったときは、契約書面を直ちに交付する義務のみを負うことになる（法4条ただし書）。

イ 契約書面（法5条）

事業者は、申込みを受けたその場で契約締結に至った場合は直ちに、そうでない場合は遅滞なく、その契約の内容を明らかにする書面を交付しなければならない。「遅滞なく」とは、通常3～4日と解されている（通達）。

なお、営業所等において特定顧客以外の顧客から申込みを受け、営業所等以外の場所において契約を締結したときは、契約書の交付義務は課されない。

ウ 記載内容

申込書面と契約書面の記載事項は下記のとおりである。

なお、書面には書面の内容を十分に読むべき旨を赤枠の中に赤字かつ8ポイント以上の大きさを用いなければならない（規5条2項、3項）。

㋐ 申込書面

絶対的記載事項	法4条1号ないし5号 1　商品若しくは権利又は役務の種類 2　商品若しくは権利の販売価格又は役務の対価 　　事業者が消費者から消費税を徴収する場合には、消費税を含んだ価格を記載する必要がある（通達）。 3　商品若しくは権利の代金又は役務の対価の支払の時期及び方法 　　「代金支払方法」として記載すべき事項は、持参・集金・振込、現金・クレジット等の別であり、分割して代金を受領する場合には各回ごとの受領金額、受領回数等が含まれる（通達）。 4　商品の引渡時期若しくは権利の移転時期又は役務の提供時期 　　「商品の引渡時期」及び「役務の提供時期」については、商品の引渡し又は役務の提供が複数回にわたる場合は、回数、期間等が明確になるよう記載しなければならない。「権利の移転時期」については、実質的に権利の行使が可能になる時期を記載しなければならない（通達）。 5　クーリングオフに関する事項 　　規6条に規定するところにより記載する。
	規3条1号ないし6号 1　事業者の氏名又は名称、住所及び電話番号並びに法人にあっては代表者の氏名 2　売買契約又は役務提供契約の申込み又は締結を担当した者の氏名 3　売買契約又は役務提供契約の申込み又は締結の年月日 4　商品名及び商品の商標又は製造者名 5　商品に型式があるときは、当該型式 6　商品の数量
相対的記載事項	規3条7号ないし9号 1　商品に隠れた瑕疵がある場合の事業者の責任についての定めがあるときは、その内容 　　商品に隠れた瑕疵がある場合に事業者が当該瑕疵について責任を負わない旨が定められていない必要がある（規5条1項）。 2　契約の解除に関する定めがあるときは、その内容 (1)　購入者又は役務の提供を受ける者からの契約の解除ができない旨が定められていない必要がある（規5条1項）。 (2)　事業者の責に帰すべき事由により契約が解除された場合における事業者の義務に関し、民法に規定するものより購入者又は役務の提供を受ける者に不利な内容が定められていない必要がある（規5条1項）。 3　前2号に掲げるもののほか特約があるときは、その内容 　　法令に違反する特約が定められていない必要がある（規5条1項）。

㋑ 契約書面

即時履行契約（契約締結と同時に契約当事者相互の債務が完全に履行された場合）以外の契約

における契約書面の記載事項は、基本的に申込書面と同一である（法5条1項）。

即時履行契約においては、契約書面の記載事項のうち、法4条3号（商品若しくは権利の代金又は役務の対価の支払の時期及び方法）、同条4号（商品の引渡時期若しくは権利の移転時期又は役務の提供時期）の記載が不要となる（法5条2項）。

(ウ)　クーリングオフに関する事項（規6条）

クーリングオフについては、顧客による行使を実質的に保障するため、交付書面にその要件及び行使方法が記載される必要がある。

なお、下記の事項は、赤枠の中に赤字で記載されなければならない（同条6項）。

	クーリングオフができる旨の記載（規6条1項）
商品	1　特商法5条の書面を受領した日（その日以前に特商法4条の書面を受領した場合には、これを受領した日）から起算して8日を経過するまでは、書面により契約の申込みの撤回又は契約の解除を行うことができること。 2　申込者等が、事業者が①契約の申込みの撤回又はその解除に関する事項につき不実のことを告げる行為をしたことにより誤認をし、又は②業者が威迫したことにより困惑をしたことにより、契約の申込みの撤回又は契約の解除を行わなかった場合には、当該業者が交付した特商法9条1項ただし書の書面を受領した日から8日を経過するまでは、書面により契約の申込みの撤回又は契約の解除を行うことができること。 3　契約の申込みの撤回又は契約の解除は、当該契約申込の撤回又は解除に係る書面を発した時に、その効力が生じること。 4　契約の申込みの撤回又は契約の解除があった場合においては、事業者は、その契約の申込みの撤回又は契約の解除に伴う損害賠償又は違約金の請求をすることができないこと。 5　契約の申込みの撤回又は解除があった場合において、商品の引渡しが既になされているときは、その引取りに要する費用は販売業者の負担とすること。 6　契約の申込みの撤回又は契約の解除があった場合には、既に商品が使用されたときにおいても、当該商品の使用により得られた利益に相当する金銭の支払を請求することができないこと。 7　契約の申込みの撤回又は契約の解除があった場合において、代金が支払われているときは、事業者は、速やかにその全額を返還すること。
権利	1　商品における1と同様 2　商品における2と同様 3　商品における3と同様 4　商品における4と同様 5　契約の申込みの撤回又は解除があった場合において、権利の移転が既にされているときは、その返還に要する費用は事業者の負担とすること。 6　契約の申込みの撤回又は契約の解除があった場合には、既に権利の行使により施設が利用され又は役務が提供されたときにおいても、当該事業者は当該権利の行使により得られた利益に相当する金銭の支払を請求することができないこと。 7　契約の申込みの撤回又は契約の解除があった場合において、当該権利に係る役務の提供に伴い、申込者等の土地又は建物その他の工作物の現状が変更されたときは、当該事業者に対し、その原状回復に必要な措置を無償で講ずることを請求することができること。 8　商品における7と同様
役務	1　商品における1と同様 2　商品における2と同様 3　商品における3と同様 4　商品における4と同様 5　契約の申込みの撤回又は契約の解除があった場合には、事業者は、既に役務が提供されたときにおいても、当該役務の対価その他の金銭の支払を請求することができないこと。 6　契約の申込みの撤回又は契約の解除があった場合において、金銭を受領しているときは、事業者は速やかにその全額を返還すること。 7　権利における7と同様

法26条4項1号の政令で定める商品又は役務の提供（二輪のものを除く自動車、二輪のものを除く自動車の貸与）に該当する場合において、クーリングオフができないこととする場合の記載（規6条2項）

1 商品又は役務の名称その他当該商品又は役務を特定しうる事項。
2 当該商品又は役務については契約の申込みの撤回又は契約の解除を行うことができないこと。

法26条4項2号の政令で定める役務の提供（電気・ガス・熱の供給、葬式のための祭壇の貸与そのたの便宜の提供）のクーリングオフができないこととする場合の記載（規6条3項）

1 役務の名称その他当該役務を特定し得る事項
2 当該役務については契約の申込みの撤回又は契約の解除を行うことができないこと

法26条5項1号の政令で定める商品（消耗品）を使用し又はその全部若しくは一部を消費したときはクーリングオフできないこととする場合の記載（規6条4項）

1 商品の名称その他当該商品を特定しうる事項
2 当該商品を使用し又はその全部若しくは一部を消費したとき（当該事業者が当該商品を使用させ、又はその全部若しくは一部を消費させた場合を除く。）は契約の申込みの撤回又は契約の解除を行うことができないこと。

㈢ 不備書面に関する裁判例

・東京地判平成11年7月8日くらしの判例集（平成14年12月号　国民生活センター）

　呉服の訪問販売に関して、顧客に交付された「ショッピングクレジットお申込みの内容」と題する書面の記載事項が、第1契約では販売担当者氏名、商品の商標又は製造者名、種類又は型式、契約数量の記載に脱漏があり、第2契約では申込日、販売価格、販売担当者名、商品の商標又は製造者名、種類又は型式、契約数量の記載に脱漏があることを理由に、勧誘方法の問題性や購入者の認識ないし実害の有無を問題とするまでもなく、クーリングオフの行使を認めた。

・大阪地判平成19年3月28日消費者法ニュース72号292頁

　訪問販売に関して交付された契約書に、商品名及び商品の商標又は製造者名、型式又は種類の記載が欠けており、記載事項の不備を口頭で補うことは許されないとして、契約締結後10か月経過後のクーリングオフの行使を有効と認め、クレジット会社の請求を棄却した。

・大阪地判平成12年3月6日消費者法ニュース45号69頁（商品の特定が不十分）

　ダイヤの訪問販売（クレジット利用）に関して、交付されたクレジット契約書の商品の特定が不完全であるが、契約締結の際鑑定書・保証書を提示し、後日鑑定書・保証書を送付したという事案において、書面は購入者に現実に交付されることが必要であり、また交付書面の中に商品の特定等に関する記載が必要であることから、別の資料から書面の記載を補完することはできないとし、売買契約から2か月ほど後に鑑定書・保証書を送付しても、遅滞なく交付したわけではないから書面の交付に当たらないとして、クーリングオフの行使を認めた。

(4) 禁止行為

　特商法は、不実の告知、故意の重要事項の不告知、威迫・困惑行為及び販売目的隠匿勧誘という4つの類型について、罰則の制裁のもとで禁止行為としている。

　なお、この他、指示対象行為として、債務の履行拒否・履行遅延、その他の重要事項の不告知、過量販売取引、迷惑を覚えさせる勧誘、判断力の不足に乗じた契約、適合性に反する勧誘、虚偽の事実を記載させる行為、購入者等を被保険者とする生命保険契約、つきまとい行為、消耗

品のクーリングオフ妨害などがある（法7条1号ないし3号、省令7条1号ないし7号）。

ア　不実の告知（法6条1項）

　事業者は、①契約の締結について勧誘をするに際し、又は、②契約の申込みの撤回又は契約の解除を妨げるため、下記の事項につき、不実のことを告げる行為をしてはならない。

　事業者において、事実と異なることを告げていることにつき主観的認識を有している必要はなく、告げている内容が客観的に事実と異なっていれば足りる（通達）。本項に違反した勧誘により告げられた内容が事実であるとの誤認をし、それによって契約の申込み又はその承諾の意思表示をしたときは、消費者はこれを取り消すことができる（法9条の3第1項1号）。

　㋐　商品の種類・性能・品質、権利若しくは役務の種類・内容、その他省令で定める事項

　当該商品等の購入等にあたって、商品等の価値を判断する要素となる事項である。一般には、商品の品質が類似のものと比較して劣るにもかかわらず優良と告げることや、根拠もなく商品の品質等について公的機関から認定を受けているかのごとき説明を行うこと等は、本号に関する不実の告知に該当する。

　例えば事実に反して、使用する耐震補強金具が高性能なものであると告げることや、「ウチは材料の質も、仕事の質も他の業者と違う」と告げることはこれに該当する（通達）。

　なお、規6条の2では、商品の効能、商標又は製造者名、販売数量、必要数量、役務又は権利に係る役務の効果、が定められている。

　㋑　販売価格、役務の対価

　販売価格や役務の対価に関する事項であり、例えば、「今だけ特別キャンペーン価格」と言いながら実際にはそれが通常価格であるような場合、「よそでは高くつくが、うちなら低価格でできる」と言いながら実際にはそういった価格差は存在しない場合がこれに該当する（通達）。

　㋒　代金、役務の対価の支払時期及び方法

　㋓　商品の引渡時期、権利の移転時期、役務の提供時期

　㋔　契約解除に関する事項

　法9条に規定するクーリングオフに関する事項のほか、それ以外に契約の解除等ができる場合及びその解除を行ったときの損害賠償又は違約金についての取決め等をいう。

　例えば、クーリングオフの期間が法5条の書面の受領日から8日間認められているにもかかわらず4日間と告げたり、クーリングオフを申し出た顧客に対して、「個人的な都合によるクーリングオフは認められません」「違約金を支払ってもらう。これは法律で決まっている」「工事を既に始めたので解除できない」「申し込んだ以上既に資材の手配をしているので撤回はできない」「ミシンの梱包を開いているので解除できない」「名前をコンピューターに登録してしまったので解除できない」と告げたりすることがこれに関する不実告知に該当する（通達）。

　㋕　契約締結を必要とする事情に関する事項

　例えば住宅リフォームの勧誘において、事実に反して「床下が腐っていてこのままでは家が倒れてしまう。床下換気扇の設置が必要」「屋根が一部壊れている。このままにしておくと雨漏りをする」、（給湯器の販売勧誘において）「不具合が発生していて、このまま使用し続けると発火して火事になるかもしれない」、（消火器の販売勧誘において）「法律上1年おきに詰め替えの義

務がある」、（ステンレス鍋の販売勧誘において）「アルミ鍋は有害である」、（ガス漏れ警報器の販売勧誘において）「経済産業省が設置するように決めた」等と告げる行為がこれに該当し得る（通達）。

㊟ その他顧客の判断に影響を及ぼすこととなる重要なもの

顧客が契約を締結する場合又は申込みの撤回若しくは解除をする場合の意思形成に対して重大な影響を及ぼす事項であって、㋐から㋖までに該当しないものをいい、契約の内容のみならず、当該契約に関連のある事項が広く対象となる。

例えば、事実に反して、あたかも訪問したマンションの管理会社と契約をしている事業者であるかのように告げること、「ご近所はみんなやっている」と告げて排水管の清掃等の勧誘を行うことはこれに該当する（通達）。

イ 重要事項の不告知（特商法6条2項）

事業者は、契約の締結について勧誘をするに際し、前記㋐から㋔までに掲げる事項について、故意に事実を告げない行為をしてはならない。

故意とは、当該事実が当該顧客の不利益となるものであることを知り、かつ、当該顧客が当該事実を認識していないことを知っていることをいう。故意に事実を告げない行為をもって足り、相手方が錯誤に陥り、契約を締結し又は解除を行わなかったことを要しない。

重要事項の不告知の例としては、18ホールのゴルフ場の会員権を販売する際に、会員が1万人もいることを告げない場合や、リゾートクラブ会員権について1室当たりの換算会員数が100人もいることを告げない場合等が考えられるが、その他にも同一施設について複数のクラブを組織し、それぞれ会員権を販売するなどにより、実質的には会員数が当該施設の利用を著しく困難にする程度に存在しているにもかかわらずこれを告げない場合、また、床下換気扇の販売において、家の広さ等からして3台で十分であることを告げずに10台の販売をする場合等も該当するものと考えられる（通達）。

本項に違反して故意に事実を告げない行為によって、当該事実が存在しないとの誤認をし、それによって契約の申込み又はその承諾の意思表示をしたときは、顧客はこれを取り消すことができる（特商法9条の3第1項2号）。

ウ 威迫・困惑行為（特商法6条3項）

事業者は、契約を締結させ、又は契約の申込みの撤回若しくは解除を妨げるため、威迫して困惑させてはならない。

契約を締結させるための威迫・困惑の例としては、「買ってくれないと困る」と声を荒げられて、どうしてよいかわからなくなり、早く帰ってもらいたくて契約してしまった場合、勧誘の際にことさらに入墨を見せられ、怖くなって話を切り上げられなくなってしまった場合などが挙げられる。

契約の申込みの撤回又は解除を妨げるための威迫・困惑の例としては、クーリングオフのために電話したところ、「残金を支払わないと現住所に住めなくしてやる」と言われ、不安になってクーリングオフの行使を思いとどまった場合が挙げられる（通達）。

エ 販売目的隠匿勧誘（特商法6条4項）

事業者は、契約の締結について勧誘をするためのものであることを告げずに営業所等以外の場所において呼び止めて同行させること、その他電話、郵便等（令3条の2）で誘引した者に対し、公衆の出入りする場所以外の場所において、契約の締結について勧誘をしてはならない。

「公衆の出入りする場所以外の場所」とは、不特定多数の一般人が自由に出入りしていない場所を指す。例えば、事業者の事務所、個人の住居、ホテルの部屋や会議室、公共施設等の会議室、カラオケボックス、貸し切り状態の飲食店等はこれに該当すると考えられる。

本項で規定する方法により誘引した者に対して、公衆の出入りしない場所で勧誘することは、全て本項に違反する行為となる。例えば、誘引した者に対し、公衆の出入りする場所で勧誘を始め、その後公衆の出入りしない場所で勧誘を行った場合でも本項に違反する行為となる（通達）。

(5) 義務違反に対する制裁

以上の義務に違反した事業者には、以下の制裁がある。

ア　主務大臣の指示（特商法7条）

主務大臣は、取引の公正及び顧客の利益が害されるおそれがあると認めるときは、その事業者に対し、必要な措置をとるべきことを指示できる（同条1項）。なお、主務大臣による指示は、公表しなければならない（同条2項）。

イ　主務大臣による業務の停止・禁止・公表の指示（特商法8条）

主務大臣は、禁止行為違反等の一定の場合で、①取引の公正及び消費者の利益が著しく害されるおそれがあると認めるとき、又は②事業者が主務大臣の指示に従わないときは、2年以内の期間（平成28年改正で1年から伸長された）に限り、事業者に対し、業務の全部又は一部の停止を命じることができる。その事業者が個人である場合、その者に対して、当該停止を命ずる期間と同一の期間、当該停止を命ずる範囲の業務を営む法人の当該業務を担当する役員となることの禁止も併せて命ずることができる（平成28年改正で新設）。

ウ　刑罰（特商法70条以下）

一定の違反行為、行政処分違反等の場合に刑事罰が定められている（特商法70条以下）。

4　消費者保護規定

(1) クーリングオフ（特商法9条）

クーリングオフ制度とは、一定の期間内であれば顧客が事業者との間で申込み又は締結した契約を、顧客が無理由かつ無条件で撤回・解除ができる権利である。

ア　趣旨

クーリングオフ制度は、顧客に対し、書面により正確な情報を提供した後に一定期間冷静に考え直す機会を与え、その一定期間内であれば無理由かつ無条件に撤回・解除することを認めることにより、消費者の救済を容易にするとともに事業者の不適正勧誘を抑制することを趣旨としている。

イ　積極要件

(ア)　訪問販売に当てはまること（特商法9条1項本文）

(イ)　書面によること（特商法9条1項本文）

　法がクーリングオフに書面を要求した趣旨は、申込みの撤回等を行ったことや、その日付について、後日紛争が生じないように明確にするためである。したがって、内容証明郵便を利用するか、書面の写しを残して、簡易書留又は特定記録郵便によって送付することが望ましい。

　もっとも、顧客が書面によらず電話や面談により撤回・解除の意思を通告した場合であっても、その口頭の意思表示の存在が証拠上認定できる場合にまで、これを無効とするものではないと解されており、裁判例でも口頭のクーリングオフを有効と認めたものがある（大阪簡判昭和63年3月18日判時1294号130頁、福岡高判平成6年8月31日判タ872号289頁等）ことから、相談を受けた際には口頭での申し入れの有無についても確認すべきである。

　㈦　(イ)の書面による通知を、クーリングオフができる旨及びその方法について記載された書面（特商法4条又は5条の書面）を受領した日から起算して8日以内に発信したこと（同法9条1項ただし書）

　初日算入であり、書面を受領した日を1日目と数える。

　なお、法定書面が交付されていても不備がある場合には同期間は進行しないから、相談を受けた際には交付されている書面に不備がないかのチェックが必要となる。

　また、クーリングオフ妨害があった場合（事業者が不実のことを告げて誤認させ、あるいは威迫して困惑させたことによりクーリングオフさせなかった場合）は、クーリングオフができることなど省令が定める事項を記載して再度交付した書面（下記）を受領した日から起算して8日以内に発信すれば足りることになる（特商法9条1項ただし書かっこ書、平成16年改正）。

　㈢　クーリングオフ妨害の場合

　　a　クーリングオフ妨害後の書面（特商法9条1項ただし書の書面）には、以下の内容を記載しなければならない（規7条の2）。

　　　①　商品若しくは権利の販売価格又は役務の対価（同条1項1号）

　　　②　特商法9条1項ただし書の規定に基づき、当該書面を受領した日から起算して8日を経過するまでは契約の申込みの撤回又は解除（以下、「申込みの撤回等」という。）ができること（同2号）。赤枠の中に赤字で記載しなければならない。

　　　③　特商法9条2項から7項までの規定に関する事項（同3号）。赤枠の中に赤字で記載しなければならない。

　　　④　事業者の氏名又は名称、住所、電話番号、法人の代表者の氏名（規7条の2第1項4号）

　　　⑤　契約の申込み又は締結を担当した者の氏名（同5号）

　　　⑥　契約の申込み又は締結の年月日（同6号）

　　　⑦　商品名及び商品の商標又は製造者名（同7号）

　　　⑧　商品の型式又は種類（権利又は役務の種類）（同8号）

　　　⑨　商品の数量（同9号）

　　b　aの書面には、日本工業規格Z8305に規定する8ポイント以上の大きさの文字及び数字を用いなければならず、また記載するに際し、規7条の2第1項2号及び同項3号に掲げる内容については赤枠の中に赤字で記載しなければならない（規7条の2第2項、第3

項）。

　　ｃ　業者は、ａの書面を交付した際、直ちに申込者等が当該書面を見ていることを確認した
　　　上で、「これから８日経過するまではクーリングオフできる」こと（規７条の２第１項２
　　　号）及び同項３号に掲げる事項を口頭で告げなければならない（同条５項、通達）。これ
　　　は、一旦クーリングオフを妨害された申込者等は、期間経過後はクーリングオフできない
　　　と思いこんでいることが多いため、消費者保護を徹底し事業者に説明義務を定めたもので
　　　ある。

ウ　消極要件（適用除外、特商法26条）

適用除外に該当しないことである。特商法そのものの適用がない取引のみならず、特商法の適
用はあってもクーリングオフ規定の適用のない取引もあるので注意が必要である。本章第２の２
⑵（50頁）を参照。

エ　効果

クーリングオフには、以下の効果があり、また、クーリングオフ規定に関し顧客に不利な特約
は無効である（法９条８項）。

㋐　商品・権利の売買契約の解除の場合

　　ａ　代金・商品等の返還

解除により代金債務は全部消滅し、支払済みの代金の返還と引渡済みの商品の返還が、相互に
原状回復義務として生じる（民法703条）。

　　ｂ　損害賠償・違約金

クーリングオフは正当な権利の行使であるから、債務不履行による損害賠償義務は本来発生し
ない。しかし、事業者が特約で解約の際の違約金等を定めることも考えられるため、何らの負担
なく契約を解消できる趣旨を徹底し、損害賠償又は違約金の請求ができないことを明記した（法
９条３項）。

　　ｃ　原状回復費用

原状回復費用は、本来はそれぞれの義務者が負担するものであるが、法は消費者保護を徹底
し、商品等の原状回復費用は事業者の負担とした（法９条４項）。したがって、クーリングオフ
を行使した顧客は、受領した商品等について、事業者に対し引取りを請求して取りに来るまで保
管しておくか、事前に事業者と協議の上、料金着払いで返送することも可能である。

　　ｄ　使用利益の不当利得

既に引き渡された商品が顧客に使用されたときでも、事業者は、その商品の使用により得られ
た利益に相当する金銭を請求できない（法９条５項）。

㋑　役務提供契約の解除の場合

　　ａ　損害賠償・違約金

事業者は、損害賠償・違約金の請求ができない（法９条３項）。

　　ｂ　消費者の原状回復義務

役務提供契約の場合、一旦提供された役務はその性質上返還することができない。そのため、
特商法は、提供された役務の原状回復及びその費用については特に規定していない。

c 使用利益の不当利得

消費者保護の見地から、クーリングオフが行使された場合には、役務の提供においても、事業者は、その役務の提供の対価を請求できない（法9条5項）。

d 事業者の原状回復義務

役務提供契約の性質によっては解除の効果が非遡及となるため（民法620条等）、入会金等の名目で既に金銭を支払った者が役務の提供を受ける前にクーリングオフを行使しても、民法上当然には当該入会金等は返還されないおそれがある。そこで、事業者にはこれら入会金等の速やかな返還が義務づけられている（法9条6項）。本条項には、返還についての具体的な日数等は明記されていないが、履行遅延が続くと、7条1号に該当し、7条又は8条の規定により当該事業者に対し、主務大臣の指示又は命令が発せられることとなる[27]。

e 事業者の原状回復費用

取付工事等の役務では、取付工事等を解除してもその効果として壁の穴の修復や取り外された壁の修繕等は解除の効果たる原状回復には含まれるとは限らず、顧客はクーリングオフの行使でも救済されないおそれがある。そこで、クーリングオフ逃れの行為を防止し、事後処理を円滑にするため、役務の提供により顧客の土地、建物等の現状が変更されたときは、事業者に対し無償で（業者の費用負担で）原状回復を請求できることとした（法9条7項）。

オ チェックフローチャートⅡ

クーリングオフの可否を判断する際に、思考の整理の一助となるように、簡単なチェックフローチャートを作成したので、参考にしていただきたい。

---

27 なお、6項で「権利」について規定していないが、「権利」の売買契約は商品の売買契約と同様、解除に遡及効が認められるので、特に規定が設けられていなくても顧客の既払金は民法上当然に返還されることとなる。

チェックフローチャートⅡ（クーリングオフの可否）

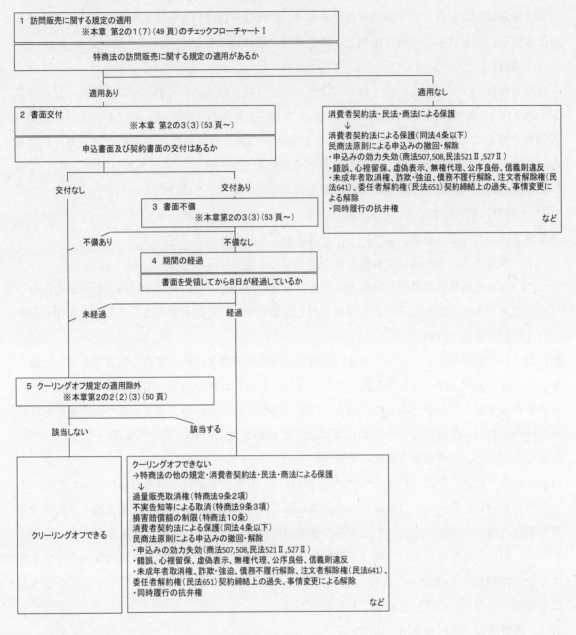

1　訪問販売に関する規定の適用
　　　※本章　第2の1(7)(49頁)のチェックフローチャートⅠ

特商法の訪問販売に関する規定の適用があるか

適用あり　　　　　　　　　　　　　　　　　　　　　適用なし

2　書面交付
　　　※本章　第2の3(3)(53頁〜)

申込書面及び契約書面の交付はあるか

消費者契約法・民法・商法による保護
↓
消費者契約法による保護（同法4条以下）
民商法原則による申込みの撤回・解除
・申込みの効力失効（商法507,508,民法521Ⅱ,527Ⅱ）
・錯誤、心裡留保、虚偽表示、無権代理、公序良俗、信義則違反
・未成年者取消権、詐欺・強迫、債務不履行解除、注文者解除権（民法641）、委任者解除権（民法651）契約締結上の過失、事情変更による解除
・同時履行の抗弁権
　　　　　　　　　　　　　　　　　　　　　　　　　など

交付なし　　　　　　　　交付あり

3　書面不備
　　　※本章第2の3(3)(53頁〜)

不備あり　　　　　　　不備なし

4　期間の経過

書面を受領してから8日が経過しているか

未経過　　　　　　　　経過

5　クーリングオフ規定の適用除外
　　　※本章第2の2(2)(3)(50頁)

該当しない　　　　　　　該当する

クリーニングオフできる

クーリングオフできない
→特商法の他の規定・消費者契約法・民法・商法による保護
↓
過量販売取消権（特商法9条2項）
不実告知等による取消（特商法9条3項）
損害賠償額の制限（特商法10条）
消費者契約法による保護（同法4条以下）
民商法原則による申込みの撤回・解除
・申込みの効力失効（商法507,508,民法521Ⅱ,527Ⅱ）
・錯誤、心裡留保、虚偽表示、無権代理、公序良俗、信義則違反
・未成年者取消権、詐欺・強迫、債務不履行解除、注文者解除権（民法641）、委任者解除権（民法651）契約締結上の過失、事情変更による解除
・同時履行の抗弁権
　　　　　　　　　　　　　　　　　　　　　　　　　など

(2)　過量販売解除権（特商法9条の2）

ア　趣旨

　近年、訪問販売によって、必要とは考えられないような過剰な量の商品の販売等が行われ、ずさんな与信審査によるクレジット契約と併用されることによって知らないうちに自己の生活を圧迫するような支払を迫られるといった被害が増加している（いわゆる「過量販売」）。また、一度取引をしてしまうと次々に契約を押しつけられ、断りづらい状況等から過剰な量の商品等を購入しがちな顧客として事業者から標的とされ、事業者が入れ替わり立ち替わり商品や役務を勧誘されてしまうという「次々販売」の消費者被害も発生している。そこで事業者が顧客に通常購入するはずがない著しく過大な分量の契約をさせたときは、顧客の利益を不当に侵害する取引として顧客に解除権を付与することとした。

　これら過量販売や次々販売の被害者は高齢者であることも多く、契約当時の意思表示に係る被害の立証が困難であるという事情も考え合わせ、法は個別勧誘行為を証明することなく解除できると規定し、立証負担の軽減に配慮し、被害者救済を容易にした。

イ　要件

　発生要件は、①訪問販売に当てはまること、②「日常生活において通常必要とされる分量を著しく超える」（過量）商品・役務の購入であること（法９条の２第１項）のほか、③消費者が当該契約を締結する特別の事情があったことを業者が立証できないこと（同項ただし書き）である。さらに、④解除権を行使しうる期間は契約締結の日から１年以内とされ（同条２項）、この期間は除斥期間と解されている。要件のうち次の点には留意すべきである。

㈠　「過量」要件について

　要件②のいわゆる「過量」について、法は次の２類型を挙げる。

　　ⅰ　業者の１回の行為による販売量が過量である場合（同項１号）
　　ⅱ　過去の消費者の購入の累積から、ある業者の販売行為が、結果的に過量販売契約になること、あるいは既にそのような量を超えた保有状況の消費者であることを知りながら販売を行う場合（同項２号）

　上記ⅱの「知りながら」という要件は、業者が過去の消費者の購入実績を把握できるとは限らないことから、業者がそれらを把握しつつ、自身の販売行為等の結果が累積的に上記必要とされる量を著しく超えてしまうことや、あるいは既に著しく超えていることを知りつつ販売等を行ったという、行為の悪意性を示すために要件として付加されている。なお事業者が「知りながら」販売したことは、消費者が立証する必要がある。

　いわゆる「過量」とは、特別な事情がなければ、一般消費者が行う事態が稀にしか生じないような取引をいい、業者がその販売する商品等に関し、当該商品等の性質、機能や相手方消費者の世帯構成人数等の個別の事情にかんがみ、個別の消費者にとって社会通念上必要とされる通常量を著しく超えた販売行為を行う場合を類型化したものである。消費者は、上記外形的要件を立証することで解除を主張できることになるため、立証負担が軽減される。過量といえるかどうかは、個別の事案ごとに判断されることとなる[28]。

㈡　消費者の「特別な事情」について

　要件③にいう消費者の「特別な事情」に関する抗弁立証は、本条項が、消費者からの「過量」という外形的要件の立証により契約の解消を可能とする性質から、業者の取引安全とのバランスを図るために認められたものである。例としては、親戚に配る目的や一時的に居宅における生活者の人数が増える事情等が挙げられる（通達）。業者がこうした消費者の購入当時の特別な事情の存在を立証できた場合、消費者は同解除権の行使ができない。

---

28 過量販売解除権が事業者に適合性原則に基づく配慮義務として過量販売の勧誘禁止という行為規範があるとは視点から認められているため、過量販売該当性の判断基準は、「商品・役務の性質や家族構成に鑑み、日常生活において通常必要とされる量を超えるかどうかという観点にとどまらず、具体的に、申込者の知識、経験、財産状況、及び契約を締結する目的に照らした分量であるかという観点からも、日常生活において通常必要とされる量を超えるか」を検討するものとされる。「改正特商法・割販法の解説」日本弁護士連合会消費者問題対策委員会編Ｐ58～59。

ウ　効果

　訪問販売契約の解除ができる（同条１項柱書本文）。また過量販売に該当する契約に関し個別式クレジット契約が締結されていれば、それも解除できる（割販法35条の３の12）。

　本条に基づく法定解除権は、顧客の保護のために特例的に措置するものであるので、その清算については、クーリングオフ規定（特商法９条）の清算ルールが準用される（同法９条の２第３項）。ただし、クーリングオフ規定に関する各種適用除外規定は、過量販売契約の解除については措置されていない。

(3)　不実告知等に基づく取消権（特商法９条の３）

ア　趣旨

　契約を必要とする事情など、契約の動機にかかわる虚偽や誇大な説明や勧誘によって顧客が誤認して契約を締結させられるケースが多いことから、これらの商法による被害の救済を図るため、特商法の定める禁止行為に違反する勧誘によって顧客が誤認して行った意思表示について、民法や消費者契約法では取り消せない場合であっても本条により取消権を法定した。

イ　要件

　発生要件は、①業者が訪問販売に係る売買契約又は役務提供契約の締結について勧誘するに際し、②特商法６条１項に定めに違反して不実告知を行い（法９条の３第１項１号）、又は同条２項の定めに違反して故意に事実の不告知を行ったこと（同条１項２号）、③消費者が誤認して契約締結の意思表示をしたこと、④禁止行為違反の勧誘行為と消費者の誤認との間に因果関係があること、である。各要件のうち留意すべき点は以下のとおり。

㈦　不実告知又は事実の不告知に関する留意点

　要件②のうち法６条１項及び２項の各禁止行為については、本章第２　３(4)ア及びイ（56頁〜58頁）参照。なお次の各点に特に留意すべきである。

ⅰ　消費者契約法における取消との違い

　消費者契約法の取消権は事業者の不実告知の対象を原則的に商品や役務そのものの内容に限定しており、平成28年改正によりその対象が特商法でいう「契約の締結を必要とする事情に関する事項」（法６条１項６号）の一部に相当する事情にも拡大されたものの（消費者契約法４条５項３号）、なお取消対象は特商法の方が広い。

　また、消費者契約法の重要事項の故意の不告知は、平成30年改正で重過失にも適用が拡大されたものの、「消費者に有利となる事項」の告知後における不利益事実の不告知にしか取消しを認めない（同法４条２項）。これに対し特商法の場合は「消費者に有利となる事項」の告知後である必要はない。

ⅱ　事実不告知と不実告知の場合の違い

　事実不告知の場合（法９条の３第２号）には、不実告知（同条１項１号）の場合と比べて同法６条１項６号（顧客が当該契約の締結を必要とする事情に関する事項）、同条同項７号（前各号に掲げるもののほか、当該契約に関する事項であって、顧客等の判断に影響を及ぼすこととなる重要なもの）が除外されているから、特に注意が必要である。

ⅲ　故意の立証に関する民法の詐欺規定との違い

民法の詐欺による取消し（民法96条）において、消費者は、いわゆる「業者の二重の故意」（「相手方を欺罔して錯誤におとしいれようとする故意」及び「その錯誤によって意思表示をさせようとする故意」）の立証が必要であるが、本条による取消しの立証には、「業者の二重の故意」を要しない。

　㋑　消費者の誤認による意思表示に関する留意点

要件③に関し、不実告知による誤認（法9条の3第1項1号）の場合は、告知された事実が真実と誤認することであり、重要事実の不告知の場合（同2号）は、告知されなかった事実が存在しないものと誤認することである。

　㋒　因果関係に関する留意点

要件④については、勧誘行為と無関係に消費者が誤認した場合には取消はできない。

ウ　効果

　意思表示（契約）の遡及的無効により、当事者が受領しているものは不当利得となる。消費者が代金支払済みの場合、事業者は代金返還義務を負う。悪意の業者は、利息分も返還しなければならない（民法704条）。顧客も受領した商品や権利が現存している場合には、その返還義務があるのが原則である。

　取消しの効果は善意の第三者に対抗できない（法9条の3、2項）。

　本条の取消権が認められる場合でも、民法の規定による詐欺・脅迫による取消しはできる（同3項）。

　取消権の時効期間は、追認できる時から1年間（平成28年改正により6か月から伸長）、契約締結の時から5年間である（同4項）。「追認をすることができる時」とは、顧客が自らが誤認していたことに気付いた時である（通達）。

⑷　損害賠償等の額の制限（特商法10条）

ア　趣旨

訪問販売では事業者の主導のもと取引内容が確定されることが多いため、顧客の代金支払の遅延等があった場合に、契約条項を根拠に法外な損害賠償を請求される例がある。そこで法は、たとえ顧客の責めに帰すべき事由で契約が解除された場合でも、事業者が請求できる賠償額に上限を定めた。あくまで上限を規定したものであり、事業者に対し本項に定める額まで一律に請求できる権利を与えたものではない。

イ　損害賠償額の制限の内容

訪問販売による契約が解除されたときは、損害賠償額の予定又は違約金の定めがあっても、事業者は次の各号に定める額とこれに法定利率による遅延損害金を加算した金額を超えて請求できない。

　㋐　商品又は権利が返還された場合

　ⓐ当該商品の通常の使用料の額、又は当該権利の行使により通常得られる利益（同条1項1号）。もっとも、ⓑ商品等の販売価格から返還時の評価額を控除した額がⓐ超えるときは、ⓑの額（同条同項1号かっこ書き）。

　「通常の使用料」は、業界の平均的な賃貸料の額が基準とされる。そのような賃貸料の基準が

ない場合には、その商品の減価償却費、金利、マージン等に見合って、その額が合理的範囲で算定される（通達）。

「当該権利の行使により通常得られる利益」とは、権利を有する者が当該権利を行使して役務の提供を受けたことにより、当該権利を有していない者が同種の役務の提供を受ける場合と比して得られる利益である。ゴルフ会員権におけるメンバー料金とビジター料金との差額がこれに該当する。

　㈡　商品又は権利が返還されない場合

その商品又は権利の販売価格に相当する額（同条項2号）。

　㈢　役務提供開始後に解除した場合

提供された役務の対価に相当する額（同条項3号）。

対価の妥当性は個別的に判断する必要がある（通達）。

　㈣　商品の引渡し前、役務提供開始前に解除された場合

契約締結及び履行のために通常要する費用の額（同条項4号）。

書面作成費、印紙税、催告費用などがこれに当たる（通達）。

　㈤　顧客が代金支払債務を遅滞して、契約が解除されない場合

この場合でも、事業者は、残代金とこれに法定利率による遅延損害金の額を加算した金額を超える額の支払を請求できない（法10条2項）。

　ウ　適用範囲

本条の適用対象となる契約解除とは、顧客の債務不履行による場合、委任・請負等の民法上の中途解約権を行使する場合のほか、契約上の約定解除権を行使する場合も含まれる。契約を合意解除した場合には本条は適用されないが（通達）、その場合にも本項に準じて取り扱うと解すべきである。

第3　通信販売・ネガティブオプション

1　通信販売

(1)　意義

　通信販売は、通常、顧客と事業者が物理的、地理的に離れているため、顧客は商品や権利、役務等を直接確認できず、その結果として顧客が不利益を被る可能性がある取引であるが、その一方で、訪問販売や電話勧誘販売等の場合に比し、事業者から不当な圧力、営業を受けることは少ない点に特色がある。そのため、通信販売では、顧客が商品や権利、役務等を確認するツールである広告に対する規制が中心的となり、書面交付義務や、勧誘時における禁止行為などは定められていない。

　また、クーリングオフ規定がなく、適用場面が限定的な返品権のみが認められている点も特徴的である。

(2)　通信販売とは何か（法2条2項）

ア 定義

通信販売とは、①事業者が、②郵便その他経済産業省令で定める方法により売買契約又は役務提供契約の申し込みを受けて行う、③商品・特定権利の販売、又は役務の提供であって④電話勧誘販売に該当しないものをいう。

イ 申込方法：省令（特商法施行規則）2条

郵便・信書便、電話機・FAX機その他の通信機器又は情報処理機器、電報、預貯金の口座に対する払込みである。具体例として、顧客が、事業者の新聞、雑誌、ダイレクトメール、テレホンショッピング、カタログショッピング、ウェブサイト、掲示板、メール等の事業者の広告をみて、顧客が郵便等の方法により申込を行う場合などが挙げられる。

ウ 対象：商品・特定権利の販売、役務の提供

訪問販売と同様、平成20年改正により指定商品・指定役務制が廃止され、平成28年改正により指定権利制が特定権利に見直されたことで対象が拡大した（法2条4項）。

エ 適用除外がある（法26条）

訪問販売と同様に法26条に規定され、ほぼ訪問販売における適用除外と同様である。

(3) 通信販売に対する規制

ア 広告規制

(ア) 広告表示義務（法11条、省令8ないし10条）

事業者は一定の事項を広告に表示する義務を負う。ただし、広告に必ず表示しなければならない事項と、顧客の請求により遅滞なく法定事項を記載した書面の送付等を行う旨広告に記載しておけば省略し得る事項（ただし、別途送付する書面又は電磁的記録には省略された表示事項のすべてを表示しなければならない）がある（省略の基準については省令10条を参照）。

(イ) 誇大広告の禁止（法12条、省令11条）

商品、特定権利、役務に関する一定の事項について、「著しく事実に相違する」又は「実際のものよりも著しく優良であり、若しくは有利であると人を誤認させる」表示が禁止されている。

(ウ) 事前の承諾がない顧客に対する迷惑広告メールの送信禁止（法12条の3、12条の4）

平成20年改正により新設された。メール広告の送信には、事前の承諾を得ることが必要である（オプトイン規制）（法12条の3）。

(エ) 事前の承諾がない顧客に対するFAX広告の送信禁止（12条の5）

平成28年改正により新設された。事業者は、FAX広告を出そうとする場合、原則として事前に相手の請求を受けるか承諾を得なければならず（同1項）、かつ、当該請求又は承諾の記録を作成し保管しなければならない（同3項）。また、送付するFAX広告には、相手がFAX広告の提供を受けない旨の意思を表示するための事項を表示しなければならない（同4項）。

(オ) 前払式通信販売における承諾等の通知義務（法13条）

a 趣旨

通信販売は、基本的に隔地者間取引である（電話による取引は対話者間取引）。広告は申込みの誘引、顧客の購入希望の申入れ等が契約の申込みに該当し、それに対する商品の発送等が契約の承諾となる。したがって、契約は事業者が承諾の通知等を発

した時又は事業者側の債務を履行した時に成立し（民法526条）、事業者が相当の期間内に承諾の通知を発しないときは、顧客の申込みは効力を失う（商法508条）[29]。しかし、承諾する時期を事業者側の判断に委ね、承諾の有無を長期に亘って不明にしておくことは、顧客の立場を不安定にする。そのため、法13条1項は、事業者に対し、遅滞なく[30]、申込みを承諾するのかしないのか、受領した代金の額、商品の数量、引渡時期などを明確にした通知を義務付け、法律関係を速やかに確定することとした。

b　要件（ⅰ、ⅱともに満たすことを要するが、ⅱはⅰを備えることが多い）

ⅰ　申込み

ⅱ　代金の受領

c　通知事項（法13条、省令10条）

・申込みを承諾するか否か

・事業者の氏名・名称、住所、電話番号

・受領した金銭の額、それ以前に受領した金銭との合計額

・金銭を受領した年月日

・申込みを受けた商品、その数量、権利・役務の種類

・商品引渡し・権利移転・役務提供の時期

d　効果

　この通知もなされず、商品も届かない場合、「申込者が承諾の通知を受くるに相当なる期間」が経過すれば申込みを取消し、代金の返還を請求できる（民法524条）。また、相当期間経過後になされた承諾行為は「新たなる申込と見做すこと」ができ、顧客はこれに拘束されずに代金の返還を請求することができる（商法508条、民法523条〈改正後525条1項〉）。罰則については、イ参照。

イ　義務違反への制裁

㋐　主務大臣による指示（法14条）

　主務大臣は、事業者が禁止行為に違反し又は義務に違反した場合等で、取引の公正及び顧客の利益を害するおそれがあると認めるとき、広告の是正や通知書面の是正などの必要な措置をとるべきことを指示できる。指示に従わない業者には100万円以下の罰金が課されるほか（法72条1項4号）、業務停止命令（法15条）の対象となる。

㋑　業務の停止、公表（法15条、15条の2）、罰則（70条以下）

　主務大臣は、禁止行為違反等の一定の場合で、①取引の公正及び顧客の利益が著しく害されるおそれがあると認めるとき、又は②事業者が主務大臣の指示に従わないときは、業務停止命令・業務禁止命令、当該対象者の公表等を行うことができる。第2、3(5)イ（59頁）。一定の場合、罰則も課せられる。

---

29 ただし改正民法では526条1項は削除される。なお通知の方法については、一定の条件を満たす場合には書面による通知に代えて情報通信の技術を利用する方法（例えば、メール等）を用いることができる（法13条1項、政令4条、省令14条）。

30 「遅滞なく」とは1週間程度と考えられている。広告にあらかじめめらかじめ「代金受領後2週間程度でお届けします」と表示し、そのとおり履行したとしても、「遅滞なく」商品を送付したことにはならない。

ウ　顧客の権利（通信販売における解約返品制度（法15条の2）

　平成20年改正前の特商法は、解約返品の可否及び条件の広告表示義務を規定しつつ、表示がないときの民事上の効果が不明だったため、返品・交換に関するトラブルが多かった。

　そこで、平成20年改正法は法15条の2の規定を新設し、顧客と事業者の利益調整を行った。具体的には、顧客に対し、商品の引渡し又は指定権利の移転を受けた日から8日間は、売買契約の申込みの撤回又は売買契約の解除権を原則として認めた（法15条の2第1項本文）。ただし、事業者が主務省令に従い通信販売に関する広告等に返品特約の記載を適正に行った場合には、当該特約は有効となる（法15条の2第1項ただし書）。また、申込みの撤回又は解除をした場合の商品等の引取りや返還に関する費用は顧客の負担とされた（法15条の2第2項）。

エ　通信販売協会（法30条以下、旧法10条の5以下）

　訪問販売同様、法に定められた訪問販売業者の団体で、顧客からの苦情の相談及び解決に当たっている。

　　　　　社団法人日本通信販売協会（JADMA）

　　　　　http://www.jadma.org/

　なお、電子商取引などインターネット消費者被害については第5章（263頁）参照。

2　ネガティブオプション（押しつけ販売）（法59条）

(1)　意義

　顧客が購入の申込みをしていないのに一方的に商品の送り付けたり、申込みとは別の商品を送りつけたりして、商品の返送や購入しない旨の通知がない限り、勝手に購入の意思ありとみなして代金の請求をする形態の押し付け販売をネガティブオプションと呼ぶ。

　一方的な商品の送り付けは契約の申込みに該当するかすらも疑問であって、商品の返送や購入しない旨の通知をしなくても売買契約は成立せず、代金の支払義務や商品の返送義務も発生しない。ただ、他人の所有物である以上、送られた商品を勝手に処分もできず、このような状態が長期間継続することは、顧客に過大な負担を強いることになる。そのため法59条は、一定期間経過後は、顧客が商品を勝手に処分できるとしている。

(2)　要件

ア　顧客以外の者に対する売買契約の申込みであること

　事業者から、顧客以外の者に対する売買契約の申込（押し付け販売）、又は売買契約に係る商品以外の商品の売買契約の申込（商品違い）があったこと。

イ　事業者から商品が送付されたこと

　上記申込みにかかる商品が送付されることである。

　なお、訪問販売・通信販売と異なり、平成20年改正法が適用されない事案についても、指定商品の限定はなく、いかなる商品も対象となる。役務と権利は対象にはなっていない。

　ただし顧客にとって商行為となる場合は除外される（法59条2項）。

(3)　ネガティブオプションに対する規制

　商品を送付した日から14日以内、又は顧客から商品の引取要求があった日から7日以内に顧客

が申込を承諾せず、業者も引取をしない場合、事業者は商品の返還請求ができなくなり、その反射効果として顧客は商品を無償で消費又は処分することができる。

第4　電話勧誘販売

1　電話勧誘販売とは何か（法2条3項）

(1)　意義

　電話勧誘販売とは、典型的には事業者等が顧客の自宅等に突然電話をかけて商品販売等の契約の締結を勧誘し、それにより契約の申込みを受けたり契約を締結したりする取引類型である。顧客から求めていないのに突然勧誘を受ける点が不意打ち的で訪問販売と同様の問題点があるため、訪問販売の規制とほぼ同様の規制が定められている。

(2)　定義

　電話勧誘販売とは、①事業者が、②電話をかけ又は政令で定める方法により（顧客に）電話をかけさせ、③その電話において行う売買契約等の締結についての勧誘をいう。顧客に電話をかけさせる行為は特商法施行令2条に規定されている。

　政令で定める方法（特商法施行令2条）とは以下のア、イを指す。

ア　電話、郵便・信書便若しくは電報、FAX送信、電磁的方法、ビラ・パンフレットの配布により、当該売買契約又は役務提供契約の締結について勧誘をするためのものであることを告げずに、電話をかけることを要請すること（政令2条1号。販売目的秘匿）。

　　例）「至急下記へ電話ください。××—××××」等と記載された葉書を送るケースのように全く販売目的を告げないで電話をかけさせる場合

　　　　「海外旅行に安く行ける会員制のクラブです。興味のある方は××番へお電話下さい」と告げて、電話をかけてきた相手に英会話の教材の購入を勧誘するケースのように、何らかの商品を販売する目的は告げているものの本来販売しようとする商品について告げずに電話をかけさせる場合

イ　電話、郵便・信書便、電報、FAX送信、電磁的方法により、他の者に比して著しく有利な条件で当該売買契約又は役務提供契約を締結することができる旨を告げ、電話をかけることを要請すること（以前に取引のあった者に対して要請する場合を除く）（政令2条2号。有利条件販売告知）。

(3)　勧誘による申込み・契約締結であること

　電話勧誘販売は、①事業者の電話勧誘行為「により」、②その相手方から郵便等（申込方法は通信販売の場合と全く同じである。「郵便等」の定義（規則2条）については通信販売の欄を参照）による契約の申込みを受け、又は郵便等で契約を締結することで成立する。

　法が「電話において行う…勧誘により」（2条3項）と規定したのは、電話勧誘行為と契約の申込み・締結の間に因果関係を要求する趣旨であり、電話勧誘行為の影響力が残存している間であれば因果関係を肯定し得る。どの程度の期間が経てば「勧誘により」に該当しなくなるかは、

勧誘の執拗性等により異なるが、最後に電話があった時から1か月以上も経ってから申込みをしたというケースはこれに該当しない場合が多いと考えられる。

(4) 販売の対象

訪問販売の場合と同様に、商品・特定権利の販売、役務の提供となる。訪問販売、通信販売同様、平成28年改正により指定権利制が見直され、特定権利とされたことで対象が拡大された。

(5) 適用除外（法26条）

顧客にとって営業行為になる場合など訪問販売と共通するもの（同条1項から4項等）のほか、顧客の方から売買契約の申込・締結のために電話をかけることを請求した場合（同6項1号）や電話勧誘による販売が通例であり顧客の利益を損なうおそれがない場合（同6項2号）等が適用除外となる。

2 電話勧誘販売に対する規制

訪問販売に対する規制とほぼ同様であるので、本章第2 3（52頁〜）を参照されたい。

(1) 事業者の義務

ア 氏名等及び勧誘のためであることの明示（法16条）

事業者は、氏名・名称、商品・権利・役務の種類のほか、その電話が契約締結の勧誘のためであることを明らかにしなければならない。

イ 契約を締結しない旨の意思を表示した者に対する勧誘の禁止（法17条）

事業者は、契約を締結しない旨の意思を表示した者に対し、その電話において引き続き勧誘することも、その後改めて電話をかけて再勧誘することも禁じられる。

ウ 所定の事項を記載した書面の交付（法18及び19条）

(ア) 内容・趣旨

次の場合には事業者には法定書面の交付が義務付けられている。電話勧誘販売では、顧客が取引条件を確認しないまま契約するなど、取引条件が曖昧なままであるために後日問題が生じることが多いことに鑑み、契約内容を明確にして後日の紛争を防ぐ趣旨である。

　　a　契約の申込みを受けたとき（法18条。申込書面）

　　b　次の契約を締結したとき（法19条1項。契約書面）

　　　i　電話勧誘行為により契約を締結した場合（ただし、営業所等での特定顧客でない者からの申込が先行している場合を除く）

　　　ii　電話勧誘行為により申込があり、その後契約を締結した場合

(イ) 交付時期

遅滞なく交付しなければならない。「遅滞なく」とは、通常、3〜4日以内をいう（通達）。ただし、契約締結の際、事業者側の履行と顧客側の代金・対価全部の履行が完了した場合（即時履行契約）には、書面を「直ちに」交付しなければならない（法19条2項）。

(ウ) 記載事項

書面には8ポイント以上の文字・数字を用い、書面の内容を十分に読むべき旨を赤枠の中に赤字で記載しなければならない（省令19条3項）。書面に法定記載事項が欠落している場合、書面

の受領がないものとして、クーリングオフの期間が進行しない。

　したがって、相談を受けた弁護士は、法定書面の記載事項を確認する必要がある。

エ　前払式電話勧誘販売における承諾通知義務（法20条）

　通信販売における法13条と同様である。なお、電話勧誘販売における通知事項は、省令21条が規定している。

オ　禁止行為（法21条）

㈎　不実のことを告げる行為（法21条第1項、同2項）

　勧誘の際又は申込の撤回・解除を妨げるため、契約に関する事項で顧客の判断に影響を及ぼす重要なものにつき、不実のことを告げる行為及び故意に事実を告げない行為は禁止されている。

㈏　人を威迫して困惑させる行為（法21条第3項）

　勧誘の際又は申込の撤回・解除を妨げるため、人を威迫して困惑させる行為も禁止されている。

(2)　義務違反に対する制裁

ア　主務大臣の指示（法22条）

　訪問販売の場合と同様である（59頁）。

イ　主務大臣による業務の停止・禁止・公表（法23条）

　訪問販売の場合と同様である（59頁）。

ウ　刑罰（法70条以下）

(3)　顧客の権利

ア　クーリングオフ（法24条）

　要件効果とも訪問販売の場合とほとんど同様である（59頁～）。

イ　取消権（24条の2）

　事業者の不実告知又は事実不告知より顧客が誤認して契約の意思表示を行った場合には、顧客は当該契約を取り消すことができる。さらに平成28年改正により、訪問販売における過量販売規制が電話勧誘販売にも及ぼされた。

　取消権は追認をすることができる時から1年の消滅時効（平成28年改正により6か月から伸長）、当該売買契約又は当該役務提供契約の締結の時から5年の除斥期間が定められている（法24条の2第2項・法9条の3第4項）。

ウ　解除に伴う損害賠償等の制限（法25条）

㈎　契約が解除された場合

　特約があっても損害賠償、違約金は法定の額に制限される（法25条1項）。

> a　商品・権利が返還された場合：通常の使用料額・権利の行使により通常得られる利益の額
>
> b　商品・権利が返還されない場合：商品・権利の販売価格
>
> c　契約解除が役務の提供開始後の場合：提供された役務の対価
>
> d　契約解除が商品引渡し・権利移転・役務提供の開始前の場合：契約締結・履行のために通常要する費用

㈠ 顧客に全部、一部の不履行があった場合

　特約にかかわらず損害賠償、違約金は、商品・権利の販売価格又は役務の対価に相当する額から既に支払われた商品・権利の代金又は役務の対価の額を控除した額に、法定利率による遅延損害金額を加えた額を超えることはできない（法25条2項）。

第5　特定継続的役務提供

1　継続的サービス契約全般について

(1)　長期にわたり継続的にサービス（役務）の提供を受ける場合

　顧客に対し、長期にわたり継続的にサービス（役務）の提供を約する契約は、通常、継続的サービス契約と呼ばれる。代表的なものとしてエステティックや美容医療、語学教室などの教育サービスの提供契約、結婚相手紹介サービスなどがある。

(2)　継続的サービス契約の特質と問題点

　継続的サービス契約は、役務の継続的提供を目的とする契約であり、次のような特質がある。

　　①提供される役務の内容やその成果を事前に客観的に確定することが困難であり、役務の提供を受けて初めてその内容を実感することが往々にしてある。

　　②役務提供者の技術・能力等と役務受領者の資質・努力等の如何によって、成果に差が出ることがある。

　　③ある程度の期間にわたり役務が提供されることを予定した契約であることから、サービス全体を通じた対価が高額となりがちである。

　　④一括前払い（クレジットも利用させて）させる契約が多い。

　こうした特質から、顧客が(a)巧みなセールストークや誇大な広告、強引な勧誘などによってサービス内容の十分な検討をさせないうちに契約を締結させられる、(b)当初期待していたサービスの内容と異なることが分かったり、サービスには問題がなくても顧客の病気・転居等の事情からサービスの受領の継続を望まなくなった場合に事業者から中途解約を妨げられ、又は、解約はできても多額の損害賠償額の予定や違約金の定めにより残金の返金を受けることができない、(c)クレジットを利用して前払いした場合には、サービスの不備や、事業者の倒産等によるサービス中断等を理由に事業者との契約を解除しても、クレジット会社等からの請求を拒めない、などの問題が生じることとなった。

2　特定継続的役務提供（法第4章）

(1)　特定継続的役務提供とは（法41条）

　特商法は、同法が適用される継続的サービス契約を、特定継続的役務提供と呼んでいる。同法の定義によれば、特定継続的役務提供とは、①役務提供事業者が、②「特定継続的役務」を③それぞれの特定継続的役務ごとに「政令で定める期間」を超える期間にわたり提供することを約し、④相手方がこれに応じて「政令で定める金額」を超える金銭を支払うことを約する契約を締

結して行う当該役務の提供をいい（法41条）、「特定継続的役務」の具体的な職種は政令で以下のように指定されている（政令11条、別表第四）。なお、特定継続的役務として以下に記載したものは典型例であり、職種が該当するか否かは政令の定義を参照されたい。

ア 「役務」と「期間」、「金額」について

特定継続的役務	期　間	金　額
エステティックサロン	1月を超えるもの	5万円を超えるもの
美容医療	1月を超えるもの	5万円を超えるもの
外国語会話教室	2月を超えるもの	5万円を超えるもの
家庭教師派遣	2月を超えるもの	5万円を超えるもの
学習塾	2月を超えるもの	5万円を超えるもの
パソコン教室	2月を超えるもの	5万円を超えるもの
結婚相手紹介サービス	2月を超えるもの	5万円を超えるもの

【留意点】
1）「期間」、「金額」とも、いずれも「超える」場合である。
2）「期間」は①始期と終期（○月○日から○月○日まで）又は②具体的な期間（○月○日から○か月間又は○日間）を実際の暦に当てはめて判断する。したがって、エステティックサロンの場合、「1月1日から1月31日まで」又は「1月1日から31日間」は1月を超えないが、「4月1日から5月1日」又は「4月1日から31日間」は1月を超えることになる（「通達」第4章関係1(1)）。
3）「金額」には「関連商品」の対価を含む（通達第4章関係1(2)）。

イ 具体的職種について

施行令別表第四に定められた職種及びその説明は次のとおりである。

特定継続的役務	具体的職種
エステティックサロン	人の皮膚を清潔にし若しくは美化し、体型を整え、又は体重を減ずるための施術を行うこと。いわゆる「エステティックサロン」の役務等である。美顔や脱毛、体型補正、痩身のための施術を行うこと。「単にリラックスのために音楽を聴かせるとか、お香を焚くものについては『施術』には当たらないと考えられる。また、いわゆる増毛、植毛の類は、通常『人の皮膚を清潔にし若しくは美化し』には当たらないと考えられる。」とされている。
美容医療 ※平成28年改正に伴い新設	人の皮膚を清潔にし若しくは美化し、体型を整え、体重を減じ、又は歯牙を漂白するための医学的処置、手術及びその他の治療を行うこと（美容を目的とするものであつて、主務省令で定める方法によるものに限る。）。そして、施行規則は、次の5つを定める。①脱毛：光の照射又は針を通じて電気を流すことによる方法、②にきび、しみ、そばかす、ほくろ、入れ墨その他の皮膚に付着しているものの除去又は皮膚の活性化：光若しくは音波の照射、薬剤、医薬品若しくは医薬部外品（第三号から第五号までにおいて「薬剤等」という。）の使用又は機器を用いた刺激による方法、③皮膚のしわ又はたるみの症状の軽減：薬剤等の使用又は糸の挿入による方法、④脂肪の減少：光若しくは音波の照射、薬剤等の使用又は機器を用いた刺激による方法、⑤歯牙の漂白：薬剤等の塗布による方法
語学教室	語学（日本語を含む。）の教授を行うものが対象となるが、小学校、中学校、高等学校、大学、専修学校、各種学校等の入学試験準備又は小学校、中学校、高等学校等の学校教育の補習に特化したものについては除かれる。他方、英検等の資格試験等のための語学の教授はこれに該当する。
家庭教師	中学校、高等学校、大学、専修学校、各種学校等の入学試験に備えるため、又は小学校、中学校、高等学校の学校教育の補習のための学力の教授であって、学習塾等以外の場所において提供されるものである。したがって、小学校・幼稚園受験のための役務並びに大学及び幼稚園の補習のための役務は除かれる。なお、「解説」は、「ピアノ、絵画、そろばん、習字等の技芸については、通常はこれに該当しないと考えられる。」とする。また、ここでいう「家庭教師」については、役務提供の形態を問わず、FAXや電話、インターネット、郵便等を用いた通信指導等の形態で学力の教授を行う場合も対象となる。
学習塾	中学校、高等学校、大学、専修学校、各種学校等の入学試験に備えるため、又は小学校、中学校、高等学校の学校教育の補習のための学力の教授であって、小学生、中学生、高校生等を対象としていわゆる学習塾等において提供されるものである。小学生、中学生、高校生等を対象としたものに限られ、したがってもっぱらいわゆる浪人生等こうした児童、生徒又は学生以外の者のみを対象とした役務は除外される。（ただし、これら双方を対象

	とする役務については、全体としてここに掲げる役務に該当する。）。この区別は、予備校などに設けられたコース（「夏季○○講座」など）ごとに判断する。「役務提供事業者が用意する場所」とは、典型的には学習塾の教室であるが、集会所やマンションの1室等を役務提供事業者が借り上げ、当該場所において役務を提供する場合にもこれに含まれる。「解説」は、「ピアノ、絵画、そろばん、習字等の技芸については、通常は『学力の教授』に該当しないと考えられる。」とする。月毎に更新される月謝制で学習塾の役務が提供されている場合、「政令で定める期間」を満たさないため、本章の規制を原則として受けないが、例えば、役務の提供に必要である等として教材を販売しており、契約の実態として、役務の提供を受ける者が2ヶ月を超える期間にわたって契約に拘束されると判断される場合は、本章の規制を受ける場合がある。
PC教室	PCやワープロの操作に関する知識や技術を教授するものが対象。このPCやワープロの操作に関する知識や技術と共に他の知識や技術を教授するような役務の場合であっても、それらが一体不可分となっており、全体としてPCの操作に関する知識又は技術の教授を行っていると考えられる場合には、そういった他の知識や技術の教授の部分を含め当該役務全体として規制対象となる。他方、他の知識や技術の教授の部分が役務として明確に分割できるのであれば、分割されたPCやワープロの操作に関する知識や技術の教授の部分が特定継続的役務の要件を満たす限り、当該部分のみで規制対象となる。
結婚相手紹介サービス	男女を問わず結婚を希望する者に対して異性の紹介を行うものが対象となる。

【留意点】
　上記表は、「特定商取引に関する法律・解説（平成24年版）」（「特商法ガイド」HP所収）をもとに作成した。しかし、悪質商法は、特商法及び関連法令の定義の網の目をくぐって脱法的に展開されるから、事件処理にあたっては、上記の解説を念頭に置きながらも、解説で「（特定継続的役務提供に）当たらないと考えられる」などとされている役務にも特商法による被害救済の範囲を可能な限り拡大する挑戦が必要な場合がある。

ウ　適用除外（法50条）

「特定継続的役務提供等契約で、特定継続的役務提供受領者等が営業のために又は営業として締結するものに係る特定継続的役務提供」（同条1項1号）など、5項目の類型が適用除外とされている。

(2)　クーリングオフ

ア　要件と効果

クーリングオフの要件は、契約時に重要事項を記載した書面（法42条2項又は3項。後述）を顧客が受領した日から起算して8日以内（受領日を含む。初日不算入の例外）に解除通知を発信すること（発信主義）である（法48条）。

効果としては、解除を行う旨の書面を発した時に、無条件で契約を解除でき、事業者は損害賠償、違約金を請求することができない。事業者は、クーリングオフまでに役務の提供をしてもその費用を請求することはできず、また受領した契約にかかる金銭は直ちに返還しなければならない。関連商品の引取費用は事業者の負担である。

これらに反する特約で顧客に不利な条項は無効である。

イ　留意点

一見、法48条の要件を満たさないと思える場合でも、以下の場合のようにクーリングオフが認められる場合がある。

(ア)　法定書面の交付がない場合

契約から8日を超える期間が経過していても、法42条2項又は3項の書面の交付を受けていない場合や、交付されていても内容に重大な不備があり実質的に書面の交付を受けていないと認められる場合にはクーリングオフ期間は進行せず、いつでもクーリングオフができるとした裁判例

がある[31]。

　㈣　口頭によるクーリングオフ

　書面によらない「口頭」のクーリングオフでも有効か否かは判例が分かれているが、これを有効とする裁判例がある[32]。なお、口頭のクーリングオフを否定したとしても事業者が承諾した場合は、同内容の合意解除が成立したものと解される。

　㈥　クーリングオフ妨害があった場合

　事業者が、事実と違うことを告げたり威迫するなどにより、顧客が誤認・困惑してクーリングオフをしなかった場合には、上記期間を経過していても、顧客はクーリングオフできる。

⑶　中途解約及び損害賠償等の額の制限（法49条）

　クーリングオフ期間経過後でも、特定継続的役務提供の顧客は、理由の如何を問わず契約を中途解約することができる（法49条）。

　この場合、以下のとおり、損害賠償額の予定又は違約金の定めがあっても、政令で定める一定の金額が上限となる。

ア　役務提供開始前の解除の場合

　契約の締結及び履行のために通常要する費用の額として政令で定める額が上限となる（施行令別表第四参照）。

イ　役務提供開始後の解除の場合

　提供された役務の対価に相当する額と解除によって通常生ずる損害額として役務ごとに政令で定める額の合算額が上限となる（施行令別表第四参照）。提供された役務の対価に相当する額とは、既履行部分の清算であり、契約締結時と異なる高い単価で請求することはできない。

⑷　クーリングオフ及び中途解約の対象となる関連商品（法48条）

　特定継続的役務提供契約自体のクーリングオフ及び中途解約とともに、関連商品販売契約についてもクーリングオフ及び中途解約することができる。関連商品については施行令別表第五を参照）。

⑸　不実告知等を理由とした取消（法49条の2）

　①事業者などが契約の締結について勧誘する際に、②「不実のことを告げる行為」（不実告知）又は「故意に事実を告げない行為」（故意の事実不告知）があり、③　顧客が、それぞれ「当該告げられた内容が事実であるとの誤認」（不実告知の場合）又は「当該事実が存在しないとの誤認」（故意の事実不告知の場合）に陥り、④それによって契約の申込み又は承諾の意思表示をしたときには、当該契約を取り消すことができる。なお、取消権には、追認することができる時から1年又は契約締結から5年の消滅時効があることに留意（法49条の2第2項により法9条の3第4項を準用）。

⑹　事業者に対する行為規制など

31　結婚相手紹介サービスに関し契約書面に不備があったことから、契約後約10カ月経過してからのクーリングオフを有効とし、既払いの契約代金全額の返還と受任通知後の本人への文書送付（不法行為）に対する慰謝料を認めた（大阪地判平成20年5月9日消費者法ニュース81号182頁。）
32　クーリングオフが消費者保護の規定であること、書面によるという規定は後日紛争が生じないように明確にする趣旨であることから、口頭によるクーリングオフを否定する趣旨ではないと認定した（福岡高判平成6年8月3日消費者法ニュース22号35頁）

ア 誇大広告の禁止（法43条）

役務の内容又はその効果について、著しく事実と相違する表示をしたり、実際よりも著しく優良、有利である表示をしてはならない（規37条）。違反した者は、100万円以下の罰金に処せられる（法72条1項1号）。

イ 禁止行為（法44条）

契約の勧誘の際又は契約の解除を妨げるために、事業者に契約に関する重要な事項について不実告知をし、又は威迫して困惑してはならない。また、契約の勧誘の際、事業者は、契約に関する重要な事項（契約の締結を必要とする事情に関する事項は含まれない）について、故意に告げないことをしてはならない。違反した者は、3年以下の懲役又は300万円以下の罰金（併科あり）に処せられる（法70条1号）。

ウ 前払取引をする場合の、業務・財産状況を記載した書類の備付け及び閲覧（法45条）

前払取引を行う業者は業務・財産状況を記載した書類を事務所に備え付けなければならず、前払取引の相手方はこれを閲覧謄写できる（規38条）。違反した者は、100万円以下の罰金に処せられる（法72条1項6号、7号）。

エ 前受金保全措置

契約書面には前受金保全措置（事業者の倒産などに備えて消費者から受領した前受金の一定額を保全しておく措置）の有無、及び同措置が採られている場合にはその具体的な内容を記載しなければならない。ただし、措置を設けること自体は法律上の義務ではないことに注意を要する。

3 民法その他の法規による消費者保護

(1) 継続的サービス契約の法的性質

継続的サービス契約には多様なものがあるが、特商法が規制する特定継続的役務提供契約は現在のところ7種類に限定されている。これらに該当しない場合、あるいは該当しても特商法による救済だけでは被害救済が図れない場合、同法によらず、民法その他の法規による被害者救済を考える必要が生じる。

特商法以外の法規制による解決を図る場合、継続的サービス契約を準委任契約（民法656条）と考えることが有益な場合が多い。委任は受任者の判断で事務処理を行い、受任者の自由裁量に任される範囲が広く、必ずしも仕事の完成を目的とせず事務処理に対する報酬を支払うという性質を持っている（民法643条、648条）。そのため、法律行為以外の事務処理を目的とする準委任契約（民法656条）が、専門家としての業者がその技術や知識を生かして役務を提供するという継続的サービス契約の実態に近い。

したがって、継続的サービス契約には、民法の委任の規定が準用又は類推適用されると解釈すべきであり、詐欺・強迫取消や、錯誤無効などによる解決、準委任の中途解約などにより解決を目指すことが考えられる。

特商法が適用されない場合に関しては次の裁判例が参考になる。

・東京地判平成15年11月10日判タ1164号153頁

医学部進学塾（特商法不適用）につき準委任契約として解約を認めた。

・東京簡判平成16年12月22日公刊物未登載

リフレクソロジースクール（特商法不適用）の中途解約における精算にあたり、英会話学校等の特定継続的役務的役務提供に類似したものとして特商法を参考にして計算した。

(2) 割販法にも注目

事業者との関係での被害救済が難しい場合、割販法による契約の被害者救済が有用である。特に、割販法の改正により、平成21年12月１日以降に締結された契約については、個別クレジット契約のクーリングオフや個別クレジット業者の既払金返還義務が新設されたことは重要である。

第6　業務提供誘引販売取引（内職・モニター商法）

1　意義

事業者が商品等を販売するに際し、当該商品を利用した仕事を後日紹介するとか、その仕事により高収入が得られるなどと勧誘して購入させる取引類型を内職商法という。仕事に必要とされる商品等を購入しても、実際には仕事を紹介されずに収入はなく、顧客に高額な商品購入代金の負担だけが残ることが多い。またモニター商法とは、事業者がある商品を販売するに際し、当該商品のモニターになってアンケートに回答したり、商品の展示会などに従事することによって高収入が得られるから、商品を実質的に無償で取得できるなどと勧誘する取引類型を指す。実際にはモニターの仕事もなく、あるいはあっても僅かであり、結局、顧客には高額な商品購入代金の支払義務だけが残ることがしばしばである。

平成６年頃より、こうした内職・モニター商法による被害が急増したことから、特商法によりその規制が図られることになった。

2　業務提供誘引販売取引とは何か（法51条１項）

業務提供誘引販売取引とは、①「業務提供利益」を収受しうることをもって顧客を誘引し、②「特定負担」を伴う、③商品の販売・あっせん又は役務の提供・あっせんにかかる取引をいう。

(1) 「業務提供利益」とは

販売の目的物たる物品又はその提供される役務を利用する業務に従事することにより得られる利益をいう。ただし、業務に利用される商品・役務は当該事業者が自ら提供又はあっせんするものである場合に限られる（法51条１項）から、これら商品販売や役務提供が当該事業者と無関係になされる場合には該当しない。

(2) 「特定負担」とは

業務に利用される商品の購入、役務の対価の支払い、又は、取引料の提供をいう。業務提供誘引販売に伴い顧客が負うあらゆる金銭的な負担がこれに該当する（通達）。

(3) 「商品の販売・あっせん又は役務の提供・あっせん」とは

事業者が自ら商品の販売や役務提供を行う場合だけでなく、他の業者を紹介するなどして、商

品販売や役務提供のあっせんを行うことを含む業務提供誘引販売に関する参考事例は次のとおりである。

・仕事内職を斡旋するという電話勧誘によりPCの売買契約と通信口座受講契約の申込みをした。当該事業者の行う検定試験に合格すれば仕事を提供すると言われたが、試験すら受けさせてもらえない。

・トレースの資格を取れば仕事内職を斡旋するという電話勧誘を受けて約34万円の通信教育講座の契約をした。その後、資格を取るのも難しいことが分かったので解約したい。

・軽貨物自動車による仕事内職という折込広告を見て説明会に行き、約200万円の自動車を購入して仕事を始めた。最初のうちは何度か仕事を委託されたが、思ったような収入にはならず、そのうち仕事の委託が全くなくなった。

・宛名書きの仕事内職、月収5万円以上可能、という折込広告を見て問い合わせをした。資料が送付され、代金を振り込めば必要な物が届いて仕事が始められるとあったので9500円を振り込むと、登録完了証明書、業務テキスト、ダイレクトメール（送付用）、名簿が送られてきた。業務テキストを見て初めてダイレクトメールの用紙を事業者から購入して郵送し、商品（アクセサリー）が売れた場合にだけ売上の数パーセントが収入になるという仕組みであることが分かった。

・着物のモニターとして働かないか、と勧誘された。モニターとしての業務は、展示会場で月1、2回働くこと、日頃、着物を着て街を歩くことという説明があった。モニター報酬として着物代を会社が負担する（クレジット支払額相当額を毎月支給する）との約束の下、自己名義のクレジットで約600万円分の着物を購入した。最初のうちは約束どおりモニター料の支払があったが、1年程経った後、事業者からの支払が停止され、クレジット代金を自分で支払わざるを得なくなった。

参考になる裁判例としては、行政書士の資格を取得すれば顧問契約を結ぶことができるとの説明の下に行政書士資格講座の契約を締結させた事案で、業務提供誘引販売の要件を満たしているとしてクーリングオフが有効とされた事例がある[33]。

また、法51条が新設される前の事例として、次のものが参考になる。

・布団の販売勧誘に際し、簡単なレポートを事業者に提出するだけで、布団代を上回るお金がもらえて、いい小遣い稼ぎになるなどと宣伝して、高額の布団の売買契約とモニター契約を締結させた事案につき、布団の売買契約とモニター契約は不可分一体の契約であって、公序良俗に反し全部無効となると判断した事例（ダンシングモニター商法事件）[34]。

・新聞折込み広告等を見て応募した顧客に対し、モニター会員になると事業者の販売する呉服等を購入しなければならないが、販売店がモニター料を支払うので、実質的には金銭的な負担なく呉服等を購入できる旨の説明をして、高額な着物や貴金属を次々にクレジット販売した事案につき、呉服等の売買契約とモニター契約は密接不可分の契約であるため、モニター契約に関する錯誤が呉服等の売買契約の要素の錯誤になるとし、錯誤無効の主張を認めた事例[35]。

---

33 名古屋地判平成14年6月14日国民生活センターウェブサイト。
34 大阪高判平成16年4月16日消費者法ニュース60号137頁。なお同判決は、ダンシングのモニター商法を、公序良俗に反する違法な取引であると認定した上で、傍論で「特商法51条は、本件事案発生後に新設されたものであるが、本件モニター商法の実態が同条にいう『業務提供誘引販売取引』に該当することは明らかである」とも判示している。
35 東京地判平成21年10月26日消費者法ニュース82号179頁（愛染苑山久モニター被害事件）。ダンシングモニター事件と同じく、特商法に業務提供誘引販売取引の規定を設ける契機となった事件の1つである。ただし判決は、商品受領者については、旧割販法30条の4による抗弁の対抗を一部制限した。

3　業務提供誘引販売取引の類型

法51条１項の規定からは、以下の10類型が想定できるとされている。

単独の事業者が商品販売や役務提供、業務提供を全て自ら行う場合（①、⑥）もあれば、その内の業務提供だけ別の業者をあっせんする場合（②、⑦）、商品販売や役務提供だけ別の業者を斡旋する場合（③、⑧）、自らは勧誘するだけで、商品販売や役務提供、業務提供は全て別業者をあっせんする場合（④、⑤、⑨、⑩）がある。

① 事業者Aが商品販売×Aが業務提供

② 事業者Aが商品販売×Bの業務のあっせん

③ 事業者Aが自ら業務提供×Bの商品販売のあっせん

④ 事業者Aが商品販売のあっせん×Bの業務のあっせん（Bが販売業者兼業務提供者）

⑤ 事業者Aが商品販売のあっせん×B、Cの業務のあっせん（Bが販売業者、Cが業務提供者）

⑥ 事業者Aが役務提供×Aが業務提供

⑦ 事業者Aが役務提供×Bの業務のあっせん

⑧ 事業者Aが自ら業務提供×Bの役務のあっせん

⑨ 事業者Aが役務のあっせん×Bの業務のあっせん（Bが販売業者兼業務提供者）

⑩ 事業者Aが役務のあっせん×B、Cの業務のあっせん（Bが販売業者、Cが業務提供者）

4　業務提供誘引販売取引に対する規制

(1) 事業者の義務・禁止行為

ア　氏名・名称、勧誘目的等の明示義務（法51条の２）

事業者は、業務提供誘引販売取引をしようとするときは、勧誘に先立って相手方に対し、①自己の氏名又は名称、②特定負担を伴う取引について勧誘をする目的である旨、③当該勧誘に係る商品又は役務の種類、をそれぞれ明示しなければならない。

イ　事実の不告知、不実告知の禁止（法52条１項）

事業者は、業務提供誘引販売取引の勧誘をするに際し、又は契約の解除を妨げるため、事業所等によらないで行う個人に対し、法52条１項各号所定の事項[36]につき、故意に事実を告げず、又は不実のことを告げる行為をしてはならない。

また主務大臣は、必要があると認めるときは、事業者に対し、期間を定めて当該表示の裏付けとなる合理的根拠を示す資料の提出を求めることができ、資料の提出がない場合には不実告知したものとみなされる（法52条の２）。

ウ　人を威迫し困惑させる行為の禁止（法52条２項）

事業者は、業務提供誘引販売取引の契約を締結させ、又は業務提供誘引販売取引についての契約の解除を妨げるために、事業所等によらないで行う相手方を威迫して困惑させてはならない。

エ　目的秘匿で誘引した顧客を公衆の出入りしない場所で勧誘することの禁止

---

36 法52条１項１号の「主務省令で定める事項」については省令39条の３を参照。

（法52条3項）

事業者は、特定負担を伴う取引についての勧誘目的であることを告げずに路上等で呼び止めて同行させ、又は電話等で呼び出した顧客に対し（ただし、事業所等によらないで行う個人に限る）、公衆の出入りする場所以外の場所において、その契約の締結について勧誘をしてはならない。

オ　広告の表示義務（法53条）

事業者は、業務提供誘引販売取引について広告をするときは、主務省令で定めるところにより、当該広告に、次の事項を表示しなければならない。

① 商品又は役務の種類（法53条1号）

② その業務提供誘引販売取引に伴う特定負担に関する事項（法53条2号）

③ その業務について広告をするときは、その提供条件（法53条3号）

④ その他、主務省令で定める事項（省令40条、41条の事項）（法53条4号）

カ　誇大広告の禁止（法54条）

事業者は、業務提供誘引販売取引につき広告するときは、当該業務提供誘引販売取引に伴う特定負担、当該業務提供誘引販売業に係る業務提供利益その他の主務省令で定める事項[37]について著しく[38]事実に相違する表示をしたり、実際のものよりも著しく優良だったり有利だと人を誤認させるような表示をしてはならない。

また、禁止行為と同様に主務大臣は誇大広告等に該当するか否かを判断するために資料の提出を求めることができ、期間内に提出がない場合には誇大広告に該当するものとみなされる（法54条の2）。

キ　承諾をしていない者に対するメール広告の提供の禁止（法54条の3）

原則として承諾をしていない者に対するメール広告を送信することが禁止されるとともに、記録の保存義務等が定められている[39]。

ク　書面交付義務（法55条）

業務提供誘引販売取引の勧誘では、業務による収入が強調される一方、実際に提供される業務内容や契約条件が曖昧にされることが多く、事業者の債務内容や、参加者が負う特定負担の義務内容について書面にして確定する必要がある。

そこで、法は詳細な書面交付義務を設け、契約締結前に概要書面（法55条1項）を、契約締結後遅滞なく契約書面（法55条2項）をいずれも交付しなければならない旨規定されている[40]。

ケ　断定的判断の提供の禁止（法56条1項2号）

業務提供誘引販売取引では業務提供利益が得られることが不確実であるにもかかわらず、あたかも確実に得られるかのような勧誘が行われやすいため、断定的な判断を提供する勧誘が特に禁止されている。

---

37 主務省令で定める事項については、省令42条を参照。通信販売で禁止される誇大広告の項目と共通するものの他に特定負担に関する事項や業務提供に関する事項などがある。
38 「著しく」の判断基準は、通信販売と同様である。
39 通信販売における規制（法12条の3）と同様である。
40 契約前の概要書面は省令43条を、契約後の契約書面は省令44条を参照。

コ　訪問販売の禁止行為と共通の事項

その他、訪問販売における指示対象行為が同様に禁止されている。

① 債務の履行拒否、不当な遅延（法56条1項1号）

② 迷惑を覚えさせるような仕方での勧誘（法56条1項3号）

③ 迷惑を覚えさせるような仕方での解除の妨害（省令46条1号）

④ 判断力不十分者との契約（省令46条2号）

⑤ 適合性の原則違反（省令46条3号）

⑥ 契約書へ虚偽の記載をさせる（省令46条4号）

(2)　義務違反に対する制裁

以上の義務に違反し、又は禁止行為を行った業者には、以下の制裁がある。

ア　主務大臣の指示（法56条）

事業者が上記のアないしコ（81頁〜83頁）の義務に違反し、又は禁止行為を行った場合において、業務提供誘引販売取引の公正及び業務提供誘引販売取引の相手方の利益が害されるおそれがあると認めるときは、主務大臣は必要な措置をとるべきことを指示することができる（法56条1項）。メール広告受託事業者がその義務に違反し、又は禁止行為を行った場合も同様である（法56条2項）

イ　主務大臣による業務停止命令・禁止命令・公表（法57条）

主務大臣は、事業者が禁止行為等に違反した場合で、取引の公正や取引の相手方の利益が害されるおそれがあると認めるときや主務大臣の指示に従わないときは、その事業者に対し、2年以内の期間を定めて業務提供誘引販売取引の全部又は一部につき業務停止命令を発令できる（法57条1項）。また、業務停止を命ぜられた法人の取締役やこれと同等の支配力を有すると認められるもの等に対して、停止の範囲内の業務を新たに法人を設立して継続すること等を禁止しうる。

主務大臣が上記の取引停止命令又は業務停止命令を行った場合には公表をしなければならない（法57条3項4項）。

ウ　刑罰（法70条、法71条）

一定の禁止行為違反、(1) ク（82頁）の書面を交付しなかった場合、上記アの指示・イの命令に違反した場合には刑事罰が科される。

(3)　民事的効果

ア　クーリングオフ（法58条1項）

業務提供誘引販売取引に関するクーリングオフ制度が定められている。要件・効果は次のとおりである。

㈠　要件

① 事業者がその業務提供誘引販売業に係る業務提供誘引販売取引についての契約を締結した場合であること[41]

② 契約の相手方が提供又はあっせんされる業務を事業所等によらないで行う個人であるこ

---

41 訪問販売、電話勧誘販売のクーリングオフとは異なり、消耗品を使用・消費した場合、即時履行契約において総額が3000円未満の場合、乗用自動車の場合の適用除外規定はない。また、業務提供誘引販売取引については、あらゆる商品・役務の業務提供誘引販売取引においてクーリングオフが可能。

と

③ 書面によりクーリングオフの通知を行うこと[42]

④ 上記書面による通知を、契約書面（法55条2項の書面）を受領した日から起算して20日以内に発信したこと[43]。訪問販売等のクーリングオフ期間（8日間）に比べて長く規定されている。また、訪問販売と同様、書面不交付や書面不備の場合には、クーリングオフの期間が進行しないため、書面不備の有無の検討は重要である。

(イ) 効果

クーリングオフには以下の効果があり、顧客に不利な特約は無効である（法58条4項）。

① 契約の解除（法58条1項）。業務委託等の契約と特定負担の契約が1個である場合だけでなく、形式上、別々の契約となっている場合でも全体が解除される[44]。

② 事業者に対してクーリングオフを通知すれば、商品購入・役務提供等の特定負担を行う事業者が別にある場合でも、業務委託契約及び特定負担の契約は一体として解除される。

③ 損害賠償・違約金が請求できない（法58条1項）[45]。

④ 商品の引取り費用は事業者負担（法58条3項）。

イ 取消権（法58条の2）

事業者の不実告知又は事実不告知により顧客が誤認して契約の意思表示を行った場合には、当該契約を取り消すことができる（法58条の2）。

取消権が行使された場合、その契約は遡及的に無効となるが（民法121条）、善意の第三者には無効を対抗できない（法58条の2第2項・法9条の3第2項）。

消滅時効期間は、追認をすることができる時から1年間、当該売買契約又は当該役務提供契約の締結の時から5年間と定められている（法58条の2第2項・法9条の3第4項）。

ウ 解除に伴う損害賠償等の制限（法58条の3）

解除に伴う損害賠償等に制限が設けられている（法58条の3）。

第7 連鎖販売取引

1 マルチ商法とその問題点

(1) マルチ商法と特商法による規制

「Multi-Level Marketing（マルチ・レベル・マーケティング）」いわゆる「マルチ商法」と呼ばれるネットワーク商法は、1970年代に我が国において流行し、規制の不備から取引やトラブルが多発し社会問題となった。そのため、当該商形態は特商法の前身である「訪問販売等に関する

---

42 クーリングオフを通知する先は、事業者。また条文では書面となっているものの、訪問販売と同様に、口頭でクーリングオフをした場合もその立証ができれば有効と解される余地がある。

43 発信主義が採用されており、クーリングオフ期間内に書面を発信すれば、到達がクーリングオフ期間以後であっても効力を生じる（法58条2項）

44 解除により、未払の代金債務・受講料の支払義務等は全部消滅し、他方、支払済みの代金等、引渡済みの商品等があれば事業者、参加者ともに相互に原状回復義務を負う（民法703条）。

45 訪問販売の場合（法9条3項）と同様である。

法律」で「連鎖販売取引」として規制され、特商法にも引き継がれた。

(2) マルチ商法の問題

ア 「無限の収益」という欺瞞性

マルチ商法は、上位会員が下位会員を組織に参加させて会費を納めさせたり物品等を購入させたりすることにより利益を受けるという樹形型ネットワーク構造をとる。下位会員はねずみ算式に広がるが、人口は有限であるからネットワークが無限に拡大することはありえず、加入者全員に収益が発生する構造ではないし（最下位会員には収益が発生しない）、商品を介在させなければネズミ講と類似であって破綻は必至である。

ところが、マルチ商法の勧誘では、あたかも無限に儲かるような誇大な説明がなされることが多く、馴染みのない一般の顧客が、収入に関して過大な期待を寄せて商品を大量購入したが後になって行き詰まり、不良在庫と多額な借金を抱えたり、行き詰まりを打開するために知人などに無理な勧誘をするなど様々な弊害が生じている。

イ 欺罔的で執拗な勧誘方法

マルチ商法においては新たな会員を勧誘するために、事業者が開催するセミナーなどで欺罔的かつ執拗な勧誘が行われることが多い。

ウ 顧客による違法・不当な勧誘行為

また、マルチ商法には顧客自身が事業者となって新たな会員の勧誘行為を行うという特徴がある。特商法や関連諸法令への無理解から、新規会員の勧誘に行き詰まった会員が誇大な説明、不実の告知などの方法により違法な勧誘を行う場合もある。このようにマルチ商法においては、顧客自身が自覚のないままに違法行為を行なうおそれもある。

(3) ネズミ講（無限連鎖講）との比較

ネズミ講とは、主催を頂点とする樹形状の人的ネットワーク構造を利用した金銭配当組織であり、上位会員に対して金員を支払って組織の会員となった者が新たな下位会員を探し出し、当該下位会員から金員を受領して利益を得るという構造をとる。自らが利益を得るには複数の会員を獲得する必要があり、会員がねずみ算式に増加することからネズミ講と呼ばれる。

ネズミ講とマルチ商法の違いは、マルチ商法が商品等を販売する組織であるのに対して、ネズミ講は会員同士が金員をやり取りするだけで商品等が介在しない点にある。商品が介在しないため、既存商品の消費による再購入や、新たな商品の導入などによる資金の再流通・再循環が発生せず、破綻必至のシステムである。ネズミ講は「無限連鎖講の防止に関する法律」で全面的に禁止されており、主催者その他の関係者には刑事罰が課される。

(4) マルチ商法の法律相談

特商法はマルチ商法そのものを違法行為として禁止しているわけではなく、連鎖販売取引に該当するものについて、勧誘方法などの行為規制を置いているにすぎない。

もっとも、マルチ商法の相談においては、特商法における規制にとらわれることなく、①運営、勧誘の方法に違法がないか、②勧誘の誘引が、労力の割に過大な利益で惹き付けたり、精神修養になるなどといった商品の有用性と無関係なものでないか、③商品が粗悪であったり、代価が不相当に高額であったり、顧客に必要のないものであったりしないか、また商品に実質的な価

値がなく金銭の授受をカモフラージュしているだけではないか、④下位会員を獲得することによる利益が、容易に得られるものと信じて加入したのではないか、など販売形態を総合的に確認し、実質的な違法性・不当性を検討する必要がある。判例も、実質的ネズミ講というべき内容のマルチ商法については、その射倖性・欺瞞性・不当な勧誘方法などを理由に不法行為の成立を認める傾向にある。

2　連鎖販売取引の定義

法律の適用を受けるための要件は

① 物品の販売又は役務の提供の事業であって

② 販売の目的物たる物品の再販売、受託販売若しくは販売のあっせんをする者又は同種役務の提供若しくはその役務の提供のあっせんをする者を

③ 特定利益が得られることをもって誘引し

④ ②の者と特定負担を伴う取引をすること

である（法33条１項）。

(1) 特定利益とは

特定利益とは、自分の下に販売組織員等を増やすことによって得られる利益をいう。法は「その商品の再販売、受託販売若しくは販売のあっせんをする他の者又は同種役務の提供若しくはその役務の提供のあっせんをする他の者が提供する取引料その他の主務省令で定める要件に該当する利益の全部又は一部をいう。」と規定し、省令第24条に要件が定められている。

(2) 特定負担とは

特定負担とは、連鎖販売取引で販売員などになるために義務づけられている経済的な負担をいう。入会するために購入する物品や労務提供が典型的であるが、名目を問わず経済的負担であれば特定負担に該当する。

(3) 関係者の呼称

連鎖販売取引では、取引に関係する（あるいは連鎖販売組織に関係する）者が複数登場する。

ア　統括者

一連の連鎖販売業を実質的に統括する者をいう（法33条２項）。法33条２項の規定は例示であり、これを一応の判断基準としつつ、その組織の実態に即して判断することになる（通達）。

イ　勧誘者

統括者がその統括する一連の連鎖販売業に係る連鎖販売取引について直接勧誘を行わせる者をいう（法33条の２）。具体的には、統括者から勧誘の委託を受けて説明会等で専ら勧誘を行う者が該当するほか、明示的に委託されていないが、自分自身の勧誘と並行して他の者の勧誘を推進しているものも該当する（通達）。

ウ　一般連鎖販売業者

統括者又は勧誘者以外の者であって、連鎖販売業を行う者をいう（法33条の２）。

エ　無店舗個人

マルチ商法の商品を店舗その他これに類する設備によって販売もしくは斡旋するのではない個

人をいう。例えば、八百屋の主人が宝石を買ってマルチ組織に加入する場合も、「無店舗個人」である。この規定が、無店舗個人に対する行為に限定しているのは、法人や、当該マルチ商法の商品を店舗等で取り扱う個人の場合は、一応当該取引に習熟しているとみなされるので、保護の対象とする必要がないと考えられたためである。

3　連鎖販売取引の行政規制と罰則

(1)　連鎖販売取引における氏名等の明示（法33条の2）

　統括者、勧誘者、一般連鎖販売業者は、勧誘に先立って、事業者の名称、担当者の氏名、特定負担を伴う取引の勧誘目的であること、商品等の種類をそれぞれ告げる義務を負う。

(2)　不当勧誘の禁止（法第34条）

ア　統括者・勧誘者の禁止行為（同条1、3項）

　統括者又は勧誘者は、無店舗個人を勧誘する際に、又は、契約締結後その解除（クーリングオフを含む）を妨げるため、法34条1項1号ないし5号の事項につき[46]故意に事実を告げず、又は不実のことを告げてはならず（1項）[47]、また、人を威迫して困惑させてはならない（3項）。

　違反者に対しては、3年以下の懲役又は300万円以下の罰金（併科可）が課される（法70条）。これは両罰規定になっている（法第74条）。

イ　一般連鎖販売業者の禁止行為（法34条2項、3項）

　一般連鎖販売業者は、その統括者の統括する一連の連鎖販売業にかかる連鎖販売取引について勧誘する際に、又は、契約の解除を妨げるため、法34条1項1号ないし5号に定める事項につき、不実のことを告げてはならず（2項）、人を威迫して困惑させてはならない（3項）。

　違反者の罰則は、統括者・勧誘者の場合と同じである。

　また、主務大臣は、必要があると認めるときは、統括者・勧誘者・一般連鎖販売業者に対し、期間を定めて、当該表示の裏付けとなる合理的根拠を示す資料の提出を求めることができ、資料の提出がない場合には不実告知をしたものとみなされる（法34条の2）。

(3)　広告規制（法35条）

　連鎖販売取引の広告には、以下の事項を表示しなければならない（規則26条）。

①　商品又は役務の種類

②　当該連鎖販売取引に伴う特定負担に関する事項

③　当該連鎖販売取引に係る特定利益について広告をするときは、その計算方法

46　法第34条1項1号ないし5号の事項は以下のとおり。【1号】商品（施設を利用し及び役務の提供を受ける権利を除く）の種類及びその性能若しくは品質又は施設を利用し及び役務の提供を受ける権利若しくは役務の種類及びこれらの内容その他これらに類するものとして主務省令で定める事項（1．商品の効能、2．商品の商標又は製造者名、3．商品の販売数量、4．役務又は権利に係る役務の効果（経産省令第24条の2））。【2号】当該連鎖販売取引に伴う特定負担に関する事項。【3号】当該契約の解除に関する事項（法40条1項から3項まで及び40条の2第1項から5項までの規定〔クーリングオフ、中途解約権〕に関する事項を含む。）。【4号】その連鎖販売業に係る特定利益に関する事項。【5号】前各号に掲げるもののほか、その連鎖販売業に関する事項であって、連鎖販売取引の相手方の判断に影響を及ぼすこととなる重要なもの

47　事実不告知・不実告知の具体例としては、①あたかも容易に成功するかのような印象を与えて成功の可能性の乏しさに言及しない行為、②商品の品質・性能、役務の内容が類似のものと比較して著しく劣っているのにその事実を告げない行為、③特定負担（加盟料等）などの債務の内容が民商法の一般原則より不利なことを告げない行為などが、これに該当する。

④ その他主務省令で定める事項

違反者に対しては、100万円以下の罰金が課される（法72条1項5号）ほか、主務大臣による指示（法38条）及び業務停止命令（法39条）の対象となる。

(4) 誇大広告等の禁止（法36条）

連鎖販売取引について広告をするときは、以下の事項について、著しく事実に相違する表示をし、又は実際のものよりも著しく優良であり、もしくは有利であると人を誤認させるような表示をしてはならない（規則27条）。

① 商品の種類、性能、品質若しくは効能、役務の種類、内容若しくは効果又は権利の種類、内容若しくはその権利に係る役務の種類、内容若しくは効果

② 商品の原産地若しくは製造地、商標又は製造者名

③ 特定負担に関する事項

④ 特定利益に関する事項

⑤ 国、地方公共団体、著名な法人その他の団体又は著名な個人の関与

⑥ 契約の解除に関する事項

違反者に対しては、100万円以下の罰金が課される（法72条1項1号）ほか、指示（法38条）及び業務停止命令（法39条）の対象となる。

さらに、禁止行為と同様に主務大臣は誇大広告等該当性の判断のために資料の提出を求めることができ、提出がない場合には誇大広告に該当するものとみなされる（法36条の2）。

(5) 書面交付義務（法37条）

「連鎖販売業を行う者」（統括者のみならず末端会員まで含む。）は、無店舗個人と契約を締結する場合、契約前と契約後の2回にわたり契約内容等を明らかにする書面を交付しなければならない。すなわち、契約を締結しようとする際には、契約を締結するまでに規則28条に定める事項を記載した書面（概要説明書）を、さらに、契約を締結した後には、遅滞なく法37条2項及び規則29条で定める事項につき、規則30条に定める内容を明記した書面（契約書面）をいずれも交付しなければならない。

違反者に対しては、6月以下の懲役又は100万円以下の罰金（併科可）が課される（法71条）。これは両罰規定になっている（法74条）。

(6) 承諾をしていない者に対するメール広告の提供の禁止（法36条の3）

統括者、勧誘者、一般連鎖販売業者は、一定の例外（相手が請求したときや、通常連鎖販売取引メール広告の提供を受ける者の利益を損なうおそれがないと認められる場合として主務省令で定める場合）を除き、その統括者の統括する一連の連鎖販売業に係る連鎖販売取引について、相手方の承諾を得ないでメール広告をしてはならない。

(7) 行政処分

ア 指示（法38条）

主務大臣は、統括者、勧誘者が、前記(1)ないし(6)の規制に違反した場合などにおいて、取引の公正及び取引の相手方の利益が害されるおそれがあると認めるときは、統括者らに対して必要な措置をとるように指示することができる。

違反者に対しては、6月以下の懲役又は100万円以下の罰金（併科可）が課される（法71条）。これは両罰規定になっている（法74条）。

イ　取引停止処分（法39条）

主務大臣は、統括者、勧誘者、一般連鎖販売業者が、前記(1)ないし(6)等の規制に違反した場合などにおいて、連鎖販売取引の公正若しくは取引の相手方の利益が害されるおそれがあると認めるとき、又は統括者らが前記(7)アの指示に従わないときには、その統括者らに対して2年以内の期間を限り取引停止を命じることができる（1項、2項、3項）。主務大臣が、上記の取引停止を命令したときには、その旨を公表しなければならない（5項）。違反者に対しては3年以下の懲役又は300万円以下の罰金が課される（法70条2号）。これは両罰規定になっている（法74条）。

4　連鎖販売取引の民事規制

(1)　クーリングオフ（法40条）

連鎖販売加入者が契約を締結し、契約締結後に交付される法定書面（法37条2項の書面）の交付を受けた日から起算して20日間（民法上の原則の例外、初日算入）は、当該連鎖販売加入者は、書面により理由を要せず契約を解除できる。

当該契約にかかる「特定負担」が、再販売する商品の購入についてのものである場合において、最初にその商品の引渡しを受けた日が上記の書面の交付を受けた日より遅いときは、その引渡しを受けた日が起算日となる（1項）。

その他は特商法に定める他のクーリングオフの場合と同様である。

(2)　中途解約権（法40条の2）

クーリングオフ期間を経過しても、一定の要件のもと中途解約が認められる。これは強行規定である（6項）。

ア　連鎖販売契約の中途解約

連鎖販売加入者は、第37条第2項の書面を受領した日から起算して20日を経過した後においても、将来に向かってその連鎖販売契約の解除（中途解約）を行うことができる（法40条の2第1項）。この場合、事業者からの損害賠償に制限がある（3項）。

イ　商品販売契約の解除

また、連鎖販売契約が中途解約された場合、一定の要件があれば個別の商品販売契約も解除できる（2項）[48]。この場合、事業者からの損害賠償に制限がある（4項）。また、統括者にも連帯責任が課されている（5項）。

(3)　取消権（法40条の3）

意思表示の取消は民法の一般原則はもとより、消費者契約法によっても認められる。しかし、マルチ商法は階層・ランクによっては事業者間取引に該当するという解釈もあり得ることから、消費者の保護を徹底するために連鎖販売取引において意思表示の取消しが認められることを明文

---

48 個別の商品販売契約の解除要件は次のとおり。①連鎖販売契約を締結した日から1年を経過していないこと、②次の4要件に該当しないこと(i)商品の引渡しを受けた日から起算して90日を経過した、(ii)当該商品を再販売した、(iii)商品を使用し又はその全部若しくは一部を消費した、(iv)連鎖販売加入者の責めに帰すべき事由により当該商品の全部又は一部を滅失し又はき損した。

化している。

ア 統括者、勧誘者の場合

統括者若しくは勧誘者がその統括者の統括する一連の連鎖販売業に係る連鎖販売契約の締結を勧誘をするに際し、法34条1項の規定に違反して不実のことを告げ、又は、故意に事実を告げないことにより連鎖販売加入者が誤認し、当該連鎖販売契約の申込み又はその承諾の意思表示をしたときは、同加入者はこれを取り消すことができる（但書あり）。

イ 一般連鎖販売業者の場合

その連鎖販売業に係る連鎖販売契約の締結について勧誘をするに際し、法34条2項の規定に違反して不実のことを告げたことにより、連鎖販売加入者が当該告げられた内容が事実であると誤認をして当該連鎖販売契約の申込み又はその承諾の意思表示をしたときは、同加入者は取り消すことができる（但書あり）。

消滅時効期間については、追認をすることができる時から1年間、当該売買契約又は当該役務提供契約の締結の時から5年間と定められている（法40条の3第2項・法9条の3第4項）。

第8 訪問購入について

1 意義

平成22年頃より貴金属の押し買いの被害が爆発的に増加したことを受け、平成24年8月に特商法が改正され、従来の6類型（訪問販売、通信販売、電話勧誘販売、連鎖販売取引、特定継続的役務提供、業務提供誘引販売取引）に加え、7番目の取引類型として、第5章の2に「訪問購入」が新設された。

訪問購入は、個人宅を訪問して物品の売買契約を締結するという点において、訪問販売と共通するため、行為規制については「訪問販売」とほぼ同様だが、民事規定については、契約解除時における物品の返還の実現困難性などの特殊性に着目し、一部異なった規定が置かれている。

2 定義

訪問購入とは、①物品の購入を業として営む者が、②営業所等以外の場所において、③売買契約の申込みを受け、又は売買契約を締結して行う物品の購入をいう（法58条の4）。

「営業所等以外の場所」については訪問販売の項目を参照されたい（本章第2 1(5)、46頁）。

3 対象物品

原則として、全ての物品が訪問購入の対象となる。

ただし、売買契約の相手方の利益を損なうおそれがないと認められる物品や、規制により流通が著しく害されるおそれがあると認められる物品については、政令によって規制対象から除外されている（法58条の4括弧書）。

4　規制の内容

(1)　不当な勧誘行為に対する規制

　訪問購入では、物品の購入事業者の勧誘がひとたび始まれば、その巧妙な話術や強引な勧誘手法等により、消費者が適正な判断をすることができないままに売買契約締結に至る実態や、同様の不当行為によってクーリングオフの行使が妨げられる実態があった。

　そこで、事業者のこうした不当な勧誘行為に対し、以下の各規制が定められた。

(2)　事業者名・勧誘目的等の明示義務

　事業者は、訪問購入の勧誘に先立ち、顧客に対し、氏名又は名称、売買契約の締結について勧誘する目的である旨や、売買勧誘に関する物品の種類を明示しなければならない（法58条の5）。

(3)　不招請勧誘の禁止、勧誘を受ける意思の確認義務、再勧誘の禁止

　事業者は以下の行為をしてはならない。

①　訪問購入に係る売買契約の締結についての勧誘の要請をしていない者に対し、営業所等以外の場所において、当該売買契約の締結について勧誘をし、又は勧誘を受ける意思の有無を確認してはならない（法58条の6第1項）。

②　勧誘に先立って、相手方に対し、勧誘を受ける意思があることを確認しないで勧誘してはならない（同条2項）。

③　売買契約を締結しない旨の意思を表示した者に対し、売買契約の締結について再勧誘をしてはならない（同条3項）。

(4)　クーリングオフの妨害・物品の引渡しを受けるための不実告知・事実不告知・威迫して困惑させる行為の禁止

　事業者は、以下の不実告知・事実不告知・威迫して困惑させる行為が禁止されている。

①　訪問購入に係る売買契約の締結を勧誘するに際し、又はその売買契約の申込みの撤回若しくは解除（クーリングオフ）を妨げるため、重要事項（物品の種類及び性能等、物品の購入価格、物品の代金の支払時期及び方法、物品の引渡時期及び引渡しの方法、クーリングオフに関する事項（58条の14第1項から5項までの規定に関する事項を含む）、物品の引渡しの拒絶に関する事項、顧客が売買契約の締結を必要とする事情に関する事項等）について不実のことを告げてはならない（法58条の10第1項）。

②　訪問購入に係る売買契約の締結を勧誘するに際し、重要事項（物品の種類及び性能等、物品の購入価格、物品の代金の支払時期及び方法、物品の引渡時期及び引渡しの方法、クーリングオフに関する事項（法58条の14第1項から5項までの規定に関する事項を含む）、物品の引渡しの拒絶に関する事項）について、故意に事実を告げない行為をしてはならない（同条2項）。

③　訪問購入に係る売買契約を締結させ、又はクーリングオフを妨げるため、人を威迫して困惑させてはならない（同条3項）。

④　物品の引渡しを受けるため、物品の引渡時期その他物品の引渡しに関する事項であって、売買契約の相手方の判断に影響を及ぼす重要なものについて、故意に事実を告げず、又は不実のことを告げる行為をしてはならない（同条4項）。

⑤ 物品の引渡しを受けるため、人を威迫して困惑させてはならない（同条５項）。

(5) 書面交付義務

訪問購入においては、取引条件が曖昧であるため、後日当事者間にトラブルが生ずるおそれがある。そこで契約申込時又は契約締結時に、以下のとおり、取引条件を明らかにする書面を交付することを事業者に義務づけた。

ア 契約申込時書面

営業所等以外の場所において物品の売買契約の申込みを受けたときは、直ちに、申込者に対し、重要事項（物品の種類、物品の購入価格、代金の支払時期及び方法、物品の引渡時期及び引渡しの方法、クーリングオフに関する事項（法58条の14第１項のみならず同条２項から５項までの規定に関する事項を含む）、物品の引渡しの拒絶に関する事項、その他主務政令で定める事項）についてその申込みの内容を記載した書面を交付しなければならない（法58条の７）。

イ 契約締結時書面

営業所等以外の場所において物品の売買契約を締結したとき等は、原則として、遅滞なく、売買契約の相手方に対し、重要事項（上記①の括弧書と同じであるが、クーリングオフに関する事項については、売買契約の申込みの撤回に関する事項は含まれず、締結した売買契約の解除に関する事項のみ）について契約内容を記載した書面を交付しなければならない（法58条の８第１項）。

営業所等以外の場所において物品について売買契約を締結した等の際に、代金を支払い、かつ、物品の引渡しを受けたときは、直ちに、売買契約の相手方に対し、重要事項（物品の種類、物品の購入価格、クーリングオフに関する事項（売買契約の申込みの撤回に関する事項は含まれず、締結した売買契約の解除に関する事項のみ）、その他主務省令で定める事項）を記載した書面を交付しなければならない（法58条の８第２項）。

(6) 物品引渡しの拒絶に関する告知

事業者は、クーリングオフ期間内に、売買契約の相手方から直接物品の引渡しを受ける時は、その相手方に対し、物品の引渡しを拒むことができる旨を告知しなければならない（法58条の９）。

(7) 通知・告知義務

クーリングオフ期間内に、売買契約の相手方から事業者に対して物品が引き渡され、それが第三者に転売された場合、相手方にとっては第三者への物品引渡しの有無が重大な関心事となり、他方、第三者にとっては相手方によるクーリングオフ行使の有無が重大な関心事となる。

そこで下記のとおり、物品が事業者から第三者に転売された場合において、事業者は、売買契約の相手方に対しては当該物品の第三者への引渡しに関する情報を、第三者に対しては相手方によるクーリングオフ行使の有無に関する情報をそれぞれ通知しなければならないとされた。

ア 第三者への物品引渡しについての相手方に対する通知

事業者は、クーリングオフ期間内に、売買契約の相手方から物品の引渡しを受けた後に、転売するなどして第三者に対して当該物品を引き渡したときは、その旨及び第三者への物品引渡しに関する事項として主務省令で定める事項を、遅滞なく、売買契約の相手方に通知しなければなら

ない（法58条の11）。

イ　物品の引渡しを受ける第三者に対する通知

事業者は、クーリングオフ期間内に第三者に対して転売するなどして当該物品を引き渡すときは、主務省令で定めるところにより、当該物品の売買契約がクーリングオフされた旨又はクーリングオフされることがある旨をその第三者に通知しなければならない（法58条の11の2）。

5　訪問購入におけるクーリングオフ

(1)　要件

訪問購入に係る売買契約について、契約の申込みをした者又は契約締結をした相手方は、契約申込時書面（法58条の7）又は契約締結時書面（法58条の8）の交付を受けた日のいずれか早い日から起算して8日を経過するまでは書面によってクーリングオフできる（法58条の14第1項）。

上記契約申込時書面や契約締結時書面が交付されなかった場合、クーリングオフの権利が売買契約の相手方に留保されているから、相手方はいつでもクーリングオフできる。

また、事業者が売買契約の相手方に対して不実告知又は威迫行為を行い、これによって当該相手方が告知内容を事実と誤認し又は威迫により困惑して、期間内のクーリングオフを妨げられた場合、当該相手方はいつでもクーリングオフできる。

ただし、事業者が売買契約の相手方に対し、改めてクーリングオフできる旨を記載した書面（クーリングオフ妨害解消書面）を交付し、その交付日から起算して8日が経過した場合には、相手方はクーリングオフできなくなる（法58条の14第1項但書）。

(2)　クーリングオフ行使の効果

ア　発信主義

他のクーリングオフ規定と同様、書面の発信主義が取られている（法58条の14第2項）。

イ　効果

クーリングオフがなされた場合の効果は以下のとおりである。

① 事業者は、売買契約の相手方に対し、損害賠償又は違約金の支払を請求することができない（法58条の14第4項）。

② 物品購入代金が既に支払われているときは、その代金の返還に要する費用及びその利息は、事業者の負担となる（同条5項）。

なお、クーリングオフによる購入物品の返還の実効性を担保するには、クーリングオフ期間中、購入物品を売主の手元に留めておくことが重要である。そこで、売買契約の相手方は、契約申込時書面若しくは契約締結時書面又はクーリングオフ妨害解消書面を受領した日から起算して8日を経過するまでの間は、引渡期日の約定があるときでも、事業者及びその承継人に対し、物品の引渡しを拒むことができると定めた（法58条の15）。

また、クーリングオフ期間中に事業者に対して物品が引き渡され、さらに、その物品が第三者に転売された場合であっても、売買契約の相手方は、クーリングオフをもって第三者に対して物品の所有権を主張することができるとされた（法58条の14第3項本文）。ただし、善意・無過失の第三者に対しては物品の所有権を主張することができない（同条項但書）。

6　訪問購入に係る売買契約の解除等に伴う損害賠償等の額の制限

　事業者は、訪問購入に係る売買契約が「約定解除」されたときは、損害賠償の予定又は違約金の定めがあっても、下記①・②の場合における額に法定利率による遅延損害金を加算した金額を超える額の金銭の支払を売買契約の相手方に対して請求できない（法58条の16第１項）。

　また、事業者は、当該売買契約に基づき相手方が負う物品引渡義務が履行されない場合にも、相手方に対し、下記③・④の場合における額に法定利率による遅延損害金を加算した金額を超える額の金銭の支払を請求できない（同条２項）。

①　売買契約の解除が物品購入代金の支払後である場合　当該代金に相当する額及びその利息（法58条の16第１項１号）。

②　売買契約の解除が物品購入代金の支払前である場合　当該契約の締結及び履行のために通常要する費用の額（同条項２号）。
　　例えば、契約書面作成費、印紙税、代金取立費用、支払催告費用等がこれにあたる。

③　履行期限後に物品が引き渡された場合　当該物品の通常の使用料の額（当該物品の購入価格に相当する額から当該物品の引渡時における価額を控除した額が通常の使用料を超えるときは、その額（法58条の16第２項１号）。

④　物品が引き渡されない場合　当該物品の購入価格に相当する額（同条項２号）。

7　違反事業者に対する措置

⑴　指示

　訪問購入をめぐって一定の違法・不当な行為が行われた場合、主務大臣は、事業者に対して当該違反又は当該行為の是正のための措置、売買契約の相手方の利益の保護を図るための措置その他の必要な措置をとるべきことを指示することができ、当該指示を公表するものとされた（法58条の12）。

⑵　業務の停止命令等

　主務大臣は、一定の事業者に対して業務停止命令・業務禁止命令を発することができる（法58条の13、13の２）。

⑶　報告・立入検査等

　主務大臣は、特商法を施行するため必要があると認めるときは、政令で定めるところによって、事業者に対し、報告若しくは帳簿、書類その他の物件の提出を命じ、又はその職員に購入業者の店舗等に立ち入り、帳簿、書類その他の物件を検査させ、若しくは従業員その他の関係者に質問させることができる（法66条）。

8　適用除外

　法58条の17第１項は、第５章の２「訪問購入」に係る規定について「全面適用除外」となる訪問購入（下記①〜⑤）を定めている。また、法58条の17第２項は、訪問購入に係る法58条の６第１項及び58条の７から58条の16までの規定について「適用除外」となる訪問購入（下記⑥・⑦）を定めている。

① 訪問購入に係る売買契約の申込みをした者が営業のために若しくは営業として締結するもの又はその売買契約の相手方が営業のために若しくは営業として締結するものに係る訪問購入（法58条の17第1項1号）

② 日本国外に在る者に対する訪問購入（同項2号）

③ 国又は地方公共団体が行う訪問購入（同項3号）

④ 特別法に基づいて設立された組合並びにその連合会及び中央会、国又は地方公共団体の職員団体、労働組合がその直接又は間接の構成員に対して行う訪問購入（同項4号）

⑤ 事業者がその従業員に対して行う訪問購入（同項5号）

⑥ その住居において売買契約の申込みをし又は売買契約を締結することを請求した者に対して行う訪問購入（法58条の17第2項1号）

※購入業者が消費者の「請求」に応じてその住居において行う訪問購入であり、不意打ち的な訪問購入とはならないため、適用除外とされた。

⑦ 購入業者がその営業所等以外の場所において、物品について売買契約の申込みを受け又は売買契約を締結することが通例であり、かつ、通常売買契約の相手方の利益を損なうおそれがないと認められる取引の態様で政令で定めるものに該当する訪問購入（同項2号）

第9 参考文献

1 梶村太市外「新・特商法」青林書院（平成25年）
2 齋藤雅弘外「第4版 特商法ハンドブック」（平成23年）
3 「特商法ガイド」消費者庁、http://www.no-trouble.go.jp／

第3章 割賦販売法

第1 クレジット等割賦販売

1 はじめに

商品を購入した際、購入者すなわち消費者による購入代金の後払いを認める契約をクレジット等割賦販売という。クレジット等割賦販売には、販売業者と購入者のみが当事者となり、販売業者自身が後払いを認める二者型の契約と、これらに加えクレジット（信販）会社が当事者となる三者型の契約があるが、現代では三者型の契約、特にクレジットカードを使用した取引が大半を占めている。三者型の契約は、購入者が支払うべき購入代金を、クレジット会社が販売業者に立替払いし、その立替金を購入者がクレジット会社に後払いするというのが典型である。

　近時はクレジットカード取引の利用環境の変化により、クレジットカード会社の機能の内、消費者に与信枠を供与してカードを発行するイシュアー機能と加盟店にクレジットカードの利用環境を提供するアクワイアラー機能が分化し、国際ブランド（VISA、MasterCard、JCB等）を介したイシュアーとアクワイアラーが異なる取引（いわゆるオフアス取引。一方、イシュアーとアクワイアラーが同一である取引をオンアス取引という。）が一般化している。

2　クレジット等割賦販売の問題点

　クレジット等割賦販売は、購入者としては商品購入時に代金を支払わなくても済むため心理的な抵抗が少なく、販売業者としても購入者の支払能力を考慮することなく代金の支払いを受けられることから、販売業者の不当な勧誘行為により高額な商品を購入させられるなどの消費者被害が生じやすい傾向がある。

　また、三者型の契約の場合、購入者・販売業者間の商品販売契約と購入者・クレジット会社間の立替払契約は形式上別個の契約である。そのため、民法の一般原則では購入者・販売業者間の商品販売契約が無効・取消・解除となっても、購入者・クレジット会社間の立替払契約は依然有効のまま購入者のクレジット会社に対する立替金支払債務は残り、購入者は既に支払った立替金の返還をクレジット会社に請求できないという問題がある。また近年、加盟店におけるクレジットカード情報の漏えいや不正使用被害が増加しており、さらに上記のオフアス取引の増加に伴い、クレジット会社の加盟店に対する管理が行き届かないケースも出てきている。

　このような問題点を持つクレジット等割賦販売の公正を図るため、割賦販売法（割販法）は、抗弁権の接続、クーリングオフ、過量販売解除権、不実告知等による取消権等の民事ルールを定めて上記の民法の一般原則を一部修正し、また行政規制の規定を置いている。

第2　近年における割販法の改正の概説

1　平成20年改正

　割販法は、時代の流れに沿って、購入者の保護の観点から何度か改正が施された。昭和47年にクーリングオフ制度、昭和59年に抗弁対抗規定が追加され、クレジット等割賦販売の適正化に関する規制では、契約締結前の契約条件表示義務、契約締結時の書面交付義務、クレジットカード業者の登録制などが追加された。

　平成20年にはクレジット等割賦販売を利用した次々販売等の悪質商法被害が社会問題化されたことを契機に、それまでの規制の間隙を埋めるべく、購入者の保護という観点から、大規模な改正が行われた（平成22年12月完全施行）。

　平成20年改正の具体的内容は、以下のとおりである。

⑴　目的規定の改正

　割販法の目的規定（法1条）に、購入者の損害防止を明記した。

⑵　規定の整理

ローン提携販売の定義規定から個別クレジット（「個別信用購入あっせん」のこと。以下、同じ。）を除外した（法2条2項）。個別式のローン提携販売については、個別クレジットに含めた。また個別クレジットと包括クレジット（「包括信用購入あっせん」のこと。以下、同じ。）を独立の規定として整理した（法2条3項、4項）。

(3) 規制の抜け穴の解消

信用購入あっせんの適用につき、割賦要件を廃止し、2ヶ月以上の後払いを適用対象とした。翌月の一括払い（マンスリークリア）は、単なる決済手段としての性格が強いため、規制の対象からは外されている（法2条3項、4項）。また信用購入あっせんにつき指定商品・役務制度を廃止した[49]（法2条3項、4項）。

(4) クレジット規制の強化

ア 個別クレジット業者の登録制を導入し（法35条の3の23）、行政処分規定を設けた（法35条の3の21、35条の3の31）。

イ 個別クレジット業者に対し、個別クレジット契約を締結しようとする場合、支払可能見込額の調査義務、指定信用情報機関の利用義務、過剰与信の禁止を定めた（法35条の3の3、35条の3の4）。

ウ 個別クレジット契約を訪問販売等の特商法5類型（106頁）に利用した場合における、適正与信調査義務、不適正与信の禁止の導入（法35条の3の5ないし35条の3の7）と、店舗契約を含めて、苦情発生時の調査義務を含む業務適正化義務（法35条の3の20）を定めた。

エ 個別クレジット業者による書面交付義務（法35条の3の9）を設けた。

オ 個別クレジット契約を訪問販売等の特商法5類型に利用した場合、個別クレジット契約のクーリングオフを導入した（法35条の3の10、35条の3の11）。

カ 個別クレジット契約を訪問販売に利用した場合で、販売契約が特商法による過量販売解除となるときには、個別クレジット契約も解除できるとした（法35条の3の12）。

キ 個別クレジット契約を訪問販売等の特商法5類型に利用した場合で、販売契約が不実の告知等により取消しとなるときには、個別クレジット契約も取り消せるとした（法35条の3の13ないし35条の3の16）。

ク 包括クレジット業者に対し、包括クレジット契約のカード発行時又は極度額増額時における、支払可能見込額の調査義務、指定信用情報機関の利用義務、過剰与信の禁止を定めた（法30条の2、30条の2の2）。

(5) 罰則・自主規制の強化等

ア 包括クレジット契約において、顧客の苦情発生時の調査義務を含む業務適正化義務を定めた（法30条の5の2）。

イ 指定信用情報機関を定め、行政監督と信用情報の保護を定めた（法35条の3の36ないし35

---

49 平成20年改正前の割販法では、政令で定める指定商品、指定役務、指定権利だけが規制対象であり、指定対象でない商品や役務は、消費者トラブルが顕在化した場合に、政令に対象として追加されていた。しかし、商品や役務が多様化し提供方法が複雑化するにつれて、適切に規制を図ることが難しくなり、また悪質業者は、規制対象になっていない商品や役務に目をつけて不当な取引を誘発しおり、制度的・構造的に消費者被害の発生の温床となっていた。そこで、これらの懸念に対応した改正がなされた。

条の3の59）。

　　ウ　クレジットカード情報の安全管理義務と行政処分を導入した（法35条の16、35条の17）。

　　エ　認定割賦販売協会を定めて、加盟店情報の報告義務と交換制度を法定した（法35条の18ないし35条の21）。

　　オ　クレジットカード情報の不正取得を禁止し、主体ごとに罰則を設けた（法49条の2）。

(6)　用語の変更

　なお、割賦要件の廃止に伴って、用語の変更も行われた。

（改正前）　　　　　　　　（改正後）

「総合割賦購入あっせん」　→　「包括信用購入あっせん」

「個品割賦購入あっせん」　→　「個別信用購入あっせん」

2　平成28年改正

　近年、クレジットカード情報の漏えいや不正な利用による被害が増加し、また、カード発行会社と販売業者等（役務提供事業者を含む。以下本章において同様とする。）と契約を締結する信販会社が別となるような取引形態の変容などによりクレジットカードを取り扱う販売業者等の管理が行き届かないケースが出てくるなど、クレジット販売をめぐる環境に変化が見られた。このような状況を踏まえ、平成28年、アクワイアラーと販売業者等との間で立替払い等を行う決済代行業者の参入の拡大を見据え、安全・安心なクレジットカードの利用環境の整備のために必要な措置を講じる改正が行われた。平成28年改正の具体的な内容は、次のとおりである。

(1)　クレジットカード番号等の適切な管理等

　販売業者等に対し、クレジットカード番号等の情報管理や、自らの委託先に情報管理に係る指導等を行うことを義務付けた（法35条の16）。併せて販売業者等に対し、クレジットカードの不正使用対策（決済端末のIC化等）を義務付けた（法35条の17の15）。

(2)　販売業者等に対する管理強化

　販売業者等に対しクレジットカード番号等を取り扱うことを認める契約の締結権限を有し、加盟店管理を行っている事業者（アクワイアラー又は決済代行業者）について、登録制度を創設し、当該販売業者等への調査及び調査結果に基づいた必要な措置をとることを義務付けた（法35条の17の2ないし35条の17の14）。

(3)　決済代行業者の更なる参入を見据えた環境整備

　決済代行業者が加盟店との契約締結について、アクワイアラーから包括的に授権され、実質的な最終決定権限を有し、加盟店管理を行う場合には登録を義務づけた（法35条の17の2）。他方でカード利用時の販売業者等の書面交付義務を緩和し、メールによる情報提供も可とした（法30条の2の3第4項、第5項）。

(4)　特商法の改正（平成28年6月）に対応するための措置

　特商法の改正により、電話勧誘による過量販売があった場合の顧客からの申込みの撤回等ができるようになったこと、また、不実告知等不当な勧誘があった場合の顧客からの取消権の行使期間が6か月から1年に伸長されたことに合わせ、こうした販売契約と並行して締結された個別ク

レジット契約について、割販法においても同様の措置を講じた（改正後の割販法35条の3の12、35条の3の13）。

第3　割販法の適用対象となる取引について

1　クレジット等割賦販売の形態

　割販法は下記図表Iのような契約類型を規定している。

　なお、割販法の用語中、包括信用購入あっせんや個別信用購入あっせんという用語が規定されているが、割販法では、あらかじめ与信枠（利用限度額）を設定してカード等（「それを提示し若しくは通知して、又はそれと引換えに、特定の販売業者から商品若しくは権利を購入し、又は特定の役務提供事業者から有償で役務の提供を受けることができるカードその他の物又は番号、記号その他の符号」をいう。以下、同じ。）を発行し、販売業者にカード等を提示させて商品を購入する方式を「包括式」、商品購入の都度クレジット申込書を作成し、支払能力の調査と電話確認により審査し契約を締結する方式を「個別式」と呼称している。これらの意味は、「包括信用購入あっせん」＝クレジットカードによって支払をする方法（カードにて、指定された限度額の範囲内で包括して買い物をすることが可能）、「個別信用購入あっせん」＝商品購入の都度、分割払いの契約書を作成して支払をする方法（購入する個別の商品についてのみ、契約をする）と、捉え直すと分かりやすい。

図表I

契約類型	契約方法	支払方法	購入対象
1　割賦販売 （2条1項）	包括・個別（1号）	割賦払い（1号）	指定商品 指定権利 指定役務
	包括（2号）	リボルビング（2号）※	
2　ローン提携販売 （2条2項）	包括（1号）	割賦払い（1号）	指定商品 指定権利 指定役務
	包括（2号）	リボルビング（2号）	
3　包括信用購入あっせん （2条3項の「包括クレジット取引」）	包括（1号）	割賦払い（1号）	（指定制なし）
	包括（2号）	リボルビング（2号）	
4　個別信用購入あっせん （2条4項の「個別クレジット取引」）	個別	2月以上にわたる取引	（指定制なし）
5　前払式特定取引 （2条6項）		割賦・前払い	商品、指定役務
6　前払式割賦販売（11条）		割賦・前払い	指定商品

※【リボルビングシステムとは】
購入した商品の代金合計額を基礎としてあらかじめ定められた方法により算定した金額を支払う方法であり、一般的には、「リボ払い」と称されている。以下のような方法がある。
・定率リボルビング：毎月の締切日の残代金合計額に一定の率の割合を乗じた額を支払う方法
・定額リボルビング：毎月の締切日の残代金合計額にかかわらず、一定額を支払う方法
・残高スライドリボルビング：残代金合計金額の額別に一回の弁済額をランク付けしておき、毎月の締切日の残代金合計額に応じ、その定めた一定額を支払う方法

---

2 クレジット等割賦販売における各取引類型の説明

(1) 各取引類型の特質

ア 二者間契約と三者間契約

割販法で規制している契約類型には、取引の主体となる者が二者の場合と三者の場合とがあり、それぞれ解約の種類が異なる。

このうち、契約当事者が二者の場合、すなわち販売業者自身による信用供与（自社方式）の場合が「割賦販売」（図Ⅰ-1）であり、解約は両者間の契約の解消を意味する。

これに対し、販売業者以外の与信業者による信用供与が介在し、契約当事者が三者となる場合が「ローン提携販売」（図Ⅰ-2）及び「信用購入あっせん」（個別又は包括クレジット契約、図Ⅰ-3及びⅠ-4）である。三者間契約の場合、「解約」には個別の物品販売や役務提供の契約の解消と、クレジット会社との契約の解消の2つの種類があり、消費者問題ではもっぱら前者の解約が問題となる。なお、消費者被害が多く見られるのは、販売業者と与信業者が異なる三者型である。

前払式特定取引（図Ⅰ-5）及び前払式割賦販売（図Ⅰ-6）は二者間取引であり、この類型における解約は割賦販売と同様である。

イ 前払いと後払い

我々が想定するクレジット等割賦販売のイメージは、商品の引き渡しやサービス提供後に購入者が代金を支払うものであるが、前払式特定取引（図表Ⅰ-5）と前払式割賦販売取引（図表Ⅰ-6）は、購入者が物品の引渡しやサービス提供を受ける前に複数回に渡り代金が支払われる類型の取引である。これらの取引には、後に提供される商品やサービスに関するトラブルや代金支払中の解約トラブルもあることから、割賦販売と同様又は類似の規律がなされている。

(2) 割賦販売（図表Ⅰ-1）とはどのようなものか

「割賦販売」（法2条1項）とは、以下の類型のいずれかに該当するものをいう。

i 販売業者が、購入者（消費者）から代金を2か月以上の期間にわたりかつ3回以上に分割して受領することを条件として、指定商品・指定権利を販売、又は、指定役務の提供をすること（1号）。

《例》XがA商会からFAX付電話機を20万円で購入し、代金を10回に分割してA商会に支払うもの。クレジット会社などの介在はない。

ii 販売業者が、あらかじめ購入者（消費者）に交付したカード等の提示若しくは通知を受けて、又はそれと引換えに、リボルビングシステムにより代金の支払いを受けることを条件として、指定商品・指定権利を販売、又は、指定役務の提供をすること（2号）いわゆる「自社割賦方式」といわれるものである。

(3) ローン提携販売（図表Ⅰ-2）とはどのようなものか

ローン提携販売（法2条2項）とは、購入者が、指定商品・指定権利の代金又は指定役務の対価の全部又は一部を販売業者等と提携した金融機関からの借入金で支払い、その借入金の返済を2か月以上3回以上の分割（1号）又はリボルビングシステムで行うもの（2号）で、販売業者等がその借入金の返済につき保証するものを言う。

なお、販売業者等にとって見れば連帯保証債務を負わない信用購入あっせんのほうが経済的メリットが大きいので、近年ではローン提携販売の利用は極めて少ない。

(4) 包括信用購入あっせん（図表I－3）とはどのようなものか

　「包括信用購入あっせん」（法2条3項）とは、クレジット会社等の信販会社からカード等の交付を受けた消費者が、そのカード等の提示若しくは通知し、又はこれと引換えに、販売業者（加盟店）から商品ないし権利を購入し、又は役務の提供を受けるもので、信販会社は販売業者（加盟店）に商品代金等相当額を支払い、購入者（消費者）は信販会社に同相当額を2か月以上の期間をもって支払うか（1号）又はリボルビングシステムで返済する（2号）ものをいう。

　　《例》Xがｂデパートで購入したスーツとネクタイの代金や最上階レストランで注文した高級料理の代金合計20万円につき、A信販会社の発行するクレジットカード「NIBENカード」を提示して精算し、後日6回に分割してA信販会社に支払うもの。

(5) 個別信用購入あっせん（図表I－4）とはどのようなものか

　「個別信用購入あっせん」（法2条4項）とは、カード等を用いることなく、購入者がクレジット会社等の信販会社の加盟店である販売業者から商品・権利を購入し、又は役務の提供を受けるもので、信販会社は加盟店たる販売業者に商品代金等相当額を支払い、購入者（消費者）は信販会社に同相当額を2か月以上の期間をもって支払うものをいう。

　　《例》Xが自宅に訪れたＢ販売店の販売員Cから、非常に寝心地が良いと勧誘されて購入した高級羽毛布団セットの代金20万円を、Cの持参したA信販売会社宛てのクレジット申込書に必要事項を記入の上、毎月4万円を5回に分割して支払うもの。

クレジット契約（＝信用購入あっせん）の仕組み

A 三者間契約のクレジットカードのしくみ

図表Ⅱ

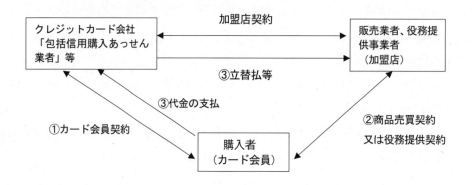

B 四者間契約のクレジットカードのしくみ

　近年、カード発行業務と加盟店管理業務の機能が分化し、カード会員と会員契約を結んだカード会社（カード発行会社。以下「イシュアー」という。）と、加盟店と加盟店契約を締結したカード会社（加盟店契約会社。以下「アクワイアラー」という。）が異なるケースが多く見られている。

図表Ⅲ

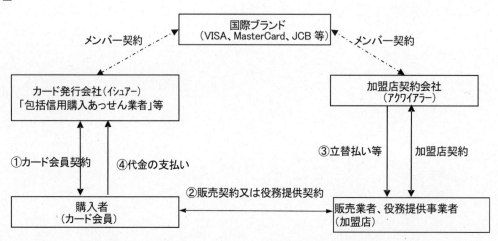

C 決済代行業者介在取引（包括加盟店方式）

　さらに、アクワイアラーの業務が分化し、アクワイアラーと販売業者等との間で立替払い等を行う決済代行業者（PSP：Payment Service Provider）が介在することが多くなった。決済代行業者には、「包括加盟店」として、複数の販売業者等を取り次ぐ形でアクワイアラーとの間で加盟店契約を締結する事業者（図表Ⅳ）や、アクワイアラーとの間で包括代理店契約を締結し、こ

の契約に基づき、アクワイアラーと販売業者等との加盟店契約を成立させる事業者（図表Ⅴ）等がある。

図表Ⅳ　決済代行業者介在取引（包括加盟店方式）

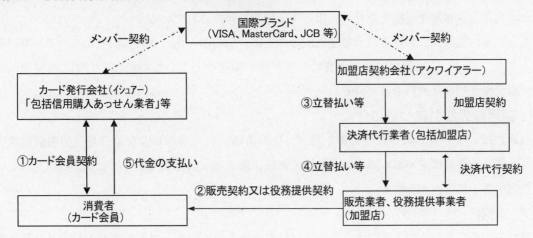

図表Ⅴ　決済代行業者介在取引（包括代理店方式）

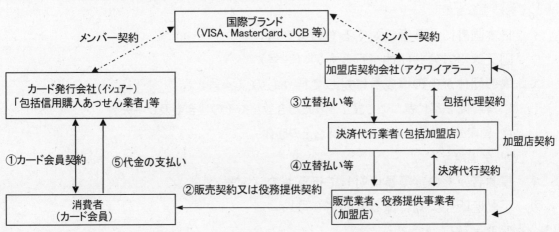

(6)　前払式特定取引（図表Ⅰ－5）とはどのようなものか

　「前払式特定取引」（法2条6項）とは、販売業者以外の者が商品売買の取次ぎ又は指定役務提供の取次ぎに関する取引のうち、商品の引渡し又は役務の提供に先立ち、購入者から代金や対価の全部又は一部を2か月以上の期間にわたり、かつ3回以上に分割して受領するものをいう。

　　《例》　デパートの関連法人である「友の会」に加入して、毎月一定額を積み立てることにより、デパートにおいて積み立てた金額よりも割増額の商品を購入できるもの。

(7)　前払式割賦販売（図表Ⅰ－6）とはどのようなものか

　割賦販売（図表Ⅰ－1）は後払いを要件としないため、「前払式割賦販売」（図表Ⅰ－6）も割賦販売に含まれる（法2条1項括弧書き）。前払式割賦販売は法11条以下に規定されている。

3 割販法の適用対象となる商品、役務、権利等

(1) 平成20年改正について

　特商法は、平成20年改正により、政令指定商品制度と政令指定役務制度が廃止され、適用除外の取引を法律と政令で定めるという方法を採用した。割販法もこれと連動して、政令指定商品制度と政令指定役務制度が廃止された（指定権利制度は維持されている）。

　もっとも、割販法における政令指定制度の廃止は、信用購入あっせんに限ったものであり、割賦販売及びローン提携販売には、消費者トラブルが顕在化していないなどとして、指定商品制度・指定役務制度は維持されている。

(2) 適用除外取引について

　割販法は、その第35条の3の60第1項（包括信用購入あっせん）及び第2項（個別信用購入あっせん）の各号に定めるものについては、割販法第3章（信用購入あっせん）が適用されないと規定する。以下、列挙する。

　ア　営業行為（1号）

　商品若しくは指定権利を販売する契約又は役務を提供する契約（連鎖販売個人契約及び業務提供誘引販売個人契約に係るものを除く）であって、申込みをした者が営業のために若しくは営業として締結するもの

　イ　日本国外にある者に対するもの（2号）

　ウ　国又は地方公共団体が行うもの（3号）

　エ　次の団体がその構成員に対して行うもの（4号）

　　㋐　特別の法律に基づいて設立された組合並びにその連合会及び中央会

　　㋑　国家公務員法又は地方公務員法上の団体

　　㋒　労働組合

　オ　事業者がその従業員に対して行うもの（5号）

　カ　不動産販売契約に係るもの（6号）

(3) 指定商品等について

　上記のとおり、割販法には、割賦販売及びローン提携販売において、次のとおり、指定商品制度・指定役務制度は維持されている。また、指定権利についても、従前どおり維持されている。

　ア　指定商品

　指定商品とは、定型的な条件で販売するのに適した商品で、政令に定めるものをいう。

　イ　指定権利

　指定権利とは、施設を利用し又は役務の提供を受ける権利のうち国民の日常生活に係る取引において販売されるものであって政令で定めるものをいう。

　ウ　指定役務

　指定役務とは、前払式特定取引における指定役務を除いた、国民の日常生活に係る取引において有償で提供される役務であって政令で定めるものをいう。

　エ　前払式特定取引

　同取引における指定役務は、上記とは別に政令で定められている。

第4 民事ルールについて

1 はじめに

　第1.2で述べたとおり、三者型のクレジット等割賦販売では、購入者と販売業者等との間の商品販売契約に瑕疵があったとしても、直ちに購入者とクレジット業者との間の立替払契約等の効力に影響を及ぼさない。そのため、購入者は適切な商品やサービスの提供を受けていないにもかかわらずクレジット会社に支払を続けなければならないという問題が生じうる。

　そこで、割販法は、クレジット等割賦販売の各類型に応じて、このような問題に対応するための民事ルールを設けている。

2 包括クレジット契約（包括信用購入あっせん、図表Ⅰ－3）

(1) 抗弁権の接続（法30条の4第1項）

ア 概要

　包括クレジット契約では、購入者は、商品購入契約について販売業者等に対して生じている抗弁理由（無効・取消・解除等）をもってクレジット業者の支払請求を拒絶することができる。

イ 趣旨

　本書第1 2（96頁）のとおり、カード等を利用した包括クレジット契約のような三者型の契約の場合、購入者・販売業者等間の商品販売契約と購入者・クレジット業者間の立替払契約は形式上別個の契約である。そのため、民法の一般原則では、購入者が販売業者等との間の商品販売契約を取り消したり解除したりしても、購入者・クレジット業者間の立替払契約は当然には解消されず、購入者のクレジット業者に対する立替金支払債務は残るし、また、購入者は既に支払った立替金の返還をクレジット業者に請求できないことになる。

　しかし、購入者としては販売業者等との取引に問題が生じた場合には、代金の支払を拒みうると期待するのが通常であることや、クレジット業者と販売業者等との間にはあらかじめ加盟店契約が結ばれ、クレジット業者は継続的な取引関係の中で販売業者等を監督できる立場にあることから、購入者は、商品購入契約について販売業者等に対して生じている抗弁事由（無効・取消・解除等）をもってクレジット業者の支払請求を拒絶することができることとした。

ウ 対抗できる抗弁事由

　購入者が、クレジット業者に対して対抗できる抗弁事由は、「当該商品若しくは当該指定権利の販売につき」又は「当該役務の提供につき」販売業者又は役務提供業者に対して生じている事由である。例えばクレジット販売以外で購入した別商品でのトラブルなど、「当該商品若しくは当該指定権利の販売」又は「当該役務の提供」とは無関係に販売業者又は役務提供業者に発生した事由は、クレジット業者には対抗できない。

　対抗できるのは、錯誤無効（民法改正後は取消し）、詐欺取消、債務不履行解除、同時履行の抗弁等原則としてすべての事由である。もっとも、支払総額が4万円に満たない取引については、抗弁の対抗は認められていない（同第4項）。

エ 行使方法

購入者が、クレジット業者に対し、販売契約等につき抗弁事由があることを主張すれば足りる。書面によることは努力義務にとどまり、口頭での主張でも構わない（同第3項）。

3　個別クレジット契約（個別信用購入あっせん、図表Ⅰ－4）

(1)　抗弁権の接続

購入者は、商品購入契約について販売業者等に対して有する抗弁事由（無効・取消・解除等）をもって個別クレジット業者の請求を拒絶できる（法35条の3の19第1項）。抗弁権の接続の要件、効果等は包括クレジット契約（包括信用購入あっせん）と同様である（第4、2。105頁）。

(2)　クーリングオフ（割販法35条の3の9ないし11）

ア　趣旨、概要

個別クレジット業者は、通信販売・訪問購入を除く特商法の5類型、すなわち訪問販売・電話勧誘販売・連鎖販売取引・特定継続的役務提供・業務提携誘因取引の各類型（以下、「訪問販売等」という。）について個別クレジット契約を締結したときは、遅滞なく、クレジット契約書面を交付する義務を負う（法35条の3の9）。そして、訪問販売等の形態で個別クレジット契約を利用したときは、販売契約とともに個別クレジット契約もクーリングオフできる（法35条の3の10、11）。

イ　行使期間

下記(ア)及び(イ)の日数は、解除に関し不実告知誤認や威迫・困惑があった場合には、あらためて解除できる旨の法定書面を業者から受領したときから起算する。法定書面に不備があったときは、下記(ア)及び(イ)の起算日が開始せず、いつまでもクーリングオフの行使が可能である。

(ア)　訪問販売、電話勧誘販売、特定継続的役務提供販売取引

法定書面受領日から8日間。なお、法定書面受領日とは、個別クレジット契約の契約書面又は申込書面の受領日のいずれか早い方である（法35条の3の10第1項但書）

(イ)　連鎖販売取引、業務提供誘引販売

法定書面受領日から20日間（法35条の3の11第1項各号）。

ウ　行使方法

クーリングオフの行使は、書面によらなければならない（法35条の3の10第1項、35条の3の11第1項）。個別クレジット業者に対して送付すると、これに連動して販売契約に対する解除の効力が認められる（みなしクーリングオフ規定、法35条の3の10第5項、35条の3の11第7項）。個別クレジット業者は、当該通知を受けた場合、販売業者等に対してその旨通知しなければならない（法35条の3の10第4項、35条の3の11第6項）。

エ　効果

(ア)　販売業者等・購入者間の法律関係

ⅰ）販売業者等は購入者に対して、当該契約の申込みの撤回又は当該契約の解除に伴う損害賠償請求又は違約金の支払を請求できない（法35条の3の10第6項、35条の3の11第8項）。

ⅱ）購入者の販売業者等に対する商品返還の費用は販売業者が負担する（法35条の3の10第

10項、35条の3の11第12項)。

ⅲ) 購入者が、訪問販売等で契約した商品を使用し、又は、役務の提供を受けていたとしても、販売業者等は購入者に対して、使用利益等を請求できない（法35条の3の10第11項、35条の3の11第13項)。

ⅳ) 役務提供業者が当該役務提供契約に関連して金銭を受領している場合、購入者に当該金銭を速やかに返還しなければならない（法35条の3の10第13項、35条の3の11第14項)。

ⅴ) 個別クレジット契約を利用した役務が工作物関連契約の場合には、購入者は、役務提供業者に対し、無償で原状回復工事を請求できる（法35条の3の10第14項)。

(イ) 購入者・個別クレジット業者間の法律関係

ⅰ) 個別クレジット業者は購入者に対し、申込みの撤回等に伴う損害賠償又は違約金の支払を請求できない（法35条の3の10第3項、35条の3の11第5項)。

ⅱ) 個別クレジット業者が販売業者等にすでに代金の一部又は全部を交付していたとしても、クレジット業者は、それによって得られた利益に相当する金銭（金融料等）を購入者には請求できない（法35条の3の10第7項、35条の3の11第9項)。個別クレジット業者が購入者から個別クレジット契約に関連して金銭を受領しているときは、この既払金を購入者に対して速やかに返還しなければならない（法35条の3の10第9項、35条の3の11第11項)。

(ウ) 個別クレジット業者・販売会社間の法律関係

個別クレジット業者が販売業者に対して支払った立替払金は、販売業者が個別クレジット業者に返還しなければならない（法35条の3の10第8項、35条の3の11第10項)。

オ　適用除外

特商法上のクーリングオフにおいて適用除外とされているものは、個別クレジット取引についても適用除外となる。

(3) 取消権

ア　概要

個別クレジット契約では、販売業者等が不実告知又は故意による事実不告知をした場合には、未払金の支払の拒絶だけでなく、既払金の返還も求めることができる（法35条の3の13ないし16)。

イ　趣旨

従前は、販売契約について解除・取消し・無効等の事由が存在しても、購入者は、個別クレジット業者に対し、抗弁を対抗し、未払金の支払を拒絶することができるだけであった。そこで、平成20年改正では、個別クレジット契約を利用した訪問販売等の契約締結に際し、商品販売契約又はクレジット契約に関する不実の告知又は故意の事実不告知により誤認して契約したときは、販売契約と共に個別クレジット契約を取り消すことができるとした。これにより、個別クレジット業者に過失がなくとも販売業者が不実の告知をした場合には、未払金の支払の拒絶だけでなく、既払金の返還も求めることができるようになった。

ウ　要件

(ｱ)　訪問販売等に該当する契約であること（法35条の3の13第1項、35条の3の14第1項、35条の3の15第1項、35条の3の16第1項）。

(ｲ)　販売契約又は個別クレジット契約につき、支払総額、分割払いの金額、支払時期、方法、商品や役務の提供に関する重要事項等について、不実の告知又は故意による事実の不告知があるとき。

(ｳ)　追認をすることができる時から1年以内に行使すること（法35条の3の13第7項、同法35条の3の14第3項、35条の3の15第3項、35条の3の16第3項）。特商法第9条の3第4項の平成28年改正に対応し、取消権の行使期間が6か月から1年に伸長された。

エ　効果（クレジット業者・購入者間の法律関係）

(ｱ)　クレジット業者は、立替金相当額を購入者に請求できない（法35条の3の13第2項、35条の3の14第3項、35条の3の15第3項、35条の3の16第3項）。

(ｲ)　購入者は、クレジット業者に対し、すでに支払った既払金の返還を請求できる（法35条の3の13第4項、35条の33の14第3項、35条の3の15第3項、35条の3の16第3項）。

オ　適用事例

最高裁において、事業者から電話で虚偽説明を受け、ローンの組めない高齢者に名義を借した名義人から主張された、不実告知による取消しと抗弁権の接続をいずれも認める画期的な判決が下された。具体的には次のとおりである。

「改正法により新設された割販法35条の3の13第1項6号は、あっせん業者が加盟店である販売業者に立替払契約の勧誘や申込書面の取次ぎ等の媒介行為を行わせるなど、あっせん業者と販売業者との間に密接な関係があることに着目し、特に訪問販売においては、販売業者の不当な勧誘行為により購入者の契約締結に向けた意思表示に瑕疵が生じやすいことから、購入者保護を徹底させる趣旨で、訪問販売によって売買契約が締結された個別信用購入あっせんについては、消費者契約法4条及び5条の特則として、販売業者が立替払契約の締結について勧誘をするに際し、契約締結の動機に関するものを含め、立替払契約又は売買契約に関する事項であって購入者の判断に影響を及ぼすこととなる重要なものについて不実告知をした場合には、あっせん業者がこれを認識していたか否か、認識できたか否かを問わず、購入者は、あっせん業者との間の立替払契約の申込みの意思表示を取り消すことができることを新たに認めたものと解される。そして、立替払契約が購入者の承諾の下で名義貸しという不正な方法によって締結されたものであったとしても、それが販売業者の依頼に基づくものであり、その依頼の際、契約締結を必要とする事情、契約締結により購入者が実質的に負うこととなるリスクの有無、契約締結によりあっせん業者に実質的な損害が生ずる可能性の有無など、契約締結の動機に関する重要な事項について販売業者による不実告知があった場合には、これによって購入者に誤認が生じ、その結果、立替払契約が締結される可能性もあるといえる。このような経過で立替払契約が締結されたときは、購入者は販売業者に利用されたとも評価し得るのであり、購入者として保護に値しないということはできないから、割販法35条の3の13第1項6号に掲げる事項につき不実告知があったとして立替払契約の申込みの意思表示を取り消すことを認めても、同号の趣旨に反するものとはいえない。」

「上記事実関係によれば、本件販売業者は、改正後契約の締結について勧誘をするに際し、改正後契約に係る上告人らに対し、ローンを組めない高齢者等の人助けのための契約締結であり、上記高齢者等との売買契約や商品の引渡しは実在することを告げた上で、『支払については責任をもってうちが支払うから、絶対に迷惑は掛けない。』などと告げているところ、その内容は、名義貸しを必要とする高齢者等がいること、上記高齢者等を購入者とする売買契約及び商品の引渡しがあること並びに上記高齢者等による支払がされない事態が生じた場合であっても本件販売業者において確実に改正後契約に係る上告人らの被上告人に対する支払金相当額を支払う意思及び能力があることといった、契約締結を必要とする事情、契約締結により購入者が実質的に負うこととなるリスクの有無及びあっせん業者に実質的な損害が生ずる可能性の有無に関するものということができる。したがって、上記告知の内容は、契約締結の動機に関する重要な事項に当たるものというべきである。」

　当該判例は名義貸し案件のみならず、他の悪質商法被害事例全般への活用が期待される[50]。

(4) 過量販売撤回・解除権

ア　趣旨、概要

　訪問販売による過量販売や次々販売等に対処するため、平成20年の特商法の改正によって、通常であれば購入するはずのないほど過大な分量を契約させた場合には、個別の勧誘方法の違法性を立証しなくても解除できるとされた（特商法9条の2）。

　このような次々販売は、個別クレジット契約を利用する訪問販売業者によっても展開されていたため、購入者は、特商法9条の2にあたる販売契約に係る個別式クレジット契約についても解除できるとされた。さらに平成28年に特商法の改正により電話勧誘販売にも過量販売解除権（改正後の特商法24条の2）が導入されたことにより、特商法の電話勧誘販売において個別クレジットを利用した過量販売契約がなされた場合においても、購入者は個別クレジット契約の申込みの撤回又は解除ができるとされた（法35条の3の12第1項）。

イ　行使方法

　購入者は、個別クレジット業者のみならず販売業者に対しても解除の意思表示をしなければならない。契約締結時から1年以内の行使が必要である（法35条の3の12第2項）。

ウ　効果（個別クレジット業者・購入者間の法律関係）

　個別クレジット業者は、購入者に対して当該申込みの撤回等に伴う損害賠償又は違約金の支払を請求できず（法35条の3の12第3項）、購入者から当該契約に関連して金銭を受領しているときは、購入者に対し、速やかにこれを返還しなければならない（同条6項）。

4　ローン提携販売について（図表Ⅰ－2）

　購入者は、商品購入契約について販売業者に対して生じている抗弁事由（無効・取消し・解除等）をもって提携ローン業者の支払請求を拒絶できる（抗弁権の接続・法29条の4第2項）。

　抗弁権の接続の要件、効果等はクレジットカード取引（包括信用購入あっせん）と同様である。本書第4　2(1)参照（105頁）。

---

50 最判平成29年2月21日金融・商事判例1513号16頁

第5 行政上の規制

1 販売条件の表示義務

　クレジット業者等は、商品の販売について広告をするとき及び契約締結前に、利用者に対し、①現金販売価格、②割賦販売価格、③代金の支払期間及び回数、④割賦手数料の利率等を表示しなければならない（法3条、29条の2、30条、35条の3の2）。

2 クレジット契約書面の交付義務

　クレジット業者等は、割賦販売契約等を締結したときは、割賦販売価格、賦払金（各回ごとに代金の支払分）の額、支払時期と方法等の契約内容を記載した書面を購入者等に交付しなければならない（法4条、4条の2、29条の3、30条の2の3、35条の3の9）。

　この点、平成28年改正において、包括クレジット業者の書面交付義務が情報提供義務（電子データによる情報提供）に改められ（改正後の法30条の2の3第4項）、書面交付義務は、購入者等から「書面の交付を求められた」場合のみ負うとされた（改正後の法30条の2の3第5項）。

3 クレジット業者の登録規制と行政監督制度

　平成20年改正前は、個品割賦購入あっせん取引には開業登録規制がなく、総合割賦購入あっせん取引を営む場合のみ開業登録規制が定められていた。また、両取引について行政監督制度は設けられていなかった。

　平成20年改正により、個別信用購入あっせん取引を業として行う場合にも登録制度が導入され、行政監督制度も導入された（法31条以下、35条の3の23以下）。

4 適正与信義務と過剰与信の禁止

　クレジット業者は、利用者への与信にあたり、政令等の定めに従い、年収、預貯金、クレジット返済状況や借入状況など、利用者の支払可能見込額（住宅等の財産を処分したり担保に入れたりせず、かつ生活維持費にあてるべき金銭を使用しないで利用者が1年間で支払うことができる金額）を算定するために必要な事項を調査する義務を負い、当該支払見込可能額を超える過剰与信をすることが禁止されている（割販法30条の2及び3、35条の2及び3）。

　本規制違反の直接の効果は、行政処分の対象となることであるが、違反が著しい場合には信義則違反による請求権の制限を生じうると考えられる（法1条参照）。

5 加盟店調査義務と適合性原則

　平成20年改正により、個別信用購入あっせん業者は訪問販売等に係る個別信用購入あっせんを行う場合、加盟店契約時や個別クレジット契約時に一定の調査を行い、かつ、その記録を作成・保管しなければならないこととされた（法35条の3の5ないし35条の3の7、35条の3の20、35条の3の21）。

　本規制違反の直接の効果は、改善命令等の行政処分の対象となることであるが、加盟店調査義

務は購入者の利益保護のための規制であるから（法１条、35条の３の20）、義務違反があるときは購入者に対する損害賠償責任の根拠となり得ると考えられる。

6　クレジットカード番号等の適切な管理義務

　平成28年改正により、クレジットカード情報の適切な管理や不正な利用の防止を行わせるための措置が講じられた（法35条の16以下）。

(1)　クレジットカード番号等の適切な管理及び不正利用の防止の義務

　「クレジットカード番号等取扱事業者」という法主体を定義づけ、同主体について、クレジットカード番号等の漏洩、滅失、毀損の防止等適切な管理のための措置を義務付けた（改正後の法35条の16第１項）。上記事業者には、①クレジットカード等購入あっせん業者（イシュアー）、②立替払取次業者（アクワイアラー）、のほか、③クレジットカード加盟店も含まれるとした（平成28年改正により、管理義務の主体に③が加わった）。

　なお、義務に反した場合の業務改善命令の対象からは、クレジットカード加盟店は外されている（改正後の法35条の17）。

　また、クレジットカード加盟店は、クレジットカードの不正使用の防止に必要な措置を講じる義務を負う（改正後の法35条の17の15）。

(2)　クレジットカード番号等取扱契約締結事業者の登録制

　加盟店に対しクレジットカード番号等を取り扱うことを認める契約を締結する事業者（クレジットカード番号等取扱契約締結事業者）について、登録制度を創設し、当該加盟店への調査を義務付けた（改正後の法35条の17の２以下）。

　上記事業者は、①クレジットカード等購入あっせん業者（イシュアー）（35条の17の２第１号）、②加盟店契約業務を行うアクワイアラー（同２号）、③加盟店との契約締結について、アクワイアラーから包括的に授権され、実質的な最終決定権限を有し、加盟店管理を行う決済代行業者（同２号）である。

第3編　各論

第1章　ヤミ金・振り込め詐欺・架空請求被害の救済

第1　ヤミ金・振り込め詐欺・架空請求被害救済の特殊性及び「犯罪利用預金口座等に係る資金による被害回復分配金の支払等に関する法律」（振り込め詐欺救済法）による口座凍結

　振り込め詐欺は年々態様に悪質さを増しているところ、ヤミ金・振り込め詐欺・架空請求被害の場合、多くの場合、被害者は加害者との連絡を電話・メール等でのみ取っているため、被害回復に際しては加害者の特定が困難である。また、投資詐欺の場合でも、仮差押決定や債務名義を得るまでの間に詐欺業者が行方をくらまし、執行対象財産が皆無となることも多い。このような被害の救済の一手段として、振り込め詐欺救済法（以下、文章では「法」）による詐欺業者の口座凍結要請がある。

第2　手続について

1　口座凍結要請に基づく凍結

(1)　口座凍結要請

　口座凍結要請の対象は、人の財産を害する罪の犯罪行為で、財産を得る手段として口座への振込が利用されたものすべてである（法2条3項）。つまり、いわゆる振り込め詐欺の被害に限定されるわけではなく、未公開株詐欺、恐喝、ヤミ金被害なども含まれる。

　口座凍結要請は警察と金融機関の双方宛てに定型書式に所定事項を記載したFAXを送信して行う。定型書式は、弁護士であれば日弁連の会員ページからダウンロードできる。

　定型書式で凍結要請ができるのは被害者が直接振り込んだ口座に限るが（法2条4項1号）、法律上は資金の移転先たる口座も凍結対象となる（法2条4項2号）。資金移転先が自らの金融機関内の別口座である場合には金融機関に対し当該口座も凍結することを（法3条1項）、他の金融機関の口座である場合には当該金融機関への情報提供（法3条2項）を要請するとよい。

　注意を要するのは、口座凍結要請は、被害救済の上では重要ではあるが、口座名義人から損害賠償請求等をされるおそれがあることである。口座凍結要請の前に、被害者本人から直接事情を聴取し、被害申告につき真実性を確認しておくことが重要である（東京地判平成20年11月12日判時2040号51頁、東京地判平成24年9月13日判タ1384号212頁等参照）。

(2)　金融機関による口座凍結

　口座凍結要請に対し、金融機関は、自己の調査結果も踏まえ、犯罪利用預金口座等である疑い

があると認めるときは、口座を凍結する（法3条）。

2　債権消滅（失権）手続（法3章）

(1)　内容

金融機関は、犯罪利用預金口座等であると疑うに足りる相当な理由があると認定した場合には、預金保険機構に対し当該債権の消滅手続の開始に係る公告を求める（法4条1項。失権公告）。預金保険機構は求めに応じ遅滞なく同機構のウェブサイトで公告する（法5条、27条）。

名義人その他の対象預金等債権に係る債権者から公告で定められた期間内（公告の日の翌日から最短で60日以内）に当該金融機関に権利行使の届出あるいは払戻しの訴訟提起・仮差押・強制執行等がなければ（法5条1項5号、同条2項）、預金債権は消滅する（法7条）。

(2)　弁護士の注意点

(ア)　預金保険機構のウェブサイトでの探索の仕方

預金保険機構のウェブサイトで、振り込め詐欺救済法に基づく公告の有無を、犯罪利用預金口座等の対象口座等の口座番号や口座名義人の名称等から検索することができる。もっとも例えば「ー」という文字が「－」で登録されていることもあるから、検索の際には様々な検索ワードを用いるのがよい。また、代表者名義の預金口座が凍結されているケースもあるので、代表者名でも検索すべきである。

(イ)　支払手続を待つのではなく仮差押をすべきこと

失権公告がなされた後、権利行使届出期間中に、例えば被害者の一人が払戻しの訴えの提起又は仮差押えや強制執行等の手続をした場合には、失権手続は終了する（法4条2項1号参照）。また、支払手続の場合、他にも支払申請した者がいる場合には、債権額に応じた按分でしか分配が受けられない。そこで実務上は、支払手続を待つのではなく、手続の終了より前に仮差押等をすることが重要である。ただし、失権手続の開始の公告がされるまでの間は、預金債権の額が不明の場合が多く、仮差押等をするか否かに迷うことも多い。

3　被害回復分配金の支払手続（法4章）

(1)　内容

被害者は、預金債権の消滅後、公告で定められた支払申請期間内（公告の日の翌日から最短で30日以内）に支払申請をしなければならない（法11条1項5号、同条2項）。

金融機関は、支払該当者決定を受けた者に対し、被害回復分配金を支払う（法16条1項）。

総被害額が消滅預金債権の額を超えるときは、犯罪被害額に応じて按分して支払う（法16条2項）。

(2)　弁護士の注意点

最後の被害者の振込金のみが残っていても、すべての被害者の被害額で按分することになるので、あらかじめ被害者に不利益となる可能性を説明すべきである。また、多くの金融機関は、被害申告をした被害者に対し支払い手続きが開始したことを連絡する運用となっているが（法11条4項）、金融機関からの連絡は義務ではない。そのため、手続の進捗は預金保険機構のウェブサ

イトで注視しておく必要がある。

第3　口座振り込み以外の手段による被害の場合

　近時は、振り込め詐欺救済法に基づく口座凍結を避けるために、現金書留やレターパックによる現金送金という手段がとられることが多い。このような場合、相手方に到達するまでは所有権は被害者にあると考えられるから、配達前又は交付前に限り、取り戻しができる（内国郵便約款83条1項）ことを覚えておくと良い。

添付資料
1）被害回復分配金の口座凍結から支払いまでの手続きの流れ
2）振り込め詐欺処理要領
3）振り込め詐欺等不正請求利用口座情報提供及び要請書

被害回復分配金の口座凍結から支払いまでの手続きの流れ

[口座凍結]
①－1 金融機関が捜査機関等からの情報その他の事情を勘案して犯罪利用口座との疑いがあると認定（3条1項）

①－2 金融機関は当該預金口座等の取引の停止等の措置を講ずる（3条1項）

普通預金規定による取引停止

[失権手続]
②－1 金融機関が捜査機関等からの情報その他の事情を勘案して犯罪利用口座であると疑うに足りる相当の理由があると認定（4条1項）

②－2 預金保険機構に対し失権公告をすることを求める義務がある（4条1項）。ただし，払戻の訴えが提起されている時，強制執行，仮差押え等が行われているときその他主務省令で定める場合は公告を求めなくてよい（4条2項）

③－1 預金保険機構が預金保険機構のホームページ上で公告（5条1項，27条）

なし　名義人外からの権利行使の届出　あり　既存の法制度による解決
名義人外又は被害者の訴訟提起等　　　　失権手続き終了の公告（6条3項）

一定期間内（60日以上）に被害者から申し出があった場合には金融機関は支払い申請に関する説明等を行う（5条4項）

大手はホットライン開設済

③－2 一定期間（60日以上（5条2項））の経過により，当該預金債権は消滅し，失権公告がなされる（7条）

ただし，期間内に権利行使の届出を行わなかったことにつきやむを得ない事情等があり，犯罪利用口座ではないことが認められる場合は救済措置がある（25条）

[支払手続]
④－1 金融機関は預金債権が消滅した場合には被害者に被害回復分配金を支払わなければならない（8条1項）。ただし1000円未満の場合は支払い不要（8条3項）

④－2 金融機関は預金債権が消滅したときは速やかに被害回復分配金の支払い手続き開始の公告をするよう預金保険機構に求める義務がある（10条1項）。ただしすべての被害者が明らかで全員から支払申出があるときは公告不要（10条2項）

⑤－1 預金保険機構が公告（11条1項）。

⑤－2 一定期間（30日以上）内に被害者は被害回復分配金の支払い申請が必要（12条，11条2項）

金融機関は被害者と思われる者に対し被害回復分配金の支払手続等に必要な情報提供等を行う（11条4項）

⑥－1 金融機関は遅滞なく支払決定を行い（被害者か否か，被害額の確定等）（13条），その結果を速やかに申請人に送付する（14条）

⑥－2 金融機関は13条の決定後遅滞なく支払う（16条1項）。ただし，被害額の合計が消滅した預金債権額を超える場合は被害額に応じて案分して支払う（16条2項）。なお支払い決定も公告される（16条4項）

[残余手続]
⑦－1 残余財産がある場合は，預金保険機構に納付する（19条）

⑦－2 預金保険機構は，一定割合を口座名義人救済に留保し，残余は犯罪被害者等の支援の充実のために支出（20条）

42

平成２０年２月２９日

振り込め詐欺処理要領

東京三会不正請求対策連絡協議会

　この振り込め詐欺処理要領は、これまで当協議会の「振り込め詐欺ホットライン」に寄せられた相談案件の処理要領に、平成１９年１２月２１日に成立し、本年６月２１日から施行が予定されている「振り込め詐欺被害者救済法」のもとで、想定される処理要領を加味して策定したものである。

1 被害申告を受けるにあたって
　○被害届を提出しているか、口座凍結ができているかをまず確認してください。
　○口座凍結ができていない場合は、下記2の要領で口座凍結を要請してください。
　○口座凍結ができている場合は、じっくりと話を聞いてください。
　○どれぐらい費用がかかるか聞かれることが多くあります。裁判又は任意交渉により返還を受けた場合の弁護士報酬は、着手金ゼロ、成功報酬は回収した金額の１０％が原則です。
　　裁判を起こした場合は、ほかに裁判費用として被害額に応じた印紙代、予納郵券などの実費の支払となることを伝えてください。
　○お金が確実に返ってくるかと聞かれることが多くあります。口座凍結できていて残高があれば必ず返ってくることを伝えてください。
　○お金が戻るのに時間がかかるのかと聞かれることが多くあります。
　　任意の交渉で返ってくる場合もあります。しかし、金融機関によっては、二重払いとなるリスクを心配して任意で返さないケースも多いので、その場合は訴訟になります（なお、新法の施行後は、任意の返還に応じなくなることも予想されます）。
　　訴訟になっても、争われることは少なく、短期間に戻るケースが多いことを伝えてください（ただし、後記のとおり口座名義人と金融機関双方を被告とした場合で、口座名義人の住所などの情報の入手に時間がかかり、半年くらいかかるケースもあることをご説明ください）。
　○「振り込め詐欺被害者救済法」の施行により、金融機関による失権手続による返還を受けられる場合があることを説明し、相談者の納得のうえで失権手続による返還を待つことも選択肢に入れてください。
　○相談に寄せられた被害情報は、事件処理に利用するほかに、資料として利用することがあることを伝えて同意を得てください。

2 口座情報提供および要請書の作成・送付にあたって
　○被害者から被害事実を具体的に確認して、必要事項を記載して、金融機関等に FAX 送信してください。

49

○相手機関は弁護士の判断を信用して、口座凍結等必要な処理を行うので、弁護士としての責任の所在を明らかにするため、必ず職印を押印してください。

○金融機関は、相談者が警察へも被害申告をしていることを、口座凍結等を行ううえで重要な事情としてみているので、警察へも送付するようにしてください。また、できるだけ多くの協力が得られるようにするため、なるべく被害住所地、利用金融機関、振り込み先金融機関、などを所轄する複数警察署に送付すると効果的なことがあります。

3 金融機関・警察への連絡・情報の入手にあたって
○相談者本人が口座凍結済みと誤解している場合もあるので、弁護士自身が再度確認してください。

4 受任にあたって
○受任契約は、統一受任契約書を使うようにしてください。
○被害口座に複数の被害者から振込がある場合、振り込んだ金額に応じて按分することを説明してください（なお統一委任契約書には、その旨の特約条項が入っています）。

5 受任後の具体的処理にあたって
（1）金融機関との任意交渉にあたって
○あらかじめ口座凍結の有無、口座残金の有無を警察に確認してください。
○金融機関によっては、弁護士が書面による照会をすれば、口座情報（口座名義人、住所、預金残高）を教えてくれる金融機関もあります。
○口座名義人からクレームがあった場合、すべて情報提供・口座凍結要請を行った当該弁護士の責任で処理することを伝えてください。
○口座情報を開示しない金融機関でも、訴訟をしてくれれば返すと言ってくるケースも多くあります。
○最近は、振り込め詐欺被害者救済法がスタート（H20.6.21 施行）するまで返還を待ってほしいという弁解も多くあります。
○振り込め詐欺被害者救済法施行後、口座凍結等がなされても、口座名義人が失権手続中に、権利行使の届け出や訴え等を提起した場合、失権手続は終了となり、金融機関が払戻に応じることがあるので、その場合速やかに法的手続に移行してください。
○振り込め詐欺被害者救済法施行後は、預金口座の残額は、失権手続において、預金保険機構よりインターネットで公告されます。
○振り込め詐欺被害者救済法による被害回復分配金の支払手続では、複数の被害者がいる場合、按分額が支給されることになりますのでご注意ください。

（2）口座名義人との和解
○口座凍結に応じた金融機関のはしごを外す結果となるので、口座凍結後は口座名義人と和解しないでください。

（3）裁判手続にあたって

①仮差押え

〇口座名義人の氏名はカタカナのみで、住所不明で申立をする場合が多いので、申立と同時に、調査嘱託申立を行ってください。

②本訴

〇原則として口座名義人と金融機関の双方を被告として訴えてください。

〇任意交渉段階では、口座名義人とのトラブルをおそれて強硬に対応してきていても、訴えを起こすと口座情報を開示し、速やかな判決により支払に協力する金融機関が多くあります。

51

※　要請先の金融機関と情報提供先の所轄捜査機関（該当する□にレ印でチェック）にFAX送信してください。

振り込め詐欺等不正請求口座情報提供及び要請書

　　　　　　　　　　　　　　　　　　　　　　　　　　　　　年　　　月　　　日

　　　　　　　　銀行・信用金庫・信用組合　　　　　　店　御中　FAX　　（　　　）

□　警視庁　□　　　　　　　警察本部　[□　刑事部捜査第二課　御中　FAX　　（　　　）
　　　　　　　　　　　　　　　　　　　　[□　生活安全部生活経済事犯担当課　御中

〔情報提供者・下記被害者代理人〕

　　弁護士　　　　　　　　　　　　　印　　　　　　　弁護士会・登録番号　　　　　　
　　　　　　　　　　　　　　　　（職印を押印）

　　事務所名・所在地　　　　　　　　　　　　　　　　　　　　　　　　　　　　　

　　TEL　　　　（　　　）　　　　　　FAX　　　　（　　　）

〔被害者〕　住　所　　　　　　　　　　　　　　　　　　　　　　　　　　　　

　　　　　　氏　名　　　　　　　　　　　　　　　　　　　　　　

　下記預金口座について，犯罪利用があるものと思慮しますので，口座情報を提供し，もって，預金取引の停止又は預金口座の解約をお願いします。なお，口座名義人から本件クレーム等があった場合は，当職からの要請であることを相手方に告知し，その旨を当職までご連絡ください。その場合クレーム等に対しては当職の責任において一切の処理を行います。

1．対象口座の表示　　※必要事項を記入し，該当箇所を○で囲んでください。

　　　　　　　銀行・信用金庫・信用組合　　　　　店　　普通・当座・その他（　　　）

　　口座番号　　　　　　　　　　　　口座名義人　　　　　　　　　　　　　

2．振り込め詐欺等不正請求の手口　　※該当する□にレ印でチェックしてください。
　　□ オレオレ詐欺　□ 架空請求　□ 融資保証金詐欺　□ 還付金詐欺　□ ヤミ金融　□ その他
　　その他の場合の手口の内容

　　[

　　]

3．その他参考事項

4．参考書類　　□ 有　□ 無　　※該当する□にレ印でチェックしてください。
　　　　　　　　□ 振込み控え　□ ダイレクトメール（ハガキ，封書）　□ チラシ
　　　　　　　　□ その他（　　　　　　　　　　　　　　　　　　　　　　　　　）

第2章　金融・投資サービスに関する消費者被害

第1　基本的知識

1　金融商品と金融・投資サービス

　証券、保険、預金などの金融商品について、設計・製造・流通・販売・あっせん・仲介・評価等にかかわる業務を、金融・投資サービスと総称して本章の対象とする。商品先物取引、FX（外国為替証拠金取引）のほか、いわゆるファンドの詐欺的な販売も本章で扱う。

　近年、金融・投資サービスについての紛争は、消費者問題の中でますます重要性を増している。金融・投資サービスに関する相談は、消費者問題としては比較的被害金額が大きくなりやすく、解決には難解な関係法令の把握や、複雑な金融商品の理解が往々にして必要となることから、消費者問題の中では弁護士の助言・援助が不可欠な事案の比率が高くなる。

　本章では、総論で証券取引、保険取引、預金取引などの金融・投資サービスに共通する説明を行い、各論でそれぞれについて個別に解説する。

2　金融・投資サービス問題に関連する法制度・理念等の概要

⑴　金融・投資サービス問題に関連する法制度

　金融・投資サービス問題に取組むにあたっては、消費者契約法、特定商取引に関する法律（特商法）などの消費者問題一般に共通する法制度の他、金融商品取引法（金商法）、金融商品の販売等に関する法律（金販法）などの金融分野に特有の法制度が関連してくるため、それらの法制度の内容を日頃から十分研究しておく必要がある。また、金融分野に特有の法律は、改正により目まぐるしく変化するため、相談を受けるにあたっては、当該事件においてどの法令が問題となるかという検討に加え、現時点及び過去の勧誘や販売が行われた時点の法令がどうなっているかを十分に意識する必要がある。（金融・投資サービスに関連する法律「金融商品取引被害救済の手引（六訂版）」（民事法研究会）36頁以下参照）

金融・投資サービス問題に関する法律

```
・金融商品取引法（金商法）
・保険法、保険業法（特定保険につき金商法を準用）
・銀行法（特定預金につき金商法を準用）
・信託法、信託業法（特定信託につき金商法を準用）
・不動産特定共同事業法（金商法を準用）
・投資事業有限責任組合契約に関する法律（ファンド法）
・商品先物取引法
・商品投資に係る事業の規制に関する法律（商品ファンド法）
・金融商品の販売等に関する法律（金販法）など
```

　ここでは、金融・投資サービス問題に取組むにあたって基本となる法理念や法制度の概要（主に金商法と金販法）について、概観しておく。

⑵ 金融商品取引法（金商法）

ア　金商法の概要

金融商品取引法（金商法）は、資本市場の基本的ルールを定めた法律であり、法律、施行令、金商業等府令その他の内閣府令等を含めると膨大な条文数となる。また、政令や内閣府令への委任が多く、非常に複雑な法律である。

金商法は、国民経済の健全な発展と個人投資家の保護を目的とした法律であり、(a)企業内容等の開示の制度を整備し、(b)金融商品取引業を行う者に関し必要な事項を定め、(c)金融商品取引所の適切な運営を確保することなどを定めている（金商法1条）。

イ　金商法の適用対象

金商法は、「有価証券」とデリバティブ取引を対象としている（金商法2条）。

したがって、これらの金融商品を取り扱う業者が相手方となる事案に関しては、金商法上の規制を満たしているのか、確認が必要となる。

ウ　適用対象の具体的内容

(ア)　この金商法上の「有価証券」には、有価証券（金商法2条1項）とみなし有価証券（有価証券表示権利、特定電子記録債権、第二項有価証券）を含んでいる。

有価証券（金商法2条1項1号～21号）		株券、新株予約権、社債券、投資信託受益証券などの証券又は証書
みなし有価証券	有価証券表示権利 （金商法2条2項前段）	証券等が発行されうるが、これが発行されていない状態の権利であっても、金融商品取引法上の有価証券とみなす
	特定電子記録債権 （金商法2条2項中段）	電子記録債権法2条1項に規定する電子記録債権のうち、流通性その他の事情を勘案し、金商法2条1項に掲げる有価証券とみなすことが必要と認められるものとして政令で定めるもの（特定電子記録債権）
	第二項有価証券 （金商法2条2項後段）	信託受益権とこれに類する外国のもの、合名会社・合資会社・合同会社の社員権とこれに類する外国のもの、集団投資スキーム持分等

なお、集団投資スキーム持分（金商法2条2項5号）は、投資詐欺的取引でよく利用される形態である。

民法667条1項の組合契約に基づく権利、商法535条の匿名組合契約に基づく権利、投資事業有限責任組合契約（LPS契約）に基づく権利、有限責任事業組合契約（LLP契約）に基づく権利、社団法人の社員権に基づく権利その他の権利であって、①投資者から金銭又は金銭に類するものの出資・拠出を受けること、②出資・拠出された金銭等を充てて事業・投資を行うこと、③当該事業から生じる収益等を出資者に分配すること、の3要件を満たす場合は、以下の適用除外規定に当たらない限り、集団投資スキーム持分にあたる。

除外事由（金商法2条2項5号）
イ）出資者全員が出資対象事業に関与する場合として政令で定める場合
ロ）配当又は分配が出資額を超えない契約
ハ）保険契約・制度共済契約・不動産特定共同事業契約
ニ）政令補充条項

(イ)　他方、デリバティブ（金融派生商品）は、為替、金利、債券、株式等の原資産の市場価格又は指標に依存して理論価格が決まる金融商品である。取引類型としては、先物取引、オプション取引、スワップ取引、クレジット・デリバティブ取引、FX、CFD取引などがある（金商法2条20項～25項）。

市場デリバティブ取引 （金商法2条21項）	金融商品市場において行われるもの
店頭デリバティブ取引 （金商法2条22項）	金融商品市場及び外国金融商品市場によらないで行われるもの
外国市場デリバティブ取引 （金商法2条23項）	外国金融商品市場において行われるもの

エ 開示規則（金商法第2章〜第2章の4）

㋐ 金商法では、投資家の合理的な意思決定・投資判断を保障するための正確な情報提供のための規制を設けている。

企業内容等の開示、公開買い付けに関する開示、株券等の大量保有の状況に関する開示、開示用電子情報処理組織による手続の特例等について定められているが、これらのうち消費者相談において特に利用することの多い企業内容等の開示制度の概要について説明する。

㋑ 募集又は売出しによって有価証券を広く一般投資家に販売する際には、発行者は金融当局に発行内容を開示するため有価証券届出書を提出しなければならず（金商法5条）、投資者に対しては事業の内容等を記載した目論見書を交付しなければならない（金商法13条1項、金商法15条2項）。なお、募集とは新たに発行される有価証券の取得勧誘等であり（金商法2条3項参照）、売出しとは既に発行された有価証券の売買の勧誘等である（同4項参照）。

また、上場会社等の有価証券発行者は、投資判断に必要な資料を定期的に開示しなければならず（有価証券報告書・四半期報告書・半期報告書）、企業内容等に重大な影響を与える事象が生じた場合には臨時報告書を提出しなければならない（金商法24条など）。

企業内容の開示のうち、金融商品が最初に発行される時点での開示が発行開示であり、当該金融商品が流通する時点で求められる開示が継続開示である。

発行開示		有価証券の募集・売出しの場合に必要（金商法4条）。 発行者は、内閣総理大臣に対し、有価証券届出書を提出する方法で届出を行う必要がある（金商法4条1項、5条）。また、発行者は、有価証券届出書の情報を基にした目論見書を作成しなければならない（金商法13条1項）。発行者、売出人、引受人、金融商品取引業者などは目論見書を投資者に交付する義務を負い、かかる交付は、契約締結と同時かそれ以前にされていなければならない（金商法15条2項）。
継続開示	有価証券 報告書	金融商品取引所に株式を上場した会社、有価証券届出書を提出した会社、資本金額が5億円以上であって株主数1000名以上の会社等は、事業年度経過後3ヶ月以内に、有価証券報告書を内閣総理大臣に提出しなければならない（金商法24条、金商法施行令3条の6第4項）。 有価証券報告書の記載内容について、企業内容等の開示に関する内閣府令（特定有価証券開示府令）22条に開示様式が規定されている。
	内部統制 報告書	上場会社は、事業年度ごとに、当該会社の属する企業集団及びその会社に係る財務計算に関する書類その他の情報の適正性を確保するために必要な体制について評価した内部統制報告書を、有価証券報告書と併せて内閣総理大臣に提出しなければならない（金商法24条の4の4）。
	四半期報告書 半期報告書	有価証券報告書提出会社のうち、上場会社等は、3ヶ月ごとに四半期報告書を内閣総理大臣に提出しなければならない（金商法24条の4の7、施行令4条の2の10第4項、企業開示府令17条の15）。 有価証券報告書提出会社のうち、四半期報告書を提出しなければならない会社以外の会社は、半期報告書を提出する（金商法24条の5第1項）。
		有価証券報告書提出会社は、企業内容等に重大な影響を与える事象が生じた場合には、その事象が発生した都度、臨時報告書を内閣総理大臣に提出しなければならない（金商法24条の5第4項、企業開示府令19条、特定有価証券開示府令29条）。

	臨時報告書	企業内容等に重大な影響を与える事象とは、発行有価証券の募集・売出しが外国において行われるとき、発行総額1億円以上の有価証券の私募や届出を要しない新株予約権証券の発行が行われるとき、親会社・子会社又は主要株主が異動するとき、重要な災害の発生、会社に対して大きな訴訟が提起されたときなどであり、企業開示府令19条に定められている。

これらの開示義務に違反した場合には、以下のような責任が発生する。

刑事責任		・開示書類の虚偽記載は、10年以下の懲役若しくは1000万円以下の罰金又は併科（法人に対する罰金額は7億円以下）（金商法197条1項1号、207条1項1号）。 ・有価証券届出書・有価証券報告書の不提出等は、5年以下の懲役又は500万円以下の罰金（法人に対する罰金額は5億円以下）（金商法197条の2第1号、207条1項2号）。
課徴金		有価証券届出書の受理がないのに有価証券の募集をした者、目論見書を交付しないで有価証券の売付を行った者、虚偽記載のある開示書類を提出した発行者等に対しては、課徴金納付命令の対象（金商法172条以下）。
民事責任	発行開示責任	違反行為により有価証券を取得させた者は、当該有価証券の取得者に対して、 ① 目論見書交付義務違反の賠償責任（金商法16条） ② 虚偽記載のある目論見書の使用者の賠償責任（金商法17条）
		③ 虚偽記載のある有価証券届出書・目論見書の届出者等の賠償責任（金商法18条） ※ 虚偽記載のある有価証券届出書を提出した会社の役員等、売出しに係る有価証券の所有者、監査証明を行った公認会計士又は監査法人、元引受契約を締結した金融商品登録業者又は登録金融機関も賠償責任を負う（金商法21条）。 ※ 賠償責任額の算出方法の規定（金商法19条1項）と減額の抗弁の規定（同条2項）がある。
	継続開示責任	虚偽記載のある有価証券報告書等（金商法25条1項各号（5号及び9号を除く）の書類）の提出者等の賠償責任（金商法21条の2第1項）。 ※ 賠償責任額の推定規定（同条3項）減額の抗弁の規定（同条5項）がある。

(ウ) 他方、みなし有価証券を扱う業者は原則として企業内容等開示制度の対象とならないが、みなし有価証券でも、出資対象事業が主として有価証券に対する投資を行う事業である場合などは開示制度の対象となる（金商法3条3号）。

また、デリバティブ取引については、オプションを表示する証券又は証書（いわゆるカバードワラント7、金商法2条1項19号）は有価証券の一種に該当するため、これを取り扱う業者には開示規制が適用されるが、かかる例外を除き開示規制は適用されない。デリバティブ取引の場合には、投資家に対する情報提供は、書面交付義務など、販売勧誘に関する行為規制により担保されることになっている。

オ 業者の登録規制（金商法第3章～第5章の4）

(ア) 有価証券等の販売勧誘・投資助言・投資運用等を行う者に対し、原則として内閣総理大臣の登録を求めるとともに、登録業者が従うべき行為規制を定めている。

違反した場合は、行政処分（業務改善命令、業務停止命令、登録取消処分）や刑事罰（5年以下の懲役もしくは500万円以下の罰金又は併科。金商法197条の2第10号の4）の対象となる。金融サービスに関する消費者問題を扱う場合、相手方の業者に行為規制違反がないかをまず確認することが多く、その意味では規制内容を理解しておくことは重要である。

無登録業者の場合には、悪質な詐欺業者であるか、少なくともまともではない業者である疑いが強く、そのような観点からの対応が必要となる。無登録業者が未公開株式の売付け等を行った場合、当該売付け等の契約は原則として私法上無効である（金商法171条の2）。

(イ)　有価証券については、第一種金融商品取引業、第二種金融商品取引業、投資助言・代理業、投資運用業など、行おうとする業務に応じた登録が要求される。

第一種 金融商品取引業 （金商法28条1項）	適用業務	株式や公社債、投資信託などの売買、店頭デリバティブ取引、有価証券市場デリバティブ取引を行う場合など
	登録要件	①株式会社であること ②最低資本金5000万円、純資産額5000万円 ③自己資本比率120%　など （金商法29条の4第1項4号ないし6号、金商法施行令15条の7第1項3号）
第二種 金融商品取引業 （金商法28条2項）	適用業務	投資信託・抵当証券・集団投資スキーム持分等の自己募集、集団投資スキームなどのみなし有価証券の売買、有価証券以外についての市場デリバティブなど
	登録要件	・法人の場合は最低資本金1000万円 ・個人の場合は営業保証金1000万円 （金商法29条の4第1項4号、31条の2、同法施行令15条の7第1項4号、同15条の12第1号）
投資助言・代理業（金商法28条3項）	適用業務	投資顧問契約を締結し助言する業務、投資顧問契約や投資一任契約の締結の代理又は媒介業務
	登録要件	・法人の場合は最低資本金500万円 ・個人の場合は営業保証金500万円 （金商法31条の2、同法施行令15条の12第2号）
投資運用業 （金商法28条4項）	適用業務	証券投資一任契約に基づく運用、証券投資信託・証券投資法人の財産の運用、投資型集団投資スキームの運用を行う場合
	登録要件	①株式会社であること ②最低資本金額5000万円、純資産額5000万円 （金商法29条の4第1項4号及び5号、同法施行令15条の7第1項3号）

　登録拒否事由は、各業種に共通するものとして、登録取消や一定の金融犯罪の罰金刑執行後5年未満であること、公益に反する事業遂行、人的構成不足がある（金商法29条の4第1項1号）。法人の場合は役員等が制限能力者や破産者、禁錮以上の刑執行後5年未満であること等（同項2号）、個人の場合は、制限能力者、破産者、禁錮以上の刑執行後5年未満であること等である（同項3号）。これに加え、業種ごとに、組織形態、最低資本金、純財産額等の拒否事由が定められている（同法29条の4第1項4号ないし6号）。

　(ウ)　デリバティブ取引及びその媒介、取次ぎ又は代理を業として行う行為（助言、運用を含む）は、金融商品取引業に該当し、業規制の対象となる（金商法2条8項1号から4号、11号、12号、14号、15号、28条1項ないし4項）。

　具体的には、原資産や参照指標の内容にかかわらず、店頭デリバティブ取引については第一種金融商品取引業登録が要求され（同法28条1項2号、2条8項4号）、市場デリバティブ取引、外国市場デリバティブ取引については、原資産（取引の対象となる資産）が何かにより、第一種金融商品取引業登録もしくは第二種金融商品取引業登録が要求される（同法28条1項1号、同条2項2号、2条8項）。

　デリバティブ取引の助言や運用は、それぞれ投資助言・代理業（同法28条3項1号）、投資運用業（同条4項）に該当し、登録を要する。

㈜　適格機関投資家等特例業務の例外

　集団投資スキーム持分の販売・勧誘業は「第二種金融商品取引業」として、またその運用業は「投資運用業」として、それぞれ登録を要するのが原則であるが、投資者保護を図る必要性が類型的に低いと考えられる場合は例外的に届出で足りるものとされている。

　平成27年金商法改正前は、出資者に1人以上の適格機関投資家が含まれ、かつそれ以外の一般投資家が49人以下の場合、例外的に登録義務が課されず、広く一般に適合性原則や説明義務等を負わずにファンドの販売勧誘を行うことができた。このため、悪質業者が金融庁からお墨付きをもらったかのように告げて、詐欺まがいの金融商品を勧誘・販売する手法が横行し被害が多発した。平成27年の法改正により行為規制が強化され、販売が許される個人投資家を富裕層（投資性金融資産1億円以上かつ証券口座開設1年経過）に限定したうえで、適合性の原則や説明義務を順守して行うべきこととされ、また業者に対して行政処分が可能となった。

カ　行為規制

　㈠　金商法が制定された目的の一つに、金融商品の種類ごとに別の法律で規制されていた状態を見直し、金融商品及びこれを扱う業者に対して横断的な規制をかけることにより、広く投資者の保護を図ることが挙げられる。このような観点から、金商法第3章第2節では、金融商品取引業者及び金融商品仲介業者に対して、誠実公正義務（金商法36条）を課すとともに、同条以下において横断的な行為規制がかけられている。

　この行為規制は、基本的には行政上の規制（金商法51条以下）や罰則（同法205条、207条）を定めたもので、違反により直ちに民事上の効果が発生するわけではないが、不法行為責任・債務不履行責任における違法性を判定するにあたって重要な指標となりうる。

第3編　各論

125

主な規制の項目		内容等
広告規制（金商法37条）		金融商品取引業者が、金融商品取引業の内容について広告等を行う時には、一定の事項（商号、名称、登録番号、手数料等の情報、リスク情報、重要事項について顧客の不利益となる事実など）を表示しなければならないこと等の規制。
勧誘制限	不招請勧誘の禁止（金商法38条4号）	個人を相手とする店頭[50]デリバティブ取引等の一定の取引について、金融商品取引契約の締結の要請をしていない顧客に対し、訪問し又は電話をかけて、勧誘をする行為（不招請勧誘）の禁止。
	勧誘受諾意思不確認勧誘禁止（金商法38条5号）	個人を相手とする店頭デリバティブ取引、取引所金融先物取引、取引所金融オプション取引等の一定の取引について、金融商品取引契約の勧誘に先立って、顧客に対し、勧誘を受ける意思の有無を確認しないで、勧誘する行為の禁止。
	再勧誘の禁止（金商法38条6号）	法38条5号と同じ一定の取引について、金融商品取引契約の締結の勧誘を受けた顧客が、契約を締結しない旨の意思や勧誘を引き続き受けることを希望しない旨の意思を表示したにもかかわらず、勧誘を継続する行為の禁止。
書面交付義務と説明義務等の規制	契約締結前の書面交付義務（金商法37条の3）	金融商品取引業者は、契約締結前に一定の事項を記載した書面を交付する義務がある。
	契約締結時書面交付義務（金商法37条の4）	金融商品取引が成立したとき、原則として、一定の事項を記載した書面を作成して顧客に交付しなければならない。
	保証金受領書面交付義務（金商法37条の5）	保証金を受領した場合には、その旨の書面の作成・交付を要する。
	説明義務（金商法38条8号、金商業等府令117条1号）	契約締結前交付書面や目論見書等の交付に関して、それらの書面に記載すべき事項については、あらかじめ顧客の知識、経験、財産の状況及び金融商品取引契約を締結する目的に照らして当該顧客に理解されるために必要な方法及び程度による説明を要する。
	クーリングオフ（金商法37条の6）	金融商品取引業者等と投資顧問契約を締結した投資者は、契約締結時交付書面を受領した日から10日を経過するまでの間、書面により当該金融商品取引の解除を行うことができる。
不当勧誘の禁止規制	虚偽告知の禁止（金商法38条1号）	金融商品取引の締結又はその勧誘に関して、顧客に対し虚偽のことを告げる行為の禁止。刑事罰の対象となりうる（法198条の6第2号）
	断定的判断の提供、確実性誤解告知を伴う勧誘の禁止（金商法38条2号）	顧客に対し、不確実な事項について断定的判断を提供し、又は確実であると誤解させるおそれのある行為の禁止。
	その他内閣府令で定める不当行為の禁止（金商法38条8号、金商業等府令117条）	①書面交付の際の説明欠如、②虚偽表示、③特別の利益の提供、④偽計・暴行・脅迫、⑤債務の履行拒否及び不当遅延、⑥不正の手段による顧客財産の取得、⑦迷惑時間勧誘等の多数の禁止行為類型が定められている。
損失補てんの禁止（金商法39条）		顧客に生じた損失を補てんするため、当該顧客や第三者に対して財産上の利益を提供し、又は第三者に提供させる行為の禁止。
適合性の原則等（金商法40条）		顧客の知識、経験、財産の状況及び金融商品取引契約を締結する目的に照らして不適当と認められる勧誘の禁止（同条1号）
		無断売買、一任売買、過当取引等の禁止（同条2号、金商業等内閣府令123条）
最良執行方針の策定義務（金商法40条の2第1項）、公表義務（同条2項）、執行義務（同条3項）、書面交付義務（同条4項）		

50「店頭」取引とは、取引所を通さず業者を相手方として1対1で行う取引。取引所取引の対概念。

特定の業務（投資助言業務（金商法41条以下）、投資運用業務（同法42条以下）、有価証券等管理業務（同法43条以下））については、金融商品取引業一般と同様に規制することが妥当でない場合や、別途規制をかけるべき場合があるため、業務の特殊性に応じた特則が定められている。

顧客保護のための行為規制としては、適合性の原則と並び、書面交付義務が重要な役割を果たしている。そこで、以下では、書面交付義務と書面による解除（クーリングオフ）について触れ、補足として損失補てんの禁止についてまとめる。

(イ)　書面交付義務

a　契約締結前の書面交付義務（金商法37条の3）

業者に対し、金融商品及び取引に関する重要事項の情報提供義務である説明義務を尽くさせるものであり、適合性原則と並んで投資者保護のための販売勧誘ルールの柱となる行為規制である。

概　要	金融商品取引業者等は、一定の場合を除き、契約締結前に書面を交付する義務がある（金商法37条の3）。 【例外】 ①目論見書交付の場合、②上場有価証券等の取引で1年以内に上場有価証券等書面を交付の場合、③同一内容取引で1年以内に契約締結前交付書面を交付している場合（金商業等府令80条参照）
記載内容 （金商法 37条の3）	①金融商品取引業者の商号、住所等、②登録番号、③契約の概要、④手数料、報酬、費用その他顧客が支払う対価の種類ごとの合計額、⑤指標変動により元本欠損のおそれがあるときはその旨、⑥指標変動により保証金等の額を上回る損失のおそれがあるときはその旨、⑦その他、府令指定事項（金商業等府令82条参照）
記載の方法 （金商業等府令 79条）	書面の内容を十分に読むべき旨、記載文字は基本的に8ポイント以上であることを要し、投資者の判断に重要な影響を及ぼすこととなる特に重要なものは、12ポイント以上の文字で平易に記載しなければならない。 手数料等に関する事項の概要、損失に関する事項、店頭金融先物取引等に係るものであるときはカバー取引等に関する事項、クーリングオフの有無について、枠の中に12ポイント以上の文字で記載しなければならない。
違反の効果	行政処分の対象にもなる。 書面の不交付、法定記載事項の不記載、書面の虚偽記載等については、罰則がある（金商法205条12号及び13号、207条1項6号）。

なお、契約締結前交付書面や目論見書等の交付に関して、それらの書面に記載すべき事項については、あらかじめ顧客の知識、経験、財産の状況及び金融商品取引契約を締結する目的に照らして当該顧客に理解されるために必要な方法及び程度による説明をすることなく、金融商品取引契約を締結する行為が禁止されている（金商法38条9号、金商業等府令117条1号）。これは、書面交付義務と関連付けて、説明義務の実質化を図ったものと考えることができる。

b　契約締結時の書面交付義務（金商法37条の4）

これは、成立した取引の内容を顧客に正確に伝え、注文内容と相違がないか確認させることに趣旨がある。

概　要	金融商品取引業者は、金融商品取引が成立したとき、原則として、書面を作成して顧客に交付しなければならない（金商法37条の4）。
各取引に共通する記載内容（金商業等府令99条～）	①商号等、②営業所等の名称、③契約・解約・払戻しの概要、④契約成立・解約・払戻し年月日、⑤契約成立・解約・払戻しの手数料、⑥顧客の氏名等、⑦顧客が金融商品取引業者等に連絡する方法。
有価証券の売買その他の取引又はデリバティブ取引の場合の記載事項（金商業等府令100条1項）	原則として、 ①自己又は委託の別（委託の場合は相手方の商号等）、②売付け等・買付け等の別、③銘柄、④約定数量、⑤単価、対価の額、約定数値、⑥顧客が支払うこととなる金銭の額及び計算方法、⑦取引の種類、⑧その他取引の内容を的確に示すための事項。
違反の効果	書面の不交付、法定記載事項の不記載、書面の虚偽記載については、罰則がある（金商法205条12号、207条1項6号）ほか、行政処分の対象にもなる（同法51条、52条）。

　c　書面による解除（クーリングオフ）

　契約締結時書面交付義務と関連付けた投資者保護制度として、クーリングオフの制度が金商法にも定められている。

　金融商品取引業者等と投資顧問契約を締結した投資者は、契約締結時交付書面を受領した日から10日を経過するまでの間、書面により当該金融商品取引の解除を行うことができる（金商法37条の6第1項、施行令16条の3第2項）。投資者に熟慮期間を付与する趣旨であるから、法定の要件を満たした契約締結時書面が交付されていない場合、いつでもクーリングオフができる。

　現在、同条の適用対象は投資顧問契約のみである（施行令16条の3第1項）。しかし、消費者保護のために重要な規定であることから、適用範囲の拡大が求められる。

　(ｳ)　損失補てんの禁止（金商法39条）

　a　損失補てんとは、顧客に生じた損失を補てんするため、当該顧客や第三者に対して財産上の利益を提供し、又は第三者に提供させる行為である。損失補てんを認めることは、リスクを覚悟して相応のリターンを目指すという金融商品取引の本質に反する。その結果、投資者の自己責任原則に基づく投資判断が安易に流れ、公正であるべき市場の価格形成機能が害される。また、投資者間に不公正感を募らせ、市場仲介者としての中立性、公正性が損なわれてしまう。このような理由から、損失補てんは禁止されている。

　ここで禁止される損失補てんは、金融商品取引業者になんら違法不当な勧誘・業務行為がないにもかかわらず、取引関係を維持するため等の目的で投資者のリスクを穴埋めするものであり、後に述べる「事故」（金融商品販売業者の不当・違法な行為により生じたもの）とは異なる。

禁止事項 （金商法39条）	【業者の禁止行為】 Ⅰ顧客に対して損失補てんの事前約束を行うこと（同条1項1号）、 Ⅱ損失後に損失補てんを約束すること（同条1項2号）、 Ⅲ損失補てんを行うこと（同条1項3号） 【顧客の禁止行為】 Ⅳ金融商品取引業者に対し損失補てん行為を約束させ、又は利益を受けること（同条2項各号）
違反の効果	罰則（金融商品取引業者等及びその代表者等について、金商法198条の3、207条1項3号。顧客について、法200条14号）。 顧客の禁止行為がなされた場合は、財産上の利益の没収又は追徴（法200条の2）。 金融商品取引業者の違反行為の場合は行政処分（法52条1項6号）、登録取消し、認可取消し、6カ月以内の業務停止命令。

b　事故確認の場合

　これに対し、未確認取引、誤認勧誘、注文の執行誤り、システムトラブル、法令違反行為など、金融商品取引業者の不当又は違法な行為によって顧客に損失が生じた場合（以下「事故」。金商業等府令118条）には、損害を賠償するのは当然であるから、損失補てん禁止規定は適用されない。

　しかし、金融商品取引業者が損害を賠償するにあたって第三者の確認がないと、事故に名を借りた違法な損失補てんが行われるおそれがある。そこで、金商法は、かかる損失の発生が事故に起因するものかについて、あらかじめ当局による確認を要求している（事故確認）。もっとも損失補てんの円滑化の観点から、当局の確認に代わる手続を経て当該手続の潜脱が防止できると認められる一定の場合は、当局の確認なしに補てんが可能である（金商法39条3項）。事故確認なしに補てんが可能となる場合として、裁判所の確定判決、裁判上の和解（即決和解を除く）、民事調停の成立、認定投資者保護団体のあっせんによる和解、弁護士会の仲裁センターによる和解・仲裁、国民生活センター及び地方公共団体の消費者センターのあっせんによる和解、ADR法の認証紛争解決事業者が行う認証紛争解決手続による和解、弁護士が顧客を代理する和解で金額が1000万円を超えないもの（司法書士の場合は140万円）などが定められている（金商業等府令119条1項）。

　㈒　不公正取引の禁止

　以上のような行為規制の他、金商法157条以下では不公正取引の禁止が規定されており、不正の手段・計画・技巧の禁止（同条1号）、虚偽の表示・重要表示欠落文書等を使用した金銭等取得禁止（同条2号）、虚偽相場の利用禁止（同条3号）、対価を受けて行う新聞等への意見表示の制限（金商法169条）等が定められている。金融商品取引では複雑で専門的な手法が編み出されているため、法令によって全ての禁止行為を具体的に規定することが困難であることから、不正行為を防ぐための包括的規定を置く趣旨の規定である。

　その他、風説の流布・偽計・暴行脅迫の禁止（金商法158条）、相場操縦行為等の禁止（同法159条）、空売り及び逆指値注文の禁止（同法162条）、インサイダー取引規制（同法166条、167条）などが規定されている。

　これらの多くは、違反した場合に罰則があり（同法197条以下）、民事手続上も、当該取引が不公正取引の禁止規定に違反し、その程度が著しい場合は、当該取引は公序良俗に違反すると主張することもありえよう。

(3)　金融商品販売法（金販法）

ア　概要と位置づけ

　「金融商品の販売等に関する法律」（金販法）は、平成13年4月1日施行の、10条からなる法律である。判例法上発達してきた業者の説明義務を、一定の範囲で実定法上の義務として明定し、その義務違反による業者の損害賠償責任を定め、また因果関係及び損害額の推定規定をおくなど、顧客保護のため業者に対する責任追及を容易にすることを内容としており、金融・投資サービスの分野で消費者問題を扱うにあたっては重要な法律である。平成21年9月の消費者庁発足以降、金融庁と消費者庁の共管となっている。

金販法は、説明義務違反や断定的判断の提供等の違反行為がある場合に損害賠償責任を定めており（同法5条）、使用者責任の規定を経由しない直接責任であること、故意・過失の有無を問わない無過失責任であること、損害額及び因果関係が推定されることなどを特徴とした、民法の特則（不法行為法の特則）としての性質を有している。

ただし、金販法上の説明義務は、従来から判例で認められてきた民法上の信義則を根拠とする説明義務を一部法定化するものではあるが、金販法と民法上の信義則とでは、業者が説明すべき内容や認められる義務の範囲が同一ではないことから、民法上の信義則を根拠とする説明義務と金販法の説明義務とを並存的に主張することが可能であると考えられる。

1条	目　的	金融商品の販売等の際の説明義務の内容等及びその義務違反の場合の損害賠償責任と、金融商品販売業者等の行う勧誘の適正確保措置の二つを定めることにより、顧客の保護を図り、もって国民経済の健全な発展に資すること
2条	適用対象	「金融商品販売業者等」＝金融商品の販売等を業として行う者（3項）
3条	説明義務	金融商品販売業者等は、金融商品の販売等を業として行おうとするときは、金融商品の販売が行われるまでの間に、顧客に対し、重要事項についての説明義務を負う
4条	断定的判断の提供等の禁止	金融商品販売業者等は、金融商品の販売等を業として行おうとするときは、当該金融商品の販売等に係る金融商品の販売が行われるまでの間に、顧客に対し、当該金融商品の販売に係る事項について、不確実な事項について断定的判断を提供し、又は確実であると誤認させるおそれのあることを告げる行為を行ってはならない
5条	損害賠償責任	説明義務（金販法3条）や断定的判断の提供等の禁止（同法4条）に違反する場合の無過失の損害賠償責任。使用者責任の特則
6条	損害額・因果関係の推定	・「元本欠損額」が損害額と推定 ・損害の発生と因果関係の推定

金販法8条以下は、直接の民事責任を規定してはいないが、金融商品販売業者等に対し、業として勧誘をするにあたり求められる適正確保の努力義務を課しており、勧誘方針の策定義務や公表義務を定めて間接的に顧客に対する保護を図っている。

なお、金商法と金販法は、名称が類似し、顧客保護という目的も共通しているが、前者が基本的には行政取締法規の性格を有するのに対して、後者の基本的な性格は私人間の調整法規（民事法）であること、またその適用対象も、後者の方が業法横断的に幅広い金融商品を対象としているなどの点で違いがある（平成18年の旧証券取引法から金商法への改正過程では、金販法を金商法に統合することも検討されたが、見送られている）。

イ　適用対象（金販法2条）

(ア)　金販法が適用対象とする業者は「金融商品販売業者等」であり、金融商品販売業者等は「金融商品の販売等を業として行う者」とされている（金販法2条3項）。したがって、相談を受けた場合に金融商品販売法の適用があるかを判断するためには、この「金融商品の販売等」を「業として」行う者かを検討しなければならない。

(イ)　まず、「金融商品の販売等」には、自ら当事者として以下のような「金融商品の販売」を行う場合のほか、その代理若しくは媒介により行う場合を含んでいる（金販法2条2項）。代理

とは、本人である業者又は顧客の名で相手方と取引を成立させる行為であり、媒介とは、業者又は顧客のために相手方との間で取引が成立するよう尽力する行為である。代理又は媒介を行う者は、取引の当事者とはならないが、顧客に接触し、取引の成立に関与する立場にあるため、これを業として行う者を金融商品販売業者等として金販法の対象とした。

「金融商品の販売」には、次のものが含まれる（金販法2条1項各号）。
① 預金、貯金、定期積金又は相互掛金の受入れを内容とする契約の締結
② 無尽掛金の受入れを内容とする契約の締結
③ 特定運用ではない金銭の信託に係る信託契約の締結
④ 保険業者との保険契約又は保険契約に類する保険若しくは共済に係る契約の締結
⑤ 有価証券（次の⑥の信託受益権を除く。）を取得させる行為
⑥ 証券若しくは証書の発行されない信託受益権又は譲渡性預金証書をもって表示される金銭債権を取得させる行為
⑦ 一定の不動産特定共同事業契約の締結
⑧ 金商法に定める市場デリバティブ取引若しくは外国市場デリバティブ取引又はこれらの取次ぎ
⑨ 金商法に定める店頭デリバティブ取引又はその取次ぎ
⑩ 金商法に定めるデリバティブ取引以外の差金決済取引（商品先物取引を除く。）
⑪ 政令で定める次のような行為（施行令5条各号）。
　(i) 金銭の信託以外の信託であって特定運用ではないものに係る信託契約の締結
　(ii) 銀行法に定める金融等デリバティブ取引又はその取次ぎ
　(iii) 一定の金融デリバティブ取引

原野商法や和牛預託商法のような詐欺的商法は、金販法2条の適用対象となる類型にあたらず、民法等で解決することになる。

なお、商品先物取引は「金融商品」の定義から外れており、金販法の適用対象とならないが、商品先物取引法が商品取引業者の説明義務（商先法218条1項、2項）や断定的判断等の提供の禁止（同法214条1号）を規定し、顧客に生じた損害の賠償責任（同法218条4項）や、金販法上の因果関係及び損害額の推定規定の準用規定（同法220条の3）を設けているので、法令の適用にあたっては注意が必要である。

　(ｳ) 次に、「業として」とは、同種の行為を反復継続する意思をもって行うことが、社会通念上、事業の遂行と見ることができる程度のものをいい、営利目的の有無を問わない（後掲文献岡田＝高橋86頁）。免許・許認可・登録等を受けていない者であっても「金融商品の販売等」を反復継続して行おうとする限り「金融商品販売業者等」に該当しうるから、金融商品取引業の登録を受けているか否かは金販法の適用とは関係がない。

例えば、オレンジスーパー定期という名のもとに年利6〜7％という高利をうたって預り金をしたオレンジ共済事件のような事案では、出資法違反による刑事責任や詐欺による取消などが問題となるほか、金販法の適用対象となる預金の受入れが反復継続されるから、業者に説明義務が課され、その説明義務違反がある場合は損害賠償責任の追及も可能と考えられる（後掲文献　大前66頁）。

「業として」の解釈には、金商法における解釈と同様、単に反復継続性だけでなく、対公衆性の要素が勘案される場合もあり、例えば専ら自己の投資目的で有価証券の売買やデリバティブ取引を行うことや、自己の発行する有価証券（株式・社債・ファンド持分等）を証券会社に対してのみ引受けさせるような場合は「業として」には該当しないと解される。他方、事業会社やファンド運営者等が、自己の発行する有価証券を一般投資家に直接取得させるような場合には、「業

として」有価証券を取得させるものと解される（後掲文献　岡田＝高橋88頁参照）。

ウ　説明義務（金販法3条）

(ア)　説明すべき時期（金販法3条1項）

金販法は、金融商品販売業者等に対し、金融商品の販売等を業として行おうとするときには、重要事項について顧客への説明義務を負わせ（金販法3条1項本文）、義務違反の場合に損害賠償責任を課すことで顧客の保護を図っている。

重要事項の説明は、「金融商品の販売が行われるまでの間に」されなければならないが、その時期は、顧客保護という趣旨を損なわないよう以下のとおり解釈すべきである。

まず、金融商品の販売が契約の締結行為とされているものは、当該契約の締結までの間に説明を行う必要があるが（後掲文献　松尾＝池田117－118頁）、契約締結に際し申込みと承諾が時間的に離れている場合には顧客が申込みを行うまでに説明すべきである（後掲文献　潮見117頁）。また、「取次ぎ」の場合にも、取次ぎの対象となる金融商品に係る契約の締結前ではなく、顧客による委託の申込み前までの間に業者は説明を行わなければならないと考えるべきである（後掲文献　岡田＝高橋92頁）。例えば、証券取引所における上場株式の売買については、取引所市場において売買を行う取引資格を有する証券会社が（売買の委託注文をした者の計算において）売買契約の当事者となるが、顧客に対する説明は、取引所における売買契約の締結までではなく、顧客が委託注文をするまでに行うことが必要である。

次に、代理又は媒介の場合については、代理・媒介契約の締結前ではなく、金融商品の販売契約が締結されるまでの間に説明を行わなければならないと考えられる（後掲文献　岡田＝高橋92頁）。有価証券を取得させる行為のうち募集又は売出しについては、勧誘行為を行うまでの間に説明が必要と解することも可能であるが、実際に有価証券の取得の申込みが行われる前までに説明を行えばよいと解されている（後掲文献　岡田＝高橋92頁）。

なお、この説明義務は業者が顧客に勧誘を行うことを前提としていないため、勧誘を受けずに金融商品の購入を希望する顧客に対しても、業者側は説明義務を負う。

一つの金融商品の販売について、複数の金融商品販売業者等が顧客に対し重要事項について説明しなければならない場合には、そのうちの一つの金融商品販売業者等が説明をしたときは、他の金融商品販売業者等は説明をする必要がない（金販法3条6項本文）。例えば、金融商品の販売に係る契約の締結について媒介が行われる場合、契約当事者となる者も媒介を行う者も金融商品販売業者等としていずれもが顧客に対して説明義務を負うことになるが、一方が説明すれば他方は不要とするものである。しかしながら、説明をした金融商品販売業者等の説明が不十分であり、その説明義務を果たしていないと解される場合には、他の金融商品販売業者等は説明義務を免れるものではない（後掲文献　岡田＝高橋109頁）。

なお、金融商品の販売について顧客を代理する金融商品販売業者等がいる場合は、契約の相手方となる金融商品販売業者等は、顧客を代理する業者に対し説明すれば顧客本人に対し説明したこととなるが（後掲文献　岡田＝高橋109頁）、その場合であっても、顧客を代理する金融商品販売業者等は顧客に対する重要事項の説明義務を免れない（金販法3条6項ただし書、施行令9条）。

(ｲ)　説明すべき内容（重要事項）（金販法3条1項各号、3項、4項、5項）

　金融商品販売業者等が説明すべき「重要事項」の内容は、金販法3条1項各号に定められている。リスク類型ごとに以下のように分類できるが、法文上は「元本欠損が生ずるおそれ」があるときと、「当初元本を上回る損失が生ずるおそれ」があるときに分けて規定されている。

　「元本欠損が生ずるおそれ」とは、金融商品の販売が行われることにより顧客の支払うこととなる金銭の合計額（金銭相当物の価額の合計額を含む）が、顧客等の取得することとなる金銭の合計額（金銭相当物の価額の合計額を含む）を上回るおそれとされている（金販法3条3項）。端的に言えば、元本割れのリスクである。

　他方、「当初元本を上回る損失が生ずるおそれ」とは、金融商品の販売に係る損失発生リスクがある場合に、当該損失の額が、当該金融商品の販売が行われることにより顧客が支払うべき委託証拠金その他の保証金の額を上回ることとなるおそれをいうとされている（金販法3条4項）。つまり、損失額が差し入れた証拠金や保証金の額を上回るリスクである。信用取引やFX取引（為替証拠金取引）などの証拠金取引においては、取引額の一定割合による証拠金や保証金を預託することによって、証拠金・保証金の額を上回る取引を行うことができるが、相場変動等によって証拠金・保証金の額を上回る損失が発生するリスクがある。かかる証拠金・保証金を金融商品の購入元本と考えた場合に、元本を上回る損失が発生するリスクがあることは、単なる元本割れリスクとは質が異なると考えられるため、法改正により追加された経緯による。

リスクの類型			説明すべき重要事項（1項各号、5項）
指標変動リスク（市場リスク、価格変動リスク）	金利、通貨の価格、金融商品市場における相場その他の指標に係る変動を直接の原因として、損失が発生するおそれがある場合	元本欠損が生じるおそれがあるとき（1号）	①元本割れのおそれがある旨 ②当該指標 ③取引の仕組のうち重要部分（契約内容）
		元本を上回る損失が生ずるおそれがあるとき（2号）	①元本超過損失のおそれがある旨 ②当該指標 ③取引の仕組のうち重要部分（契約内容）
信用リスク	金融商品の販売を行う者その他の者の業務又は財産の状況の変化を直接の原因として、損失が発生するおそれがある場合	元本欠損が生じるおそれがあるとき（3号）	①元本割れのおそれがある旨 ②当該者 ③取引の仕組のうち重要部分（契約内容）
		元本を上回る損失が生ずるおそれがあるとき（4号）	①元本超過損失のおそれがある旨 ②当該者 ③取引の仕組のうち重要部分（契約内容）
政令で定めるその他のリスク	政令指定事由を直接の原因として損失が発生するおそれがある場合	元本欠損が生じるおそれがあるとき（5号）	①元本割れのおそれがある旨 ②当該事由 ③取引の仕組のうち重要部分（権利・義務の内容）
		元本を上回る損失が生ずるおそれがあるとき（6号）	①元本超過損失のおそれがある旨 ②当該事由 ③取引の仕組のうち重要部分（権利・義務の内容）
権利行使又は契約解除の期間制限があるとき（7号）			権利行使の期間制限があること（契約内容）（ex. 新株予約権、他社転換社債〔EB〕等などの権利行使期間。）
			契約解除の期間制限があること（契約内容）（ex. 投資信託のクローズド期間）

　例えば、デリバティブ取引は、指標変動リスクを直接の原因として損失を生じさせるおそれがある場合にあたるが（法3条1項2号）、①指標変動により証拠金の額を上回る損失が発生するおそれがあることや、②変動により直接のリスク要因となる参考指標がどのようなものか、③重要な取引の仕組みとして、証拠金の追加差入れ又は代用有価証券の追加預託が必要となること、追加証拠金を差し入れない場合やロスカットルール（損失を一定範囲に抑えるためにロスカット基準に該当した場合に取引を強制的に終了する措置）の適用がある場合にロスカット基準に抵触したときは反対売買による取引決済が行われて損失が発生しうること、限月（決済期限の月）までに反対売買による決済を行わなければならないが市場の状況によっては意図したとおりの取引ができないこと、などについて説明が必要と考えられる。

　金販法に基づき顧客側が勝訴した公刊物掲載裁判例では、マイカルの無担保普通社債について、証券会社の従業員が、顧客に対し、償還期限まで保有していれば利息も付き、元本も償還され、銀行の定期預金と同様の元本保証の商品であると説明して、社債が発行主体の倒産等により元本割れのリスクのあることを説明しなかった事案について、所定の重要事項の説明をしなかったと認められた（東京地判平成15年4月9日判決判時1846号76頁金法1688号43頁）。なお、社債の発行主体の財務状況が悪化し、倒産のおそれが顕著に認められるような例外的な場合であっても、法文上は元本割れのリスクがあることを説明すればよいとされており、それ以上に財務状況等を説明する義務までは認められず（同判決）、当該社債発行主体の業務又は財産の状況が実際にどの程度であるか、それらの業務又は財産の状況からみて実際に元本欠損が生ずる可能性がどの程度であるか、などについてまで、金融商品販売法上の説明が義務づけられるものではないとされている（東京地裁平成16年2月23日判決判タ1156号256頁）。したがって、これらの具体的な状況における説明義務については、金販法とは別途、信義則に基づき一般不法行為又は債務不履行によりその違反の損害賠償責任を追及することになる。

（ウ）　説明すべき方法及び程度（金販法3条2項）

　説明は、顧客の知識、経験、財産の状況及び当該金融商品の販売に係る契約を締結する目的に照らして、当該顧客に理解されるために必要な方法及び程度によるものでなければならない（金販法3条2項）。自己決定権の確保のためには当該顧客の理解が当然の前提だからである。

　説明の方法については、書面交付等は義務づけられていない。逆に、金商法等の業法に基づき、金融商品の販売に係る契約の締結の前に契約締結前交付書面が交付される場合であっても、単に書面を交付しただけでは足りず、実際に当該顧客に理解されるために必要な程度の説明を行わなければならない。

　法人が顧客である場合には、その属性のうち、経験、財産の状況及び当該金融商品の販売に係る契約を締結する目的については当該法人を基準とするが、属性のうちの知識や、誰に理解されるために必要な方法及び程度であるか、誰を相手方として説明するかについては、当該法人の規模・業種等を勘案して、意思決定を行う一連のプロセスに関与すると考えられる担当の役職員を基準とすることが合理的であると考えられる（後掲文献　松尾＝池田129頁）。

　顧客の代理人に対して説明を行う場合には、その属性のうち、財産の状況及び当該金融商品の販売に係る契約を締結する目的については顧客本人を基準とするが、属性のうちの知識、経験

や、誰に理解されるために必要な方法及び程度であるかについては、代理人が契約締結の代理権を有する場合には代理人を基準とすると考えられる（後掲文献　松尾＝池田130－131頁）。もっとも、代理人が説明を受ける権限だけを有する場合で本人が契約を締結するときは、当該代理人の理解能力・説明能力や顧客との関係なども勘案する必要があると思われる。

　なお、重要事項に関する記載例については、業界団体で金販法に基づく説明義務に関するガイドラインを設けて公表している場合があるので、参照されたい。

㈑　説明義務の例外（金販法３条７項）

　説明義務の例外として、二つの場合が定められている（金販法３条７項）。

　第一は、顧客が、金融商品の販売等に関する専門的知識及び経験を有する者として政令で定める者（「特定顧客」）である場合である（同項１号）。顧客がいわばプロである場合に説明義務を免除する規定であり、説明を要しない特定顧客として、金融商品販売業者等及び金商法に定める「特定投資家」（金商法２条31項）が定められている（同法施行令10条１項）。この場合の「特定投資家」には、金商法の規定（銀行法等の規定で準用される場合を含む）上、選択により特定投資家に移行した一般投資家が含まれ、選択により一般投資家に移行した特定投資家が除かれる（金商法34条の２～金商法34条の４）。

　第二は、重要事項について説明を要しない旨の顧客の意思の表明があった場合である（金販法３条７項２号）。注意しなければならないのは、この規定の適用が多用されると、説明義務を定めた本法の意義を無にするおそれがあることである。顧客の説明不要の意思表明は、顧客がリスクを認識した上で、自発的に説明不要という意思を表明することが必要と考えられ（後掲文献潮見123頁）、認定は慎重になされるべきである。

　なお、顧客名義の各種の有価証券の取引について、金販法施行前に、顧客が事業者に対し、事前に顧客に説明することなく取引することを了解し、事実上一任していたと認められる場合に、金販法施行後も、重要事項の説明を要しない旨の意思を表明していたと認定した裁判例（東京地判平成18年６月７日金商1287号47頁）がある。しかし、事実上一任状態となったこと自体が、顧客の任意によるものではなく、事業者の違法な行為と認められる場合には、説明の要否についても有効な顧客の任意の意思表明は認められないというべきである。また、顧客の説明不要の意思表明として有効であるためには、必ずしも個別の取引ごとになされる必要はないとしても、リスク類型の異なる金融商品取引の種類ごとに、また一定期間ごとに行われることが必要であると考えられる。

エ　断定的判断の提供等の禁止（金販法４条）

　金融商品販売業者等は、金融商品の販売等を業として行おうとするときは、当該金融商品の販売等に係る金融商品の販売が行われるまでの間に、顧客に対し、当該金融商品の販売に係る事項について、不確実な事項について断定的判断を提供し、又は確実であると誤認させるおそれのあることを告げる行為（「断定的判断の提供等」）を行ってはならない。

　金商法における金融商品取引業者等の禁止行為として定められる断定的判断の提供等の禁止（金商法38条2号）や、消費者契約法における取消権の対象行為である断定的判断の提供の禁止（消費者契約法4条1項2号）と同様の行為について、平成18年改正により、金販上の損害賠償責任を基礎づける行為として追加されたものである。

オ　損害賠償責任（金販法5条〜7条）

(ア)　不法行為責任の特則

　金販法5条以下では、金融商品販売業者等が、3条の説明義務や4条の断定的判断の提供等の禁止に違反した場合の顧客に対する損害賠償責任を規定している。民法上の不法行為責任の特則とされている。

　民法上の一般不法行為に基づく損害賠償請求では、原則として、①故意又は過失、②権利侵害（違法性）、③損害の発生、④加害行為と損害との因果関係の各要件を請求者が主張立証することが必要であるのに対し、金販法5条では、3条に基づく説明義務の違反又は4条に基づく断定的判断の提供等の禁止の違反がある場合は、権利侵害（違法性）の要件を満たすこととし、その上で金融商品販売業者等の故意又は過失の有無を問わない損害賠償責任（無過失責任）を定めている（後掲文献　岡田＝高橋114頁）。

　金融取引・投資取引に関する損害賠償請求事案では、一般に、自然人たる役員・従業員の不法行為責任（民法709条）の成立を前提に業者について使用者責任（民法715条）の有無が問われてきたが、金販法5条では役員・従業員の不法行為責任及びそれに対する使用者責任を介せずに、金融商品販売業者等が顧客に対して直接責任を負うとされ、役員・従業員の選任監督について無過失であっても業者は免責されない（後掲文献　岡田＝高橋115頁）。

　金販法5条の規定に基づき損害賠償責任を追及する場合に、文言上、金融商品の販売に係る契約を解約ないし解除することは要件とされていないし、解釈上も、解約又は解除をすることなく損害賠償請求をすることができると考えられている（後掲文献　岡田＝高橋118頁）。

　本条にいう「説明をしなかったとき」とは、説明を全くしない場合のほか、同法3条1項により説明すべき内容（重要事項）又は3条2項により説明すべき方法及び程度が不完全ないし不十分である場合を含む（後掲文献　松尾＝池田169頁）。

(イ)　損害額及び因果関係の推定（金販法6条）

　顧客が金販法5条の規定により損害賠償を請求する場合には、「元本欠損額」が、当該顧客に生じた損害の額と推定される（金販法6条1項）。

　同条は、元本割れに相当する額を違反行為によって生じた損害の額と推定する規定であり、民法上の一般不法行為の成立要件のうち、損害（額）の発生及び因果関係が法律上推定される。これによって、顧客は、金融商品販売業者等の説明義務違反の事実又は断定的判断の提供禁止違反の事実を主張立証すれば、元本欠損額を損害額として請求することが可能となり、主張立証の負

担の軽減により顧客の保護が図られている。反対に、金融商品販売業者等が損害額又は因果関係を争う場合は、その主張立証責任を負うこととなる。

カ　民法の適用（金販法7条）

重要事項について説明をしなかったこと又は断定的判断の提供等を行ったことによる金融商品販売業者等の損害賠償の責任については、金販法の規定によるほか、民法の規定による（金販法7条）。金販法は民法の不法行為責任の特則であるが、民法の規定の適用を排除するものではないことを明らかにした規定である。

例えば、民法の共同不法行為（民法719条）、過失相殺（民法722条2項）、時効（民法724条）等の規定が、民法に基づく損害賠償の場合と同様に適用されることになる。金販法に規定する説明義務のほかに、裁判例上認められてきた民法の信義則を根拠とする説明義務も並存すると考えられている。

ただし、上記のうち過失相殺の規定については、金販法において法定の説明義務が極めて限定された一方で、金融商品販売業者等の無過失責任が認められ、損害額の推定規定がおかれた趣旨からすると、その適用はごく例外的なものと位置付けるべきである。これまで金融取引・投資取引に関する事件において、過失相殺は、損害賠償額の減額要素というよりも、実質的には、むしろ損害額の算定要素として働いてきた面がある。そのため、従前の証券取引事件や変額保険事件では、顧客側の過失を相殺すると称して賠償額を一部減額するのが原則であるかのような運用がされてきた。しかしながら、損害額を推定して顧客の保護を図る金販法の規定が適用される場面では、そこで定められた損害額を減額することが原則であるかのごとき過失相殺の乱用は法の趣旨を損ない、許されないと考えるべきである。その点で、金販法に基づき勝訴した公刊物掲載裁判例（東京地判平成15年4月9日判決判時1846号76頁・金法1688号43頁）において、マイカルの無担保普通社債の購入に関し、顧客の過失が7割とされたことには問題がある。

キ　勧誘の適正確保措置（金販法8条〜10条）

金融商品販売業者等は、業として行う金融商品の販売等に係る勧誘をするに際し、その適正の確保に努めなければならないとされ（金販法8条）、以下のような努力義務が定められている。金融販売業者等が、勧誘方針の策定義務（金販法9条1項）又は公表義務（同条3項）に違反する場合には、50万円以下の過料（行政罰）の制裁がある（金販法10条）。

方針の策定義務 （金販法9条1項、2項）	金融商品販売業者等は、業として行う金融商品の販売等に係る勧誘をしようとするときは、あらかじめ、勧誘方針を定めなければならない（同法9条1項本文）。国、地方公共団体等が金融商品販売業者等である場合、又は、特定顧客のみを顧客とする金融商品販売業者等である場合は不要（同ただし書）。
	勧誘方針の記載事項（同法9条2項） ① 勧誘対象となる者の知識、経験、財産の状況及び当該金融商品の販売に係る契約を締結する目的に照らし配慮すべき事項。 ② 勧誘方法及び時間帯に関し勧誘の対象となる者に対し配慮すべき事項。 ③ その他の勧誘の適正の確保に関する事項。
勧誘方針の公表義務 （金販法9条3項）	金融商品販売業者等は、勧誘方針を定めたとき又は変更したときは、政令で定める方法により、速やかに公表しなければならない。 施行令12条は、公表方法として、①金融商品販売業者等の本店又は主たる事務所において見やすいように掲示する方法又は閲覧に供する方法によることとし（同条本文）、かつ、②本店又は主たる事務所以外の営業所等において金融商品の販売等が行われる場合は、当該各営業所等において見やすいように掲示する方法又は

> 閲覧に供する方法によるものとし（同条1号）、また③インターネット等の情報通信手段を用いて金融商品の販売等が行われる場合は自動送信する方法によるものとする（同条2号）。自動送信する方法とは、インターネット等の情報通信手段を用いて、顧客が金融商品販売業者等の行為を待つことなく、勧誘方針を知りうる状態におくことを意味するとされ（後掲文献　岡田＝高橋141頁）、勧誘方針をホームページで閲覧又はダウンロードが可能な状態に置くことが含まれる。

　金販法9条2項1号は、勧誘方針について適合性の原則に関する事項の策定義務を定めたものである。顧客の知識、経験、財産の状況及び当該金融商品の販売に係る契約を締結する目的に照らして顧客に不適合な販売勧誘を行ってはならないという狭義の適合性の原則（金商法40条1号）のみならず、当該顧客に理解されるために必要な方法及び程度による説明をしなければならないという広義の適合性原則（金販法3条2項、金商法38条6号・金融商品取引業等に関する内閣府令117条1項1号）の両方について記載することが必要と解すべきである。金販法9条2項2号は、不招請勧誘や不当勧誘の禁止などに関する事項の策定義務を定めたものである。

　金融商品の販売等が訪問勧誘や電話勧誘により行われる場合、顧客が勧誘方針を知りうる状態におくことは要求されていない。勧誘方針の公表を求める趣旨が金融商品販売業者等のコンプライアンス体制の整備を求めるものであって、金融商品の購入に際して必ず顧客に勧誘方針を知らせる趣旨ではないことを理由とするが（後掲文献　岡田＝高橋142頁）、勧誘の適正化という法の趣旨を貫徹するには不十分な措置である。金融商品販売業者等は、訪問勧誘にあたり、勧誘方針を記載した文書や手帳又は勧誘方針が閲覧可能な携帯機器を携行して、顧客の閲覧に供する体制を確立すべきものと考えられる。

ク　現状と課題

　金販法には、業者による勧誘の有無を問わない形で説明義務が明定されていること、説明義務違反や断定的判断の提供等の禁止違反に無過失の損害賠償責任という民事的効果を明定していること、損害額及び因果関係の推定規定を設けられていることなどの利点がある。

　しかしながら、元本割れ（元本超過損失）のリスク要因や期間制限について業者が顧客に説明すべきとされる重要事項は、比較的明確である反面、依然として非常に限定されており、制約が厳しいことは否めない。また、業者が書面に基づいて型どおりの説明をして、顧客が説明を理解した旨の確認書に署名ないし捺印している事例も多い。

　したがって、実際の訴訟において、金販法の説明義務違反のみを主張立証して勝訴できる事案は例外的である。活用する余地があるのは、顧客が確認書を差し入れていない場合、確認書を差し入れていても現実には顧客が理解できる程度のリスクや仕組みが説明されていない場合や他の勧誘宣伝行為と相まって顧客がリスクを理解できない態様で説明がなされた場合、顧客による説明不要の意思表明が真意に基づかない場合、顧客本人やその代理人以外の第三者に対して説明された場合などである。金販法にはこのような限界があるため、顧客から相談を受けた弁護士が紛争を解決するにあたっては、信義則上、専門家である業者が説明すべき内容を具体的に主張立証しつつ、その違反による一般不法行為や債務不履行に基づく損害賠償請求訴訟を行わざるを得ないのが現実である。

　民法上の信義則を根拠とする場合には、業者と顧客との関係や取引の具体的な状況などに応じて、説明義務以外に、助言義務、損失拡大防止義務等が認められる余地があり、これらの義務違

反による責任追及も可能という柔軟性がある。

そこで、金融取引ないし投資取引で業者の問題行為により顧客が損害を被った場合には、金販法による損害賠償請求に加えて、従来の信義則に基づく説明義務等の違反による損害賠償請求を検討・構成し、主張立証していくことが実務上欠かせない。

3　被害救済のための事案に応じた法的主張の選択

金融・投資サービスの分野では、さまざまな法令が関係することが多く、また、被害救済のためには事案に応じた最適な法的主張の選択が求められる。

被害救済の方法としては、まず、不当な契約の拘束力から解放することが重要な事案では、民法や消費者契約法の規定による契約の無効・取消しの主張や、債務不履行解除・中途解約権・クーリングオフの行使などを検討する必要がある。また、金銭的な損失・損害の回復が重要な事案では、契約解消後の不当利得返還請求や、業者の違法行為に対する損害賠償請求を検討しなければならない。損害賠償を請求する場合には、金販法などの特別法や、民法上の債務不履行責任・不法行為責任のほか、相手方が会社である場合には会社法上の任務懈怠責任などを主張すること等も考えられる。

法的構成の選択にあたっては、権利行使期間や時効期間、立証の難易など様々な事情を考慮しなければならない。

契約の不成立		
公序良俗違反（民法90条）、強行法規違反（民法91条）による無効		不当利得返還請求（民法703条、704条）
意思無能力・錯誤（民法95条）による無効		
未成年者など制限能力者の取消し（民法5条～）、クーリングオフ（特商法、保険業法等）		
詐欺的商法の場合	詐欺取消し（民法93条）	損害賠償請求
	民法上の不法行為責任（709条、715条、719条等）	
適合性原則違反	民法上の不法行為責任（709条、715条、719条等）	
説明義務違反	消費者契約法4条取消し	不当利得返還請求（民法703条、704条）
	金販法3条、5条	損害賠償請求
	民法上の不法行為責任（709条、715条、719条等）	
断定的判断の提供	消費者契約法4条取消し	不当利得返還請求（民法703条、704条）
	金販法4条、5条	損害賠償請求
	民法上の不法行為責任（709条、715条、719条等）	
確実性誤認告知	金販法4条、5条	
	民法上の不法行為責任（709条、715条、719条等）	
不実告知	消費者契約法4条取消し	不当利得返還請求（民法703条、704条）
	民法上の不法行為責任（709条、715条、719条等）	
	目論見書交付義務違反（金商法16条）	

開示義務違反	発行開示責任	目論見書虚偽記載（金商法17条）	損害賠償請求
		有価証券届出書虚偽記載（金商法18条）	
	継続開示責任	有価証券報告書虚偽記載（金商法21条の2）	
操縦等（金商法160条）			

後掲「金融商品取引被害救済の手引（六訂版）」（民事法研究会）93頁を参考に作図

4 相談窓口等

　金融・投資商品サービスをめぐるトラブルの解決にあたっては、当該業者との交渉、裁判所の手続（訴訟や調停）のほか、各種相談窓口の利用が考えられる。これらの相談窓口等を利用することは、事案によっては有効である。

　各業界団体は、金融商品取引の勧誘や制度に関する相談・苦情の受付や、金融商品取引に関する紛争を解決するためのあっせんの窓口を設けている。

　また、金融庁が設置している金融サービス利用者相談室では、金融行政に関する情報提供等を受け付けると共に、専門の相談員が消費者からの質問、相談に対応する体制を整えている。相談等の受付実績やよくある相談のQ&Aが金融庁ホームページで公表されている。

　国民生活センター、消費生活センターも苦情の受付やあっせんによる解決を行っている。その他、裁判所の調停や訴訟手続に加え、弁護士会の紛争解決センターや、平成21年6月に成立した「金融商品取引法等の一部を改正する法律」によって導入された金融ADR（裁判外紛争解決）制度（金商法156条の38ないし156条の41）の活用なども考えられる。

　従前は、これらの機関のあっせんを利用しても事故確認手続き（金商法39条3項）が必要とされていたため解決が困難であるという問題があったが、一定の機関のあっせんによる和解については事故確認が不要とされたことにより（金商業等府令119条1項）、現在は、かかる弊害は解消されている。なお、弁護士が顧客を代理して和解するに際し、支払額が1000万円以下の場合も事故確認手続きが不要となる（金商業等府令119条1項8号）。

　上記の手続は、業者との合意を前提にした解決手続であるから、業者の真摯な対応が期待できないような場合には、訴訟による解決を図るべきである。

5 相談の心構え（被害救済に関する注意点）

　消費者相談一般の留意点については、本書第1編第2章（6頁）にも記載があるが、ここでは詐欺的金融商品被害に特化した被害救済に関する注意点について解説する。

(1) 相談者の記憶を喚起させる

　商品内容が複雑で、相談者が自ら購入した商品に関して十分理解していない場合も多い。相談者が、購入した商品についてどのような説明を受けたのか、どのような勧誘を受けたのかなどについて、相談者を萎縮させずに記憶を喚起させることが必要である。相談者が被害金額について誤解をしていることもあり、また着手金等を見積もるためにも、被害金額について正確に聴取することが重要である。通帳等の資料を確認しながら、いつ、どのような方法で、いくら支払った

のかなど資金の動きを再現させることで記憶が喚起されることも多い。

(2) 回収可能性を意識する

詐欺であることが明らかであったとしても、回収可能性が低い場合には、その見通しをきちんと説明をしておかなければならない。金融商品の販売業者は、①銀行、保険会社、証券会社、②商品先物取引会社、③投資詐欺業者の三類型に分類することができる。①のような業者の場合、回収可能性は高いが、売り出されている商品は厳しい審査の下で作られた商品である場合が多く、請求認容のためには商品内容の緻密な分析、確認が必要となり、ハードルが高い。他方で、③の場合には、請求認容可能性は高いが、会社を潰して逃げられる等、一般的には回収可能性が低い。もっとも、業者は自身の悪行が明らかになるのを恐れ、弁護士が介入すると一部又は全部の返金に応じることもある。

(3) あるべき客観的証拠が存在しないケースも少なくない

相談時には、相談者が客観的証拠を持っていないことも多く、そのような場合には受任後、相手方に資料の開示を求めていくことになる。取引履歴や伝票は当然作成されているはずの資料であり、それらを開示しない業者の場合には、詐欺の疑いが強い。訴訟において、裁判所はまず、客観的証拠から動かしがたい事実を認定していくが、被告から客観的証拠が開示されないこと、当然あるべき客観的証拠が存在しないこと自体が詐欺の疑いを強めるという点について裁判所に注意を促す必要がある。

(4) 簡単にあきらめない

投資詐欺業者の場合でも、事件の受任後に相手方との交渉の中で財産が判明する場合もある。また、前述のとおり、弁護士が介入すれば支払いに応じる業者も珍しくない。そのため、「詐欺だからお金を取り戻すのは難しい。」等と一刀両断に対応するのではなく、まずは必要な調査を行うとともに、回収の見通しが立たないことをきちんと相談者に説明をし、依頼者が納得の上で依頼を希望するのであればこれを受けるという心構えが重要である。

6 参考資料（主要参考文献）

上柳敏郎他『新・金融商品取引法ハンドブック - 消費者の立場からみた金商法・金販法と関連法の解説・第3版』日本評論社（平成23年）

黒沼悦郎『金融商品取引法入門・第6版』日本経済新聞出版社（平成27年）

黒沼悦郎『金融商品取引法』有斐閣（平成28年）

松尾直彦『金融商品取引法第4版』商事法務（平成28年）

日本弁護士連合会消費者問題対策委員会編『金融商品取引被害救済の手引き〔六訂版〕』民事法研究会（平成27年）

松尾直彦監修・池田和世著『逐条解説新金融商品販売法』きんざい（平成20年）

荒井哲朗他『改訂Q＆A投資取引被害救済の手引き』日本加除出版（平成27年）

三木俊博編著『事例で学ぶ金融商品取引被害の救済実務』民事法研究会（平成28年）

第2　金融サービス各論

1　序論

(1)　金融商品取引被害とは

　金融商品は価格変動が不可避であるから、単に価格変動による損失が発生しても、直ちに消費者被害にはならない。しかし、損失、多額の手数料の発生などが業者の「違法・不当」な「勧誘・業務行為」の結果生じたものであれば、それは消費者被害となる。また、インサイダー取引、風説の流布、偽計等により歪められた市場に知らずに参加した場合に被った損失は、やはり消費者被害となる（以下、このような被害を「金融商品取引被害」と呼ぶ）。

　被害救済に当たっては、上記を区別し、業者側に違法行為がないかを判断する必要がある（受任の際の心構えについては(4)ア146頁～）。

(2)　金融商品取引被害において適用を検討すべき法令

　ア　金融商品取引法（金商法）、金融商品販売法（金販法）、民法（錯誤、不法行為の規定等）、消費者契約法等が考えられる[51]。

　イ　金融商品（投資）取引では、社会的相当性を逸脱した勧誘行為等が行われた場合には、当該金融商品取引業者に、不法行為が成立するとして損害賠償請求を行うことが多い（民法709条、715条）。

　金販法は、一部は民事法規であって不法行為法上の特則であり、無過失責任や損害の推定規定等が置かれているが、類型化された説明義務が個別事案に必ずしもうまくあてはまらないなどの理由から、現時点においても同法に基づく請求は多くはなく、裁判例も多いとは言い難い[52]。

　ウ　金商法では、具体的内容を政省令に委任している条文が多く、金融商品取引法施行令、各内閣府令（定義府令、金商業等府令、開示府令、有価証券の取引等の規制に関する内閣府令等）、ガイドライン（主要行等向けの総合的な監督指針、金融商品取引業者等向けの総合的な監督指針）等を定めている。また、業界ごとの自主規制機関（日本証券業協会、金融先物取引業協会、投資信託協会、日本投資顧問業協会）が、各法令等を受け、それぞれ自主規制規則（諸規則）を定め、高齢者や複雑な金融商品に関する勧誘ルール等を定めている。

　金商法の行為規制は、基本的には業法上のルール（行政法規）であり、これを受けた上記のガイドライン等は法律そのものではない。しかし、金商法は投資家保護を立法趣旨とする法律で、上記ガイドライン等は、同法の規定を具体化するものだから、金商法や上記ガイドライン等に違反する勧誘行為がなされたことは、不法行為法上の違法を裏付ける重要な事情となる。

> ポイント　～　金商法について　～
> 　金融商品取引法は、平成19年9月30日に施行されたが、その後毎年改正されている希有な法律である。同法の適用を検討するに当たっては、行為時の法律・条文を確認することに注意する。ガイドライン等も同様であるが、当該ガイドライン等は法令の規定を具体化したものであることから、制定前であってもその趣旨が妥当すると解する余地がある。

51　保険であれば保険法が適用される。159頁等。
52　近時の肯定例として、大阪高裁平成27年12月10日判決金法2036号94頁・金商1483号26頁）などがある。

(3) 主な金融商品取引

ア 株式

(ア) 株式の現物取引

自己資金で株式を買い、あるいは保有する株式を売って代金を得るのが現物取引である。普通に株式を売買する場合は、この形態が基本である。株式に価格変動リスクがあることは周知の事実であるが、その認識をゆがめ、当該株式取引のリスクや特性を誤解させるような不当な勧誘（断定的判断の提供等）や過当取引が主として問題となる。

(イ) 株式の信用取引

a 信用取引の意義と仕組み

信用取引とは「金融商品取引業者が顧客に信用を供与して行う有価証券の売買その他の取引」（金融商品取引法161条の2に規定する取引及びその保証金に関する内閣府令1条）である。委託保証金を預けてその数倍の額の株式を売買する。顧客が、証券会社から購入代金を借りて株式を買い、又は、証券会社から株式を借りてそれを売る。

制度信用取引と一般信用取引があり、制度信用取引は、品貸料や弁済の期限が取引所規則により定められている信用取引である。制度信用取引の場合最長6か月の弁済期限の間に証券会社と決済（清算）をし、買いの場合は借入金を、売りの場合は借りた株式を、それぞれ返済しなければならない。決済の方法には、反対売買をして差金決済を行う方法、買付代金を支払い株式を引き取る方法（現引き又は品受け・買いの場合）、保有する株式を引き渡して代金を受け取る方法（現渡し又は品渡し・売りの場合）がある。一般信用取引は、決済期限、金利等を証券会社と顧客の間で自由に決定できる信用取引で、「無期限信用取引」も存在する。

b 信用取引のリスク

信用取引の委託保証金は通常、取引金額の30％以上の額が必要である。現金のかわりに有価証券を預託することもできるが（代用有価証券という）、通常、買った株式や代用有価証券の値下がりで委託保証金の残高が取引金額の20％を下回った場合、保証金を追加しなければならない（追証という）。

信用取引は、投入資金の数倍の取引が可能であるから、損失リスクが大きくなる。それに加えて、制度信用取引では弁済期限の最長期が定まっているため、価格が回復するまで待つことができず、損となる状況でも決済しなければならないリスクがある。失敗すると、投資金を全部失うだけでなく、負債が残ることもあるので、極めてリスクの大きい取引といえる。したがって、信用取引を行うためには、株式投資に関する高い知識と経験、十分な資力が必要である。日本証券業協会では、証券会社に対して預かり資産の規模、投資経験その他必要となる事項を定めた「信用取引開始基準」を定めることを義務づけており（投資勧誘規則6条1項1号）、初めて信用取引を行う顧客に対しては日本証券業協会及び証券取引所が作成する「説明書」を交付し、十分に説明して理解を得なければならないとしている。

また信用取引は、営業員の手数料稼ぎのための回転売買の温床となりやすい。断定的判断の提供や不実告知などの不当勧誘や無断売買、過当取引の他に、適合性の原則や説明義務も論点となる。

イ　投資信託

投資信託（広義）には、狭義の投資信託（契約型投資信託）と投資法人（いわゆる会社型投資信託）がある。

(ア)　狭義の投資信託

狭義の投資信託には「委託者指図型投資信託」と「委託者非指図型投資信託」がある（投信法2条3項）。「委託者指図型投資信託」とは、委託者の指図に基づき、有価証券、不動産その他の資産で投資を容易にすることが必要であると政令で定めるもの（特定資産）に投資・運用する信託である（投信法2条1項）。投資信託の基本的形態で、証券会社、銀行、保険会社等が投資家に受益証券を販売し、集められた資金は運用の主体である投信委託会社（委託者）が信託銀行（受託者）と信託契約を締結し、運用を指図する。これに対し「委託者非指図型投資信託」は、受託者が複数の委託者との間に締結する信託契約によって受け入れた金銭を、合同して、委託者の指図に基づかずに運用するものである（投信法2条2項）。ただし、投資対象が主として有価証券に対するものの場合には、非指図型は認められていない（投信法48条）。

(イ)　投資法人（会社型投資信託）

投資法人とは「資産を主として特定資産に対する投資として運用することを目的として、この法律により設立された社団」である（投信法2条12項）。すなわち、投資運用を目的とした投資法人を設立して、投資家が株主として資金を提供し、運用の成果を株主である投資家に還元するという構造の投資方式であり、会社型投資信託とも呼ばれる。

(ウ)　主要な投資信託

投資信託の種類は多種多様で、その分類もさまざまな観点から行われている。

a　インデックスファンド　日経平均株価や東証株価指数（TOPIX）などの株価指数や債券価格指数に連動して基準価格が変動するように商品設計されたファンドである。インデックスファンドのうち、取引所に上場されているものが上場投資信託（ETF）であり、業種別の株価指数型や海外株価指数型も登場している。

b　アクティブファンド　インデックス（例えば日経平均株価）を上回る投資成果を目指して運用するファンドで、積極的な運用方針からアクティブファンドと呼ばれる。ただし、運用の巧拙等もあって、実際にインデックスを上回る成果が保証されるわけではない。

c　ブル・ベアファンド　先物やオプションなどのデリバティブを活用して、市場動向に合わせて（あるいは逆方向に）1〜3倍の値動きを目指すよう設計されたファンド。例えば日経平均株価が上昇した場合にその値上がり幅以上の利益が出るものをブル型ファンド、その逆に下落した場合に利益が出るものをベア型ファンドという。

d　不動産投資信託（REIT）　不動産や不動産証券化商品に投資するファンドで、投資法人のスキームが用いられる。

e　毎月分配型投資信託　分配金が毎月支払われる投資信託をいう。分配金は運用益からだけでなく元本を取り崩して支払われることも多く、この点に関しては、平成24年2月15日改正の「金融商品取引業者向けの総合的な監督指針」において、投資信託の分配金に関して、その一部又は全てが元本の一部払戻しに相当する場合があることを顧客に分かり易く説明すること

が求められた。

　　　f　仕組み型投資信託

　　　カ（146頁）で後述する。

ウ　公社債、外国債

　社債は、会社が資金調達のために発行する債券である。社債と国や地方公共団体、特殊法人が発行する公共債とをあわせて公社債という。新株予約権付社債は、社債ではあるが一定の期間に新株予約権を行使することにより一定の価格で発行会社の株式を取得できるものである（会社法2条22号）。新株予約権を行使することにより社債が株式払込金に充てられる「転換社債型新株予約権付社債」（CB）と、別途株式代金を払い込み社債部分が残る「新株引受権付社債」がある。外国債とは、外国で発行された公社債（日本企業発行のものも含む）と、外国企業が日本で発行した公社債を指す。この他に、後述する「仕組み債」（146頁）も社債の形態をとってはいるが、通常の社債とは商品構造もリスクも全く異なるので、明確に区別する必要がある。

　公社債のリスクの中心は、発行主体の倒産などにより期限に約束どおりの元利が支払われないリスク、つまり信用リスク（デフォルトリスク）である。平成8年に適債基準等が撤廃され、国内でも比較的信用リスクの高い社債が発行されるようになり、格付機関よるリスクの程度をアルファベットの記号で表した「格付け」情報の重要性が高まっている。また、公社債の場合、満期の償還金額は発行時に確定しているが、中途換金する場合には、金利動向等によって価格が変動するリスクがあり、外債の場合には為替リスクもある。従って、社債を顧客に販売する証券会社等は、公社債のリスクを顧客に説明する義務を負っており、倒産会社の発行した社債についての説明義務違反が主に問題とされてきている。

エ　新株予約権証券（ワラント）

　株式を特定の価格で購入できる権利（コールオプション）を証券化したもので、価格変動が激しい上に、あらかじめ定められた権利行使期間が経過すると価値がなくなる。金商法では有価証券として規定されているが（金商法2条1項9号）、性質的にはデリバティブ商品といってよい。説明義務違反はワラントをめぐる訴訟（例えば東京高判平成8年11月27日判時1587号72頁等）で確立されてきた。

オ　デリバティブ取引

㈠　先物取引・オプション取引

　金融関連の先物取引・オプション取引は、金商法で規制されることになった（金商法2条20項〜23項）。しかし、商品の性質、取引手法は基本的に商品先物取引・商品先物オプション取引と変わらないから（指数先物取引は差金決済のみ）、第3編第2章第4、7（176頁〜）の説明を参照されたい。代表的な商品としては、日経225先物取引・オプション取引がある。中小企業に多数販売された、いわゆる通貨オプション取引（オプションの売りと買いを組み合わせて、ゼロコスト・オプションとした商品）もこれ該当するが、平成20年のリーマンショック後に被害が顕在化し、全国銀行協会のADRで多数の案件が取り扱われた。

　金融庁は平成22年4月16日に監督指針を改正し（「金融商品取引業者等向けの総合的な監督指針」Ⅳ−3−3−2(6)）、いわゆる最悪シナリオの説明義務、中途解約及び解約清算金についての説

明義務、当該取引がヘッジ目的の場合の顧客の理解の確認義務等を課すなどしている。

(イ)　スワップ取引

スワップ取引とは、同一通貨の金利を交換したり（金利スワップ）、異なる通貨の元利金を交換したり（通貨スワップ）する取引である。金利スワップ取引については、福岡高裁での請求認容判決を覆した最判平成25年３月７日判決判時2185号64頁があるが、一般論の展開は全くなく、当該事案のプレーンバニラスワップ取引に限定された事例判決と位置づけられる（天谷知子「金利スワップ取引と銀行の説明義務違反の有無」ジュリ1459号123頁等）。

カ　仕組み債・仕組み型投資信託

債券と称してはいるが、デリバティブを組み込んだ複雑な仕組みを持つ商品である。代表的なものとして日経平均リンク債、EB（他社株転換条項付社債）、仕組み型投資信託（ノックイン型投資信託）等がある。

日経平均リンク債とは、高利の固定金利が設定されているが、元本の償還率が日経平均株価指数の値によって減少するリスクがある債券である。「株価観察期間中に日経平均株価があらかじめ決められた水準以下となること」を「ノックイン」といい、「あらかじめ決められた水準」のことを「ノックイン価格」という。オプションを売ってその対価（プレミアム）の一部を利子部分に上積みすることにより高利回りを実現する構造であり、株価下落のリスクを元本償還率という形で引き受けるかわりに高利回りの金利を実現するが、購入者が複雑な商品構造をきちんと理解した上で取引しているかが問題となる。計算式の作り方でリスクの程度もさまざまで、元本がゼロとなるリスク商品もある。

EB（Exchangeable Bond　他社株転換条項付社債）は、償還時の株価水準によって現金償還か対象株式の現物償還かが決まる特約のついた債券である。転換社債型新株予約権付社債（CB）とは全く異なる。対象株式のプットオプションの売りを組み込んだ債券であり、プットオプションの売りの対価（プレミアム）を債券の利子の一部とすることにより利回りを高くしている。株の値上がり益は得られず（例外的にボーナス付という形で値上がり益の一部を得ることができる構造のものもある）、下落リスクのみ負うものであり、見方によっては単に株式そのものを買ったほうが有利ということもできる。このほか、価格の下落した株式で償還された場合、取得価格は行使価格ではなく償還日の価格とされるため、損失を税務上通算することができないなど、購入者にとっては不利な面もある。

仕組み型投資信託（ノックイン型投資信託）とは、日経平均リンク債に投資する投資信託である。高齢の預金者が多数勧誘対象となったため、金融庁が監督指針を改正するなどして、「店頭デリバティブ取引に類する複雑な仕組商品」に対して、適合性原則等に基づく勧誘の適正化（合理的根拠適合性等）や説明責任の徹底を図る方針を示し（監督指針Ⅳ－３－３－２(10)）、これを受けて日本証券業協会は、平成23年２月に「協会員の投資勧誘、顧客管理等に関する規則」を改正した。

(4)　相談から解決まで

ア　一般的心構え

(ア)　自己決定権・自己責任の原則と消費者保護の必要性

金融・投資サービス被害の相談で弁護士がよく遭遇するのが、被害者がある程度の資産保有者であることから、その資産を（欲を出して）増やそうとした結果であり自己責任でないのかという、世間や裁判官が持つ先入観である。

　金融・投資サービス取引にリスクが内在することは事実であり、被害者がリスクの内容・程度を十分理解した上でそれを覚悟し、相応のリターンを目指したのであれば、仮にそのリスクが現実化したとしても、自らの意思により選択した結果であり、自己責任として受け入れなければならない。

　しかし、被害者に対し自己責任を問うためには、内容とリスクを理解したうえで自律的な自由意思により当該金融商品の取引をするか否かを決定する機会が保障されることが前提である。金融商品は極めて複雑な構造を前提とした高いリスクを有するものであり、専門的知識・経験、情報及び組織力において業者と消費者との間の情報格差が圧倒的に大きい（情報の非対称性）。したがって、被害者に自己責任を問うためには、このような格差を是正するための十分な情報が提供され、自己責任を負うべきと評価しうるに足りる実質的な自己決定権が確保されることが特に重要である。それゆえ、金融・投資サービスの分野では、消費者（投資家）に自己決定の機会や環境を整備するため後述のような法令による特別な規制がなされている。これらの規制が守られていない場合には、情報の非対称性を是正するだけの説明がなされておらず、被害者がリスクを十分に認識していないことから、救済の必要性がある可能性が高いといえる。

　裁判例でも、投資信託の事案につき「投資家の自己決定原則が妥当するのは投資家が自己決定できる場合に限られるものであるところ、証券会社が不十分な情報しか提供せず、その結果投資家が自己の責任で投資判断を決定できない状況で、証券会社が投資判断を提供し、その判断に投資家が従った結果取引による損失を被った場合にまで、投資家の自己責任原則が妥当することはできない」と判示して（大阪地判平成15年6月26日証券取引被害判例セレクト22巻191頁。控訴審である大阪高判平成16年1月27日同24巻121頁も維持）、業者から投資家に十分な情報が与えられない場合には、自己責任原則が妥当しない旨明らかにしたものがある。

　相談を受けた弁護士としては、できる限りの調査や聴取りを行って情報の格差を埋める努力をすべきであり、そのために証拠保全や文書提出命令等の手続も積極的に利用すべきである。

イ　法律相談のチェックポイント

□書類等の存否・内容（取引報告書、預かり証、残高照合通知書、パンフレット、説明書、外務員の私製預かり証、メモ、録音）

□年齢、職業

□投資経験（当該証券会社との取引開始時期、信用取引の経験の有無、他の証券会社との取引経験）

□資金の量と性質

□投資目的（他の使途に使う予定なども）

□最初の取引成立の経緯（紹介、飛び込み）

□問題の取引が行われるまでの取引の概要（種類、頻度、量、損益）

□問題の取引が行われた頃の外務員との関係

□外務員の説明内容（不当表示・誤解表示、断定的判断、損失負担・特別利益約束、取引の性質やリスクが正しく説明されたか）

□外務員の説明内容を立証する手段の存否（録音、メモ、その他）

□投資決定の判断者（顧客か外務員か）

□取引の種類（投資信託、株、新株予約権付社債等の証券の種類。信用取引か否か）

□取引の額、頻度

□取引銘柄、損益の変遷

□当該取引による証券会社の手数料額（証券会社との仕切売買の場合は売買差益）

□取引報告書の受領方法（自宅郵送・受取、店頭受取、別人宅郵送・受取）

□取引後の交渉経過

ウ　調査のポイント

　金融商品の中には相談者の話を聞くのみでは取引内容を理解できないものもあるから、対象商品に関するパンフレットや説明書等を入手し、記載内容からその商品の性格を理解する。解説書やインターネット等も活用して当該商品の姿を正確に把握することも重要である。商品の一般的情報は業界団体や証券会社のウェブサイトに、また、個別の商品に関する情報は証券会社等のウェブサイトに掲載されていることが多い。

エ　手続の選択

　訴訟、保全、証拠保全等の一般的手続のほか、業態毎（第一種金融商品取引業務、第二種金融商品取引業務、銀行業等）に設置される以下の「金融ADR」による手続き等の利用も検討すべきである。

　金融ADR手続においては、顧客側からの申立てに対し、金融機関側が手続に協力する義務を負う。金融機関は、調停手続に出頭し、あっせん人が提出を求めた資料を原則的に提出し、調停委員から示された和解案を尊重する義務を負っている。

　紛争解決委員は、和解成立の見込みがない場合でも相当と認めるときに特別調停案を提示でき、提示を受けた加入金融商品取引業者には、顧客による和解案受諾を知ったときから1か月経過までに自ら訴訟を提起しない等一定の場合に特別調停案の受諾義務がある（金商法156条の44第6項1号）。顧客には特別調停案の受諾義務はないので、金融ADR手続において望ましい和解案が提示されなかったとしても、特別調停案を受諾せず、裁判手続に移行する事が可能である。

業者	主な金融ADR	機関の性格
第1種金融商品取引業者（証券会社）	FINMAC	指定紛争解決機関
第二種金融商品取引業者（ファンド販売会社）	FINMACへの利用登録をしている業者であればFINMAC	認定投資者保護団体
銀行	全国銀行協会のあっせん委員会	指定紛争解決機関
生命保険会社	生命保険協会の裁定委員会	指定紛争解決機関
損害保険会社	日本損害保険協会のそんぽADRセンター	指定紛争解決機関

(5) 主な救済法理

投資商品の取引被害においては、不法行為を中心に法的主張を行う場合が多い。金融商品取引業者等が社会的相当性を逸脱した勧誘・販売を行ったときには不法行為が成立すると解されているが、業者が信義則に基づいて負うべき私法上の義務は、金商法の規律とも相まって展開してきており、金融機関等による金融商品取引法上の投資者保護規定の違反は、私法上の違法性を基礎づける重要な要素となる。

ア 適合性原則違反

(ア) 定義

顧客の知識、経験、財産の状況及び金融商品取引契約を締結する目的に照らして、不適当な勧誘を行ってはならないという原則（金商法40条1号）を適合性の原則という。

(イ) 概要

適合性原則の遵守は、金融商品を勧誘する者が被勧誘者に対して負うべき基本的な注意義務の一つであり、金融商品取引においては、金商法第40条1号がこれを規定している。日本証券業協会の自主規制規則の一つである「協会員の従業員に関する規則」7条3項本文にも、協会員はその従業員が金融商品取引法で禁止されている行為を行うことのないようにしなければならないと定められており、同規定には協会員の従業員による適合性原則違反の勧誘の禁止が当然に含まれる。なお、同項7号では「顧客カード等により知り得た投資資金の額その他の事項に照らし、過当な数量の有価証券の売買その他の取引等の勧誘を行うこと」のないようにしなければならないとも規定しており、過当取引という形での適合性原則（いわゆる量的適合性）を規定している。

(ウ) 適合性原則の意味について

多くの裁判例において、適合性の原則は、投資者の属性等に鑑みて、当該投資者に適合しない商品を勧誘してはならない原則と捉えられている。これは、勧誘の可否を問うものである（いわゆる狭義の適合性）。

この点、投資者への勧誘の可否が、当該商品の属性との関係において論じられる場合が多いと考えられるが（例えば経験の乏しい安全な運用を求める高齢者に、複雑かつハイリスクな商品を勧誘する場合等）、取引態様等（例えば過当取引への該当性判断等）との関係においても問題となりうる。例えば過当取引に該当するかを判断するにあたって、単に「回数・量が過当かどうか」という一般的・外形的な側面だけではなく、当然のことながら、「当該委託者の知識、経験、財産状況等に照らして過当か否か」という個別的な側面を検討することとなる。

なお、投資者への勧誘が認められる場合であっても、勧誘に際しての説明は当該投資者に理解できる方法と程度により行われる必要がある。これは説明義務の履行に関する問題であるが、この点が広義の適合性と呼ばれることがある。

(エ) 判例

適合性原則については、最判平成17年7月14日民集59巻6号1323頁（以下「平成17年最判」）が、大阪証券取引所に上場されている日経平均株価オプション取引の被害に関する事案で、「顧客の適合性を判断するに当たっては、単にオプションの売り取引という取引類型における一般的抽象的なリスクのみを考慮するのではなく、当該オプションの基礎商品が何か、当該オプション

は上場商品とされているかどうかなどの具体的な商品特性を踏まえて、これとの相関関係において、顧客の投資経験、証券取引の知識、投資意向、財産状態等の諸要素を総合的に考慮する必要があるというべきである」として「適合性の原則から著しく逸脱した証券取引の勧誘をしてこれを行わせたときは、当該行為は不法行為法上も違法となる」と判示している。この点、「著しく」の要件は、単なる取締法規の違反と不法行為法上の違法との二元的理解を踏まえたレトリックという意味合いが強いものと解され、実質的なハードルの高さを必ずしも意味しない（平成17年度最判解説381頁参照）。

　ポイント　〜　適合性原則　〜

　適合性原則については、平成17年最判を抜きに判断することはできない。そして、その最判に関する考察と当てはめが主張・立証のポイントとなる。

　適合性原則に関する平成17年最判を正しく理解するためのキーワードは、「オプションの売り取引という取引類型」と、それだけにとどまらない当該商品の「具体的な商品特性」を踏まえ、これとの相関関係において、顧客の投資経験、証券取引の知識、投資意向、財産状態等の諸要素を総合的に考慮する必要があるとする点である。

　判決は、オプションの売りという取引類型は、極めてハイリスクであるが、日経平均株価オプションの具体的な商品特性によれば、店頭取引ではなく上場商品であって、制度や情報環境が整備されていると述べ、当然に一般投資家の適合性を否定すべきものとはいえないとしている。

　なお、上記平成17年最判は、当該事案においては結論として適合性原則違反を否定しているが、これは上記の取引所に上場された最も知られた商品である日経平均株価オプションであることを踏まえ、当該顧客が資本金1億2000万円、取引高年間200〜300億円の株式会社であることや、当該会社及び代表取締役において相当の取引経験があること（株式の現物及び信用取引、先物取引、ワラント取引等を経験し、自分なりの証券取引の知識と判断基準を身につけていた）の事情を踏まえたものである。

イ　説明義務違反

㈠　概要

　金融商品に関する説明義務は、信義則（民法1条2項）に基づいて認められるが、金商法38条8号、金商業等府令117条1項1号等にも規定され、対象が定められている。また、説明義務の具体的水準については、単に形式的に説明すれば足りるというものではなく、「顧客の知識、経験、財産の状況及び金融商品取引契約を締結する目的に照らして当該顧客に理解されるために必要な方法及び程度による説明」が必要であるとされており（金商業等府令117条1項1号）、実質的な説明が求められている（この点、金販法3条2項も「前項の説明は、顧客の知識、経験、財産の状況及び当該金融商品の販売に係る契約を締結する目的に照らして、当該顧客に理解されるために必要な方法及び程度によるものでなければならない。」と規定している。）。

　また金販法においては、金融商品販売業者に、顧客に対する重要事項の説明を義務付けており、その説明すべき「重要事項」は、金販法3条1項3号において

「当該金融商品の販売について当該金融商品の販売を行う者その他の者の業務又は財産の状況の変化を直接の原因として元本欠損が生ずるおそれがあるときは、次に掲げる事項

　イ　元本欠損が生ずるおそれがある旨

　ロ　当該者

　ハ　ロの者の業務又は財産の状況の変化を直接の原因として元本欠損が生じさせる当該金融商品の販売に係る取引の仕組みのうちの重要な部分」

と明記され、これに反した場合に当該金融商品取引業者は、無過失の損害賠償責任を負い（金販

法5条)、損害額が推定される（金販法6条）[53]。

㈦　裁判例等

　金融商品の中でも、デリバティブやデリバティブを組み込んだ商品について説明義務違反を認定した裁判例は多数あるが、代表的なものとして大阪高判平成20年6月3日金判1300号45頁がある。証券会社に要求される説明義務の一般的水準について、次のとおり判示した。

　　「証券会社は、一般投資家を取引に勧誘することによって利益を得ているところ、一般投資家と証券会社との間には、知識、経験、情報収集能力、分析能力等に格段の差が存することを考慮すれば、証券会社は、信義則上、一般投資家である顧客を証券取引に勧誘するにあたり、投資の適否について的確に判断し、自己責任で取引を行うために必要な情報である当該投資商品の仕組みや危険性等について、当該顧客がそれらを具体的に理解することができる程度の説明を当該顧客の投資経験、知識、理解力等に応じて行う義務を負うというべきである。」

　具体的にどのような事項についてどの程度の説明をすべきかは、当該商品と当該顧客の属性に応じて様々であるが、デリバティブないしそれを組み込んだ仕組み商品のように、その仕組みが複雑なうえ、発生する損失が多額になる危険性のある商品に関しては、本裁判例と同様、顧客が仕組みやリスクを現実のものとしてイメージできるような具体的でわかりやすい説明が必要であるとするものが多い。例えば、名古屋地判平成17年8月10日判時1925号128頁等は、EB債（株式プットオプションが組み込まれた仕組債）の勧誘の事案でリーフレットや目論見書が交付されており、また、一般的なリスク確認書に顧客が署名している事実を認めながら「株価下落時における株式償還の可能性について抽象的に説明するだけでは足りず、償還日に取得する株式数、それによりどの程度の評価損を受ける可能性があるかについて、具体的な数字を挙げて説明して理解をさせる必要があるというべきである。」と判示し、説明義務違反を認定している。また大阪高判平成24年5月22日証券取引判例セレクト42巻177頁は、機械の製造・販売等を業とする株式会社が野村證券の勧誘を受けて、仕組債を多数購入し、多額の損失を被った事案であるところ、裁判所は詳細な勧誘経過を認定したうえで、中途売却の場合の売却価格、クーポンの計算方法、満期償還の場合の計算方法などについて、具体的な数字をあてはめた説明がなされていないことを指摘し、説明義務違反を認定している。

　ポイント　～　説明義務　～
　投資取引被害訴訟では、説明資料が交付され、さらに理解度確認等の書面が作成されていることがほとんどである。しかし、そのような書面が作成されていること自体で説明義務が履行されていることにはならない。相談を受ける弁護士は、簡単に諦めることなく、そもそもそのような書面を見て、当該顧客が理解できるのか、口頭ではどのような説明がなされていたのかなど、十分に聴き取りをすべきである。

53　信義則上の説明義務と金販法の説明義務については「両者を比ゆ的に表現すると、金融商品販売法に規定する説明義務はパッケージ商品、民法の信義則を根拠とする説明義務はケースに応じて説明すべき対象や程度が異なる手作り商品ということができる。」とされる（日弁連「金融商品取引被害救済の手引」六訂版、85頁）。

ウ 断定的判断の提供等の禁止

金商法38条2号は、「顧客に対し、不確実な事項について断定的判断を提供し、又は確実であると誤解させるおそれのあることを告げて金融商品取引契約の締結を勧誘する行為」を禁止している。「断定的判断を提供」するとは、確実であると伝えることを言うが、「必ず」「絶対」等の修飾語を伴うことは要件ではなく、様々な状況から、通常は確実であると誤解するようなことを告げる表現を広く含む。

金販法第4条では、「確実であると誤認させるおそれのあることを告げる行為」を禁止しているが、「誤解」と「誤認」の意味には異なるところはない。

断定的判断の提供については、消費者契約法4条1項2号においても消費者に意思表示の取消権が認められている（第2編第4、1⑵。22頁）。不法行為による損害賠償請求では過失相殺による認容額の減額がしばしば見受けられるのに対し、契約の取消しによる不当利得返還請求には過失相殺の適用はなく、基本的に支出額を全額取り戻せるので、同法の検討は重要である。

エ 助言義務違反

助言義務については、必ずしも画一的な定義が存在する訳ではないが、信義則に根拠を持つものとして、これが問題とされたと解される裁判例は複数ある。説明義務は商品内容等の情報提供に関する義務である（投資判断は投資者の自己責任となる。）が、助言義務は単なる情報提供にとどまらず投資判断に関する指導・助言の要素を含むものである。

助言義務は、取引時の助言義務と取引後の助言義務に分けられる。取引時の助言義務は、顧客が特定の不合理な取引を求めてきたときに助言する義務（勧誘を要件としない）であるのに対し、取引後の助言義務は、顧客が購入後にその理解や能力の欠如のため適切な行動を取れないでいる場合に、証券会社等の担当社員において適切な助言ないし情報提供を行う義務である。また、顧客が反復継続して取引を続けていく中で、不合理な取引を行ったり、リスクがコントロールできなくなったりした場合に、多額の損失を防止すべく積極的な指導助言義務が認められる場合がある[54]。

オ 過当取引

過当取引とは、金融商品取引業者が顧客の取引口座に対して支配を及ぼし、当該顧客の金融商品取引業者への信頼を濫用して、手数料稼ぎ等の利益を図るために、当該口座の性格に照らして金額・回数において過当な取引を実行することをいう。

日本証券業協会「協会員の従業員に関する規則」7条3項7号は、「顧客カード等により知り得た投資資金の額その他の事項に照らし、過当な数量の有価証券の売買その他の取引等の勧誘を

---

54 ①大阪高判平成10年11月26日証券取引被害判例セレクト3巻286頁は、外貨建ワラントの取引勧誘に関し、「証券会社を信頼してその勧誘に応じ（た）…投資家が、取引後においても証券会社に対して情報の提供等を期待しているような具体的な関係がある場合には、証券会社としては説明義務の延長として、また信義則上、取引後においても適切な助言をなすべき注意義務がある」と判示している。また②最判平成17年7月14日判時1909号30頁における才口裁判官の補足意見は、取引後の指導助言義務を認めたものと解され、③大阪地判平成24年9月24日判時2177号64頁は、「証券取引の専門家であり、顧客から委託を受けて顧客に対して誠実公正義務を負う証券会社の担当者としては、顧客のかかる素朴ともいえる希望・方針に盲従して、リスクが大きく、手数料額もかさむ短期頻繁売買を安易に提案するのではなく、そのようなリスク及び手数料額について顧客に十分説明し、その理解を得るよう努める助言指導義務を負うというべきである」などと判示している。

行うこと」を禁止している。過当取引として認められるためには、一般に①取引の過当性（行われた取引が金額・回数において当該口座の性格に照らして過当と認められること）、②口座支配性（取引の主導性ともいい、業者（営業員）が顧客の口座に対して主導的影響力を行使したこと、つまり顧客はただ承諾するのみとなっている状態）、③悪意ないし故意の要件（顧客の信頼を濫用して自己の利益を図ったと認められること）の3要件が必要とされる。①の取引の過当性は、投入資金の回転率、取引の頻繁性、発生する手数料の金額・割合等が指標となる。判例も3要件を検討して違法性を認める判決が多い。

近時では、例えば静岡地（浜松支）判平成29年4月24日証券取引被害判例セレクト53巻が、「顧客の投資経験、証券取引の知識、投資意向、財産状態等に照らして、銘柄数、取引回数、取引金額、手数料等において社会的相当性を著しく逸脱した過当な取引を行わせたときは、当該行為は不法行為法上違法となる」とした上、本件（信用）取引全体で、取引銘柄は約50種類、取引回数は同一銘柄の同一日取引を1回と数えても約30ヶ月間で247回、保有期間5日以内の取引が全体の30%、10日以内の取引が全体の約50%を占め、年次回転率は11.85回と高く、途中からは顧客の約2億円の金融資産の9割以上が本件信用取引に充てられ、手数料額がその31.2%に達していたなどとして、社会的相当性を著しく逸脱した過当な取引にあたり、全体として違法であるとした。

カ　手仕舞い義務違反

手仕舞いとは、取引を終了させること、例えば信用取引などの建玉が残っているときに反対売買をして決済することをいう。手仕舞い義務違反には、顧客から反対売買の意思表示ないし清算の意思表示があったのに手仕舞いしなかったという事案と、具体的な意思表示がなくとも、信義則上の損害拡大防止義務の一環として手仕舞うべきであったという事案がある（東京地判平成6年3月10日判時1523号103頁）。

2　預金

(1)　預金者保護法

ア　立法の経緯

平成17年8月3日に「偽造カード等及び盗難カード等を用いて行なわれる不正な機械式預貯金払戻し等からの預貯金者の保護等に関する法律」（預金者保護法）が成立し、平成18年2月10日から施行されている。

従来、盗難カードや偽造カードによるATM機からの払戻しについては、金融機関が善意かつ無過失であれば民法478条により免責され、預金約款では、預金者側に自己の無過失につき立証責任が負わされていた。これらの背景には、暗証番号が加害者の手に渡るのは、顧客の管理に落ち度があるからという発想があった。

ところが平成17年になって犯罪の一層の悪質化・高度化により、顧客に過失があるとは言い切れない事件が頻発するようになった。悪質な事例として挙げられるのは、ゴルフ場のセキュリティボックス上にカメラを設置し、暗証番号を盗み見てボックスを開けて、カードをスキミングして偽造する手口である（しかも実際には、多くの人がセキュリティボックスの暗証番号に

キャッシュカードのそれと同じ番号を用いていることも判明し、偽造にはスキミングすら不要な状況であった)。しかも偽造カードの使用であればキャッシュカードの紛失を伴わないため、預金者の気づかぬうちに預金を引き出すことも可能である。このような、預金者に過失があったと言うには酷な事件の多発に伴い、偽造カードによる引出しの場合に原則として銀行が免責されるとする預金約款や、銀行が被害補償しないことなどに批判が集まるようになった。これを受けて銀行が約款を偽造カードによる払戻しについては原則返還する方向に改定したものの、特に預金者の過失の判断基準については各銀行間の扱いが統一していなかったことから、立法的解決が望まれ、その結果成立したのが預金者保護法である。

イ 預金者保護法の概要

預金者保護法は、カード等(真正カード等を除く)を用いた機械式預貯金の払戻し及び機械式金銭借入れ(払戻し等)について民法478条の適用を排除し(同法3条)、偽造カード等を用いた払戻し等につき原則的に弁済の効力を否定している。例外として、金融機関が、偽造カードによる払戻し等が預金者の故意でなされたこと、又は、払戻し等につき金融機関が善意・無過失であり、かつ預金者が重過失であることを立証した場合にのみ、払戻し等に準占有者に対する弁済としての効力を認めるとした(同法4条)。

また、盗難カード等による機械式預貯金払戻し等については、当該金融機関への速やかな通知等所定の要件を満たした場合、無過失の預金者は、払戻しの額に相当する金額の補填を求めることができる。金融機関は預金者からの請求に応じその損失を補填する義務を負うが、過失のある預金者には、被害金額の4分の3を補てんすれば足りる(同法5条)。

(2) 特定預金

ア 特定預金の概念

投資性の強い預金に関しては、金融商品取引法の規制を及ぼして投資者保護を図る必要があるため、改正銀行法13条の4は、「金利、通貨の価格、金融商品取引法第2条第14項に規定する金融商品市場における相場その他の指標に係る変動によりその元本について損失が生じるおそれがある預金又は定期積金等として内閣府令で定めるもの」を「特定預金等」、特定預金等の受入れを内容とする契約を「特定預金等契約」と定義し、金融商品取引法の行為規制に関する条文を準用することとしている。

特定預金等契約としては、①デリバティブ預金、②外貨預金、③通貨オプション組入型預金の3つが定められている(銀行法施行規則14条の11の4)。

①のデリバティブ預金は、預金者が預入期間の中途で解約をした場合に違約金等を支払うこととなる預金で、当該違約金等の額を当該解約の時における当該預金等の残高から控除した金額が、金利、通貨の価格、金融商品市場における相場その他の指標に係る変動により預入金額を下回り、元本欠損が生じるおそれがあるものをいう。この典型例としては、銀行が預金の満期を延長又は短縮する権利を有し、顧客が中途解約した場合に違約金などを支払うこととなっている預金(いわゆるエクステンダブル預金)などが挙げられる。

②の外貨預金は、外国通貨で表示される預金であり、米ドル建預金、ユーロ建預金、豪ドル建預金などが典型例である。銀行の外貨運用能力により預入金利水準が設定される。外貨預金は、

外国為替相場の影響を受けるため、外貨預金の払い戻しをその外貨預金と同一の外貨ではなく日本円あるいは他の外貨で受ける場合には、為替相場の動向により為替差益を得ることも、逆に為替差損を被ることもあり（為替リスク）、元本欠損が生じるおそれがある。なお、外貨預金は、①のデリバティブ預金、③の通貨オプション組入型預金に比較して、為替変動のリスクが一般の利用者にとって比較的身近なものであり、その仕組みが比較的理解しやすく、金融商品としての定型性や社会的周知性があると考えられており、イ㈢（156頁）に後述するとおり契約締結前交付書面の交付について特例がある。

　③の通貨オプション組入型預金は、受入れを内容とする取引に通貨オプションが付随するものをいう。為替変動により、預け入れた通貨と異なる通貨で払い戻しがなされるという特約が付された預金が典型例として挙げられる。例えば、円ドル相場が一定レベルよりも円安であれば金利は通常より有利になるが、逆に円高であれば通常より不利になり、元本欠損が生じるおそれがあるものがある。

　なお、仕組預金という言葉が一般に用いられる。これはデリバティブ取引等と組み合わせることで通常の預金よりも高い利息を受け取れる反面、元本割れリスクを持つ預金商品を指すところ、法的にはデリバティブ預金又は通貨オプション組入型預金と分類されるから、本書では仕組預金との表現は用いない。

イ　特定預金に対する法規則

　特定預金に対する法規制は、下記のとおりである。（なお、全国銀行協会は、平成29年3月、「消費者との契約・あり方に関する留意事項」を公表している。）

㈠　適合性原則（金商法40条1号）

　銀行法13条の4は、金商法40条1号を準用しているため、特定預金については適合性原則が適用される。銀行は、顧客の知識、経験、財産の状況及び特定預金契約を締結する目的に照らして不適当と認められる勧誘を行って契約者の保護に欠けることがあってはならない。

㈡　説明義務（金商法38条8号、金商業等府令117条1号）

　特定預金の勧誘・販売にあたっては、銀行に契約締結前交付書面・外貨預金等書面等の交付義務が課されるが、これらの書面の交付に際しては、説明義務が課される（銀行法13条の4、金商法38条8号、金商業等府令117条1号）。

　また、銀行は、預金又は定期預金等の受入れ等についても、情報提供義務が課されている（銀行法12条の2、銀行法施行規則13条の3）。

㈢　広告等の規制（金商法37条）

　銀行が特定預金等契約の締結の業務の内容について広告等を行なう場合、以下の表示をしなければならない（銀行法施行令4条の5、銀行法施行規則14条の11の19、14条の11の20）。

① 顧客が支払うべき対価に関する事項

② 金利、通貨の価格、金融商品市場における相場その他の指標の変動を直接の原因として損失が生じるおそれがある場合は「当該指標」、「当該指標の変動により損失が生じるおそれがある旨及びその理由」

③ 銀行が預入期間を延長する権利を行使した場合に、当該特定預金の金利が市場金利を下

回ることにより、顧客に不利となるおそれがある旨

④ その他当該特定預金等契約に関する重要な事項について、顧客の不利益となる事実

また、広告等の表示方法として、銀行は、明確かつ正確に表示しなければならず、リスク情報については、最も大きな文字・数字と著しく異ならない大きさで表示しなければならないとされている（銀行法施行規則14条の11の18）。

さらに、銀行は、(a)特定預金等契約の解除に関する事項、(b)同契約に係る損失の全部もしくは一部の負担又は利益保証に関する事項、(c)同契約に係る損害賠償の予定に関する事項、(d)顧客が支払うべき手数料等の額又はその計算方法、支払方法、支払時期、支払先に関する事項について、誇大広告（著しく事実に相違する表示、又は著しく人を誤認させるような表示）をしてはならないとされている（銀行法施行規則14条の11の22）。

㈎ 契約締結前の書面交付義務（金商法37条の3）

銀行は、特定預金等契約を締結しようとするときは、あらかじめ、金商法37条の3第1項に定める事項のほか、銀行法施行規則14条の11の27に定める事項を記載した書面を顧客に対し交付しなければならない。

特に注意すべき事項のみ、下記に列挙する。

① 預金保険の支払対象であるか否か

② 中途解約時の取扱い（利息・手数料の計算方法を含む）

③ 元本欠損が生じるおそれがある場合における原因となる指標・理由

④ 銀行が預入期間を延長する権利を有する特定預金等について、当該権利が行使された場合に預金金利が市場金利を下回ることにより顧客に不利となるおそれがある旨

⑤ デリバティブ取引等と特定預金等との組合せによって、預入時の払込金が満期時に全額返還される保証がない場合にはその旨と当該商品に関する詳細

⑥ 変動金利預金の金利の設定の基準となる指標、当該基準及び方法、金利に関する事項

なお、特定預金のうち、デリバティブ預金及び通貨オプション組入型預金を除く外貨預金については特例があり、外貨預金に係る特定預金等契約の締結前1年以内に当該顧客に対し外貨預金等にかかる一般的なリスク情報などを記載した包括的書面である外貨預金等書面を交付している場合であって、顧客から個別の契約締結前交付書面の交付を要しない旨の意思表明があったときには、契約締結前交付書面の交付を要しない（銀行法規則14条の11の25第1項1号）。

㈏ 契約締結時の書面交付義務（金商法37条の4）

銀行は、特定預金等契約が成立したときは、遅滞なく、銀行法施行規則14条の11の29の定める事項を記載した契約締結時交付書面を作成し、顧客に交付しなければならず、この際には金商業者監督指針Ⅲ-2-3-4「顧客に対する説明態勢」を遵守することが求められている（主要行等向けの総合的監督指針Ⅲ-3-3-2-2(3)②、中小・地域金融機関向けの総合的監督指針Ⅲ-3-2-5-2(3)②）。

㈐ 禁止行為等

特定預金等契約の締結に関する禁止行為は、下記のとおりである。

① 顧客に対し、虚偽のことを告げる行為（銀行法13条の3第1号）

② 顧客に対し、不確実な事項について断定的判断を提供し、又は確実であると誤認されるおそれのあることを告げる行為（銀行法13条の3第2号）

③ 銀行の特定関係者その他密接な関係を有する者と取引を行うことを条件に信用を供与すること（銀行法13条の3第3号）

④ 顧客に対し、その営む業務の内容及び方法に応じ、顧客の知識、経験及び財産の状況及び取引を行なう目的を踏まえた重要な事項について告げず、又は誤解させるおそれがあることを告げる行為（銀行法施行規則14条の11の30の2第1号、14条の11の3第1号）

⑤ 顧客に対し、不当に自己の指定する事業者と取引を行うことを条件に信用を供与する行為（銀行法施行規則14条の11の30の2第1号、14条の11の3第2号）

⑥ 顧客に対し、銀行としての取引上の優越的地位を不当に利用して、取引の条件又は実施について不利益を与える行為（銀行法施行規則14条の11の30の2第1号、14条の11の3第3号）

⑦ 「契約締結前交付書面」「外貨預金等書面」「契約変更書面」に記載したリスク情報等につき、顧客の知識・経験・財産の状況及び契約締結の目的に照らし、当該顧客に理解されるために必要な方法及び程度による説明をしないこと（銀行法施行規則14条の11の30の2第2号）

⑧ 契約の締結又はその勧誘に関して、虚偽の表示をし、又は重要な事項につき誤解を生ぜしめるべき表示をする行為（銀行法施行規則14条の11の30の2第3号）

⑨ 契約につき、顧客若しくはその指定した者に対し特別の利益の提供を約し、又は顧客若しくは第三者に対し特別の利益を提供する行為（第三者をして特別の利益の提供を約させ、又はこれを提供させる行為を含む）（銀行法施行規則14条の11の30の2第4号）

⑩ 契約の締結又は解約に関し、顧客（個人に限る。）に迷惑を覚えさせるような時間に電話又は訪問により勧誘する行為（銀行法施行規則14条の11の30の2第5号）

ウ　金販法による規制

預金契約の締結は「金融商品の販売」に当たるため（金販法2条1項1号）、金販法の適用を受ける。したがって、特定預金の販売者は、金販法3条1項に定める事項について、顧客の知識、経験、財産の状況及び特定預金契約締結の目的に照らし、顧客に理解されるために必要な方法・程度による説明義務を負い（金販法3条2項）、不確実な事実について断定的判断を提供し、又は確実であると誤認させるおそれのあることを告げてはならない（金販法4条）。特定預金を販売した銀行等にこれらの説明義務違反や断定的判断の提供等が認められる場合には、銀行等は、損害賠償責任を負うこととなる（金販法5条、6条）。

この他、銀行等は、顧客に対して信義則（民法1条2項）に基づく説明義務も負っている。

(ア)　判例等

特定預金は比較的新しい金融商品であり、デリバティブ預金が販売されるや公正取引委員会が広告について排除命令を出し、また金融庁が広告や商品説明についての監督を強化するなどの対策をとったことから、裁判例の集積が乏しい。しかしながら、デリバティブ預金には株価指数連動債やEB債などの仕組み債との類似性が認められるため、仕組み債についての裁判例も参考と

なる。

　㈠　紛争解決のポイント

　特定預金については、裁判例の集積は乏しいが問題性が低いわけではない。他の金融商品と比較して「預金」という名称から通常の預金と誤認したり、購入に抵抗を感じない消費者が存在すると考えられる。また既に銀行に口座を保有していれば外から資金を持ち込むことなく簡単に購入できるため、今後消費者が損害を被ったと主張するケースが増える可能性がある。特定預金のうち実際に問題となるのは、元本割れリスクが比較的高く、仕組みがより複雑なデリバティブ預金又は通貨オプション組入型預金であろう。

　事件受任の際には、特定預金の上記の特徴を踏まえた上で、購入の経緯、相談者における商品性の理解、解約の経緯、全ての段階における銀行側の説明について詳細に聞き取りを行なうべきである。また、チラシや説明書、申込書等、銀行からの交付書類を全て提出させ、聴取内容と一致するかチェックすべきである。相談において相談者が銀行から説明を受けていないと述べていても、これらの書面に詳細な説明がなされている場合もあるから注意を要する。これらを踏まえ、相談者に理解されるために必要な方法、程度による説明があったかは、慎重に検討すべきである。

　また、提出を受けた書類に法令違反がないか照らし合わせるとともに、受任弁護士自身も当該預金の特徴について、銀行のホームページを閲覧するなどして調査する必要がある。

　訴訟においては、銀行側からの反論は、当該預金の広告、説明書、申込書等の記載、担当者の説明方法や被害者の意思確認方法が、諸法令及びこれに関して金融庁や業界団体である全銀協が求める基準を満たしてるとの内容が中心になると考えられる。このことを踏まえて例えば説明義務違反と適合性原則違反のいずれを主とするのか、説明義務違反を争うとして説明義務の具体的内容をどう構成するのかなど主張・立証方法を工夫する必要がある。

3　保険

⑴　保険とは

　保険契約とは、当事者の一方が一定の事由の発生を条件として財産上の給付を行うことを約し、相手方がこれに対して当該一定の事由の発生の可能性に応じた保険料を支払うことを約する契約である（保険法2条）。共済契約等も、保険と同様の機能を有するものは、保険法に定める保険契約に該当する。

　保険契約の種類は次のとおりである（保険法2条）。

　　・損害保険…保険者が一定の偶然の事故によって生ずる損害をてん補するもの

　　・生命保険…保険者が人の生存又は死亡に関し一定の給付を行うもの

　　・傷害疾病定額保険…保険者が人の傷害疾病に基づき一定の給付を行うもの

　保険契約における当事者は、次のとおりである（保険法2条）

　　・保険契約者…保険契約の当事者のうち、保険料を支払う義務を負う者

　　・保険者…保険契約の当事者のうち、保険給付を行う義務を負う者

　　・被保険者…

（損害保険）損害保険契約によりてん補される損害を受ける者

（生命保険）その者の生存又は死亡に関し保険者が保険給付を行うこととなる者

（傷害疾病定額保険）その者の傷害又は疾病に基づき保険者が保険給付を行うこととなる者

・保険金受取人…保険給付を受ける者として生命保険契約又は傷害疾病定額保険契約で定める者

(2) 保険に関する法律の概要

ア　保険法

従前、保険は商法により律せられていたが、保険法として整備され平成22年4月1日に施行された。施行日前に締結された契約には、原則として従前の商法の規定が適用されるが、保険法附則の経過規程によって多くの規定が施行日前の契約にも適用される。

保険法は、保険契約者ら保護の観点から、多くの規定を片面的強行規定としている。片面的強行規定に反する、契約者側に不利な約款（又は契約）の定めは無効である。

イ　保険業法

保険業法は、保険契約者らの保護等を目的として、保険会社等に対する監督について規定している。保険業法の規律のうち、保険に関する消費者相談事例に関係する部分は、主として保険募集のルールについて定めている部分であり、なかでも、勧誘規制、広告規制、クーリングオフ等は重要である。

なお、保険業法に基づく保険会社等の監督のために、金融庁は「保険会社向けの総合的な監督指針」を定めている。業界団体である生命保険協会、日本損害保険協会、外国損害保険協会も多くのガイドラインを定めている（各業界団体のホームページ参照）。

(3) 保険に関する消費者相談の主な類型

保険に関する消費者相談の主な類型は次のふたつである。

①保険会社に保険金を支払ってもらえない

②契約した保険が、業者が説明し自分が理解した内容と異なる

①は、保険事故発生後に、保険会社が、保険契約者らの告知義務違反や重大事由による解除、故意（又は重過失）免責、責任開始前発病不担保等を理由として、保険金の支払いを拒絶するものである。紛争の解決にあたっては、主として保険法の規律を検討することになる。

②は、銀行の窓口販売等により変額年金保険等の投資性の保険に加入させられた場合など、当該保険が当該契約者に適合していない、あるいは、業者による説明が不十分なために商品性を理解できないまま契約してしまった事案などである。紛争の解決にあたっては、他の金融商品と同様に、民法（錯誤、不法行為等）、消費者契約法、金融商品販売法、保険業法により準用される金融商品取引法等を検討することになる。

(4) 保険約款と保険加入手続きの概要

・保険約款

保険契約の内容は保険約款による。保険業法上、普通保険約款は、金融庁の認可を要する。

約款は、民法法理、及び消費者契約法等により規律される。

・保険加入手続き

　保険加入窓口には、保険会社の営業職員、専属代理店、乗合代理店、銀行窓口等があり、この他に通信販売（インターネット）もある。一般に、損害保険代理店は契約締結代理を、生命保険代理店は契約締結の媒介を行っている。

(5)　保険契約に関する諸問題

ア　保険金の支払いに関する論点〜その1（支払い拒絶事例）

(ア)　保険契約者等による告知義務違反（保険法4条・28条・31条2項1号、37条・55条・59条2項1号、66条・84条・88条2項1号）

ⅰ　告知義務

　保険契約者又は被保険者になる者は、損害（損害保険）・保険事故（生命保険）・給付事由（傷害疾病定額保険）の発生の可能性（危険）に関する重要な事項のうち、保険者が告知を求めたもの（告知事項）について、事実の告知をしなければならない（告知義務）。ここに言う「告知」は、「消費者」である保険契約者又は被保険者から「業者」である保険者に対して告げられるものであり（例えば健康状態など）、消費者契約法や特商法において事業者からなされる契約内容等に関する重要事項の「告知」とは異なるものである。

　なお、保険者が告知を求める質問は、保険契約者らに分かりやすいものでなければならない（保険法立法時の衆議院法務委員会附帯決議・平成20年4月25日）。

　保険契約の解除により、保険者が損害補填義務や保険給付義務を免除されるのは、保険契約者らが「危険[55]に関する重要な事項」に関する告知義務に違反した場合に限られる。「重要な事項」の該当性は、事実を知っていれば保険者は保険を引き受けなかったであろう場合又はより高い保険料によるなど保険契約者側に不利な条件でのみ引き受けたであろう場合とされる。

　保険契約者又は被保険者から告知を受理しうる権能を一般的に告知受領権と呼ぶ。損害保険では代理店が告知受領権を持つとされ、生命保険では、審査医は告知受領権を持つが生命保険募集人は告知受領権を持たないとされる。例えば銀行窓口での生命保険販売等では、銀行員が損害保険代理店又は生命保険募集人として保険を募集しており、損害保険に関する告知受領権はあるが生命保険についてはそれがない。

ⅱ　告知義務違反による解除

　保険契約者又は被保険者の故意又は重過失による告知義務違反がある場合、原則として保険契約は解除され、保険者は保険金の支払いを免責される。

　告知義務違反における故意は、①告知事項となる重要な事実が存在し、②その事実が告知すべき重要な事実に属しているにもかかわらず、③これらのことを認識しつつ事実を告知しなかった場合に認められる。重過失は、①の認識があることを前提として、②又は③を知らないことに重大な過失がある場合である。なお、重過失は、単に過失が大きいだけでなく、故意に非常に近い場合に限定される（法制審議会保険法部会第17回議事録）。

ⅲ　解除権行使の阻却事由

---

55 ここにいう「危険」は、損害保険では「損害発生の可能性」（保険法4条）を、生命保険では「保険事故（被保険者の死亡または一定の時点における生存）発生の可能性」（保険法37条）を、傷害疾病定額保険では「給付事由発生の可能性」（保険法66条）をそれぞれ指す。

次の場合には、告知義務違反があっても保険者が契約を解除できず、保険金の支払いを拒絶できない。①不告知又は不実告知された事実について保険者（損害保険代理店を含む）が悪意、又は過失によって知らなかった場合。②保険媒介者（生命保険募集人）が告知を妨害した場合。③保険媒介者が不告知又は不実告知を教唆した場合。

ただし、保険媒介者の告知妨害・不告知教唆と告知義務違反の間に因果関係が認められない場合は、保険者は保険契約を解除し、保険金支払いを拒絶できる。

　　iv　保険金の支払いに関する因果関係不存在の特則

告知義務違反により保険契約が解除される場合でも、告知義務違反と保険事故の間に因果関係がない場合は、保険金は支払われる。

　　v　解除権の除斥期間

告知義務違反による解除権は、保険者が解除の原因があることを知ったときから1か月、又は、契約締結時から5年間を経過したときには、消滅する。

㈡　危険増加の通知義務違反（保険法29条、56条、85条）

告知事項について、危険の増加（危険が高くなり、保険料が当該危険を計算の基礎として算出される保険料に不足する状態になること）が生じた場合に、保険契約者又は被保険者が保険者に遅滞なく通知すべき旨が当該保険契約に定められているときは、保険契約者又は被保険者は、保険者に遅滞なく通知しなければならない。

危険増加の通知義務は、保険証券の記載事項である。危険増加の通知が行われれば、約款の定めに従って、保険料の増額等契約内容の変更が行われる。

保険契約者又は被保険者に故意又は重過失による通知義務違反があった場合（遅滞なくすべき通知を怠った場合）、契約に基づき保険契約は解除され、保険金も支払われない。重過失とは、危険増加の事実を知りながら重過失で通知を怠ったとか、通知すべきかどうかの判断を重過失で誤ったという場合である（山下友信他編「保険法解説」557頁）。もっとも、通知義務違反と保険事故の間に因果関係がない場合は、保険金は支払われる。通知義務違反による解除権は、保険者が解除の原因があることを知ったときから1か月、又は、危険増加の時から5年間を経過したときには、消滅する。

㈢　重大事由解除（保険法30条・57条・86条）

①保険金取得目的による故意の事故招致、②保険給付の請求についての詐欺、③その他保険者の保険契約者らに対する信頼を損ない当該保険契約の存続を困難とする重大な事由がある場合、保険者に保険契約の解除権が発生し、契約の解除により当該事由が発生した時から解除された時までに発生した保険事故についての保険金は支払いが免責される。

重大事由解除の包括条項（上記③）については、過去に保険金不払いの口実として濫用された実態があることを踏まえ、その適用にあたっては、保険者において例示列挙されている①②に匹敵するものであることを確認しなければならない[56]。

㈣　故意免責等（保険法17条・51条・80条）

①損害保険における故意又は重過失による損害（責任保険では故意による損害）、②死亡保険

---

56 保険法立法時の参議院法務委員会の附帯決議（平成20年5月29日）

における自殺並びに保険契約者又は保険金受取人による被保険者の故殺、③傷害疾病定額保険における保険契約者、被保険者又は保険金受取人の故意、重過失による給付事由の招致、の場合には、保険金は支払われない。

保険事故の発生については保険契約者側が主張立証責任を負うが、保険事故の発生が保険契約者らの故意に基づかないものであること（事故の偶発性）についてまで主張立証責任を負うものではなく、保険者が保険契約者らの故意について主張立証責任を負う[57]。

なお、死亡保険について、保険法上は自殺が免責事由とされているが、多くの約款では自殺が免責事由となるのは保険契約後１年ないし３年の間に限定されている。

(オ) 契約（責任開始）前発病不担保条項（業界団体のガイドライン、各社の約款）

保険は将来の保険事故の保障をするものであるから、契約前に発病している疾病は保障の対象とならないのが原則であるが、次の場合には、契約前の発病でも保険金が支払われる。

i 自覚症状がない場合

被保険者が契約前に受療歴、症状又は人間ドック・定期診断における検査異常がなく、かつ被保険者又は保険契約者に被保険者の身体に生じた異常（症状）について自覚又は認識がないことが明らかな場合等には、高度障害保険金を支払うこととしている（生命保険協会のガイドライン。なお、損害保険協会にもガイドラインがある）。

ii 正しい告知をした場合

信義則上保険者が不担保を主張しえない場合がありうる（大阪高判平成16年５月27日金判1198号48頁）。保険契約者らが、契約前の発病について正しい告知をし、保険者が保障範囲について留保することなく保険契約を引き受けた場合には、保険金の支払いを行う旨の約款を定める保険会社が増えている。

(カ) 傷害保険の補償対象

傷害保険は、急激（＝事故から傷害までのプロセスが直接的で時間的間隔のないこと）かつ偶然な（＝事故が被保険者の予想しえなかった原因によること）外来（＝身体内部でなく外部からの作用に原因があること）の事故による身体傷害を補償対象とする。疾病との競合事例において外来性（＝傷害や死亡の原因が外部の作用であること）が問題となる[58]。

イ 保険金の支払いに関する論点～その２（支払いに関する説明）

生命保険協会や日本損害保険協会は、保険金の支払いに関してガイドラインを策定しており、このなかで、保険金を支払わない場合には、不払い理由を明示し、適切な説明を行うべきことを保険会社に義務付けている。

ウ 保険契約の解約に関する論点

保険契約者は、いつでも保険契約を解除できる（保険法27条・54条・83条）。商法下では、保

---

57 火災保険についての最判平成16年12月13日民集58巻９号2419頁、車両保険についての最判平成19年４月17日民集61巻３号1026頁・最判平成19年４月23日判時1970号106頁。なお、傷害保険についての最高裁平成13年４月20日判決民集55巻３号682頁は、保険法施行前のものであり、かつ、消費者契約法施行前の事例に関するものであり、保険法では、立法担当者から保険者が故意についての主張立証責任を負うとの理解が示されていた（法務省民事局参事官室・保険法の見直しに関する中間試案の補足説明101頁）。

58 最判平成19年７月６日判タ1251号148頁（パーキンソン病罹患者の餅の誤嚥）・最判平成19年７月19日（てんかん発作による溺死）・最判平成19年10月19日・判タ1255号179頁（狭心症罹患者の車両のため池転落・溺死）・最判平成25年４月16日・判タ1400号106頁（吐瀉物誤嚥による窒息死）

険料不可分の原則が採用されると解されていたが、保険法は、保険料不可分の原則は採用しないこととした。従って、保険契約が解約された場合、未経過の期間に相当する保険料が保険契約者に返還される。

(6) 保険の勧誘をめぐる諸問題

ア 概説

保険の勧誘をめぐっては、強引な勧誘、契約内容に関する説明の不十分、高齢者などに適合しない商品の販売などのトラブルが発生する。相談があった場合、すでに締結された保険契約につき、①錯誤無効や消費者契約法4条による取消し・クーリングオフ（保険業法309条）等による契約関係の解消に基づく払込保険料相当額の不当利得返還請求、又は、②不法行為や金融商品販売法、保険業法283条に基づく損害賠償請求を検討することになる。

ここでは、上記の民事救済を念頭に、保険業法における勧誘規制を中心に概観する。

イ 意向把握義務・適合性の原則

保険業法上の適合性原則違反は、他の業法違反と同様、直接的には民事上の違法を意味しないが、不法行為法上の違法の一要素となりうる。

保険業法では、募集人は、消費者の契約の意向を把握し、これに沿った提案をし、勧めている保険と消費者の契約の意向が合っていることを消費者が確認できるように、確認の機会を提供しなければならないとされ（保険業法294条の2、監督指針Ⅱ-4-2-2(3) ①）、特定保険（変額年金保険・変額保険・外貨保険等）については金融商品取引法の適合性の原則に関する規定が準用されている（保険業法300条の2、金融商品取引法40条1号）。

ウ 説明義務

説明義務違反がある場合、不法行為又は金融商品販売法に基づいて、損害賠償請求を行うことを検討すべきである。顧客に対する説明は、顧客の知識、経験、財産の状況及び契約目的に照らして、当該顧客に理解されるために必要な方法及び程度によるなければならない（なお、金融商品販売法3条2項）。保険業法における説明義務に関する規定の違反は、直ちに民事上の違法とはならないが、適合性原則違反と同様、民事上の違法の一要素となる。

保険の販売勧誘を行う募集人は、保険契約の内容その他保険契約者等に参考となるべき情報を提供しなければならず、これは通常、契約概要書面・注意喚起情報書面と、その説明により行われる（保険業法294条施行規則227条の2第3項）。保険業法は契約条項のうち重要事項の告知を義務づけている（保険業法300条1項1号）。乗合代理店等で複数の商品から保険を勧める場合の情報提供の内容も規制されている（保険業法施行規則227条の2第3項4号）。

特定保険については、契約締結前交付書面の内容についての説明義務を負う（保険業法300条の2、準用金融商品取引法38条6号、保険業法施行規則234条の27第1項3号）。

エ クーリングオフ等

保険にはクーリングオフの制度がある（保険業法309条・同法施行令45条）。法定書面受領日と申込日のいずれか遅い日から8日を経過した場合など法定の適用除外に該当しない限り、書面によりクーリングオフ（申込みの撤回又は解除）できる。特定保険には特定早期解約制度が定められており（保険業法施行規則11条3号の2）、クーリングオフ期間経過後でも一定の日数を経過

するまでの解約については契約費用等を控除しない解約返戻金が返金される（運用による変動は解約返戻金額に反映される）。

オ　保険の乗り換え・転換

保険の乗り換えとは、従来の契約を解約して新しい契約を締結することである。乗り換えた場合、契約者側に解約控除の負担が生じる、契約継続を条件とする配当が受けられなくなる、健康状態に応じ新保険に加入できない危険があるなどの不利益が生じる。保険会社は不利益事実を説明しないで乗り換え募集をしてはならない（保険業法300条1項4号）。

保険の転換とは、従来の契約の積立金や積立配当金等を、新しい保険の一部に充当して保障内容を見直す制度である。保険の転換に際しては、既契約と新契約の重要な事項（保険料が引き上げとなる事実等）、既契約を継続したままで保険を見直す方法があること及びその方法等を記載した書面を交付して、新旧契約を対比できる方法で説明することが保険会社に義務付けられている（保険業法100条の2・保険業法施行規則53条1項4号）。

保険の乗り換えや転換に際して、不利益な事実を告げずに契約をさせた場合、錯誤無効（民法95条なお改正後は取消し）又は消費者契約法4条2項の不利益事実の不告知による取消しを主張することが考えられる。

カ　保険の勧誘に関する判例

保険の勧誘に関する判例としては、融資一体型変額保険（銀行融資により一時払い保険料を支払わせ変額保険に加入させ、銀行に対し借入金を長期で返済させるもので、平成元年から平成3年のバブル期に節税目的で利用された。）の事例が多い。変額保険契約と融資契約の双方を錯誤により無効とした高裁判決として、大阪高判平成15年3月26日金融・商事判例1183号42頁、東京高判平成16年2月25日金融・商事判例1197号45頁、東京高判平成17年3月31日金融・商事判例1218号35頁などがある。また、説明義務違反等により銀行や生命保険会社の不法行為を認めたものとして最判平成8年10月28日金融法務事情1469号49頁、断定的判断の提供を理由として生命保険会社の不法行為を認めたものとして東京高裁平成12年4月27日判タ1034号288頁などがある。

変額保険以外の保険については、地震免責条項の説明義務違反に関する事例である大阪高判平成13年10月31日判タ臨時増刊1125号128頁、同上告審である最判平成15年12月9日判タ1143号243頁、保険乗り換え事案に関する大阪地判平成21年9月30日証券取引被害判例セレクト36巻119頁、教育保険に関する大阪地判平成25年4月18日同セレクト45巻131頁などがある。

第3　未公開株式商法その他の投資被害

1　概論・消費者被害の背景

我が国の一般消費者の多くは長らく直接に投資取引を行わず、銀行等に預貯金をする程度の間接的な貯蓄的投資行為をするに留まってきた。「金儲け」を敬遠する風潮も根強く存在し、公教育の場で投資行為に関する消費者教育も十分に行われてこなかった。このような状況を背景に、十分な投資知識がない消費者を標的にした詐欺的商法や不適切な投資勧誘、戸別訪問・電話での

攻撃的勧誘が多くの被害を生んできた。

平成17年のペイオフ解禁に象徴される「貯蓄から投資へ」という政府の政策は、預貯金利率の低迷と相まって「貯蓄では老後の生活は保障されない」と消費者の将来への不安を高めた。近年においても投資的取引の間口を広げる少額投資非課税制度（NISA）の導入など、経済の活性化を掲げ「貯蓄から投資へ」の流れを促す政策は維持されているが、その陰で、将来への不安につけ込んで欺瞞的投資を促す詐欺的商法は形を変えながら存在し続けている。

本項では投資被害を生み出す詐欺的商法として、未公開株商法やファンド商法、CO 2排出権取引に関する投資勧誘など、悪質な取引類型を取り上げる。

2　未公開株商法

(1)　概要

未公開株式は証券取引所に上場されていない株式であって、取引市場がないため換価が非常に困難である。未公開株商法は、このような未公開株を「もうすぐ上場される」「上場されると高い値がつく」と勧誘し購入を持ち掛ける悪質な商法である。

被害者は時に数千万円もの代金を支払わされるが、現実には当該株式には上場の予定も目処もなく、購入価格に見合うような会社の実績も株式価値もない詐欺的事案がほとんどである。売買の目的となった株式に譲渡制限があるにもかかわらず名義変更や株主名簿の書換えがなされないこともしばしばである。

未公開株商法では、被害者本人が被害に気付くのが遅れがちである上、事業者は利得を得たあと、被害申告が多発すると音信不通・所在不明になり、結局のところ被害回復が困難になることが多い。

各地の消費生活センター等に寄せられる未公開株商法の相談件数は、平成25年度が3,215件、平成26年度が1,723件、平成27年度が677件、平成28年度が498件と、年々減少傾向にある。しかし、価値のない商品を巧妙な勧誘によって高額で売りつける手法は他の消費者被害にも通じるものであるから、未公開株販売で用いられた手法を知っておくことは新たな詐欺的商法へ対応するためにも有益である。

(2)　手口の類型

代表的な未公開株商法の手口として次のようなものがある。

ア　無登録業者による他社株販売

金融商品取引法上の金融商品取引業者として登録していない事業者（無登録事業者）が、他社の未公開株を「近く上場されて値上がりが間違いない」などと虚偽の事実を述べて売りつける手口である。発行会社自体が架空であった事案も少なくない。

イ　自社株販売

事業者が「○○株式会社株式公開準備室」等の名称を名乗り、自社の未公開株式を、上記ア同様に近日上場予定であるなどと述べて販売する手口である。

ウ　劇場型

複数の関係者が関与し芝居じみたやりとりで消費者に未公開株等の価値を誤信させ、これを利

用して実質的に無価値な未公開株等を売りつける手口である。

　一例をあげると、はじめに、買取り役が被害者に電話をかけ、特定の未公開株や社債などの商品を名指しして、「もし、その商品を持っているならばぜひ買い取りたい」などと提案し、消費者にこれらの商品が容易に高値で換価できると誤信させる。その後、販売役が偶然を装って消費者に電話をかけ、買取り役が提案した金額の3分の1や5分の1の価格を提示して当該未公開株や社債の購入を勧め、これらの商品を換価して利益が得られると誤信させて販売を行う、といったものがある（もちろん、その後は誰も買い取らない）。

　このように、第三者を装う事業者が高値での買取を約束する手口のほか、謝礼を約束して代理で当該未公開株等を購入するよう依頼するものなど、多様な手口がある。

(3) 未公開株商法の違法性

ア 未公開株取引に対する規制

　株式取引は売買か仲介か、上場株式か未上場株式かを問わず、営業として行うためには証券業登録を要する。無登録業者が行う未公開株商法は金商法に反し、5年以下の懲役若しくは500万円以下の罰金刑、又はこれらが併科される犯罪である（金商法197条の2第10号の4）。また、無登録業者による未公開株の販売契約は無効である（金商法171条の2）。

　未公開株式は、企業内容等、投資判断の材料を入手することができず、価値の評価も困難であることから、一般投資家が不測の損害を被る可能性が高い。このような未公開株式の性質から、日本証券業協会の自主規制規則（店頭有価証券に関する規則）は、証券業登録を経た通常の証券会社にも、未公開株式取引の勧誘を原則として禁じている。このような規制の趣旨も、未公開株商法の違法性を基礎づけている[59]。

イ 対価の不均衡

　未公開株商法の違法性の本質は、無価値のものを価値がある、あるいは今後価値が上がると誤信させ、その誤信に基づいて金銭を交付させる詐欺であるという点にある。未公開株商法における上記「対価の不均衡」は当然に推定されるべき事柄であって、東京地判平成19年11月30日判例時報1999号142頁も、「（未公開株商法業者の）代表取締役又は取締役として同社の営業に関与していたと認められる被告らとしては、本件未公開株の販売価格が正当なものであったことを積極的に立証しない限り、本件取引当時における本件未公開株の正当な価格は、もともとその代金額を大きく下回るものであり、その販売価格は、顧客がそれを正当な価格であると誤信することを前提とした詐欺商法によるものであったことが推認されるというべき」と判示している。

　このように、裁判例においても、「未公開株式未公開株商法は詐欺商法であると推認される」（前掲東京地判平成19年11月30日）、「未公開株商法は公序良俗に反する違法な取引」（東京地判平成19年12月13日証券取引被害判例セレクト31巻375頁）とされている。

(4) 被害回復のための請求

---

59 従来、非上場株式であっても一定の要件を満たしたいわゆる「グリーンシート銘柄」については、投資勧誘を認める制度がとられていたが、同制度は平成30年3月31日をもって廃止された。そして、これに代わる非上場株式の取引制度として、「株式投資型クラウドファンディング」及び「株主コミュニティ」制度が平成27年5月に創設された。これらの制度の詳細については割愛するが、同制度においても、本文記載の未公開株式取引が有する危険性を前提として種々の規制がされており、規制に違反して行われる取引には、規制の趣旨に照らして違法性が推認されることとなろう。

ア　販売会社、その役員及び従業員らに対する請求

販売会社のみならず、未公開株商法に関わった者に対して広く請求をするために、（共同）不法行為による損害賠償請求が第一に選択されるべきである。代表者及び役員は民法709条又は会社法429条１項、会社は民法715条又は会社法350条により責任を追及する。取引の相手方となった会社に対しては、契約法理に基づき公序良俗違反や錯誤による無効（錯誤については民法改正後は取消し）、詐欺や不実告知、断定的判断の提供などを理由とする取消し等、民法や消費者契約法（同法４条１項２項）による契約の解消を主張し不当利得返還を請求する方法もありうるが、契約法理では会社以外の関係者に責任追及できないことに注意が必要である。

イ　発行会社及びその役員に対する請求

無登録業者による他社株販売のように発行会社と販売会社が異なる場合には、発行会社の詐欺的取引への関与を明らかにすることが困難な事案も多い。しかしながら、裁判例上、発行会社の説明会で株式が上場される予定は本当である旨説明された事案（東京地判平成19年５月22日証券取引被害判例セレクト29巻310頁）や、発行会社の役員や株主が販売会社のそれと重複しており、販売会社が主催した集会に発行会社の役員が出席して企業内容の説明を行い、かつ、発行会社が販売会社に株式上場準備の進捗状況を報告する文書を提出するなどして販売勧誘に加担していたとみなされた事案（東京地判平成21年１月30日同セレクト33巻360頁）など、発行会社及びその役員に対する損害賠償請求などの責任追及が認められた事案も存在する。実効的な被害者救済のため、発行会社への責任追及も視野に入れて調査・検討すべきである。

(5)　調査活動ほか

未公開株商法をはじめ悪質な消費者被害の救済のためには、請求の相手方となる個人の住所・氏名の特定や必要な情報の収集が重要となる。情報収集の手法は、制度の変化や相手方の対策により、常に有効とはいえないから、相談を受けた弁護士の創意工夫による部分が大きいと言わざるを得ないが、参考のため以下にその一例を挙げる。

ア　通信会社、電話レンタル業者に対する契約者照会

弁護士法23条の２照会により固定電話及び携帯電話番号から利用者を探知する。利用者がレンタル業者と回答される場合も多く、さらにレンタル業者に転貸されている場合もあるが、さらに転々先に照会をする。また、利用者は当該電話に転送設定している場合もあり、転送先電話番号を調査すると有益な情報にたどり着くこともある。

イ　詐欺的組織の従業員の住所の探知・特定

訴訟提起のためには業者の役員及び従業員の住所の特定が不可欠である。依頼者が持参した資料の確認のほか、登記情報の閲覧、登記申請書類の閲覧、場合によっては刑事記録の閲覧によっても有益な情報にたどり着くことがある。

(6)　その他未公開株商法類似の商法について

未公開株商法だけでなく、次に述べる社債販売のほか、海外の通貨取引勧誘、老人ホームの利用権購入、太陽光発電事業の「合同会社加盟店」なる地位の売買、風力発電用地の権利の売買など、この種の商法は時々の世情に合わせ多様さを増している。聞き慣れない商品に惑わされず、商品の換価性や勧誘の態様を十分に検討し、取引の詐欺性を冷静に見極めることが肝要である。

3　社債販売

(1)　概要

　自社の社債（無担保普通社債や転換社債）の引受けを持ちかけ、又は無登録業者が社債の販売勧誘を行う商法は、未公開株商法が詐欺商法として周知警戒されるにつれ多発するようになった。未公開株とは異なる商材と見せかけられること、定期的に高利の利息を支払うという勧誘のしやすさ、「利息」を支払って被害の顕現を遅らせることができること、償還期限まで償還義務はないと返還請求を拒む余地があることなどの特性から未公開株に代わる商品として悪用されたとみられる。

　多くの場合、発行要件が緩やかな少人数私募債の形式を取り、集めた資金を隠蔽した上、発行会社が倒産したとか（もともと実態がないことがほとんど）、突発的な（不合理な）事情により償還不能となったなどと騙って償還を拒み、連絡を断つのが常套手段である。

(2)　社債商法の違法性

　社債商法も未公開株商法と同様、商品の無価値性、対価の不均衡を誤信させる詐欺性に違法性の本質がある。もっとも発行会社が顧客に対して「利息」を支払った事実を強調するなど、詐欺性の立証が容易でない場合もあり得るため、適合性原則違反（金商法40条1号）、説明義務違反等、金融商品取引の枠組での違法性主張も併せて検討すべきである。

ア　適合性原則違反

　社債には本来的に発行会社の倒産リスクがあるが、特に社債商法でしばしば用いられる少人数私募債は、開示規制の適用を受けず、期限前売却可能な市場もなく、リスクも高いため、その勧誘・販売行為は適合性原則違反である可能性が高い。

イ　説明義務違反

　少人数私募債には開示規制の適用はないが、顧客に対し、少なくとも発行会社の経営計画や財務数値を文書化して示すべきである（いわゆる信用リスクの説明義務違反を理由に損害賠償を命じたものとして東京高判平成13年8月10日証券取引被害判例セレクト18巻102頁、東京地判平成15年4月9日判時1846号76頁）。これを懈怠した場合は、消費者契約法上の重要事項不告知にもあたる。

4　ファンド商法

(1)　ファンド商法とは

　ファンドとは、①投資者から資金を集め、②投資や事業等により運用を行い、③その収益の配当や財産の分配する仕組みである。法的構成としては、民法上の組合、匿名組合、投資事業有限責任組合、有限責任事業組合、社団法人の社員権等が用いられる。金融商品取引法は、いわゆるファンド商法という多様な投資話について、集団投資スキームとして網羅的に規制対象とした（金商法2条2項5号）。同法が施行された平成19年9月30日以降は、証券取引等監視委員会・各地の財務局が監督を行っている。

　こうした集団投資スキームでは、収益の配当・財産の分配を受ける権利（集団投資スキーム持分）が金融商品として販売勧誘される。

⑵ ファンド（集団投資スキーム）の種類

ファンド（集団投資スキーム）には投資型と事業型がある。その差異は運用対象にあり、主として有価証券へ投資するのが投資型ファンドで、事業等、有価証券以外へ投資するのが事業型ファンドである。金融商品取引法上の行為規制として、投資型ファンドには勧誘規制及び運用規制が課されるが、事業型ファンドには勧誘規制のみが課される。

⑶ 金商法の登録・届出義務

集団投資スキーム（ファンド）持分の自己募集や出資を受けた財産の自己運用を業としている者は、原則として金融商品取引業者としての登録が必要となる。投資型ファンドについては、販売勧誘に際し第二種金融商品取引業の登録が必要で、かつ運用を行うに際し投資運用業の登録が必要である。事業型ファンドについては、販売勧誘に際し第二種金融商品取引業の登録が必要であるが、運用に関する参入規制は存しない。

上記のとおり、ファンド商法の業者は金融商品取引業者としての登録が原則必要であるが、適格機関投資家等特例業務として行う場合には、届出で足りる。適格機関投資家等特例業務は、プロ同士の取引のための規制の緩やかな制度枠組みで、出資者が1人以上の適格機関投資家と49人以下の適格機関投資家でない者（所定の者に限られる。）で構成される場合に適用される。

適格機関投資家等特例業務は、従前は届出さえすれば一般の個人へも適合性原則や説明義務等を負わずにファンドの販売勧誘ができたことから悪用され、ファンドまがい商法による被害が多発した。そこで平成27年金商法改正により、投資家保護の観点から出資者の範囲が限定され、広く一般の個人を対象に同制度に基づくファンドの取得勧誘を行うことが禁止された。販売が許される個人投資家を富裕層（投資性金融資産1億円以上かつ証券口座開設1年経過）に限定したうえで、適合性の原則や説明義務を遵守して行うべきとされ、また、業者に対して行政処分が可能となった。

⑷ 行為規制

登録業者は、販売・勧誘を行う際、又は運用を行う際に、以下のような行為規制を遵守しなければならない。

ア　販売勧誘規制（投資型ファンド及び事業型ファンドに共通）

登録業者は、金融商品取引法上の販売勧誘に関する行為規制の適用を受ける。主なものは次のとおりである。

- ・顧客に対する誠実義務（金商法36条）
- ・標識の掲示義務（金商法36条の2）
- ・名義貸しの禁止（金商法36条の3）
- ・広告等の規制（金商法37条）。
- ・契約締結前の書面交付義務（金商法37条の3）。
- ・契約締結時の書面交付義務（金商法37条の4）。
- ・保証金の受領にかかる書面の交付（金商法37条の5）。
- ・虚偽説明の禁止（金商法38条1号）。
- ・断定的判断の提供の禁止（金商法38条2号）。

・損失補てんの禁止（金商法39条）。

・適合性の原則（金商法40条）。

・説明義務（金商法37条の７）。

・分別管理が確保されていない場合の売買等の禁止（金商法40条の３）

・金銭の流用が行われている場合の募集等の禁止（金商法40条の３の２）

ファンドについては、特に契約締結前の書面交付義務及び損失補てんの禁止に留意すべきである。

㋐ 契約締結前の書面交付義務（金商法37条の３）

投資者は契約締結前の交付書面により商品内容を理解し判断するので、契約締結前交付書面は重要である。金商法は、その記載内容につき文字の大きさも含めて詳細な規制を行っている。問題業者の契約締結前交付書面では、記載事項に不備がある場合もあり、記載不備を理由として行政処分が行われた事例もある。

契約締結前交付書面の主な記載事項は次のとおりである。

① 事業者名、住所、登録番号（８pt）。
② 金融商品の概要（８pt）。
③ 手数料等（12pt）。
④ 損失・元本超過損のおそれがある旨（12pt）。
⑤ 損失・元本超過損の原因となる指標、損失・元本超過損が生じるおそれがある理由（12pt）。
⑥ 契約の終了事由（８pt）。
⑦ クーリングオフの適用の有無内容（12pt）。
⑧ 業者への連絡方法（８pt）。

㋑ 損失補てんの禁止（金商法39条）

本章第１ ２(2)カ(ウ)（128頁）参照。

イ 運用規制（投資型ファンド）

・善管注意義務（金商法42条２項）

・忠実義務（金商法42条１項・42条の２）

　投資者の利益と自己（業者）の利益が衝突する取引等は禁止される。

・分別管理義務（金商法42条の４等）

・自己執行義務（金商法42条の３）

・運用報告書交付義務（金商法42条の７）

(5) 被害救済

ア 金商法違反の検討

業者が第二種金融商品取引業の登録をせずに事業型ファンドの販売勧誘を行った場合は、登録義務違反となる。適格機関投資家等特例業務の届出を行っていても、要件を欠いている場合も同様である。未公開株商法と同様、不法行為責任の追及を検討すべきである。

第二種金融商品取引業の登録を行っている業者は、適合性の原則・説明義務・虚偽説明の禁止・断定的判断の提供の禁止等、金商法上の販売勧誘規制の適用を受けるのでこれらの違反がないかどうかを検討すべきである。

また適格機関投資家等特例業務の届出を適法に行っている業者は、販売が許されない一般の個

人に販売していないか、販売が許される個人等への販売においては、金商法上の販売勧誘規制の違反がないかを検討すべきである。

イ　業者に対する請求

業者に対しては、事案に応じた法律構成により、返金又は損害賠償を求める。基本的には、未公開株の事案における法律構成が参考となる。業者が無登録で販売勧誘を行った場合、それ自体刑罰法規にも該当する行為であり、重要な違法要素となる。

事業型ファンドの場合は、業者が事業実態や事業実績を偽っている場合があるので、こうした観点から検討することも重要である。実態や実績の仮装・粉飾の事実が確認できれば、虚偽説明として不法行為法上重要な違法事由となる。その他、適合性の原則・説明義務・虚偽説明の禁止・断定的判断の提供等に該当する場合は、その点を具体的に指摘する。

ウ　関係者の調査・関係者への損害賠償請求・関係機関への働きかけ等

関係者個人や関係会社等への対応については未公開株の事例と同様に検討すべきである。

5　CO2排出権に関する投資話（その他悪質なCFD取引について）

(1)　CFDとは

CFDとは、「Contract For Difference（差金決済契約）」の略称であり、投資対象の指標に応じた差金決済を行う証拠金取引をいう。

CFDは、指標とされる投資対象によって適用法が異なるため、指標によっては参入規制もないなど、法律の抜け穴が多い。例えば、通貨を指標とする外国為替証拠金取引（FX）や、株価指数を指標とする取引（例えば東京金融取引所に上場している「くりっく株365取引」）は金商法の規制対象で、商品を指標とする取引は商品先物取引法の規制対象であるが、後述するCO2排出権取引のような権利を対象とする場合にはこれらの法律も適用がなく、規制が及ばない。その一方で、将来の指標の変動を予期できないにもかかわらず投資者が証拠金取引等により過大に投資し、多額の損失を負う危険を含んでいる。

以上のような本来的なリスクの高さに加え、決済指標が顧客に著しく不利に設定されている詐欺的取引も見られ、勧誘の場面でも、危険性や顧客に不利益な情報が秘匿されることが多々ある。したがって消費者法律相談の担当者としては、消費者被害をもたらす取引の一類型として、取引の仕組み、法的問題点を把握しておく必要がある。

以下では、近時多数の被害を生じさせているCO2排出権取引に基づいて説明するが、CFDは投資対象が変わっても、基本的な取引の構造、法的問題点、主張すべき違法性の内容には共通性があるから、これらの本質的な問題点を理解しておくことが重要となる。なお、商品CFDについては、後記7（176頁）の商品先物取引の項が参考になるので、そちらを参照されたい。

(2)　CO2排出権取引の仕組み

ここでいう「CO2排出権取引」とは、温室効果ガス（その大部分はCO2）を排出する権利を指標とする取引（CFD）である。

CO2排出権に関するCFDは、一定の証拠金を預託させ、CO2排出権の価格変動に応じて損

益を発生させ金銭のやり取りを行う取引である。排出権そのものの取引ではなく、CO 2 排出権相場の価格変動を指標とした FX と同様の差金決済であって、デリバティブ取引の一種であり、証拠金取引の仕組みを取ってはいるが金商法及び商品先物取引法の適用はない[60]。

(3) 取引の問題点

国民生活センターは、CO 2 排出権取引の問題点を次のとおり指摘している[61]。

＜取引の仕組みに関する問題＞

① 消費者自らが市場の状況を確認することはほぼ不可能。

② 取引金額が高額であり、支払ったお金がすべてなくなるケースもみられる。

＜業者に関する問題＞

③ 過去にロコ・ロンドン金取引（金を対象商品とする CFD）を行っていた業者が勧誘している。

④ 業者の実態を確認することが極めて難しい。

⑤ 連絡不能になったケースもみられる。

＜販売勧誘に関する問題＞

⑥ 「元本は必ず戻る」などと事実と異なる説明が行われている。

⑦ 良いことばかりを告げ、ハイリスクで複雑な取引であることを説明していない。

⑧ 投資経験がない、あるいは契約を理解していない高齢者に勧誘が行われている。

相談を行う際は、以上の＜取引の仕組み＞＜業者に関する問題＞＜販売勧誘に関する問題＞の各観点から事実関係の把握に努め、以下に述べる法的主張を検討すべきである。

(4) 法的問題点（違法性指摘のポイント）

ア 取引の違法性（賭博に該当すること）

CO 2 排出権商法は差金決済による証拠金取引であるが、同様の仕組みの取引で大規模な消費者被害をもたらしたロコ・ロンドン金取引商法について、多数の裁判例が賭博に該当し、公序良俗に反するもので、当該取引を勧誘する行為を違法とする旨判示している。これらの判決は、ロコ・ロンドン金取引商法が、ロンドンの金相場の価格変動という偶然の事情によって利益の得喪を争うもので賭博行為に該当し、違法性を阻却する事由（賭博行為でも適法と認められるような合理的理由）も認められないとしている[62]。

CO 2 排出権商法も、排出権相場の価格変動という偶然の事情によって利益の得喪を争うものとして賭博行為に該当し、違法性阻却事由も認められないから、ロコ・ロンドン金取引商法と同様に、賭博に該当する違法な取引といえる。そして、そのような違法な取引を勧誘する行為は、それ自体不法行為に該当し、業者及び役員等関係者は損害賠償責任を負うと考えられる（民法709条、会社法429条 1 項等）。

CO 2 排出権商法の賭博性は、東京地判平成26年12月 4 日消費者法ニュース103号292頁や、東京地判平成28年 9 月 8 日先物取引裁判例集76巻81頁等、複数の裁判例で判示されている。例えば

---

60 日弁連は、CO 2 排出権取引を金商法の適用対象にすることを求めている（日弁連「CO 2 排出権取引商法の適切な規制を求める意見書」（2012年12月15日）

61 国民生活センター「CO 2 （二酸化炭素）排出権取引に関する儲け話のトラブル！」平成23年 9 月22日

62 東京地判平成22年11月 4 日消費者法ニュース86号196頁等

前掲東京地判平成26年12月4日では、CO2排出権取引が賭博に該当し、公序良俗違反であることを指摘した上、さらに差金決済の指標が被告会社によって恣意的に決定され、それに基づいて顧客の損益が確定されていた高度の蓋然性があると認定し、構造的な利益相反状況や顧客に不利益な情報を秘して行われた当該取引が詐欺的である旨判示しており、同種取引の違法性を指摘する際の参考になる。

イ　その他勧誘の違法性

CO2排出権商法は証拠金取引であって、仕組みにおいてリスクの高いものであり、適合性の原則や説明義務の履行等も問題となりうる。こうした点に違反があると考えられる場合には、販売勧誘の点からも不法行為を主張し得る。

ウ　特商法の適用

消費者庁は、平成24年6月19日、CO2排出権の店頭デリバティブ取引について特商法の適用があるとして取引業者に対し行政処分を行った。同処分では、当該取引を「CO2排出権の店頭デリバティブ取引に関する役務」の提供と判断したものと解される。

ロコ・ロンドン取引は平成19年7月15日以降特商法の規制対象とされ、CO2排出権取引については平成28年の特商法改正により、取引形態がいかなるものでも適用対象とされることになった。したがって、CO2排出権取引の勧誘が訪問販売等の方法でなされた場合には、特商法のクーリングオフ等の主張もなし得る。ただし、この主張は会社にしか主張し得ないから、会社代表者や役員などの関係者への責任追求については不法行為等の法律構成による責任追及を検討すべきである。

6　粉飾決算等による株主被害

(1)　多発する粉飾決算等による株主被害

株式発行会社が有価証券報告書などの開示書類に虚偽記載をした場合、これが発覚すると株価が急落し、株主の損害が顕在化する。このような被害が多発し、西武鉄道事件、ライブドア事件など訴訟となったものも多い。「貯蓄から投資へ」などという政策的誘導によって大勢の人々が株式投資に参加するようになった状況において新たな消費者被害が広がっている。

(2)　株主被害救済の手だて

株主被害救済の根拠法として、大きくは①金商法と②民法（不法行為）がある。

ア　金商法による被害救済

金商法の規定は、流通市場（募集又は売出しによらない）での株式取得者の場合と募集・売出しによる取得者の場合に分けられる。

(ア)　流通市場での株式取得者の場合（金商法21条の2から22条）

a　賠償責任（金商法21条の2第1項）

有価証券報告書等（金商法25条第1項各号（5号及び9号を除く）に掲げる書類）のうちに重要な事項について虚偽の記載があり、又は記載すべき重要な事項若しくは誤解を生じさせないために必要な重要な事実の記載が欠けているとき（以下、これらの記載を「虚偽記載等」）、当該書類の提出者は、有価証券を募集又は売出しによらないで取得した者又は処分した者（虚偽記載等

を知っていた者を除く）に対し、損害賠償責任を負う（金商法19条第1項の規定の例により算出した額を超えない限度の制約あり）。

　ただし、当該書類の虚偽記載等について故意又は過失がなかったことを証明したときは、賠償責任を負わない（第2項）。

　　　b　賠償責任額の推定（金商法21条の2第3項以下）

　　(a)　賠償額の推定（金商法21条の2第3項、第4項）

　　　i　推定規定（金商法21条の2第3項）

　当該虚偽記載等の事実の公表がされた日（公表日）の前1年以内に当該有価証券を取得し、当該公表日において引き続き当該有価証券を所有する者は、当該公表日前1月間の当該有価証券の市場価額（市場価額がないときは、処分推定価額）の平均額から当該公表日後1月間の当該有価証券の市場価額の平均額を控除した額を、当該書類の虚偽記載等により生じた損害の額と推定できる。

　　　ii　公表の意義（金商法21条の2第4項）

　虚偽記載等のある有価証券報告書書類の提出者又は当該提出者の業務若しくは財産に関し法令に基づく権限を有する者により、当該書類の虚偽記載等に係る記載すべき重要な事項又は誤解を生じさせないために必要な重要な事実について、金商法25条第1項の規定による公衆の縦覧その他の手段により、多数の者の知り得る状態に置く措置がとられたことをいう。

　　(b)　減額事由（金商法21条の2第5項、6項）

　　　i　賠償の責めに任ずべき者の証明による減額（金商法21条の2第5項）

　賠償の責めに任ずべき者は、請求権者が受けた損害の額の全部又は一部が、当該書類の虚偽記載によって生ずべき当該有価証券の値下り以外の事情により生じたことを証明したときは、その全部又は一部については、賠償の責めに任じない。

　　　ii　額の証明が困難な場合の裁判所の認定による減額（金商法21条の2第6項）

　請求権者が受けた損害の全部又は一部が、当該書類の虚偽記載等によって生ずべき当該有価証券の値下り以外の事情により生じたことが認められ、かつ、当該事情により生じた損害の性質上その額を証明することが極めて困難であるときは、裁判所は、口頭弁論の全趣旨及び証拠調べの結果に基づき、相当額を賠償の責めに任じない損害額と認定できる。

　　　c　時効（金商法21条の3、20条）

　虚偽記載等を知った時又は相当な注意をもつて知ることができる時から2年間。当該書類が提出された時から5年間。

　　　d　提出会社の役員等の責任（金商法21条）

　有価証券報告書の虚偽記載等に関しては、提出会社の役員（取締役、会計参与、監査役若しくは執行役又はこれらに準ずる者）、公認会計士、監査法人などが責任を負う（免責規定あり）。

　　(イ)　流通市場外での取得の場合

　募集又は売り出しによる取得について金商法18条から金商法21条に規定がある。

　　イ　不法行為責任

　有価証券届出書及び目論見書、有価証券報告書等への虚偽記載等は不法行為（民法709条）と

なるから、不法行為及び共同不法行為、使用者責任などによって、関係者の責任を追及することができる。

ウ　民事訴訟法248条

金商法21条の2第3項の損害額推定規定によらない場合、民事訴訟法248条（損害額の認定）の積極的活用を求めることが考えられる。

(3)　被害救済にあたっての留意点

ア　「公表」（金商法21条の2第4項）について

被害株主の損害額の推定規定の適用には、虚偽記載等についての「公表」が前提である（同条第3項）。「公表」概念及び「公表」時期をいかにとらえるかが、推定規定活用の余地と損害額を左右することになる。

イ　損害額の認定と損害の捉え方について

(ア)　金商法21条の2第3項の推定規定による場合

上述のとおり「公表」時期の設定により推定損害額が左右されることに加え、発行会社が「公表」に先立ち、「公表」に至らない程度に粉飾の疑惑を匂わせる発表をすることがある。すると株価が「公表」前から漸減し、推定損害額（「公表」日前後1か月ずつの株価の平均額の差額）が不当に減少してしまう。

このような場合は、同じ公衆縦覧期間に流通市場で有価証券を取得した投資者に関する規定ではあるが損害推定によらない金商法21条の2第1項を使うか、不法行為（民法）による損害賠償請求を併せて検討することになる。

(イ)　不法行為（民法）に基づく損害賠償請求の場合

a　西武鉄道事件最高裁判決（最判平成23年9月13日集民237号337頁）

コクドは、上場企業の西武鉄道の株式を他人名義で多数所有し、実質的には西武鉄道の親会社であったが、有価証券報告書の株主構成にはその事実が秘され虚偽の記載がなされていた。事実が公表され、所有割合が東証の上場廃止基準に該当したことから、西武鉄道が平成16年12月16日に上場廃止となった事案である。

最高裁は、虚偽記載等がなければ（所有割合の真実が申告されていれば）西武鉄道株式は上場廃止されていた蓋然性が高く、被害株主はこれを取得することがなかったとみるべきと認定し、このような場合の「当該虚偽記載により上記投資者に生じた損害の額、すなわち当該虚偽記載と相当因果関係のある損害の額」は、取得価額−処分価額（株式を保有し続けているときはその取得価額と事実審の口頭弁論終結時の上記株式の市場価額）−経済情勢、市場動向、当該会社の業績等当該虚偽記載に起因しない市場価額の下落分によって求められると判示した（「取得自体損害」と呼ばれる[63]）。

b　西武鉄道事件の射程範囲

同判決の考え方の射程範囲は、現在進行中の多数の訴訟の中で争われている。

第1に、同判決は、虚偽記載がなければ株式を取得しなかったとみるべき場合を株式所有割合

---

63 取得自体損害の考え方以外にも、取得時差額（取得時の取得価額と虚偽記載がない状況を想定した株式価額との差額を損害とする）、市場下落説等（取得価額から虚偽記載による下落分を損害とする）などの考え方がある。

に関する虚偽記載だけに限定していない。これ以外の場合（例えば、虚偽記載が長期間に渡って繰り返され、直近の有価証券報告書に虚偽記載等がなければ、過去の虚偽記載が明らかになる場合など）も含めるべきである。

第2に、虚偽記載等と相当因果関係のある損害が賠償の対象であるという不法行為法の原則からすれば、「取得価額－処分価額－虚偽記載に起因しない市場価額の下落分」という損害算定式は、虚偽記載がなければ株式を取得しなかったといえない場合にも適用が認められるべきである。

ウ　損害額の減額に関する留意点

(ア)　金商法21条の2第3項の推定規定による請求の場合

推定規定を根拠とする請求の場合、判決において同条第5項、第6項の「減額事由」による過大な減額が認定されることがある。しかしながら、金商法21条の2は不法行為の特則であるから、不法行為の一般原則に従って、不実記載と相当因果関係がある損害は全額が賠償の対象とされるべきである。投資者保護という同法の目的からしても、「減額事由」は限定的に解されるべきであって、不実記載と相当因果関係のない値下がり分以上の減額は認めるべきではない。

(イ)　不法行為（民法）による請求の場合

投資者が、報道などにより虚偽記載を知り得たにもかかわらず株式を購入したとして過失相殺（民法722条第2項）が主張され、同主張が判決において認定されることもある。しかしながら、発行会社の外部者である投資家は、有価証券報告書の虚偽記載の有無を、発行会社による真の会計情報の開示により初めて認識できるのだから、たとえ虚偽記載の可能性を示唆する報道に接したとしても「公表」があるまでは虚偽記載を知り得る状態とはいえない。また、虚偽記載の可能性を示唆する報道後の株式購入が過失相殺の対象となるならば、同様の報道後の株式保有も過失相殺の対象とされるはずである。すると、報道以後、株式保有者は売却をしなければならないにもかかわらず、購入者がいない（購入すると過失ありとされるため）状況に陥り、混乱や株価への不当な影響が生じかねない。このような矛盾をはらむ過失相殺は認められるべきではない。

7　商品先物取引

商品先物取引は、もとは農作物等に関する価格変動のリスクヘッジのために農家、流通業者、加工業者などによる相場取引として発展した歴史があり、我が国でも江戸時代には市場が存在していたと言われる。現在の商品先物取引市場は、取引業者への委託という形態により資産形成を目的とした一般消費者にも門戸が開かれているが、仕組みの複雑さやリスクの高さなどから取引には相当の知識と経験が必要であり、それと知らずに取引した消費者に多額な被害が発生する。相談を受けた弁護士にも、適切な相談対応のため正しい知識と理解が必要とされる。

(1)　商品先物取引の定義と概要

ア　定義

狭義の商品先物取引とは、当事者が将来の一定の時期において商品及びその対価の授受を約する売買取引であって、当該売買の目的物となっている商品を転売又は買戻しをしたときは差金の授受によって決済できる取引である（商品先物取引法2条3項1号）。

イ　取引の基本的仕組みと権利義務・決済の方法

(ア)　先物取引の基本的仕組みと権利義務

先物取引には、売付けと買付けがある。

買付けの場合（買い玉を建てた場合）、顧客は将来の一定時期に現時点で決めた価格により物を受領する権利義務を負う。売付けの場合（売り玉を建てた場合）、顧客は将来の一定時期に現時点で決めた価格により物を受け渡す（法律的には引き渡す）権利義務を負う。買建玉の保持をロングポジション、売建玉の保持をショートポジションとも言う。

(イ)　先物取引の決済の方法

取引を行った顧客の決済方法には、差金決済と現物決済がある。

差金決済は、約束の期日以前に、その時点での価格ではじめの取引と反対の取引を行う（仕切、又は手仕舞い）ことにより決済を行う。すなわち買建玉を転売し、又は売建玉を買い戻し、これにより生じた取引差額を授受することである。現物決済は、約束の期日に代金授受により現物の受け渡しを行うことにより決済することである。

ウ　取引証拠金制度と委託手数料

(ア)　取引証拠金制度

先物取引を行うに際して、顧客は取引証拠金を預託する。

先物取引では代金や現物の授受は約束の期日に行うが、その履行を確保するため、顧客は所定の金額を担保としてあらかじめ預託する（取引証拠金）。この取引証拠金が、顧客の側からの投資金額ということになる。

預託の方法としては、株式会社日本商品清算機構（JCCH）が定める「取引証拠金維持額」に基づき、各商品先物取引業者がそれぞれ取引に必要な証拠金額を取引証拠金として定め、委託者はこの取引証拠金を当該業者に預託し、当該業者が委託者の代理人としてJCCHに預託するという形が取られている。

取引証拠金はあくまでも担保なので、その後の相場の動きによっては、取引証拠金以上の多額の損失を受ける危険もあり、取引証拠金が不足し追加証拠金の預託が必要となることもある。これらの点が、先物取引の危険性の本質的部分である。

商品先物取引では、平成23年1月4日よりSPAN®証拠金制度が導入されている（SPAN®は、The Standard Portfolio Analysis of risk の略記）。この制度は、それ以前のような、各銘柄ごと1枚あたり何万円といった、証拠金に枚数を乗じてそれを合計したものを必要証拠金とするものではなく、口座毎の上場デリバティブ取引のポートフォリオから生じるリスクを計算し、証拠金を算出するようにしたものである。SPAN®証拠金算出方法は、JCCHのウェブサイトを参照されたい。

(イ)　委託手数料

顧客は、取引に際し業者に対して所定の手数料を支払う。特に外務員との対面取引の場合はインターネット取引と比較して手数料が高額であり、これが先物取引被害を生み出す理由の1つにもなっている。

エ　取引手続きの仕組み

　一般顧客は、先物取引業者と委託契約を結び、業者を通じて取引を行う。

　商品先物取引は、主務大臣の許可を受けて開設された公設市場において行われるが、公設市場において直接取引を行うのは商品取引所の会員（商品先物取引業者）に限られている。一般顧客は、商品先物取引業者に取引を委託し（委託契約）、当該業者を通じて取引を行うことになる。

オ　取引のルール

　商品先物取引では取引の大量化・迅速化のため、一定のルール（規格化）が定められている。すなわち、取引単位が定められ（取引単位を「枚（まい）」と呼び、それぞれの商品ごとに1枚あたりの数量が定められている）、かつ商品ごとに取引の最終期限が定められており（最終期限の月＝限月（げんげつ））、各限月の最終立会日（＝納会日（のうかいび））までに決済しなければならない。

カ　取引終了時の勘定

㋐　個々の取引の決済時の勘定

　個々の取引の決済は、通常は差金決済による。決済で差益又は差損が確定する。

　差益は、顧客において受領するか、取引証拠金に追加する。差損は、通常取引証拠金から支払うが、足りない場合は追証などの方法で別途支払うことになる。

㋑　委託契約解消時の清算

　業者との委託契約を解消し取引を最終的に終了させるには、最終清算を行うことになる。最終清算時に取引証拠金に未処理の取引上の益金を加え、未清算金損金と委託手数料を差し引いた金額が清算金となる。

(2)　法改正（商品先物取引法）

　一般投資家を保護するために先物取引業者等を規制する法律として、従来は、「商品取引所法」、「海外商品市場における先物取引の受託等に関する法律」（海外先物規制法）、「金融商品取引法」（金融先物取引法）、「商品投資に係る事業の規制に関する法律」（商品ファンド法）の4法であったが、平成21年7月3日の法改正により、商品取引所法は商品先物取引法（商先法）に名称変更され、その規制対象が従来の国内公設の商品先物取引だけでなく、海外の商品先物取引（海外商品先物オプション取引を含む）、店頭商品デリバティブ取引（ロコ・ロンドン貴金属取引や商品CFD取引）まで拡大された。その結果、海外先物規制法は廃止され、金融商品取引法と商品ファンド法も一部改正された。

　現在は、商品先物取引法、商品ファンド法、金融商品取引法の3法により規制されている。各取引を規制対象とする法律については、後記［図表］のとおりである。

　改正の主な概要は以下のとおりである。

ア　規制対象（別表）

　商先法は商品先物取引全般（商品デリバティブ取引）を、包括的・一元的に規制する（商先法2条）。前記のとおり、海外先物取引も商先法の適用対象となり、ロコ・ロンドン貴金属取引等の私設先物取引も規制対象となった。取引には許可制（商先法190条1項）が導入され、行為規制（商先法214条1号ないし10号等）も国内公設先物取引と共通になった。

　私設先物取引は、国内だけでなく、海外の先物取引も「店頭商品デリバティブ取引」として商先法で規制される（商先法2条、349条）。

イ　不招請勧誘の禁止

　個人顧客を相手方とする商品先物取引について、不招請勧誘の禁止が導入された（商先法214条9号、商先令30条）。もっとも、例外として初期投資額を超える損失の発生しない損失限定取引（例えば「スマートCX」等）の勧誘と、継続的取引関係にある顧客への勧誘等は認められており（商先法214条9号・商先規102条の2第1、第2号・商先令30条）、例外規定を入口として通常の先物取引を勧誘される被害事例がみられる（平成27年の省令改正により不招請勧誘の禁止規制が一部緩和され、いわゆる「ハイリスク取引」の経験者や、65歳未満の年収800万円以上もしくは金融資産2000万円以上を有する者などについて、厳格な要件の下に不招請勧誘が可能となったが、平成29年2月末時点では行われていない）。

ウ　商品先物取引仲介業者

商品先物取引業者の委託を受けて、委託の媒介を行う商品先物取引仲介業者（IB、アイ・ビー業者）が登録制で解禁された（商先法240条の2ないし25）。商品先物取引仲介業者の行為について、商品先物取引業者は連帯責任を負う（商先法240条の26）。

エ　その他

　従前の商品取引所法の損失補塡禁止、事故確認等の制度は存続し、これらが海外先物取引、私設先物取引にも適用されることになった。また、金商法と同様のプロ・アマ規制が導入された。

〔図表〕　取引類型と規制法

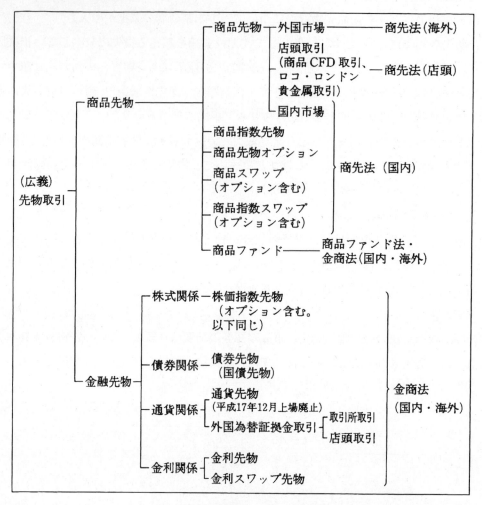

※　「先物取引被害救済の手引・10訂版」（平成24年）39頁より引用。

(3)　国内公設市場での先物取引の規制概要と被害の類型

ア　国内公設市場

　主務大臣の許可を受けて開設された取引所である。例えば農産物関係の取引所は農林水産省が、工業原材料関係の取引所は経済産業省がそれぞれ主務官庁である。

イ　規制の概要（商品取引所法、同施行令、同施行規則）

㋐　規制の全体概要

　商先法は、商品価格の形成の公正・商品の生産流通の円滑化、取引の公正及び委託者の保護を図ることを目的としている。目的達成のため、商先法は、商品取引市場を主務大臣の許可により設立されるべきとし（国内公設市場）、かつ取引は許可を受けた会員（商品取引所員）により行われるべきとした。

　具体的には、商品取引所の組織、商品市場における取引の管理、取引の受託等を行う者の業務の適正な運営を確保するための規定等を定めた。

㋑　消費者保護規制

　主として、商先法、その委任を受けた商先法施行規則（以下本項では「施行規則」）、商先法施行令がある。その他、監督官庁が定める「商品先物取引業者等の監督の基本的な指針」、「商品先

物取引業者等検査マニュアル」、各商品取引所が定める定款、業務規程、受託契約準則（以下本項では「契約準則」）、紛争処理規程、日本商品先物取引協会が定める定款、商品先物業務に関する規則（以下本項では「業務規則」）等の諸規定、日本商品委託者保護基金が定める定款、業務規程、各商品先物取引業者が業務管理体制について定める社内規則や取引開始基準も規範として重要である。

規制の主なものは、適合性の原則、説明義務と事前書面の交付、不当な勧誘等の禁止（断定的判断提供等の禁止、再勧誘禁止、迷惑勧誘禁止、勧誘受託意思の確認義務、両建取引の勧誘禁止、不招請勧誘禁止、仕切拒否等）、不当ないし不合理な取引の規制、取引終了と清算の適正のための規制である。

ウ 被害の類型

多くの事件は、先物取引の仕組みや危険性を知らない一般消費者に対して、外務員が不当な勧誘を行い、不合理な取引を繰り返して多額の金員を出捐させるものである。①勧誘に不当な点はないか、②取引経過・内容に不合理な内容はないか、が検討の主なポイントとなる。

また、相談事例としては、業者による仕切拒否（回避）の事例も多くみられる。

(4) 先物取引の実際と書類関係（以下、基本的な国内公設市場の商品先物取引に関する）〜相談ないし事案検討に際しての前提的知識

ア 先物取引の契約・注文

(ア) 契約・注文を出す相手方

先物取引では、顧客は商品取引所に直接に売買注文を出すことはできず、取次業者（商品先物取引業者）と取次委託契約を締結し、業者（通常はその業者の登録外務員）を介して注文を出す。取次業者は、商法上の問屋（商法551条2項）であり、契約には委任の規定が準用される（商法552条2項）[64]。

(イ) 取次（商品先物取引）委託契約

取引開始に際し、取次（商品先物取引）委託契約に関する書類（約諾書）を業者に提出する。このとき、先物取引に関し十分な理解に至っていないにもかかわらず、業者の求めに応じて、危険を理解した旨の書面（アンケート等）に押印を求められ、同書面を業者宛に提出する例が多くみられる。

取引開始にあたり、業者は顧客に対して受託受付の概要や取引の危険性等、所定の事項を記載した書面を交付しなければならない。

(ウ) 注文の指示

個別の注文は対象商品、取引の種類、数量等を指示して行うが、被害事例の実態としては、注文内容を十分理解しないまま、外務員の指示に従い取引を行った例が多くみられる。なお、売買注文の単位は「枚」といい、1枚あたりの数量はそれぞれの商品ごとに決められている（例えば、金は1枚＝1キログラム）。注意すべきは、売買値段の表示との関係で、売買値段の表示は1枚あたりの値段ではなく別の単位（例えば、金は1グラムあたり＝1000分の1枚）に基づいて表示される（「呼び値」と呼ぶ）。

---

64 最判昭和49年10月15日・金融法務744号30頁

㊃　注文時の支払（取引証拠金と委託手数料）

　注文に際し、顧客は取引決済の担保である取引証拠金を取次業者に預託する。取引証拠金の額は、SPAM® に基づいて計算され、委託者は証拠金として計算結果以上の預託を求められることもあるが、通常は売買値段の5〜10%である。

　顧客は、所定の注文委託手数料を負担する。委託手数料は自由化され、その額は取次業者によって異なる。

㊄　注文に伴い送付される書類

　顧客が取引証拠金を預託した際には「証拠金預り証」が顧客に送付される。また、顧客の注文が成立したときには「売買報告書及び売買計算書」が送付される。

イ　取引の継続

㋐　建玉の値洗い

　取引相場は日々変動するので、取次業者は顧客の建玉に関して、毎日、当初の約定値段とその日の最終値段との価格差を計算している（値洗い）。

㋑　証拠金の不足

　相場の動きによっては、損金が預託している取引証拠金ではまかなえない危険があり、そのような場合、取引証拠金の追加が必要とされる。すなわち、値洗いが悪化しマイナスになることにより、「現金支払予定額」が大きくなると「総額の不足額」か「現金不足額」のいずれか大きい額を預託しなければならない。

　顧客は、建玉を手仕舞いして損金を確定させ、追加の預託金の支払を回避することもできる。この場合、取引証拠金又は他の資金から損金を支払う必要がある。顧客が手仕舞いをせず、追加の証拠金を預託しない場合、商品先物取引業者は事前に顧客に通知して、建玉を処分することができる。

　顧客は、損を確定させるか追加の資金を投入するかの選択を迫られるが、業者は多くの場合、追加の証拠金の預託を勧める。こうして顧客は投資金額を増大させていく。

　顧客が手持ち資金を全部投資し尽くし、追加の証拠金を支払えないと建玉は直ちに決済され、彪大な損金が確定する。これが先物取引における損金拡大と確定の仕組みである。

　悪質な業者は、顧客の手持ち資金を根こそぎ収奪しようとし、さらに金融業者から借金をさせて追加の証拠金を出させる事例も存する。

㋒　売買制限（サーキット・ブレーカー制度）

　取引所の市場管理のため、あらかじめ設定した幅外の価格で売り・買いの注文が対当する場合、（当該売買注文を約定させることなく）一定時間立会を中断し、立会再開時は設定幅を拡張した上で、立会を再開するという仕組みが取られている。

　このような場合、顧客の希望どおりの売買執行が行われないことがある。

㋓　取引の継続に際して送付される書類

　取引継続の過程で、顧客がさらに注文を出し同注文が成立したときには、「売買報告書及び売買計算書」が送付され、注文に伴い証拠金を預託した際には、「証拠金預り証」が送付される。

　取引継続中は毎月定期的に「残高照合通知書」が送付される。同書には、作成日現在の建玉の

状況、取引証拠金の内訳等が記載されている。

取引証拠金が不足した時には、「証拠金等不足額請求書」が送付され、必要な取引証拠金を預託すると新たな「証拠金預り証」が送付される。

なお、取次業者が日々の値洗いの結果を顧客に送付（ファックス）していることがある。

ウ　決済・取引の終了

(ア)　反対売買による差金決済

顧客は、反対売買（買い玉の転売又は売り玉の買戻し）を行って取引を終了させ、損益を確定させる。すなわち、具体的には商品先物取引業者に対して、建玉の仕切指示（手仕舞い指示）を行う（本来、注文時と同様に内容を特定して行う）。仕切注文が成立し損益が確定すると、売買差損益金の受払（及び委託手数料の支払い）が行われる。

顧客に利益が出ている場合、顧客はその支払いを請求でき、本来取引証拠金の返還を受けることができる。しかし、外務員の薦めにより新たな取引を勧誘され、従前の取引証拠金と利益が新たな取引の取引証拠金に充当される場合が多い。

顧客に損失が出ている場合には、顧客は損金額を支払うか、取引証拠金により充当しなければならない。損失の決済について顧客の指示がない間は、取引証拠金は担保として留保され、最終的には弁済に充当される。

(イ)　納会日における決済

取引が納会日を迎えるに至った場合、現物の受け渡しの意思がない売買注文は、最終的に反対売買により差金決済される。現物の受渡の意思がある売買注文は、顧客が現物受渡の意思表示をし、受渡の準備ができ次第、現物受渡により決済される。しかし、倉荷証券の準備（売り玉の場合）や引渡を受けた現物の保管（買い玉の場合）等、一般の顧客が現物の受け渡しにより決済を行うことは不可能に近く、実際ほとんど行われていない。上記以外の場合は、反対売買により差金決済される。

(ウ)　決済（差金決済に際して送付される書類）

仕切注文が成立すると「売買報告書及び売買計算書」が送付される。決済により取引証拠金に変動がある場合には「証拠金預り証」が送付される。

(エ)　取次委託契約の解除

顧客は、個々の建玉を決済した上で取次委託契約を解除して（商法552条2項、民法651条1項）、業者との取引関係を終了できる。取引関係終了に際しては、業者との間で最終的な清算を行う。すなわち決済後に残る利益金と取引証拠金から損失金と委託手数料を差し引いた金額の受渡を行う。

なお取引に問題があり、顧客が業者に損害賠償請求権を有している場合、後記のとおりこれを考慮して最終清算の処理を行う。

(6)　先物取引の危険性・相談類型と基本的解決方法

ア　先物取引の危険性

先物取引自体が内包する危険性と被害実態からみた危険性の要点は次のとおりである。

(ア)　先物取引自体が内包する危険性

① 取引自体、仕組みが複雑で不透明な部分が多く、一般消費者にはわかりにくい。

② 投資金額（取引証拠金）を全額失ったり、それ以上の損を被る危険がある。

③ 損失の確定を避けるために、投資金額を増やさなければならない。

④ 相場は日々変動するので、相場を監視しなければならない一方、一般消費者に対象商品それ自体に対する関心が薄く相場動向を把握しきれない。

⑤ 委託手数料が比較的高額である。

(イ) 被害実態からみた危険性

⑥ 利益を得るよりも損をする確率の方が高い取引である（外務員取引で利益を得る確率は3割か2割程度とも言われている）。情報や経験を有しない一般顧客が利益を得る確率はさらに低くなる。

⑦ 業者の一般消費者に適合しない勧誘により、取引拡大や不合理な取引に誘導される危険がある。

⑧ 投機性が高く、顧客自身が独特の心理状態に陥り、冷静な判断力を失いがちである。

⑨ 被害回復には相当の費用と手間を必要とし、十分な被害回復は容易でない。

イ 先物取引被害の相談類型と基本的解決方法

先物取引被害の主な相談類型と基本的な解決方法は、次のとおりである。

(ア) 業者が手仕舞いに応じてくれない、清算金を返してくれない

例えば顧客が取引終了を希望しても、業者が顧客との取引関係の継続による手数料収入目当てで手仕舞い（仕切）に応じない場合がある（仕切拒否）。また、手仕舞いに応じても清算金等の返還に応じない場合もある（清算金の支払遅延）。特に国内私設市場業者や海外先物取引業者に対する規制・取締が十分でなく、清算金の支払に応じない業者が少なくない。

このようなケースに対しては仕切拒否は禁止されているので（法施行規則103条1項7号）、内容証明郵便等で業者に対し規制違反の指摘をして手仕舞いを求めるべきである。なお、可能であれば手仕舞い拒否の事実を依頼者に録音させ証拠保全することが好ましい。

また、利益金、不要な証拠金や取引終了時の清算金の支払遅延も禁止されている（法施行規則103条1項1号、契約準則12条）ので、内容証明郵便等で業者に対し支払いを求める。国内私設市場業者や海外先物取引業者の中には容易に応じない業者があり、この場合には訴訟手続を利用する（基本的には通常の支払請求事件と同じである）。

(イ) 先物取引で不測の損害を被ってしまった

外務員の勧めに従い先物取引を行い、全く予想外の損失を被ってしまったというもので、先物取引被害の典型例である。顧客が取引内容を十分に理解し、自己責任のもとに取引を行ったのであれば、取引による損失は顧客の側で負担するほかない（自己責任）。しかし、後述のとおり、違法・不当な勧誘ないし取引によって損失が生じた場合には、業者への損害賠償請求等が問題となる。

このようなケースについては、勧誘経過に違法不当な点がなかったか、取引内容に違法不当な点がなかったかを検討し、業者と交渉を行うことになる。基本的には、被った損失（取引による損失と手数料等）について損害賠償を請求する。業者が交渉に応じない場合には訴訟、保全手続

等を利用する。

交渉や訴訟等に先立ち、業者から書類を取り寄せることも必要である。取引内容を把握できる委託者別先物取引勘定元帳（イタカン）や委託者別証拠金等現在高帳（ダカチョウ）のほか、顧客の属性を業者がどのように把握していたかを示す顧客カード（任意の提出を拒む業者も多い）、受託業務管理規則、超過建玉申請に関する書面（自筆の申出書）、証拠金推移一覧表（又は取引期間中の日々の証拠金及び不足金の推移が分かる資料）などを入手できる可能性がある。

業者からの任意の資料取り寄せが困難であれば証拠保全の活用も積極的に検討すべきである。録音テープや業務日誌、管理者日誌なども対象に含むとよい。

(ウ)　取引証拠金を取られさらに損失残額の支払を求められている

先物取引では取引証拠金を超える損失を被ることがある。勧誘や取引の内容に何の問題もなければ、自己責任の原則から顧客はこれに応じなければならないが、勧誘や取引内容に違法不当であったにもかかわらず、業者が取引証拠金を超える損失が出たとして、さらに顧客に対してその支払を要求してくるケースもある（いわば、前掲イ(イ)（184頁）の応用事例）。

事実関係の調査の結果、勧誘や取引内容が違法不当であることが判明した場合には、業者からの請求を拒否し[65]、さらに損害賠償を請求することになる。対応の基本は、前掲イ(イ)（184頁）と同様である。

(エ)　先物取引業者が倒産してしまった

先物取引業者の倒産という事態が生じた場合、顧客との取引関係はどうなるのか、顧客の取引証拠金等はきちんと返還されるのかが問題となる。

この点商先法改正前の（旧）商品取引所法の平成17年改正では、取引証拠金の預託制度が改められ、原則として、委託者が取引証拠金を商品市場における取引の決済を行う商品取引清算機関（クリアリングハウス）に直接預託する制度が導入された。また、取次業者の破綻により委託者の資産が毀損された場合に、その補償を行う委託者保護基金制度を整備した。この制度の下においては、従来は任意であった取次業者の基金加入を義務付けるとともに、取次業者の破綻等により委託者資産の弁済が不能となった場合に、1000万円を限度額として、委託者債権の代位弁済という形（ペイオフ）で基金からの拠出により委託者資産を補償することとなった。以上の制度は現行商先法にも承継されている。

なお「委託者保護基金」は、「日本商品委託者保護基金」が改正法施行に併せて委託者保護業務の登録を行い、それまでの「商品取引受託業務補償基金」から資産・業務の承継を受けて業務を開始した。取次業者の破綻等により証拠金の返還を受けられない顧客は、原則として上記制度に基づく補償を受けることになる。

もっとも、顧客が外務員の違法行為によって受けた損害賠償金については、原則として上記制度による補償を受けることはできない。したがって、その場合取締役や従業員等の個人責任を追及する方法によるほかない。

(7)　先物取引被害救済の法律構成（違法不当な勧誘・取引）

ア　損害賠償請求

---

65 大阪高判平成3年9月24日判時1411号79頁、最判平成6年1月31日先物取引判例集15巻77頁等を参照。

⑦　法律構成

業者の違法不当な勧誘・取引を不法行為と構成し、業者に対して損害賠償請求を行う。先物被害事件で先物取引の欺瞞性をもっともよく捉え、裁判例でも多く見られる法律構成である。

⑦　相手方

相手方業者のみならず、代表者など役員、従業員等の個人に対し共同不法行為責任等の追及が可能となる（民法719条等）。個人責任の追及は、取次業者の会社財産が脆弱な国内私設、海外先物取引等では不可欠である。国内公設先物取引では、勝訴すれば資金力のある業者からの被害賠償が期待できること等を考慮し、役員・従業員を当事者から外すこともあるが、業者の経営状態が悪化しているような場合には、国内公設先物取引業者についても役員、従業員を相手方とすることを積極的に検討すべきである。

⑦　違法性

一般に投資取引において業者の勧誘や取引が私法上違法といえるためには、勧誘や取引が社会的相当性を逸脱していることが必要である。規制法規違反が直ちに私法上の違法となるものではないが、規制法規違反が社会的相当性を逸脱したときには私法上も違法と判断される。先物取引に関する社会的相当性の逸脱を基礎づけるに際しては次の点に留意すべきである。

①　先物取引は投資金額以上の損失を被ることもあり得るから、投資取引の中でも極めて危険性の高い取引であることをまず十分に理解する。

②　個々の行為や取引を分断してバラバラに評価するのでなく、勧誘段階から取引終了までの各行為を一連のものとして把握し、全体的に評価する（一体的不法行為）。

③　規制法規違反は私法上の違法を基礎づける重要な要素であるから、関係法令、通達、受託業務指導基準、取引所定款、準則、業界の自主規制等に規定されたあらゆる行為規制を用いて違法性を基礎づけることが重要である。また民事・刑事の判例等で違法とされてきた「客殺しの手法」と呼ばれる行為との比較も重要である。

④　取引内容の具体的経過を分析し、相互の関連性から規制法規違反や不当不合理な取引を基礎づけていくことも重要である。先物取引被害救済を図る弁護士の協力により取引経過の違法分析のためのソフトウェア（「玉の聖徳」等。合同会社アーベル、http://soft.arvel.biz/）も作成されている。

⑤　適合性の原則違反も違法性を基礎づける重要な要素であるため、顧客の側の属性（経験知識・能力や財産）にも注意を払うべきである。

⑦　規制の具体的内容と違法判断要素

先物取引事件では規制法規違反（特に禁止行為）の検討が重要であるから、規制の概要を説明する。なお、商品先物取引法の規制の解釈は、経済産業省及び農林水産省の「商品先物取引業者等の監督の基本的な指針」（以下「監督指針」）が非常に参考になる。

　　a　適合性の原則に関するもの

商品先物取引業者は、顧客の知識、経験及び財産の状況及び商品先物取引契約に関する目的に照らして不適当と認められる勧誘を行ってはならない（商先法215条、業務規則4条、監督指針）。先物取引が極めて危険性の高い投機的取引であることから、未成年者、恩給・年金・退職

金・保険金等により主として生計を維持する者、母子家庭該当者、専業主婦等は、原則として不適格者とされる。

　さらに、業者は委託者に対し、委託者が真に自己の相場判断に基づく注文をなしうるようになるまでの期間、知識・経験を蓄積させ、十分な自主的判断ができるまでに不測の損害を被らせないように保護しなければならない（新規委託者保護義務。商先法215条。監督指針により社内管理規則等で各社で定められることとなっている。以下同じ）。

　　b　説明義務や情報提供に関するもの

　(a)　説明に関するもの

　取引に際しては、顧客に対して先物取引の仕組み、危険性等の重要事項を説明しなければならない（商先法218条・217条、法施行規則108条・104条、契約準則3条2項、監督指針により社内規則にも定められる）。投資金額を全額失ったり投資金額を超える損失を被る危険があること、損失確定回避のため追加の投資金額が必要となることがあることは、説明において特に重要な点である。

　(b)　情報提供に関するもの

　顧客に対して断定的判断を提供してはならない。また、顧客に対して損失の一部もしくは全部の負担、又は利益の保証を約束して取引してはならない（商先法214条1号・214条の3、社内管理規則）。

　(c)　書面交付に関するもの

　顧客に対して、取引開始に当たり事前に受託等契約の概要や取引の危険性等所定の事項について記載した書面（事前書面）を交付しなければならない（商先法217条、法施行規則107条・104条等）。

　　c　取引内容に関するもの

　(a)　業者の誘導に基づく不合理な取引

　先物取引の仕組みや取引方法が複雑でわかりにくいことから、業者の誘導により顧客にとって不合理な内容の取引が行われる実態がある。これら不合理な取引は、業者の手数料稼ぎや顧客の取引継続を図るために行われるため、一定の不合理な取引については規制が行われている（後記の両建玉について、商先法214条8号、法施行規則103条1項9号など）。

　また上記のような実態に鑑み、監督官庁が一定の不合理な取引を「特定取引」「特定売買」としてチェックするシステムが設けられていた（農林水産省のチェックシステム）。平成11年4月以降同チェックは各社に委ねられているが、上記システムは現時点でも参考になる。

　「特定売買」の内容は以下のとおりであり、これら取引が多数回行われていることは、手数料稼ぎのための頻繁・過当売買が行われていることの徴表となる。

　・売り直し、買い直し＝既存の建玉を仕切るとともに、同一日内で新規の売り直し又は買い直しを行うもの（異限月を含む）。顧客には手数料負担が増大するのみで、何ら合理性はない。

　・途転＝既存建玉を仕切るとともに、同一日内で新規に反対の建玉を行うもの（含異限月）。利益を出している相場が反転する際に行えば、反対建玉についても利益を出せるが、こうした予想は一般顧客には不可能である。外務員の勧めに従って途転取引を行った結果は、むし

ろ反対建玉において手数料を負担した上で損失を出す（もとの建玉の利益を失う）ことが多い。

・日計り（同一建落）＝新規に建玉し、同一日内に手仕舞いを行うもの。相場が急激に変動していない限り、実質的には単に手数料のみを支払って終わる結果となる。

・両建て玉（両建て）＝既存建玉に対応させて、反対建玉を行うもの（含む異限月）。建玉に損失が出始めたときに、損失の拡大を防ぐ手段として業者から勧められることが多い。両建ては、一時的に損失の固定化を図りうるが、反対建玉に関して手数料が必要となる。そして顧客が両建玉の売り買いともに有利に仕切ることはほぼ不可能であり、結局損失を出すことになる。なお、異限月の反対建玉も両建てにあたるとされているのは、限月が異なっても基本的に相場の動きは異ならないからである（商先法214条8号は同一限月、同一枚数の両建について、法施行規則103条1項9号は異限月、異枚数の両建てについて定めている）。

・手数料不抜け＝売買取引により利益は発生したが、当該利益が委託手数料より少なく、差引損となるもの。顧客が通常そのような不合理な取引をすることは考えられないから、手数料稼ぎの徴表といえる。

後記のとおり、これら「特定売買」の分析は極めて重要である。その他、損害における手数料の割合を検討する手数料化率、1か月に何回の取引が行われたかを評価する売買回転率も取引分析においては重要である。

(b) 顧客の意思に反する取引・顧客の意思に基づかない取引

顧客の注文に基づかずに、業者が勝手に顧客の計算で取引を行う無断売買がその典型であり、当然禁止されている（法施行規則103条1項3号、101条）。無断売買の効果は、当然、顧客には帰属しない（最判昭和49年10月15日集民113号5頁）。委託者が外務員に取引（指示内容の全部又は一部）を一任している一任売買についても、同様に禁止されている（商先法214条3号。なお契約準則25条1項1号・2号）。

最も多いのが、形式的な承諾のみで、実質的には外務員のいいなりになっている実質一任であるが、顧客の真意に基づかない取引であるケースが多いことから、同様にこれも禁止されるているというべきである[66]。

(c) 顧客と利益相反する取引（向い玉）

顧客の建玉に対して業者が反対の建玉をすること（向い玉）は禁止される。顧客の建玉が売りなら買いを、買いなら売りを建てる取引である。業者は、顧客に利益が出たときには手仕舞いに応じず、顧客に損が出たときすなわち業者に利益が出たときに顧客の建玉を処分させて利益を出すことになるからである。

向い玉には、顧客の建玉に全部反対の建玉を建てる全量向いと、差玉について反対の建玉を建てる差玉向いがある。差玉向いについては、2つの重要な最高裁判決がある（板寄せ方式について最判平成21年7月16日民集63巻6号1280頁、ザラ場方式について最判平成21年12月18日集民232号833頁。板寄せとは寄付時間を決めて取引を成立させる方式で、ザラ場とは注文が入った都度取引を成立させる方式をいう）。判示は、従前争いがあった差玉向いについて、利益相反取引

---

[66] 最判平成7年7月4日先裁集19号1頁、東京地判平成18年6月5日先裁集44号321頁等参照

が生ずる可能性が高いこと等について十分説明する義務があり、また取引をした後でもその都度通知する義務があるとした。

（d）　取引証拠金に関するもの（顧客のリスクを増大させる）

業者は顧客から、所定の取引証拠金の預託を受けなければならず（商先法179条、契約準則7条・11条）、取引証拠金を受けなかったり（無敷き）、所定の金額に満たない預託（薄敷き）で取引を行ってはならない。顧客に投資金額を負担させずに（無敷き）、又は比較的少額の投資金額で（薄敷き）過大な投資リスクを負わせることを禁止している。

（e）　手仕舞い（仕切り）や金銭返還の回避・拒否

業者は、顧客の申し出に反して手仕舞い（仕切）を回避ないし拒否できない（法施行規則103条1項7号）。手仕舞いの際には顧客の求めに応じて取引による利益金や不要な証拠金、取引終了の際の清算金を支払わなければならず、債務の履行を遅延させることは禁止されている（法施行規則103条1号、準則12条）。

（f）　認可や監督等に関するもの

商品取引市場の開設には、主務大臣の認可が必要とされているので（商先法8条）、国内私設市場は同規制に違反する。また、委託者からの委託を受けて商品取引を行うのは主務大臣の認可を受けた商品先物取引業者に限られ（商先法2条23項・190条）、外務員は登録しなければならない（同法200条）。従って商品先物取引業者以外の者は商品取引の委託を受けることができず、登録外務員以外の者は委託の勧誘を行うことができない。

（g）　その他

勧誘に先立ち、勧誘を受けることを拒否したり、取引を行わない旨を表示したりしている顧客を勧誘してはならない（再勧誘の禁止。商先法214条5号、監督指針）。

顧客との金銭貸借も禁止されている（会員等と役員使用人に関する規則6条12項）。顧客への融資を認めると、顧客にその手持ち資金以上の取引を行わせることになりかねず、また、顧客からの融資を認めると、顧客の資金により業者側自らが取引を行って顧客に損害を及ぼすという事態を招来しかねないからである。

また、顧客に対して、本人以外の名義を使用させることも禁止されている（業務規則12条）。

㋑　違法行為の客観化

商品先物取引の被害回復では、取引の客観的経過からその不合理性を立証し、業者の背任的行為の存在を推定するアプローチが採られている。勧誘経過における言った言わない論争でなく、客観的な事実から違法性を明らかにする試みであり、着実に実績を上げている。

客観的取引経過の分析の視点は、取引経過において顧客にとって無意味な反復売買が繰り返されていると評価できるかにある。短期間のうちに頻繁な建て落ちを繰り返す取引は、顧客の立場からすれば手数料負担のみを増大させるもので合理性が認められない。そして「特定売買」が全取引に占める割合が高い取引は、もっぱら取次業者の手数料稼ぎを目的として行われた違法な取引と推定しうる。従って分析の中心は「特定売買」の内容とそれが全取引に占める位置である。

また、取引の頻度を表す売買回転率（1ヶ月間の取引回数の指標）、損金に占める手数料の割合を表す手数料化率も、同様に不合理な取引を推定する実績値として有用である。

　こうした分析に関しては、前述したように専用のソフトウェア（「玉の聖徳」等。合同会社アーベル、http://soft.arvel.biz/）を活用すべきである。

　㋕　損害

　実出捐額すなわち取引証拠金として預託した金額から既に返還された金額を差し引いた金額が損害の中心となる。これは取引による損失と委託手数料の合計額に相当する。

　さらに弁護士費用と慰謝料の請求が考えられる。弁護士費用は、概ね認容額の1割程度が認められる。慰謝料は、国内私設や海外先物での被害で比較的認められ易く、国内公設市場での被害では比較的認められにくい傾向にあるが、後者について認められた例も存在する。

　その他、顧客が支払った税金相当額（取引途中に計算上利益が出ていた場合、年度毎に所得税が課される）を損害として認めた裁判例もある（大阪地判平成18年12月25日先物取引被害全国研究会「先物取引裁判例集」（後掲）47号161頁）。

　㋖　過失相殺

　国内公設市場の事例では過失相殺を認定する裁判例が多く見られ、5割を越える過失相殺がなされる例も少なくない。書面交付等により危険性を知り得たことや、外務員を安易に信頼したこと等、被害者側の不注意の存在を理由とするものが多い。

　被害の実態に鑑みれば、過大な過失相殺が行われた多くの裁判例の結論の妥当性に疑問が残るが、過失相殺の有無は解決を図るにあたって無視し得ない重要な視点である。訴訟においても、過失相殺の余地を認めないよう十分に主張・立証を尽くす必要がある。過失相殺については「先物取引被害と過失相殺－過失相殺の抑制に向けた理論と実務－」（内橋一郎他著、民事法研究会H18）は、大いに参考になるから一読する必要がある。

　イ　契約の無効及び取消し

　消費者契約法に規定された要件（重要事項について事実と異なることを告げることなど）を充たす場合には、同法に基づく取消しを主張しうる[67]。また、錯誤及び詐欺取消しの主張も可能であるが、関係者への金銭請求の可否を考慮した法律構成の検討が必要である（166頁〜参照）。

　ウ　預託有価証券等の返還請求

　契約が公序良俗に違反するとして、契約の効力を否定し、所有権に基づく返還請求又は不当利得に基づく返還請求を行うことが考えられる（最判昭和61年5月29日判時1196号102頁他）。

　エ　業者側の差損金請求訴訟

　逆に、業者側から顧客に対して未払い損（差損金）があるとして訴訟を提起される事案もあるが、自ら不法行為を行っているものが、差損金の請求を行うことは信義則に違反し許されない（大阪高判平成3年9月24日判時1411号79頁、仙台高判平11年1月25日判タ1039号159頁、最判平成6年1月31日先物取引判例集15巻77頁）。むしろ違法勧誘・取引が存する場合には、本来業者は損害賠償責任を負うとして反訴を検討すべきである（上記ア、イ）。

（8）救済方法

　ア　事情聴取

67　名古屋地判平成17年1月26日先物取引裁判例集39号374頁。なお、将来の金の価格は消費者契約法4条2項本文にいう重要事実に当たらないとした最判平成22年3月30日集民233号311頁

(ア) 相談者自身側の姿勢について

　相談を受けた際、事情聴取においてまず行うべきは、相談者に対し先物取引の危険性（消費者が行うべきものでないこと）につき被害実状等を示しつつ理解させることである。とんでもない泥沼に引き込まれたことを認識させ、取引経過の全容を詳細に思い出させる動機を十分に形成させる必要がある。本人が弁護士に任せきりでは周到な対策は取り得ない。

(イ) 取引経過に関する情報収集

　弁護士の側では禁止事項の諸類型を念頭に置きつつ詳細な事情聴取をしなければならない。この場合、業者から交付を受けた「受託契約準則」「危険開示告知書」「取引の手引」「委託のガイド」、あるいは業者と交した「約諾書（取引契約書）」、その後送付を受けた「残高照合通知書」「取引証拠金預かり証」「売買報告書」「売買計算書」等を持参させ検討する。又、相談者が作成した「メモ」や「日記帳」また「録音データ」なども有用である。

　これら全ての書類等をもとに、時間を追って業者とのやりとりを再現し、業者の違法行為を分析し整理していく必要がある。

(ウ) 取引経過の分析

　取引経過の一覧表を工夫して作成することも重要である。特に違法内容を客観的に明らかにするという観点から一覧表を作成し、「特定売買」の占める割合等を算出するのは不可欠となる。この際、分析のためのソフトウェアは有用である（なお、ソフトウェアによる分析は、業者から委託者別勘定元帳の交付を受けた後にするのが通常であるが、これを踏まえた事情聴取は有用である）。

(エ) 本人の属性について

　相談者の年齢、職業、資産、収入、家族構成、先物取引に関する知識、経験の有無、程度、相場資金の調達法、投資意向等を確認することも、適合性判断のための重要な事柄である。

(オ) 取引の継続等について

　取引が継続中の場合は、取引を終了させるか否かが問題となる。先物取引の仕組みと取引内容を本人によく理解させ、取引の終了について決断させる。取引を終了する場合には、内容証明郵便等で本人（代理人）名義により取引終了の意思表示を行う。手仕舞いの際には業者は通常、その回避を試みるから、受任する前に相談者と業者との間のやりとりを録音させることも有益である。

イ　示談交渉

(ア) 事前準備

　業者と交渉する際は、あらかじめ被害者より事情聴取した事実を法律構成し、基本的な主張を準備しておくべきである。業者はクレーム対策に十分習熟しているから、基本的に自らの行為を違法・不当と認めることはなく、正当性を主張して譲らない。このような業者に対する説得は、綿密な事情聴取に基づいた業者側の違法性・不当性の指摘以外にない。

　業者に対しては、被害者の出損金全額の返還を求めることを原則とする。取引経過等を確認するため委託者別勘定元帳及び委託者別取引証拠金現在高帳、顧客カード、受託業務管理規則、超過建玉申請に関する書面（自筆の申出書）、証拠金推移一覧表等の交付を求める。

(イ) 業者から差金請求のある場合

相談者が業者から差損金の請求を受けている場合、業者の請求のとおりに一旦払わせた上で対処するか、手早く示談交渉に入るかの選択を迫られることがあり得るが、基本的に後者によるべきである。

(ウ) 事故確認制度

旧商品取引所法の平成18年改正により、先物取引においても損失補てんの禁止規定が導入され、同制度は現行の商先法へ承継されている（商先法214条の３）。これは、特定の大口顧客に対し、損失が発生しても元金は補償するなどと約して勧誘する行為を禁止するところにその趣旨があるが、他方で取引によって生じた損害賠償に関して示談する際にも、原則的に事故確認を要することとされた。法施行規則103条の３で事故確認が不要とされている場合が定められており、確定判決（１号）、裁判上の和解（２号）、調停（３号）のほか、顧客に弁護士が代理人として就任しており、和解金額が1000万円を下回る場合（８号）などがこれに当たる。

(エ) 示談に当たっての留意点

示談を成立させる場合は、次の点に留意するべきである。

① 示談金は原則一括払いとする。

② 分割払いの場合はできる限り短期とし、過怠約款、違約条項を厳しくする。

③ 可能な限り役員、従業員の個人保証をつけさせる。

④ 可能な限り手形・小切手を発行させる。

⑤ 可能な限り担保権を設定させる。

⑥ 公正証書、即決和解により債務名義化する。

(オ) その他

依頼者が、弁護士に相談に来る前に、すでに業者に一方的に有利な示談をしてしまっている場合もあるが、当該示談が無効となることもあるので、そのような場合であっても安易にあきらめずに事情を聴取すべきである[68]。

ウ 証拠保全、保全処分

(ア) 証拠保全

先物取引に関する業者側の違法性を立証するための資料は大半が業者らの手元にある。これらの資料の開示を受けうるかが裁判における立証の決め手となる。場合によっては効果的な証拠保全手続後の交渉で解決することもあるから、証拠保全手続は積極的に活用すべきである。

以下、ポイントとなる資料を掲げる。これらの書類はほとんどが、規則等において、取引経過の証明のため事業者に作成・保管を義務付けられている。

a 業者との関係

委託者別先物取引勘定元帳（委託玉の建て落ち状況）、委託者別取引証拠金現在高帳、証拠金推移一覧表、先物取引日記帳（向い玉の存在、ダミー玉の存在）、自己玉勘定元帳（向い玉の存在）、先物取引建玉計算票（記入差金が委託玉と自己玉別に記載されており、向い玉の存在が判明する）、当該顧客の顧客カード（適格性等の立証）、建玉に関する申請書、顧客の実態調査票、

---

68 示談を無効とした裁判例として、名古屋地判平成15年８月27日先裁集35号191頁等

業務日誌、管理者日誌、役員・従業員名簿〔海外先物取引の場合〕、代理店契約書、注文書、テレックス（注文執行の有無）、売買報告書（のみ取引、向い玉の立証）、売買計算書、保証金・売買損益金の受賞金に関する書類、録音データ

　　b　取引所との関係

　支配関係法人に関する届出書、自己玉報告書、売買玉明細書、建玉表、新規委託者建玉一覧表、帳入差金授受調査（向い玉の存在）

　㈣　保全処分

　近時は国内公設市場における先物取引業者の資産状況も安泰ではないから、保全処分の要否を十分検討すべきである。保全処分の対象となる財産は、一般事件と同様、会社の預金、不動産、賃貸ビルの保証金、敷金、動産類（現金、有価証券、自動車、什器・備品）、電話加入権等である。なお会社の資産が脆弱な業者を相手とする場合は、特に、役員・従業員の個人財産に対する保全処分も検討すべきである。

　エ　本案訴訟

　前述したような、顧客の属性に応じた適合性原則違反、説明義務違反や、取引の分析に基づく特定売買に関する主張をして損害賠償請求をすることが原則となる。

　オ　日本商品先物取引協会のあっせん

　商品先物取引業者（国内公設市場）の業界団体として日本商品先物取引協会が設立されており（商先法241条）、同協会に紛争のあっせん調停の制度が設けられている（商先法260条）。

　カ　刑事事件、行政処分等

　告訴、告発、行政処分、監督権限の発動（改善命令）、取引所に対する制裁申立、日証協に対する制裁申立等は実態解明や交渉戦術にとって有効な手段である。悪徳業者の根絶、被害の再発防止という観点からも、これらの申立を積極的に行うべきである。

⑼　判例の状況

　ア　契約の効力に関する判断

　規制法規違反の不当な勧誘が直ちに私法上契約の効力に影響を及ぼすものではないが（最判昭和49年7月19日判時755号等多数）、著しく不公正な方法により勧誘・取引が行われた場合には公序良俗に違反するとして契約が無効となりうる（最判昭和61年5月29日判時1196号102頁は、国内私設市場に関するものであるが、取引が著しく不公正であるとして私設市場の違法を問うまでもなく公序良俗に反するとしている）。契約の有効性を判断するにあたっても各規制は、取引が著しく不公正といえるかどうかの指標となる。

　また、断定的判断の提供等があった場合、消費者契約法に基づく取消権を行使して契約を取消しうる（名古屋地判平成17年1月26日先物取引裁判例集39号374頁）。

　イ　不法行為に関する判断

　規制法規違反が直ちに私法上の違法となるものではないが、規制法規違反が社会的相当性を逸脱したときには私法上も違法と判断される。研究者によれば規制法規上の諸規定等の違反が違法性を帯びるのは、①社会的接触段階における「適合性の原則（不適格者排除の原則）」違反、②交渉段階における「意思決定権の侵害」（冷静な判断を妨げる行為、強要的顧客誘引、不実の表

示、説明義務違反等）、③取引段階における「受託権の濫用」（いわゆる客殺し）と直結する行為の場合であり、「その結果、顧客の利益が侵害された場合、全体として違法性を持ち不法行為となる」と整理されている[69]。

判例は概ね上記の考え方に沿っていると考えられ、公刊されている最高裁判例としては最判平成7年7月4日NBL590号60頁がある。また、高裁・地裁レベルの近時の認容事例も枚挙にいとまがなく、また裁判例においては過失相殺を否定したものも多く見られる（例えば、名古屋高判平成20年12月25日先裁集54号201頁、大阪高判平成20年6月13日先裁集52号263頁、大阪高判平成20年3月13日先裁判集51号276頁等）。

違法性判断において注意すべき点は、業者の各行為を一連のものとして全体評価する考え方が定着している点（前掲最判平成7年7月4日、名古屋高判昭和61年10月31日判時1240号73頁等）、違法判断にあたっては顧客の属性（能力・経験、財産等）を考慮し個別に判断されるべき点（東京地判昭和62年2月20日金商788号26頁等）である。

取引の客観的内容における「特定売買」比率や委託手数料の損金に占める割合から取引の異常性・忠実義務違反を認定した判断も多数出ている（リーディングケースとして、東京地判平成4年8月27日判時1460号101頁・判タ812号233頁・先裁集13号151頁。大阪地判平成9年2月24日金商1017号33頁）。

既出のとおり、差玉向かいに対する2つの重要な最高裁判決がある（最判平成21年7月16日、最判平成21年12月18日）。なお、多くの事例において過失相殺が行われており、5割を超える過失相殺が行われている事例も少なくないが、過失相殺を否定する裁判例も多く出ている（大阪高判平成18年9月15日先裁集45号109頁等）。

ウ　業者からの差金請求に関する判断

違法な業者からの差金請求に対しては、信義則による制限が認められる。業者の不法行為責任を肯定しながら差損金請求を認めることが公平性を欠くことは一般に是認できる。複数の裁判例が業者の差損金請求を否定する判断をしている（例えば大阪地判平成18年10月19日先裁集46号196頁、福井地（武生支）判平成20年6月10日先裁集53号151頁等）。

なお、業者の差損金請求に対して、顧客側の不法行為の抗弁を退けながら、新規委託者に対する建玉規制（内規）違反、仕切拒否、両建勧誘等の業者の対応は妥当性を欠いた面が認められるとして、差金請求を5割に限定した判断がある（東京地判平成5年3月17日判時1489号122頁）。

(10)　参考文献

日本弁護士連合会消費者問題対策委員会編「先物取引被害救済の手引・10訂版」（平成24年）民事法研究会

津谷裕貴他「実践先物取引被害の救済〔全訂増補版〕」（平成22年）民事法研究会

内橋一郎他「先物取引被害と過失相殺　－過失相殺の抑制に向けた理論と実務－」（平成18年）民事法研究会

河内隆史、尾崎安央著「商品先物取引法」（平成24年刊）商事法務研究会

先物取引被害全国研究会「先物取引被害研究」各号

69　山口康夫「商品取引勧誘行為の違法性」消費者取引判例百選26頁

先物取引被害全国研究会「先物取引裁判例集」各号

名古屋先物取引被害研究会「先物取引被害救済(I)　違法性について」（昭和60年）

名古屋先物取引被害研究会「先物取引被害救済(II)　違法性の立証」（昭和61年）

名古屋先物取引被害研究会「先物取引被害救済(III)　判例の紹介」（昭和63年）

東京弁護士会「先物取引事件処理マニュアル（改訂版）」（平成7年）

小池良他著「ゼミナール日本の商品先物取引市場」東洋法務研究会

「消費者六法」民事法研究会

商品取引法研究会「商品取引判例体系」商事法務研究会

清水俊彦著「投資勧誘と不法行為」判例タイムズ

判例タイムズ701号「特集・先物取引の展開と課題」（平成元年）

「消費者取引判例百選」（平成7年）有斐閣

第3章 医療に関する消費者被害にどのように対応すべきか

第1 医療事件における裁判例の重要性と近時の実務傾向

1 医療事件の特質

　医療事故とは、医療の過程に起因する医療サービスの受け手に生じた生命・健康等の被害をいい、その中で医療機関・医師等に法的責任のあるものを医療過誤という（「専門訴訟体系Ⅰ医療訴訟」青林書院5頁）。弁護士は、医療機関等に法的責任があるか否かを判断し、責任が認められる場合（有責）には交渉や医療ADR、そして医療訴訟を行う。

　法的責任を判断するうえで、医療に関する専門的知識が不可欠となり、それ故、医療訴訟は専門訴訟といわれる。法律の専門家である裁判官や弁護士は、医療に関しては門外漢であり、分かりにくいことから審理が長期化し、判断の適正さの確保が難しいとされ、これに対応するため、争点・証拠の整理（争点整理）の方法が模索されてきた。鑑定や専門委員といった形で医師や研究者が裁判に関与するようになり、また、裁判所も医学的知見を得るために医師らと意見交換をするようになったが、東京地方裁判所ではそうした過程を経て、平成12年4月から試験的に、そして平成13年4月から本格的に医療集中部が発足した。

2 東京地裁の実務の紹介

(1) 東京地裁医療集中部の概況

　東京地方裁判所では医療訴訟に対応するため、平成29年5月の時点で民事第14部、第30部、第34部及び第35部の4部が医療訴訟を担当している（医療集中部ないし東京地裁医療部といわれている）。

　東京地裁医療集中部での平成27年度の事件の概要等については、「東京地方裁判所医療集中部（民事第14部、第30部、第34部、第35部）における事件概況等（平成27年度）」（法曹時報68巻7号27頁）に詳しく述べられている。

　新受件数は平成20年以降減少傾向にあり、それまで200件前後あったものが150件前後で推移している。また既済事件の平均審理期間は、和解や取り下げといった早期解決案件を含めても平成27年では16.4月と、全国の平均審理期間が23.7月であるのと比較して短い。

　診療科目別の新受件数は、歯科27件、内科21件、外科21件、形成外科（美容を含む）20件、眼科13件、看護・介護上の過失13件となっている。東京地裁医療集中部では、全国と比較して歯科や形成外科（美容を含む）の割合が多い傾向にあり、歯科ではインプラント手術に関する事件が多く、また、形成外科では美容整形手術に関する事件が多い。美容整形ではフェイスリフト手術に関する事件が目立っているようだが、これは同手術を行う美容外科医院が増えたことにより消費者被害が増え、弁護団が結成されるなどしたことによるものと思われる（眼科におけるレーシック手術に関する事件も再び増加しているとのことである）。

　東京地裁医療集中部の終局区分別事件数は、平成27年についてみると全部認容判決はなく、一

部認容 9 件、棄却35件、和解77件、取下げ 7 件、その他12件であり、判決44件中の認容率は20.5％と低下傾向にある。医療訴訟の難しさは、この認容率の低さにあるといえる。和解率は54.6％と増加しており、逆に判決率は31.9％と減少している。平成27年の和解77件について、尋問前に成立したものは63件、尋問後に成立したものは12件、鑑定後に成立したものは 2 件と、通常の訴訟と比較して尋問前の和解が多いことが特徴である。医療事件では診療記録（カルテ）や医学文献等により診療経過や医学的知見を客観的に認定し、確度の高い心証を形成できる場合があることから尋問前の和解が多いとも考えられ、医療訴訟を担当する弁護士には提訴から集中証拠調べに至るまでの充実した訴訟遂行が求められているといえる。

(2) 医療訴訟の審理運営指針

ア　はじめに

東京地方裁判所医療訴訟対策委員会は、平成19年 6 月に公表した医療訴訟の審理運営指針（以下、「東京地裁審理運営指針」又は「運営指針」）を平成25年 4 月 1 日に改訂しており、内容は「医療訴訟ケースブック」（法曹会発行。以下「ケースブック」）129頁以降に詳しく述べられている。この本では、東京地裁や大阪地裁等における医療訴訟の審理が具体的事例をあげつつ詳細に記述されており、医療事件を担当する弁護士にとって必読書である。

ケースブックでは「最近、医療訴訟の経験の少ない訴訟代理人の関与が増えてきたこともあり、訴訟提起前の準備が不十分と考えられる事案が目につくようになってきたこと」、「訴訟提起前の調査活動等が訴訟に拠らない早期の解決に不可欠であることにとどまらず、適切で迅速な審理の実現のためにも不可欠であること」と述べられているように（ケースブック131頁）、一定の経験数に基づいた訴え提起前の調査活動が強く求められている。

以下で、審理運営指針の概要を紹介する。

イ　訴え提起前の活動

(ア)　診療経過等の事実関係の調査

診療記録（カルテ）は医療訴訟の審理において不可欠かつ重要な書証であるので、カルテを入手し、診療経過を精査・把握し、必要に応じて当該診療の前後の医療機関のカルテも入手して事実経過を十分に把握する必要がある。

カルテの入手方法には、①証拠保全、②任意のカルテ開示がある。運営指針では、任意の開示を求めたのでは、開示を拒否されるか、開示されるとしても改ざんのおそれがある事案においては①の証拠保全を検討するのが相当であり、申立書にはそのような事由を具体的に記載すると必要性が理解されやすい、とされている。

(イ)　医学的知見の調査

問題となった当該診療行為を理解するためには医学的知見が不可欠となり、医学書や医学論文、症例報告などの医学文献を取得して精査する必要がある。こういった医学文献は、医療訴訟の立証に欠かせないものであり、医療水準の把握、注意義務違反や因果関係を考える上で必須である。

また、医学文献のみならず、実際の医療現場での判断を知ることも必須であり、当該診療行為を実際に行う医師の意見を聞く必要がある。被害者側の協力医の確保は、医療事件では必須のも

のであり、医師と担当弁護士とのネットワークの構築が必要とされる。

　運営指針では、意見書を提訴前に作成してもらうか、提訴後の早期の段階で意見書の作成について内諾を得ておくことが望ましいとされている。

　㋒　法律調査

　医療訴訟においても、関連する裁判例等の調査が重要となる。最近では、問題となった診療科の、いかなる疾病が問題となるかによって裁判例の検索が行える判例検索も存在しているが、そういった同種案件において過去の裁判ではどのような法的判断がなされたのかを知ることが、示談や訴訟等での見通しを立てる手立てとなる。

　㋓　紛争解決手段の選択

　事実調査を行い、医学的知見に基づいて法的責任の有無を判断し、有責と判断された場合には調査受任から交渉・訴訟等の受任へと移行する。運営指針では、訴訟以外の方法として、①説明会の開催の要請、②示談交渉、③医療ADR、④調停、⑤補償制度が挙げられている。

　運営指針においては、①の説明会開催は患者側の誤解や不信感を解き、事案の解決に結びつく場合もある旨が述べられている（ケースブック138頁以降）。たしかに、説明会開催後に示談となるケースも多く存在するが（医師が謝罪する場合もある）、医療機関側が、既に親族に説明済みである、医療従事者が多忙ないし既に当該病院にいない等を理由として説明会開催を拒むこともまた多く、あるいは書面による質問には応じるといった対応も多々見られることから、説明会の開催は事案に応じて検討すべきである。

　③の医療ADRでは「東京三弁護士会医療ADR」が紹介されている（「東京三弁護士会医療ADR検証報告書」についてケースブック139頁注17参照）。ただ、裁判外紛争解決手段であるADRは、和解の仲介や仲裁であって法的判断を伴わないため、責任の有無が争われている事案では紛争の解決に至らない場合が多い。また、期日ごとに費用がかかることを依頼者に説明しておく必要がある。④の調停については医師を専門家調停委員として関与させることが可能であることが紹介されている。⑤の補償制度については、産科医療補償制度や治験補償制度、医薬品副作用被害救済制度等が紹介されている。

　ウ　訴え提起

　運営指針では、裁判所が「訴状作成上の留意点」を指摘し、モデル訴状も提示されており有益である（ケースブック175頁以降）。

　事実経過、医学的知見、法的主張、特に、法的主張において主たる争点となる注意義務の記載が詳細に述べられている。注意義務の具体的な内容として、①時点を特定すること、②医師が何をすべきであったかを具体的に主張することが指摘されている（ケースブック181頁注8参照）。そして、注意義務を基礎づける事実、注意義務を裏付ける医学的知見、注意義務違反の具体的態様を明記する必要がある旨が指摘されている。

　さらに、注意義務違反と因果関係のある結果の明示、そして、損害論が述べられているが、注書きには、医学的機序（医学的な仕組み、メカニズム）について記載がない訴状では第1回口頭弁論までに裁判所から機序について明確な主張をするよう求められること（ケースブック141頁注20）、抽象的に感染症に感染させないようにすべき注意義務に違反したために悪しき結果が発

生したと主張するのではなく、感染症に感染させないために何をすべきであったかを可能な限り明確に主張すべきであること（ケースブック143頁注23）などの指摘が記載されているので注意を要する。

エ　争点整理手続

運営指針では、争点整理手続における①事実関係についての主張整理、②医学的知見の獲得について述べられ、①と②は「いわば織物の縦糸と横糸のようなもの」と表現されているように、事実関係及び医学的知見の双方を関連付けながらの整理の必要性が述べられている（ケースブック149頁）。

(ア)　事実関係についての主張整理

医療訴訟では診療経過一覧表の作成が事実関係の主張整理のメインとなる（ケースブック150頁、190頁）。診療経過の作成は、まず被告（医療機関ないし医師等）が作成し、原告がそれに対する反論を記載していく方式が定着している。被告より前に受診した医療機関（前医）やその後に受診していた医療機関（後医）などの診療経過が問題となる場合には、当事者と裁判所が協議してどのように作成するか決めているが、被告の系列病院を受診している場合には被告が先に作成しているようである。

東京地裁医療集中部による争点整理手続では、書記官の作成したプロセスカードが活用されている。プロセスカードには、いつまでに何を提出するのか、といった審理の進行が記載されており、当事者双方の今後の準備の予定を立てるうえで有用とされている。運営指針には、当事者が準備書面や書証の提出期限を遵守することは重要であると記載されており、「未だに書面の提出期限が守られない事案があることは残念である」などと指摘されている（ケースブック149頁注29）ので、くれぐれも注意した方がよいであろう。

なお、事実を基礎づける書証の提出について、医療訴訟では以下の3類型に分類されており、これも医療訴訟では特徴的である（ケースブック196頁別紙8参照）。

    A号証　医療・看護・投薬行為等の事実経過などに関する書証
    B号証　医療行為等の評価に関する書証、一般的な医学的知見に関する書証
    C号証　損害立証のための書証、その他

(イ)　医学的知見の獲得

運営指針では「争点整理段階における協力医のバックアップの必要性」が述べられており、早期からの協力医の関与が求められている。医療訴訟は極めて専門的であるため、提訴前の調査の段階で協力医を確保しておくことが今日では必須であるとさえいえる。

また、医学文献の中では診療ガイドラインの提出を検討すべきであるとされている。診療ガイドラインは、策定時点における医学的知見を集約し、標準的な診療内容を示すものであるから、原告代理人としては、訴え提起の時点で当該診療行為に関する診療ガイドラインを収集し、早期に提出することが求められるであろう。

また、医薬品の添付文書も同様である。独立行政法人医薬品医療機器総合機構や製薬会社のウェブサイト等で入手できるが、添付文書の記載に基づいて過失の有無を判断した判例としては最判平成8年1月23日民集50巻1号1頁、最判平成14年11月8日集民208号465頁などがある。前

判決では「医薬品の添付文書（能書）の記載事項は、当該医薬品の危険性（副作用等）につき最も高度な情報を有している製造業者又は輸入販売業者が、投与を受ける患者の安全を確保するために、これを使用する医師等に対して必要な情報を提供する目的で記載するものであるから、医師が医薬品を使用するに当たって右文書に記載された使用上の注意事項に従わず、それによって医療事故が発生した場合には、これに従わなかったことにつき特段の合理的理由がない限り、当該医師の過失が推定されるものというべきである。」と判示しており、運営指針では、「特段の合理的理由」の有無の審理は、当該医師が具体的状況の下、どのような考え方に基づいて医薬品を投与したのかを検討して行うことになると思われると記載されている（ケースブック161頁注37）。

オ　集中証拠調べ

東京地裁医療集中部の集中証拠調べでは、カンファレンス方式による鑑定（以下、「カンファレンス鑑定」）が実施されている。カンファレンス鑑定は3名の医師である鑑定人が、当事者が事前に作成した鑑定事項に対する意見を簡潔な書面にまとめて提出した上で、口頭弁論期日において鑑定意見を陳述し、鑑定人質問に答えるという複数鑑定の方式である。東京地裁の医療集中部では、東京都内13大学病院及びその系列病院から3名の候補者の推薦を受けて選任している。

利用した者の感想として、口頭弁論期日に出席した医師が狭い学会内の関係もあり1人の意見に追従することがないわけではなく、また、鑑定費用が60万円ほどかかるため支出する当事者の負担が大きく、得られる結果が大きくない場合には不満だけが残ることとなるので、依頼者との関係で十分にリスクを説明しておく必要がある。

カ　その他

運営指針では、その他にも実際の訴訟において注意すべき点が述べられている。ここでは概要を紹介したが、実際に読まれることをお勧めする。

3　診療記録の入手－診療経過の分析と理解

(1)　はじめに

医療事故の調査で最も重要なものは診療記録（カルテ）である。診療記録は、医師が作成した診療録、手術記録（ビデオを含む）、看護記録、検査記録、検査画像等の総称であり、これらは実際に医療行為を行った者が作成し、また、記録されたものであり、患者・家族では知ることができない生の記録である。したがって、医療事故について医師らに責任があるのか否かを判断するためには診療記録の分析は必須であり、その入手方法が問題となる。

一般的に、診療記録の入手方法には、①訴え提起前における証拠保全、②任意での開示（カルテ開示）が挙げられる。以前は、診療記録を任意で開示する医療機関は少なかったが、今日では医療機関が要綱などを作成して診療情報の開示として応じるところが多くなった。したがって、以下で述べる点に留意しながら、いずれかの方法を選択することになる。

(2)　証拠保全

ア　証拠保全の機能

証拠保全とは、将来の本案訴訟における証拠調べの時期を待っていたのではその取調べが不能

又は困難となる場合に、その証拠方法についてあらかじめ証拠調べを行い、その結果を保全する手続きである（「リーガル・プログレッシブ・シリーズ医療訴訟」青林書院6頁）。

証拠保全は、将来の訴訟に備えて証拠を保全するという証拠保全機能と、相手方が所持する証拠が事前に開示されるという証拠開示機能があり、さらに、開示された記録により事実関係が明らかとなり訴え提訴を控え、ないしは訴え提起前に示談・和解が促進されて早期解決に至るという事実上の効果があるとされている（「新版証拠保全の実務」きんざい64頁）。

イ　管轄、送達場所

証拠保全事件の管轄は、証人、鑑定人、当事者本人として尋問を受けるべき者もしくは文書を所持する者の居所又は検証物の所在地を管轄する地方裁判所又は簡易裁判所である（民訴235条2項）。

証拠保全の申立ては地方裁判所でも簡易裁判所でも可能であるが、どちらで行うかは代理人の考え方による。保全の必要性を厳格に審査する地方裁判所よりは簡易裁判所の方が比較的申立てが認められやすいという意見もあるし、地方裁判所の方が裁判官が熱心であるという意見もあり、どちらがいいとは一概にいえない。

証拠保全決定の告知（民訴119条）は決定書謄本を送達して行うが、相手方となる医療法人等が全国各地で医療機関を運営している場合に送達場所を当該医療機関として送達する場合もある（民訴103条1項ただし書の「営業所」として。新版証拠保全の実務165頁参照）。

ウ　証拠保全の対象物

実際の証拠保全では、対象物である診療記録をカメラマンが写真撮影（写真コピー）することによって確保することが大半である。

最近の医療機関では電子カルテが導入されているが、修正履歴の保全は必須であるものの分量が多くなる点で難点があり、また、慣れないカメラマンであると時間がかかることが多い。専門のカメラマンであれば、どこの病院は電子化されているなどといった情報を持っており、電子カルテのソフトも把握していることから迅速な証拠保全が可能となる。

エ　証拠保全のメリット・デメリット

証拠保全はある日突然裁判官が当該医療機関に赴き、証拠を開示するよう求めることから証拠の改ざんや偽造の可能性が少ないといわれている。ただし、電子カルテの場合、修正履歴が残るため改ざんの可能性は低い。

また、専門のカメラマンに依頼すれば確実であるが、人件費や交通費といった費用が別途かかるため費用が高額となる場合がある。

証拠保全では、「あらかじめ証拠調べをしておかなければその証拠を使用することが困難となる事情」（民訴234条）といった証拠保全の事由の疎明が必要であるが、電子カルテでは修正履歴が残ること、カルテ開示が増えていることもあり、証拠保全の事由の判断は厳しくなっている。ただ、証拠保全が訴訟の準備行為であることから柔軟な運用もなされているところであり、医療機関側の具体的言動や改ざんや不正行為歴の有無、改ざんの蓋然性・容易性、事案の重大性、診療記録の保全期間が5年（医師法24条2項、歯科医師法23条2項、保健師助産師看護師法42条2項、手術記録等は2年；医療法21条1項9号、医療法施行規則20条10号）であり保存期間満了が

迫っていることなどが考慮されており、その点を疎明する必要がある。

(3)　カルテ開示

　日本医師会が平成14年10月に、また、厚生労働省が平成15年9月に、それぞれ診療情報の提供等に関する指針を公表したことや、個人情報の保護に関する法律が施行されたこともあり、診療記録の任意の開示（カルテ開示）が認められやすくなった。医療機関では、診療記録の開示申請書などの書式を用意し料金を明示するなど患者・家族でも入手しやすくなっており、法律相談の際に既に診療記録を入手しているケースは多い。

　しかし、いわゆるカルテ開示の方法では診療記録が全て開示されているとは限らない。事前に相談者が持参したカルテを見ると修正履歴がないものが多い。また、検査記録や画像がない場合も多く、再度カルテ開示を求めるか、あるいは医療機関側が意図的に交付していないことが推認される場合には証拠保全の申立を検討することになる。

　また、カルテ開示の場合には時間的制限がなく、医療機関側の都合により開示されるまでの期間が延ばされることもあり、改ざんを疑う事情となりうる。

　したがって、診療記録の入手の仕方として、証拠保全とカルテ開示のいずれを選択するかは事案によって慎重に検討される必要があり、証拠保全の必要性は未だなくなってはおらず、むしろこれまでと変わらずに認められるといえる。

(4)　診療経過の分析と理解

　入手した診療記録を基に診療経過を精査することになる。検査の実施、検査結果の検討、診断、治療という流れで当該患者の診療経過を分析することになるが、診療記録に記載された医学用語のみならず略語が何を指すのかを理解する必要がある。「カルテの読み方と基礎知識第4版」（株式会社じほう）や医学略語辞典などの書籍が販売されているが、インターネットでも医学略語を詳細に解説しているウェブサイトが多数存在するので、そういったものを参照しつつ診療経過を分析し、理解することになる。

　なお、診療記録に記載がない診療行為等を医療機関側が主張する場合があるが、医師法24条1項は、医師が診療をしたときは「遅滞なく診療に関する事項を診療録に記載しなければならない」と規定し、医師法施行規則23条3号では診療録の記載事項として「治療方法（処方及び処置）」とされており、さらには保険医療機関及び保険医療養担当規則22条でも診療を行った場合には遅滞なく診療録に当該診療に関して必要な事項を記載しなければならないとされていることからすれば、診療記録に記載のない事実を主張することは不合理であり、東京地判平成4年5月26日判タ798号230頁で「記載の欠落は、後日にカルテが改変されたと認められる等の特段の事情がない限り、当該事実の不存在を事実上推定させる」と判示されたことから、診療記録に記載のない事実が主張されること自体が不合理な場合が多い。

4　医学的知見の調査

(1)　医学的知見の獲得の必要性

　一般的な民事事件においては、必要な証拠資料が入手できれば、後は法律的な判断により、処理方針を立て、訴訟を遂行できることが多い。これに対し専門性の高い事件では、事案の理解に

必要な専門的知識を収集し、学習することが前提として求められる。医療事件は、このような専門性の高い事件の典型であり、医学的知見をいかに収集、獲得するかが事件に取り組むにあたって重要となる。収集した医学的知見の中で有益なものは、後に、証拠化して訴訟に提出することとなる。特に、問題となっている疾患の原因、病態、症状、臨床所見、検査方法、及び治療方法など、基礎的事項に関する医学的知見は、訴訟の早期の段階で証拠提出し、両当事者と裁判所の共通認識にしておくべきとされる。また、医学的知見の基準時点については、過失については行為時、因果関係については口頭弁論終結時が基準となる点に注意が必要である。

医学的知見は、大きく、文献情報と協力医の意見に分けることができる。以下それぞれの収集獲得方法と注意点等について解説する。

(2) 文献情報

ア 文献情報の入手方法

以下、多くの患者側代理人が実践している文献情報の入手方法を示す。

(ア) 弁護士会図書館

弁護士会館7階8階の東京弁護士会・第二東京弁護士会合同図書館には、医学関係図書の書棚がある。各診療科目の基本書的な文献は一応揃っているようである。

(イ) 大学医学部図書館

慶應義塾大学医学部図書館（慶應義塾大学信濃町メディアセンター）が、古くから外部の弁護士の利用を認めてきたことで有名である。医学文献は、極めて充実しており、謄写も可能である。東京大学の医学部図書館も利用可能である。

(ウ) 国会図書館

永田町の国会図書館を利用する弁護士は意外と少ないようであるが、当然のことながら、蔵書の充実度は極めて優れている。NDL-OPAC という所蔵資料の検索・申込みシステムが取られており、利用者登録をすると、事務所や自宅のPCからインターネットを通じて蔵書検索ができ、論文等を郵送にて入手することができる。

(エ) 書店（実店舗）

文献を購入する場合、都内では、丸の内の丸善本店、ジュンク堂書店池袋本店の医学書コーナーが充実している。各大学医学部の近隣には医学書専門店があることが多い。

(オ) インターネット

近年は、インターネットを通じて迅速かつ効率的に医学文献を入手できるようになった。下記で紹介する医学文献検索サービスを利用できるほか、グーグルやヤフーなど検索エンジンサイトの利用により、各種の有益な医学情報を入手できる。

イ 主要な文献情報

過失や因果関係の判断の資料となり、訴訟になった場合に書証として提出するのは、成書と呼ばれる教科書的文献と医学雑誌に掲載された医学論文が主である。ただ、近年は、それら以外にも有用な医学情報が多く発信されている。以下、多くの患者側弁護士が利用している医学文献、医学情報、及び医学情報検索サービスをいくつか紹介する。

(ア) 文献・電子情報

①「今日の診療」（医学書院）

　「今日の治療指針」「今日の診断指針」などの書籍の電子情報版である。DVD 版と Web 版があり、毎年改訂されている。検索性、網羅性に優れており、解説も簡にして要を得ており読みやすい。医療訴訟に本格的に取り組むのなら、是非購入しておきたい文献情報である。内容の信頼性も高く、書証提出も十分可能である。

②「病気がみえる」「薬がみえる」（メディックメディア）、ビジュアルブック（学研メディカル秀潤社）

　医師のほか、看護師、薬剤師、医学生、看護学生などを対象とした基礎的なテキストである。図解中心で理解しやすい。事案の具体的検討に入る前に、基礎的知識を学習する際に向いている。

③「標準医学シリーズ」（医学書院）

　医学生向けの概説書であり、司法試験でいう基本書のようなテキストである。全診療科網羅されており、基本的事項を学ぶのに適している。ただし、上記②「病気が見える」シリーズに比べると数段レベルは高い。

④診療ガイドライン

　学会などが主体となって作成した臨床医向けの標準的な診療方法の指針である。診療ガイドラインは、EBM（evidence based medicine）に則って作成されており、標準的な診療行為の指針を示すものであるため、書証としての価値は高い。ただし、ガイドラインと法的な注意義務の関係について議論があることに注意するべきである（ガイドラインの指示がそのまま法的な注意義務になるわけではない）。

⑤各学会のホームページ

　各学会がホームページにおいて、患者向けに疾患や治療方法を解説していることがある。例えば、日本臨床外科学会ホームページ「一般のみなさま」の欄では、胃癌や乳癌の診断や手術方法について解説されている。信頼性に優れ、かつ、図解、イラストなども多用されており、理解の手助けになる。

⑥製薬会社、医療機器メーカーのウェブサイト

　製薬会社や医療機器メーカーも、ウェブサイトに患者向け（場合によっては医師向け）の解説を掲載していることが多い。例えばオリンパス株式会社は、胃瘻専門の情報サイトを開設し、胃瘻について全般的に解説している。イラストや動画などが用いられており、大変分かりやすいことが多い。

⑦個人のウェブサイト、ブログ

　医師と思われる方が、個人のウェブサイトやブログで、後輩の研修医などに向けて、医療知識の解説をしているものがある。実践的で分かりやすいものが多いが、内容の信頼性は慎重に判断すべきと思われる。また、有益な情報であっても、匿名のウェブサイトやブログは、書証提出には適していないといえる。

(イ)　検索サービス等

①「医中誌 Web」

特定非営利活動法人医学中央雑誌刊行会が作成する国内医学論文情報のインターネット検索サービスである（有料）。電子化される以前の国内医学文献の抄録誌であったころから、多くの患者側弁護士に利用されてきた。毎年、弁護士会図書館主催で利用方法の研修会が開かれている。

②「JDream Ⅲ」

科学技術や医学・薬学関係の国内外の文献情報を検索できる科学技術文献データベースである（有料）。平成24年度末まで科学技術振興機構が提供していたが、その後株式会社ジー・サーチが引き継いでいる。

③ Cinii（サイニィ、Citation Information by NII）

国立情報学研究所（NII、National institute of Informatics）が運営する論文、図書・雑誌や博士論文などの学術情報検索サービスである。登録不要で無料で論文を検索できる。論文の内容を閲覧する場合、無料のものと有料のものがある。なお、国は、今後、科学技術振興機構が運営する「J-STAGE」に一本化する方針を示している。

④ Amazon.com/Amazon.co.jp

言わずと知れたインターネット書店である。在庫数は極めて充実している。「この商品を買った人はこんな商品も買っています」の欄で関連文献を見つけることができる点も便利である。医学書は高額なので中古本を購入する際に利用する人も多い。

(3) 協力医

ア 協力医を確保する必要性

文献情報等により、事案につき一定の理解は得られるとしても、過失と因果関係の判断には、当該分野の臨床経験のある医師のアドバイスを必要とすることが多い。検査データの見方や判断などは文献では直ちに分からない事が多い。協力医を確保できるか、どのような医師に協力を依頼するかは、医療事件を扱うに際して極めて重要なポイントになる。

イ 協力医確保の方法

協力医をどうやって探すかは、患者側弁護士にとって常に悩みの種である。偶然、知り合いにその分野に詳しい医師がおり、相談に乗ってくれればよいが、そういうケースは希である。以下、患者側弁護士が協力医を確保している方法を紹介する。

㋐ 医療事故情報センター

会員の弁護士に対して協力医を紹介している。患者側で医療過誤を扱う弁護士の多くは会員になっており、最もスタンダードな方法といえる。伝統のある団体であり、協力医の数も多く、たいていの場合は適任者を紹介してもらえるようである。

㋑「いきなり型」

関連文献の著者の医師に手紙を書き、「いきなり」協力を依頼する方法である。依頼される方からすれば、見ず知らずの弁護士から「いきなり」手紙が来るわけだが、意外と応諾率は高いと言われる（過去「ヒット率5割」という人もいる）。

㋒ 協力医紹介会社

協力医の紹介を商業的に行っている企業もある。あまり利用している弁護士は見かけないが、

数少ない貴重なチャンネルの一つといえる。

(エ)　勉強会・研修会の講師

委員会や弁護団、研究会の勉強会、研修会に講師として招かれた医師と人脈を築いておいて、後に協力を依頼することがある。懇親会などで近くに座り、名前と顔を覚えておいてもらう努力が必要かもしれない。

(オ)　後医

意外と重要なのが、後医である。後医とは、医療過誤を起こしたと考えられる医師の後に、患者の診療を担当した医師である。医療事故と近接した時期に、実際に患者を診療していることから、その意見内容は信頼性が高い。裁判沙汰には関わりたくない、という医師も多いが、良心から適切なアドバイスをしてくれる方に出会うこともある。

ウ　協力医のアドバイスをもらう上での注意点

協力医のアドバイスを受ける際には、必ず事前に文献情報等により基礎知識を学習し、カルテを分析した上で診療経過一覧表を作成し、一応の見立てを立てるべきである。この見立てに基づき、具体的な照会事項を作成し、それを協力医に事前に検討してもらった上で面談に臨むべきである。カルテを丸投げし、問題点の探索を一から協力医に委ねるような態度は避けなければならない。

協力医の協力の方法（限度）としては、面談によるアドバイスのみの場合と、顕名の意見書作成や証人出廷にまで応じてもらえる場合がある。後者が理想であるが、ここまで応じてくれる医師は多くはないようである。

第 2 　医療過誤に共通する法的知識

1 　診療上の注意義務と医療水準論

(1)　診療上の注意義務

ア　診療上の注意義務が要求される場面

診療契約上の債務不履行責任であれ、不法行為責任であれ、必ず検討を要するのが注意義務違反（過失）の問題である。

注意義務は、以下に述べるように、問診、検査、診断、治療、転医という診療に関する一連の各過程において求められる。そのため、このうち、どの段階の過程にいかなる注意義務違反があるか、すなわち、「いつ、なにを、どうすべきであったのか」という原告の主張の根拠となる注意義務違反の内容を、できる限り具体的に特定することが必要である[70]。

現代医療は、その診療内容が高度に複雑化・細分化し、医学的知識を持たない者にとって、診

70　なお、概括的・択一的認定が認められる例もある。最判昭和32年 5 月10日民集11巻 5 号715頁（皮下注射後化膿に関する複数過失事件）は、甲事実（注射液が不良であつたこと）及び乙事実（注射器の消毒が不完全であつたこと）が共に診療行為上の過失となすに足るものである以上、裁判所が甲又は乙のいずれについて過誤があつたものと推断しても、過失の事実認定として不明又は未確定というべきではないとして、概括的・択一的認定によって医師の過失を肯定した。

療上の過失行為を具体的に特定することが必ずしも容易ではない場合が多いが、本章第1　4（202頁～）において述べたとおり、訴訟提起前に十分な事前調査を行うとともに、医学文献や専門医等から得た医学的知見を最大限に活用することが重要であろう。

イ　診療上の注意義務を負う主体

診療上の注意義務を負う主体は、医師のみではない。看護師や薬剤師、検査技師等の医療従事者の注意義務も当然問題となりうる。

さらに、近年では、医療行為が専門分野や医療機関における地位、役割等を異にする複数の医療関係者が協同して行われるチーム医療で行われる場合も多く、その場合には、チームの構成員の注意義務も検討されなければならない。

(2)　診療上の注意義務違反が問題となる諸類型

医療過誤における診療上の注意義務違反が問題となる諸類型を分類・整理すると、以下のような類型を挙げることができる。

ア　問診義務違反

問診は、患者の病態、病因、体質等を把握して、以後の検査や治療行為の選択の端緒となるものであり、医師は、当時の医学的知見に照らして重要な情報につき当該情報を得るために必要な問診を行う義務がある。

問診義務に関するリーディング・ケースであるインフルエンザ予防接種禍事件において、最高裁は、医師に「単に概括的、抽象的に接種対象者の接種直前における身体の健康状態についてその異常の有無を質問するだけでは足りず、禁忌者を識別するに足りるだけの具体的質問」をする義務があるとした（最判昭和51年9月30日民集30巻8号816頁）。

イ　検査義務違反

検査についても、問診の場合と同様、医師は、当時の医学的知見上重要な事項について、適切に実施する義務がある。

具体的には、医師は、疾病を特定するために適切な検査を実施する義務を負い（検査義務を認めた裁判例として名古屋高判平成15年11月15日判時1857号53号参照）、疾病の特定後であっても、その経過観察のために必要な検査を行う義務を負う（患者の経過観察に伴う検査義務を認めた裁判例として東京地判平成15年5月28日判タ1147号255頁参照）ことはもちろんのこと、実施された検査の結果につき、適切にこれを評価する義務を負う。

ウ　治療義務違反

治療義務は、下記エやオのような作為の場合の他に、特定の治療法が実施されなかったという、特定の治療の実施についての不作為が問題となる類型であり、「特定の治療方法を実施するべきであったのに当該治療法を選択しなかった」という治療法選択の適切性の問題と、「より早期に特定の治療が実施されるべきであった」という治療の実施時期の適切性の問題に分類することができる。

治療方針の選択に関しては、複数の合理的な治療方法が考えられる場合に、そのうちのどの方法を選択するかは医師の裁量に属する事項であるから、特定の治療方法を選択するべきであったとするためには、各治療法の必要性、有効性、想定されるリスク、患者の希望、各治療法の一般

的な実施状況、当該医療機関の体制、治療の容易性等の諸事情に鑑み、「他の治療方法ではなく、当該特定の治療方法を実施すべき義務がある」ということまで主張、立証することが必要となろう（東京地判平成17年12月8日、東京地判平成17年4月11日（いずれも公刊物未登載）等）。

治療の実施時期の適切性に関しては、患者疾患の危険性、当該治療法を実施する必要性、緊急性、実施により想定されるリスク、当該治療法がその時期に実施されるに至った事情等を検討・考慮すべきである（東京地判平成16年2月2日公刊物未登載等）。

エ　適応違反

適応違反とは、実際に実施された治療行為につき、「特定の治療行為を行うべきではなかったのに行った」という作為の当否が問題となる類型であり、いわば、前記ウの治療義務違反の裏返しの問題ということができる。

この適応違反について、大阪地判平成17年7月29日判タ1210号227頁は、未破裂脳動脈瘤に対する手術の適応が問題となった事案において、手術が「①当該疾病に対する治療の必要性の有無、②当該治療方法の当該疾病に対して期待される一定の治療効果（有効性）の有無、③当該治療行為に医療行為として期待される安全性の有無を総合的に考慮して、医学的ないし社会的にみて適切さを欠くものとして違法な治療であるということができるか否かによって決すべきである」と判示した。

オ　手技上の過失

手技上の過失とは、医療器具の操作上過失など、具体的な手技の過失が問題となる類型である。

手技上の過失に関しては、具体的にどのような手技が行われたか、また、当該手技について、どのような過誤があったかを特定することには困難を伴う場合が多いであろう。もっとも、ある結果から、ある手技上の過失が容易に推認されるような事例に関しては、手技上の過失として構成することが適当であろう（そのような事例としては、例えば、手術器具の体内留置や、神経損傷、血管損傷のように、医療器具の操作ミスによって、治療箇所とは無関係の箇所に損傷が生じたような事案などが想定されよう）。

カ　転医義務違反

転医義務とは、医師が自ら、医療水準に適った診療をなし得ない場合に、患者を転医させる義務をいう。

すなわち、医師は、自ら医療水準に適った治療を実施できない場合には、患者に転医を勧告する転医勧告義務を負い[71]、実際に転医させるに当たっても、医師は、適切な転医先を選定し、転医先に求諾し、転医先に事情説明をした上で、適切に患者を転送する義務を負う[72]（最判平成15年11月11日民集57巻10号466頁）。

71　より高度な医療を施すことができる医療機関への転医を勧めるべきであったにもかかわらず、これを怠ったことにより上顎癌の発見が遅れ、効果的な治療を受ける機会を失ったことが原因であるとして、診療契約上の債務不履行又は不法行為に基づき損害賠償を求める事案で、550万円の賠償を認めた事例として仙台地判平成17年2月25日公刊物未登載。

72　産婦人科開業医が、2320gで出生した未熟児に黄疸が出現したため、出生3日目に転院させる際、看護婦に付き添わせて患児家族の車で行かせ、一つの病院で受け入れ不能、次の病院に行くまでに1時間30分かかり、その間に呼吸困難に陥っててんかんの症状が残ったケースにつき、転院義務を怠ったとして医師の責任を認めた事例として、名古屋地判昭和59年7月12日判時1145号94頁参照。

(3) 原則論としての注意義務の程度

　医師としていかなる注意義務を負っていたか、という点についての判断基準として確立しているのが、最判昭和36年2月16日民集15巻2号244頁（東大梅毒輸血事件）が提示した基準である。同判決は、「いやしくも人の生命及び健康を管理すべき業務（医業）に従事する者は、その業務の性質に照し、危険防止のために実験上必要とされる最善の注意義務を要求される」と判示し、医師に高度の注意義務を課した。

(4) 注意義務の限界としての医療水準

　もっとも、医師は、いかなる場合においても最善の注意義務を負うものではなく、医療水準によってその限界が画される。

　そのリーディング・ケースとなったのが、最判昭和57年3月30日判時1039号66頁（日赤高山病院未熟児網膜症事件）である。同判決は、医師の注意義務の基準となるべきものは、「診療当時のいわゆる臨床医学の実践における医療水準である」として、注意義務違反の基準となるのは「医学」ではなく、「医療の実践」すなわち医療現場における医療水準であることを確認した。

　もっとも、医療機関にも様々なものがあり、その医療水準も各病院の規模、特性や専門性により様々である。このように、ある治療法が特定の医療機関に要求される医療水準に該当するか否かの判断基準について、最判平成7年6月9日民集49巻6号1499頁は、「ある新規の治療法の存在を前提にして検査・診断・治療等に当たることが診療契約に基づき医療機関に要求される医療水準であるかどうかを決するについては、当該医療機関の性格、所在地域の医療環境の特性等の諸般の事情を考慮すべき」であるとし、「新規の治療法に関する知見が当該医療機関と類似の特性を備えた医療機関に相当程度普及しており、当該医療機関において右知見を有することを期待することが相当と認められる場合には、特段の事情が存しない限り、右知見は右医療機関にとっての医療水準であるというべきである。」とした。

　本判決は、①医療水準は全国一律ではなく、各医療機関・医師ごとに個別具体的に判断されること、②患者において当該医療水準による治療を期待することが相当かという観点で判断されること、③技術や設備は伴っていなくとも当該治療法が知識として普及していれば医療水準となることを明らかにしている。本判決以前は、全国・全医療機関・全医師で一律に医療水準を解すべきとの見解もあったが、本判決はそれを明確に否定し、医療水準は「当該医療機関の性格、所在地域の医療環境の特性等の諸般の事情を考慮」して判断すべきとした。したがって、医療水準を論じる際には、問題となる医療機関の規模・診療科・役割などを踏まえ、同程度の医療機関における治療法の普及の程度等から、当該医療機関を受診する前提として「この病院なら、このレベルの知見は有しているだろう」と期待するのが相当であると主張していくことになる。「患者の期待」という観点で判断されることから、例えば、医療機関がホームページなどで「最先端の医療技術を駆使したハイレベル医療の提供」などを謳っているような場合、それも当該医療機関における医療水準を判断する一つの考慮事情になりうる。

　また、特定の治療法に関して、「知見の普及」と「実施のための技術・設備等の普及」との間には当然タイムラグが生じるが、注意義務の基準となる医療水準は前者に基づいて判断されることを本判決は明らかにしている（知識はあるものの設備が伴っていなかった場合には、転医義務

の問題となろう)。

(5) 医療慣行と注意義務

診療行為について、医療現場で一般に行われている医療慣行が存在するとしても、医師が当該医療慣行に従った医療行為をしたからといって、必ずしも注意義務を尽くしたということはできない。

すなわち、最判平成 8 年 1 月23日民集50巻 1 号 1 頁は、「『医療水準』は、医師の注意義務の基準（規範）となるものであるから、平均的医師が現に行っている『医療慣行』とは必ずしも一致するものではなく、医師が『医療慣行』に従った医療行為をしたからといって、医療水準に従った注意義務を尽くしたと直ちにいうことはできない」と判示し（文中二重括弧は執筆者）、医療慣行と医療水準とは必ずしも一致するものではなく、医療慣行に従った医療行為を行ったことにより、直ちに医療水準に従った注意義務が尽くしたとは言えない旨判示した。

(6) 医薬品の添付文書と過失の推定

医師が特定の基準に沿った診療行為を行わなかった場合に、その過失が推定される場合がある。

すなわち、医薬品の添付文書については、前掲最判平成 8 年 1 月23日民集50巻 1 号 1 頁は、「医師が医薬品を使用するに当たって医薬品の添付文書（能書）に記載された使用上の注意事項に従わず、それによって医療事故が発生した場合には、これに従わなかったことにつき特段の合理的理由がない限り、当該医師の過失が推定される」旨判示した。

(7) 重要裁判例

ここでは、診療上の注意義務に関し、事実認定上重要と思われる裁判例を紹介する。

- 最判平成 9 年 2 月25日判時1598号70頁（顆粒球減少症事件）

開業医が顆粒球減少症の副作用を有する多種の薬剤を長期間継続的に投与された患者に薬疹の可能性のある発疹を認めた場合においては、自院又は他の診療機関において患者が必要な検査、治療を速やかに受けることができるように相応の配慮をすべき義務がある。

- 最判平成11年 3 月23日集民192号165頁（脳神経減圧手術事件）

顔面けいれん根治手術である脳神経減圧手術を受けた患者が、同日中に小脳内血腫を来し、その結果死亡した事故について、本件手術の施行とその後の患者の脳内血腫の発生との関連性を疑うべき事情が認められる本件においては、他の原因による血腫発生も考えられないではないという極めて低い可能性があることをもって、本件手術の操作上に誤りがあったものと推認することはできないとし、患者に発生した血腫の原因が本件手術にあることを否定した原審の認定判断には、経験則ないし採証法則違背がある。

- 最判平成13年 6 月 8 日集民202号277頁（緑膿菌感染事件）

金属プレス機によって両手の圧挫創を負った患者が加療入院中に敗血症で死亡した事故について、傷の状態が著しく汚染されたものであり、手術終了の時点で細菌感染が懸念されたこと、術後翌日に多量の黄色の浸出液が認められ、術後 1 週間経過しても発熱が続いたことなどに鑑みるならば、細菌感染を疑わせるうみ状のものや刺激臭が現れていなかったという事実のみをもって、担当医師らの細菌感染症予防に過失がなかったとした原審の

判断には誤りがある。

- 最判平成14年11月8日集民208号465頁（スティーブンス・ジョンソン症候群事件）

  医薬品添付文書の使用上の注意に副作用として過敏症状とスティーブンス・ジョンソン症候群（皮膚粘膜眼症候群）が記載された薬剤等を継続的に投与中の患者に副作用と疑われる発疹等の過敏症状が発生し、患者が失明した場合において、同症状の発生を認めた医師が同薬剤投与を中止しなかった点につき過失を否定した原判決を破棄し原審に差し戻した。

- 最判平成15年11月14日集民211号633頁（食道がん術後呼吸困難事件）

  食道がんの手術後、手術の際に経鼻気管内挿管された管が抜かれた直後に、患者が進行性の喉頭浮腫により上気道狭さくから閉そくを起こして呼吸停止及び心停止に至り、心拍再開後、植物状態となり、食道がんの再発、進行により死亡するに至った場合において、担当医師には、抜管後、患者の呼吸困難な状態が高度になったことが示された時点で、再挿管等の気道確保のための適切な処置を採るべき注意義務を怠った過失がある。

- 最判平成16年9月7日集民215号63頁（アナフィラキシーショック事件）

  アレルギー反応を起こしやすい体質の患者に、S状結腸がん除去手術後の炎症に対処するため、担当看護婦に、投与後の経過観察を十分に行い、発症後における迅速かつ的確な救急処置をとりうるような医療態勢に関する指示・連絡をすることなく、アナフィラキシーショック症状を引き起こす可能性のあるミノマイシン、ペントシリンを点滴投与させ、アナフィラキシーショックにより患者を死亡させた担当医師には過失がある。

- 最判平成18年1月27日集民219号361頁（MRSA 感染症事件）

  入院患者がメチシリン耐性黄色ブドウ球菌（MRSA）に感染して死亡した場合において、広域の細菌に対して抗菌力を有する抗生剤を投与したこと、MRSA が発症した早期に抗生剤バンコマイシンを投与しなかったこと、多種類の抗生剤を投与したことについて担当医師に過失があるとはいえないとした原審の判断は、経験則又は採証法則に反する違法がある。

- 最判平成18年4月18日集民220号111頁（冠状動脈バイパス手術事件）

  冠状動脈バイパス手術を受けた患者が、術後に腸壊死となって死亡した事案で、医師には腸壊死が発生している可能性が高いと診断したうえで、直ちに開腹手術を実施し、腸管に壊死部分があればこれを切除すべき注意義務があった。

- 最判平成18年11月14日集民第222号167頁（ポリープ摘出後の出血性ショック事件）

  病院で上行結腸ポリープ摘出手術を受けた患者が術後に出血性ショックにより死亡した場合につき、担当医が追加輸血等を行わなかったことに過失があるとはいえないとした原審の判断には採証法則違反がある。

- 最決平成19年3月26日刑集61巻2号131頁（患者取り違い手術事件）

  患者を取り違えて手術をした医療事故において、麻酔を担当した医師には、①麻酔導入前に、患者への姓による呼び掛けなど患者の同一性確認として不十分な手立てしか採らず、患者の容ぼうその他の外見的特徴などをも併せて確認しなかった点において、また、

②麻酔導入後に外見的特徴や検査の所見等から患者の同一性について疑いが生じた際に、他の関係者に対して疑問を提起し、一定程度の確認のための措置は採ったものの、確実な確認措置を採らなかった点において、過失がある。

・　最判平成21年3月27日集民230号285頁（麻酔薬の併用投与事件）

全身麻酔と局所麻酔の併用による手術中に生じた麻酔による心停止が原因で患者が死亡した場合において、麻酔医に各麻酔薬の投与量を調整すべき注意義務を怠った過失があり、同過失と死亡との間に相当因果関係がある。

2　説明義務

(1)　診療上の説明義務

医師が診療行為にするにあたって求められるのが、病状や、治療法等について患者に説明すべき義務、すなわち説明義務である。

この説明義務は、患者に対してなされる診療行為について、患者が自己決定権を有し、患者が医師から十分な説明を受けた上で診療行為に同意すること（インフォームド・コンセント）を前提とし、その実定法上の根拠は診療契約に求められる（最判平成13年11月27日民集55巻6号1154頁、最判平成17年9月8日判時1912号16頁等）。

一般に、医師の手技上の注意義務違反を主張立証することは困難であるのに対し、説明義務違反は、専門知識のない者でも比較的主張立証が容易である。また、診療行為上の注意義務は否定されたが、説明義務違反という形で責任が認められる裁判例も近年増加しており、説明義務違反の有無は、前述した注意義務の問題と共に常にセットで検討を要する事項である。

(2)　説明義務の発生場面

説明義務は、問診、検査、診断、治療等の診療行為の各場面、さらには、治療行為の終了時や退院時においても発生するが、このうち、治療方法の選択に関する説明義務は、患者の自己決定権と密接な関係を持つため特に重要である。裁判例においても、上記の各場面のうち、治療の場面において説明義務を認めた裁判例が多い。

(3)　説明義務の限界

説明義務の内容・程度については、患者が自己決定をするために必要かつ十分な説明がなされることを要する。

説明義務は、医療水準が未確立で当該医療機関において実施していない治療方法についても、一定の範囲で認められる場合がある。この点において前述の注意義務違反の場面とは異なることに注意が必要である。すなわち、最判平成18年10月27日判時1769号60頁は、乳がんに対する未だ未確立で、当該医療機関で実施していない治療法（乳房温存療法）に関しても、「乳房温存療法を実施している医療機関の名称や所在を被上告人の知る範囲で説明し、乳筋温存乳房切除手術を受けるか、あるいは他の医療機関において同治療を受ける可能性を探るか、そのいずれの道を選ぶかについて熟慮し判断する機会を与えるべき義務がある」として、説明義務を肯定した。

なお、医師の説明義務を巡る近年の裁判例は、単に「説明されるべき情報が提供されたか」という点のみを吟味するのではなく、患者の自己決定権が行使しうる具体的状況にあったかという

観点から、多角的かつきめ細やかな判断をする傾向にあるため、説明義務の検討に当たっても、患者が適切に自己決定権を行使しえたかということにつき具体的な検討を要する。

(4) 説明義務違反と発生した結果との因果関係

医師の説明義務違反が認められたとしても、生じた結果との間で因果関係（高度の蓋然性）が認められなければ、患者の損害について賠償義務は生じない。

もっとも、説明義務違反と生じた結果との間での因果関係が認められないとしても、患者の自己決定権侵害との間においては、因果関係が認められる場合がある。その場合には、自己決定権侵害に基づく慰謝料について、医師が賠償義務を負うこととなる。

(5) 説明義務に関するその他の重要裁判例

ここでは、診療上の注意義務に関し、重要と思われる裁判例を紹介する。

- 最判平成 7 年 5 月30日集民175号319頁（退院時の説明義務）

  患者を退院させるに当たり、何か変わったことがあれば医師の診察を受けるようにとの一般的な注意を与えただけでは足りず、具体的に説明・指導しなければならない（新生児核黄疸の事案）。

- 最判平成13年11月27日民集55巻 6 号1154頁（未確立の治療法に関する説明義務）

  医師は、選択可能な他の治療法も説明する義務があり、医療水準として未確立の治療法についても、相当数の実施例があり、積極的な評価もされており、患者が当該治療法に強い関心を抱いていることを認識していた場合には説明する義務がある（乳房温存療法）。

- 最判平成18年10月27日集民221号705頁（予防的治療における説明義務）

  予防的な療法を実施するに当たっては、他の選択可能な治療法に加え、いずれの療法も受けずに保存的に経過を見るという選択肢も含め、各選択肢の利害得失について説明する必要がある。

- 最判平成14年 9 月24日判時1803号28頁（末期的疾患の告知義務）

  医師は、患者本人に対してがんを告知すべきでないと判断した場合、患者の家族に対する告知を検討し、家族への告知が適当な場合にはその診断結果を説明すべき義務を負う。

- 最判平成20年 4 月24日民集62巻 5 号1178頁（チーム医療における説明義務）

  チーム医療の総責任者は、患者に対する説明を常に自ら行う必要はなく、主治医に説明をゆだねることも許され、当該主治医の説明が十分なものであれば、自ら説明しなかったことを理由に説明義務違反の不法行為責任を負うことはない。

(6) 美容医療と説明義務

ここでは、さらに医療分野の消費者相談では多数を占めると思われる美容医療における説明義務について述べる。

いわゆる美容医療については、本来的な医療行為と決定的に異なる点がある。それは、①医学的必要性・緊急性に乏しいこと、②施術依頼者の主観的願望を満足させる目的で行われるため、手術を行うか否かの判断が専ら依頼者の選択に委ねられていることである。これらの特質から、本来的な医療行為の場合よりも、医師の負う説明義務の内容・程度を加重する裁判例が多い。

美容整形におけるいわゆる豊胸手術を計 4 回受け、 4 回目の手術により胸部に内出血等が生じ

た患者が、1～4回目の手術にあたり、効果が得られずまたリスクが高いこと等の説明が不十分だったとして、損害賠償を請求した事案において、東京地判平成17年1月20日判タ1185号235頁は、「豊胸手術のような美容整形手術は、疾病や外傷に対する治療と異なって緊急性や必要性が低い手術であり、患者が有する一定の美容目的を達成するために実施するものであるから、医師としては、患者に対し、当該手術を受けるか否かの判断に必要な情報を十分提供する必要があり、実施しようとする手術の概要とともに、その利点のみならず、生じうる合併症についても十分な説明をすべき義務がある」としたうえで、第4回の手術については、「通常予想される合併症や危険性のみならず、本件第4回手術を乳腺下インプラント挿入術の方法で実施しても効果が期待できず、危険性も非常に高いということを説明すべき義務を負っていたというべきである（場合によっては、原告に対し、これ以上の手術をあきらめ、インプラントを抜去することを説得することも検討すべきであった。）」として、説明義務違反を認めた。

3 医療事件に特有の因果関係論及び損害論

(1) 因果関係における高度な蓋然性

　医療過誤による損害賠償請求が認められるためには、患者の側において、過誤行為（過失・債務不履行）と結果との間に因果関係のあることを立証する必要がある。因果関係については結果と損害との間にも存することが必要とされるが、この意味での因果関係については本稿の対象外とする。

　因果関係の立証の程度については、「一点の疑義も許されない自然科学的証明ではなく、経験則に照らして全証拠を総合点検し、特定の事実が特定の結果発生を招来した関係を是認し得る高度の蓋然性を証明することであり、その判定は、通常人が疑いを差し挟まない程度に真実性の確信を持ち得るものであることを必要とし、かつ、それで足りる」とされている（最判昭和50年10月24日民集29巻9号1417頁・ルンバール事件）。このことは原因行為が不作為の場合でも異ならない（最判平成11年2月25日民集53巻2号235頁）。

　不作為の場合に立証すべき「高度の蓋然性」の対象について、判例は「医師の右不作為が患者の当該時点における死亡を招来したこと、換言すると、医師が注意義務を尽くして診療行為を行っていたならば、患者がその死亡の時点においてなお生存していたであろうことを是認し得る高度の蓋然性が証明されれば、医師の右不作為と患者の死亡との間の因果関係は肯定されるものと解すべきである。」としている。すなわち、最終的に救命できたことの立証までは必要なく、その時点で死亡していなかった蓋然性を立証すれば足りることになる。

　死亡時点での生存蓋然性も立証できない場合、因果関係は認められない。もっとも、その場合でも、「患者がその死亡の時点においてなお生存していた相当程度の可能性」が認められれば、一定の範囲で賠償を認める判例が現れた（最判平成12年9月22日民集54巻7号2574頁）。これは、被侵害利益を「生存の可能性」と設定する考え方で、現在では予備的請求原因として主張されることが多い。詳細は(3)で後述する。

(2) 高度な蓋然性の判断基準

　医療訴訟では、過失と並び因果関係の立証が難しいとされている。その理由としては、①そも

そも何らかの疾患があって病院を訪れるため、その原疾患によっても同様の結果を生じる可能性があること（特に癌など、死に結びつきやすい疾患の場合）、②治療効果や特定の治療に対する反応には個体差が大きいこと、③疾患や治療行為による変化が身体内部で進んでいくため、外部から客観的に認識することが難しく、診察や検査などから推定せざるを得ないこと、などが指摘されている。

そこで、因果関係ありとの認定を勝ち取るために、どのような事実に重点を置いて主張すべきかが問題となるところ、因果関係の判断要素としては、次のような点が指摘されている（髙橋譲『医療訴訟の実務』（商事法務、2013年）543頁）。

ア　過失の内容・程度

過失の問題として主張していくことになるだろうが、過失の程度が大きければ大きいほど、過誤行為が結果を招来したとの判断に結びつきやすく、因果関係も肯定の方向に傾く。

イ　医療行為と結果との時間的接着性

医療行為と結果とが時間的に接着していれば因果関係も肯定の方向に傾く。もっとも、効果が現れるまでの時間は治療行為によっても異なり、すぐに効果が現れない場合もある（例えば、薬剤投与の場合、効果が現れるまでの時間は薬剤の種類によって様々であろう）。したがって、医療行為と結果との間にある程度の時間が存在する場合には、当該医療行為の効果が生じるにはどの程度の時間がかかるのかを調査の上、医療行為と結果発生との時間的間隔が、当該医療行為の効果発生までにかかる一般的な時間的間隔と整合することを主張していくことになる。

ウ　一般的統計的因果関係

問題となる診療行為が統計上、どの程度の効果が見込まれているのかも重要な要素となる。特に、不作為の場合、適切な治療行為を行えばどの程度の確率で救命ないし治癒できたのかを判断するに際し、統計資料は重要な証拠となる。統計資料を提出する際は、できるだけ当該事案と条件（症状の種類・程度、医療行為の内容、患者の年齢・体質など）の近似する資料であることが望ましい。

(3)　相当程度の可能性の存在により因果関係が認められた事案

従前の裁判例からすれば因果関係が否定され、請求が認められないはずのケースにおいて、請求を一部認容する判例が現れた。最判平成12年9月22日民集54巻7号2574頁であり、近年の裁判例の中でも医療訴訟の実務に大きな影響を与えた判例の一つである。その概要を紹介する。

ア　事案の概要

Aは背部痛を訴え、Y病院を受診した。Y病院の医師らは、触診・聴診を行い、急性膵炎及び狭心症の可能性があるとして、鎮痛剤及び急性膵炎の治療薬を投与した。その後、Aは激痛を訴え、昏睡状態となり、狭心症から切迫性急性心筋梗塞に至り、心不全をきたして死亡した。

Aのように狭心症の疑いがある患者に対しては、当時の医療水準からすると、ニトログリセリンの舌下投与を行いつつ、心電図検査等を行うべきであったが、Y病院の医師らはこれらの検査を行っていなかった。医師らが適切な検査治療を行っていたとしても、Aを救命し得たであろう高度の蓋然性までは認められないものの、救命できた可能性はあった事案である。

イ　判旨

「疾病のため死亡した患者の診療に当たった医師の医療行為が、その過失により、当時の医療水準にかなったものでなかった場合において、右医療行為と患者の死亡との間の因果関係の存在は証明されないけれども、医療水準にかなった医療が行われていたならば患者がその死亡の時点においてなお生存していた相当程度の可能性の存在が証明されるときは、医師は、患者に対し、不法行為による損害を賠償する責任を負うものと解するのが相当である。けだし、生命を維持することは人にとって最も基本的な利益であって、右の可能性は法によって保護されるべき利益であり、医師が過失により医療水準にかなった医療を行わないことによって患者の法益が侵害されたものということができるからである。」

ウ　解説

㈠　可能性の程度

死亡に基づく損害賠償が認められるためには、過失と死亡との間の因果関係が必要であり、因果関係があるというためには、適切な医療行為を行っていれば救命できたであろう「高度の蓋然性」を立証する必要がある。したがって、高度の蓋然性が認められなかった場合、損害賠償請求は否定されるはずである。しかし、本判決は、高度の蓋然性が認められない場合でも、救命できた「相当程度の可能性」が認められる場合には、保護法益を生命そのものではなく生存することができた可能性（従前、期待権と言われてたもの）と構成することで、損害賠償を認めた。

では、「相当程度の可能性」とは具体的にどの程度の確率で救命できたことを立証すればよいのか。裁判例の集積が待たれるが、本判決の事案で鑑定人が「適切な救急治療が行われたならば、確率20％以下ではあるが、救命できた可能性は残る」と指摘しており、参考になる。

㈡　相当程度の可能性における損害論

次に損害論であるが、あくまで死亡との因果関係が認められない以上、死亡慰謝料や生存していた場合に得られたであろう利益（逸失利益）の賠償は認められず、救命可能性を侵害されたことによる精神的苦痛（慰謝料）に限られる。本判決で認められた金額は、慰謝料200万円、弁護士費用20万円であり、やはり因果関係が認められた場合と比べるとかなり低額となっている。もっとも、最近では相当程度の可能性侵害で高額の慰謝料を認める裁判例も出てきている（例えば、東京地判平成15年5月28日判夕1147号255頁は、計800万円の賠償を認めている）。

本判決の射程については、本判決が「生命を維持することは人にとって最も基本的な利益であ」るとして「生命」の重要性を強調していることもあり、死亡以外の案件についても及ぶのかが議論されていた。この点について、最判平成15年11月11日（本書208頁）は中枢神経後遺症が生じた事案について、重大な後遺症が残らなかった相当程度の可能性があるとして損害賠償を認めており、少なくとも死亡に準ずるような重大な後遺症については、本判決の射程が及ぶことが明らかとなった。また、本判決は不法行為の事案であったが、債務不履行の事案でも本判決の理屈は同様に妥当する（最判平成16年1月15日集民213号229頁・スキルス胃がん事件）。

第3　実務的知識

1　訴状作成のポイント

(1)　総論

　医療訴訟の審理においては、医療行為によって患者に死亡等の結果が生じた場合に、当該医療行為を行った医師やその使用者である医療機関などに不法行為や債務不履行に基づく損害賠償責任があるか否かを判断し、適切な解決を図ることにその主眼がある。

　ここにおいては、上記の結果が生じるに至った医学的機序を具体的に明らかにしたうえで、当該医療行為に誤りがあったか否か（注意義務違反の有無）のみならず、その誤った医療行為によって当該結果が生じたといえるか否か（因果関係の有無）をも明らかにし、これらが肯定されることを前提に、誤った医療行為と相当因果関係のある損害の内容及びその金額を明らかにしていくこととなる。

　上記各事実等を判断していくうえで訴訟代理人においては医学的知見の正確な理解は必要不可欠の極めて重要な要素となる。

　上記結果発生にいたる医学的機序や因果関係は口頭弁論終結時における最新の医学的知見を踏まえて判断されるのに対し、注意義務違反の有無については医療行為当時の医学的知見を踏まえて判断されることに注意しなければならない。かつ、注意義務違反の有無の基準となるのは、医療行為当時のいわゆる臨床医学の実践における医療水準であって、これらについては当該医療機関の立場、所在地域の医療環境の水準等の諸般の事情も併せて考慮される。そのため、医療訴訟においては、調査すべき医学的知見の内容は極めて多岐にわたり得るが、これらは患者の訴訟代理人が自ら、あるいは協力医や依頼者の協力を得ながら、医学文献を探索し、これを当該事案にあてはめて取捨選択したうえで主張書面や証拠として適切に提出していくことが求められる。

　医療訴訟において、原告である患者側としては、医療事故の原因究明や財産上の救済はもちろんのこと、それ以外にも精神的な満足を受けることや当該医療事故が同種の医療事故の予防に繋がり将来の医療安全への一助となることをも望んでいることが多い（医療被害者の思いとしては、①原状回復、②真相究明、③反省謝罪、④再発防止、⑤損害賠償の「5つの願い」に集約されるとの指摘もある。加藤良夫・後藤克幸 編著『医療事故から学ぶ 事故調査の意義と実践』参照）。他方、被告たる医療機関側としては当該医療行為の正当性及び医療現場の実態に対する深い理解を、裁判所を含む関係当事者に求めていることが多い。訴訟代理人としては、かような依頼者のそれぞれの意向を踏まえたうえで、医療訴訟手続のなかでいかにこれらの意向を汲んだ解決に結びつけることができるかを常に心に留めておく必要がある。

(2)　当事者の確定

ア　原告

　医療過誤の被害を被った患者本人が生存している場合は、当該患者本人が自ら単独にて原告になるのが原則である（患者本人が未成年者や成年被後見人である場合等を除く）。

　一方、当該医療過誤によって不幸にも患者が死亡した場合においては、損害賠償請求権が遺産分割協議の結果特定の相続人に個別に帰属していない限り、1人ないし複数の法定相続人が相続

分に応じた損害賠償額について、それぞれ原告として訴訟提起していく。

イ　被告

損害賠償請求を債務不履行責任として構成した場合においては、被告となるのは医療契約（準委任契約）の相手方たる当該医療機関の開設者であり、診療に関与した医師本人は病院開設者の履行補助者という立場になる。

一方、これを不法行為責任として構成した場合、被告となるのは不法行為たる当該診療を行った行為者である医師本人のほか、当該医師の使用者である医療機関の開設者である。実際に診療行為を行った医師本人を被告に加えるべきか否かについては依頼人の意思を最優先すべきではあるが、依頼人からの特別な反対がない限りは当該医師も被告に加えることも積極的に検討すべきであろう。

なお、各請求権の消滅時効について、平成29年5月の民法改正によって、債務不履行責任における「人の生命又は身体の侵害による損害賠償請求権の消滅時効」については、「権利者が権利を行使することができることを知った時から5年間」又は「権利を行使することができる時から20年間」と、不法行為責任における「人の生命又は身体を害する不法行為による損害賠償請求権の消滅時効」については、「損害及び加害者を知った時から5年間」又は「不法行為の時から20年間」とそれぞれ変更されているところ、同改正法の施行日及び適用範囲には注意する必要がある。

(3)　提訴裁判所の確定

訴訟提起は一般的に被告の住所地を管轄する裁判所になすことが多いが、債務不履行責任であれ不法行為責任であれ、損害賠償支払い債務は持参債務であることから、義務履行地たる原告（患者等）の住所地を管轄する裁判所に提起することも可能である。

訴訟提起にあたっては原告や代理人等訴訟関係者の出廷の便宜や証拠資料の所在、担当裁判官の医療専門性（東京地裁や大阪地裁など医療集中部が存在する裁判所）等の事情を考慮した上で土地管轄を選択する必要がある。

(4)　事実経過の主張

訴状においては、入手した診療記録等によって明らかになった事実関係を踏まえたうえで、事案の全体像を的確に把握するとともに、注意義務違反、因果関係、損害等の法的判断に必要な範囲で、診療経過及びその後の事実経過をそれぞれ記載する必要がある。

事実経過の記載において特に重要なのが「医学的機序」に関する記載である。医療行為によって患者に死亡や後遺症等の結果が生じた場合、当該死亡や後遺症が発生した直接的原因は一体何なのか、そしてその原因はどのような医療行為からどのような理由に基づき生じたのか等について、原告が主張する結果発生に至る具体的な機序、因果の流れをひとつひとつ明確に指摘する必要がある。これらは注意義務違反、因果関係の有無を判断するうえで前提となる重要な事項である。

(5)　医学的知見の主張

個々のケースにおける注意義務違反や因果関係を論じるにあたって、その前提となるべき医学的知見についても訴状において適度に説明しておくことが望ましい。

具体的には、まず問題となっている疾病がそもそもどのようなものなのかについてその概要を説明したうえで、その診断過程に誤りがあったことを主張する場合には当該疾患における一般的な診断方法の概要を、治療過程に誤りがあったことを主張する場合においては当該疾患に対する一般的な治療内容の概要をそれぞれ説明する必要がある。

　とはいえ、訴状の段階でこれらを逐一膨大な分量の医学論文とともに仔細に論述を展開することは冗長に過ぎる。訴状段階では原告の主張内容をひととおり理解するのに足りる程度の医学的知見のみの記載に止めておき、訴訟がある程度進み争点がより明確になった時点で必要部分の説明を適宜補充していくのが効率的であろう（ケースブック158頁以下参照）。

(6)　法的主張

ア　注意義務違反

　医療訴訟においては注意義務違反の有無を巡って当事者双方の議論が展開されることが多い。争点整理手続をできるだけ早期の段階から充実したものとするためにも、訴状において原告の主張内容とその根拠を明確に指摘することが必要不可欠となる（ケースブック142頁以下参照）。

㋐　注意義務の具体的内容の主張

　医師には「いつの時点」において一般的に「どのような注意義務」があるのかについて明確に指摘する必要がある（ケースブック143頁注21参照）。

　医師の注意義務の基準となるべきものは「診療当時の臨床医学の実践における医療水準」（前掲最判昭和57年3月30日・本書209頁）であり、その医療水準は、当該医師ないし医療機関において現に有している知見・情報ではなく、「当該医療機関と類似の特性を備えた医療機関に相当程度普及しており、当該医療機関において、右知見を有することが相当と認められる」（前掲最判平成7年6月9日・本書209頁）程度の知見・情報であるとされる（ケースブック143頁注22参照）。

　これとの関連で、当該医療機関に注意義務違反に相当する程度の医療水準（技術、設備等）がなかった場合、その治療が実施可能な適切な医療機関に転医させるべき転医義務が別途問題になり得る（転医義務について最判平成15年11月11日・本書208頁、前掲最判平成9年2月25日・本書210頁参照）。

㋑　注意義務発生を基礎づける事実の主張

　上記㋐において、一般的に医師には注意義務があるとしたうえで、当該事案において医師にそのような注意義務が発生したと言い得る根拠たる具体的な事実を診療経過を踏まえて主張する必要がある（患者の具体的な症状、検査結果、臨床所見など。ケースブック144頁②参照）。

㋒　注意義務の存在を裏付ける医学的知見の主張

　上記㋑の基礎事実が存在することによって上記㋐の注意義務が発生することを裏付ける具体的な医学的知見を医学文献、診療ガイドライン等に基づいて主張する必要がある（ケースブック144頁③参照）。

㋓　注意義務違反の具体的態様の主張

　原告は、上記㋐の注意義務の存在を前提に、当該事案における医師の「どの行為（あるいはどの不作為）」が注意義務違反に該当するかにつき、診療経過に基づいて主張する必要がある。

　医師の注意義務違反が複数存在する場合には当然にこれらを列挙して主張するが、この場合においては、注意義務違反の内容をそれぞれ示した上で、具体的に医師のどの行為が当該注意義務違反に該当するのかを項目ごとに分けて分かり易く記載する。

イ　注意義務違反と因果関係のある結果の明示

　因果関係においては、「医師に注意義務違反があった場合における医学的機序」と、「医師に注意義務違反がなかった場合に想定される結果」とを比較したうえで、当該注意義務違反がなかったならば当該結果が生じなかった旨を主張する（ケースブック145頁④(イ)参照）。

　注意義務違反と結果との間の具体的な医学的機序ないし因果関係を明確に説明すること無しに、単に医師の不適切な行為のみをひたすら列挙しても結果発生に至る相当因果関係の主張としてはおよそ十分とは言い難い。

ウ　損害論

　医療訴訟における損害の有無及びその程度に関する考え方は、一般的な債務不履行責任又は不法行為責任に基づく損害賠償のケースとほぼ同様に考えることができ、注意義務違反がなかった場合における状態と注意義務違反により惹起された現実の患者の状態との比較にて判断される。

　具体的な損害額の算定方法については、いわゆる「赤い本」と呼ばれる『損害賠償額算定基準』（財団法人日弁連交通事故相談センター東京支部）に準じ、これを参考に算定されることが多い（ケースブック145頁(ウ)参照）。

(7)　書証その他添付書類

ア　書証の提出方法

　書証については、要証事実との関連性を整理するために、通常の訴訟における甲号証、乙号証に加え、医療訴訟においては以下のとおりさらにA号証、B号証、C号証の3つに分類して提出する必要がある（甲A第○号証などと表記する。ケースブック196頁別紙8参照）。

　　A号証：医療・看護・投薬行為等の事実経過などに関する書証
　　　　　（診療録、看護記録、診断書、レントゲンフィルム等の各種検査記録等）
　　B号証：医療行為等の評価に関する書証、一般的な医学的知見に関する書証
　　　　　（医学文献、ガイドライン、協力医の意見書など）
　　C号証：損害立証のための書証、その他
　　　　　（治療費の領収書、給与所得の源泉徴収票など）

　医療訴訟における書証にはカルテ等その性質上高度に専門的な内容が多く含まれており、一見して要証事実との関連性を把握することが極めて困難である。そこで、通常の訴訟類型にも増して、証拠説明書における立証趣旨欄において、当該書証により立証しようとする事実を具体的に分かり易く工夫して記載することが肝要である。

イ　診療録等

　医療集中部においては、診療録等については医療機関である被告の側から訳文付き（カルテ等対象となる部分の傍に赤文字で付記するなど）で提出する運用となっている。被告は、診療録、検査記録及び看護記録等については原則として保管しているそのままの状態にて提出する（枝番を付けずに最初から通しでページを付す）。

原告においても訴訟準備段階においてカルテ開示等の方法により事前に診療録等を入手していることがほとんどであろうが、訴訟提起に際してことさら診療録等を訴状に添付して証拠提出する必要はない。ただ、訴状記載の争点を理解するうえで必要最低限の部分（数ページ程度）についてはサマリーとして提出することは有用であり、工夫の余地がある。

　例えばレントゲンフィルム等の写真を提出する際には、単に文章で状況を説明するだけではなく、必要に応じてパラフィン紙など透明な紙を上に被せてそこに直接書き込むなど、要証事実との関係でいかに裁判所にとって分かり易いか、理解してもらえ易いかを常に念頭に置いて考えるのがよい（ケースブック146頁(2)参照）。

ウ　医学文献等

　原告にて主張する具体的な注意義務違反の前提たる医学的知見や医学的機序の根拠となるべき医学文献（診療ガイドライン、医薬品等の添付文書を含む）は最重要の証拠のひとつであることから、有利なものについてはできる限り証拠提出すべきなのは当然である（重要な部分にはマーカーをひく等の工夫も当然に必要であろう。）。

　しかし上述のとおり、最初から膨大な医学文献等をまとめて提出することは適切ではなく、訴状提出段階においては訴状における原告主張の医学的知見を理解するうえで必要な限りで添付し、訴訟の進行状況を見たうえで必要に応じて適宜追加提出していくことが望ましい（ケースブック160頁、同161頁参照）。

　なお、東京地裁医療集中部には、以下の成書や解剖図等が備えられている（ケースブック17頁column ①参照）。

① 『今日の診療プレミアム』（医学書院）
② 『南山堂医学大辞典』（南山堂）
③ 『ネッター解剖図アトラス』（Frank H Netter〔相磯貞和訳〕、南山堂）
④ 『病気がみえる』シリーズ（医学書院）
⑤ 『ぜんぶわかる人体解剖図』（成美堂出版）

エ　意見書

　原告において訴え提起に際して争点となるべき医学的知見について医師の意見書をあらかじめ準備している場合、事案の内容によっては訴え提起の当初からこれを提出することも有用である。意見書を提出することによって判断の前提とすべき医学的知見や問題の所在、当事者の見解が異なるポイント等が明確になる。とりわけ原告側の主張が医師の意見に基づいて組み立てられている場合には、意見書の早期提出により争点が明確になり、証人尋問のポイントの把握に資することから、争点整理の早い段階で提出することが有用である（ケースブック162頁等参照）。とはいえ、争点が明確になった時点でポイントを絞って意見書を作成・提出することが実際は多いように思われる。

オ　損害に関する証拠資料

　損害の内容及びその金額に関する書証については、交通事故の場合や一般的な損害賠償請求訴訟におけるそれと基本的には同様に考えて差し支えない。損害として主張する項目に応じた領収書等の書証をそれぞれ添付する必要がある。

2 立証活動のポイント

(1) 争点整理手続

争点整理手続においては、「基礎となる診療経過事実」、「医学的知見」、「注意義務の発生」、「注意義務違反行為の存在」、「発生した結果との因果関係」、「損害」の各事実について、どこに争いがあってどこに争いがないのかを選り分けて整理する作業を行う。

ここにおいては、まず診療経過一覧表の作成を通じて、患者の診療経過等の客観的事実関係を「争いのない事実」と「争いのある事実」に分けて整理される。かような事実関係の整理と関連付けながら、これと並行する形にて当該事案に応じた医学的知見についても整理を進める。

争点整理手続が終了する段階においては、集中証拠調べにおいて確定されるべき事実及び医学的知見についての認識が原告、被告、裁判所の3者間で共有されることが不可欠である（ケースブック148頁以下参照）。

(2) 診療経過一覧表

診療経過一覧表とは、当事者の診療経過等の客観的事実に関する主張を、法的主張とは区別した形で時系列にて整理し、併せて診療録や看護記録等の証拠との対応関係を付記したものである。

医療訴訟においては、診療経過（入通院状況、主訴、医師の所見、診断結果、検査結果、処置内容）等の客観的事実経過が争点の判断に対する重要な事情となることから、診療経過一覧表を作成することが争点整理を充実させ審理の迅速化を図るうえで極めて重要である。

診療経過一覧表については最初に医療機関たる被告において作成し、これを受けて原告が反論の修正を加えていくやり方が一般的である。

争点整理の充実化、迅速化の観点からも、診療経過一覧表については被告にてできるだけ早期に作成のうえ提出することが求められる。具体的には、第1回口頭弁論期日のタイミングで、被告から答弁書及び訳文付きの診療録とともに診療経過一覧表も併せて提出されることが望ましいとされる。

診療経過一覧表は争点に関する診療経過等の事実関係を過不足なく記載する必要があることから、事案によっては、投薬一覧表、検査結果一覧表、手術経過一覧表などの補足的な一覧表も診療経過一覧表とは別途に作成するなどの工夫も必要となる（ケースブック21頁 column ②、同150頁以下、同190頁別紙6参照）。

(3) プロセスカード

医療訴訟における争点整理手続を適正かつ迅速に進めるためには、他の一般的な訴訟類型と同様に、裁判所による適切な訴訟指揮及び進行整理が必要不可欠である。

そこで、東京地裁の医療集中部においては適切な進行整理を図るために、書記官作成の期日調書別紙又はプロセスカードを活用しており、次回期日までに各当事者及び裁判所が準備しておくべき事項につき認識の共通化を図っている（ケースブック187頁別紙3、同188頁別紙4参照）。

3 カンファレンス鑑定

東京地裁医療集中部においては、原則としてカンファレンス鑑定によって鑑定を実施してい

る。

「カンファレンス鑑定」とは、3名の鑑定人（医師等）が事前に鑑定事項に対する意見を簡潔な書面にまとめて提出したうえで、口頭弁論期日において、口頭で自らの鑑定意見を改めて陳述し、鑑定人質問に答えるという複数鑑定のスタイルによる鑑定方式をいう。

鑑定期日においては、まずは裁判所から各鑑定人に対して提出済みの意見書の内容に沿って確認的な質問がなされ各鑑定人がこれに答えることで意見を陳述する。その後に、裁判所が鑑定事項ごとに意見書の疑問点などにつき詳細な質問を行う。これが終了した後に、鑑定の申出をした当事者、他方当事者の順序にて追加の補充質問を行う。仮に各鑑定人間において互いに意見が異なった場合においては、鑑定人の意見の内容次第では鑑定人相互間でその場で直接口頭にて議論を行わせることもある。

カンファレンス鑑定においては鑑定人に対してシャウカステンを利用してレントゲン写真等を示したり書画カメラを利用して問題となっている画像を示したりする場合もあるが、これらについては通常の訴訟における人証調べの場合と同様である（ケースブック100頁 column ⑨、同169頁以下参照）。

4 専門委員制度

裁判所は、事案の内容、審理の経過・見通しなどを踏まえたうえで、医師等の専門委員の関与が適当と判断される場合においては、当事者の意見を聴取し、専門委員の関与を決定する。専門委員は、争点整理・証拠調べ・和解の各段階において、専門的知見に基づく説明を行う。

東京地裁医療集中部においては専門委員の関与を決定するにあたり双方当事者の了承を得るとの運用がなされているのが一般的である。

原告に協力医がいないなど当事者の訴訟活動のみでは十分な専門的知見が訴訟進行上反映され難いような状況においては、争点整理手続の早い段階からあえて専門委員を関与させ、医学的知見について積極的な説明を得ることによって、争点整理がより円滑に進み、あるいは早期和解に繋がる有用性がある（ケースブック35頁 column ④、同164頁以下参照）。

5 人証調べ

医師の尋問においては言葉のみによる説明だけではどうしても理解し難い事柄が多いため、画像や模型等を示しながら説明を行うことも少なくなく、その場合には尋問内容の記録化の方法を工夫する必要がある。

画像等を示す場合にはあらかじめ尋問者が画像等の写しを用意しておき、これに指示内容を証人に記載させたうえで調書に添付するのが通常の取り扱いである。模型を用いる場合においても尋問者があらかじめ模型の写真を用意したうえで、上記画像等と同様の方法で記録化することが多い。

手術動画等の映像を用いる場合には、証人等の説明がどの場面について行われているのかを記録上特定することが難しいという問題がある。そこで、できるだけ当該場面の静止画を印刷したものをあらかじめ用意し、これに指示内容を記載させるという方法を採ることが望ましい。しか

し、質問の内容によっては静止画ではなく動画等映像をそのまま用いる方が効果的な場面もあり得る。そのような場合には、当該映像に表示された再生時間などにより場面を特定することになろう。いずれにせよ、尋問に映像を用いる事件においては、あらかじめ裁判所との間で尋問内容の記録化について十分に協議しておく必要がある（ケースブック96頁 column ⑧参照）。

【参考文献】

髙橋譲『裁判実務シリーズ5 医療訴訟の実務』（商事法務、2013年）

森冨義明・杉浦徳宏ほか『医療訴訟ケースブック』（法曹會、2016年）

第4章 欠陥住宅問題にどのように対応すべきか

第1 近年の社会情勢と欠陥住宅問題への取組み

　平成7年の阪神・淡路大震災において多くの人命が家屋の倒壊により失われたことなどから、耐震性に優れ、安全な建物が求められ、社会的にも欠陥住宅問題が注目されるようになり、平成8年には、日本弁護士連合会が全国の弁護士会に呼びかけて「欠陥住宅被害110番」が実施された。

　さらに、欠陥住宅被害を少なくするために住宅の品質性能を確保することを目的として、平成12年4月、「住宅の品質確保の促進等に関する法律（品確法）」が施行され、新築住宅（集合住宅を含む）においては、構造耐力と雨漏りに関して10年間の瑕疵担保責任が強行法規化された。さらに、品確法による住宅性能表示制度も平成12年10月から運用が開始された。

　その後、平成17年5年11月に集合住宅等の耐震偽装事件が発生して、社会に大きな影響を与えたことから、建築関係法令の強化が図られ、平成19年5月には「特定住宅瑕疵担保責任の履行の確保に関する法律（住宅瑕疵担保履行法）」が制定・公布され、平成19年10月1日以降に引き渡される新築住宅を適用対象として売主らの瑕疵担保責任の履行を確保するために保険・供託が義務づけられた。続いて、平成19年6月に建築基準法の改正、平成20年11月に建築士法と建築関連法令の改正が行われ、これら建築関係法令の改正においては、構造計算適合性判定制度が新たに加えられ、建築確認の審査に多大な時間を要し、建築確認を申請してから着工までの期間が従前の2倍以上かかるなど、日本経済にも大きな影響を与えた。

　平成23年3月11日の東日本大震災では、津波被害以外にも広範囲で地盤の液状化被害が発生し、これらについても様々な対応策が検討された結果、建築物の耐震化の必要性に関しても再認識され、それが耐震改修促進法の改正につながった。このように、災害や建築事件が起こる度に、建築基準法や建築士法が改正され、平成27年6月の建築士法の改正では、書面による契約の義務化（延べ面積300 m² を超える建築物）、管理建築士の責務の明確化、建築士免許証提示の義務化等が図られた。

平成27年10月にはマンションの杭打ちデータの改ざん問題が発覚し、結果として全棟を建て替えるという事件も発生し、施工管理体制の不備が問題となった。

このように、建築をとりまく状況は目まぐるしく変化しており、欠陥住宅問題を取り扱う弁護士にとっては、これらの変化についていくことの難しさがある。しかし、欠陥住宅問題等、建築関係事件を解決するには、熱意と粘り強さが必要であり、若手の弁護士には是非とも取り組んでもらいたい問題である。そこで、本稿では基本的な問題や判例、資料や情報を取り入れ、欠陥住宅問題に携わろうという熱意のある弁護士の最初の手助けになるようにしたので、是非とも役立てていただきたい。

第2 相談前に知っておくべき基礎知識（住宅の建築・販売の流れ）

1 住宅を取得する方法等

ⅰ 弁護士が欠陥住宅紛争を取り扱う場合、基礎知識として、住宅がどのようにして建築・販売されるのかという住宅生産のシステムを理解しておく必要がある。

ⅱ 消費者が住宅を取得する方法としては、

① 住宅の設計を建築士（設計事務所）に依頼し、施工を施工会社（工務店、ハウスメーカー、ゼネコン等）に依頼する（設計（監理）・施工分離方式）

② 施工会社（工務店、ハウスメーカー、ゼネコン等）に住宅の設計と施工の両方を依頼する（設計・施工一貫方式）

③ 不動産業者が分譲販売する住宅（建売住宅・マンション）を購入するなどがある。

①、②の場合には建築工事の完了と同時に消費者は住宅を取得する。③の場合には、施工者が工事を完成して不動産業者に建物を引き渡した後に、不動産業者による分譲販売・消費者による購入というプロセスが加わる。

ⅲ 住宅建築における設計業務と監理、施工工事においても、大きく分けると、「設計（監理）・施工分離方式」と「設計・施工一貫方式」の2通りがある。

「設計（監理）・施工分離方式」は、設計（監理）業務と施工業務を別の者に委託・発注する方式であり、「設計・施工一貫方式」は、設計業務と施工業務を同一の者に委託・発注する方式である。

設計・施工一貫方式の場合は、設計者と施工者が同じ業者であるため、設計業務が工事請負契約によって請け負った仕事に含まれる点と、施工者から独立した監理者による監理がなされない点が「設計（監理）・施工分離方式」と異なる。

ⅳ 以下、2（226頁）では、住宅生産システムに関わる当事者について概略説明する。

3・4（227頁以下）では、建築主が、「設計（監理）・施工分離方式」で注文住宅の建築を依頼する場合を想定して、住宅建築を計画してから工事完成までの住宅生産の流れを説明する。

5（233頁）では、不動産業者が建売住宅を分譲販売する場合の販売システムの特質につい

て説明する。

　6（223頁）では、「設計・施工一貫方式」における住宅生産システムの特質について説明する。

2　住宅生産システムに関わる当事者

(1)　建築主

　「建築主」は、建築工事請負契約の注文者であり、建物の所有者となる者である。

　建築基準法上は「建築主」（建築基準法2条16号）、民法の請負に関する規定では「注文者」、民間（旧四会）連合協定工事請負契約約款では「発注者」とされており、「施主」、「オーナー」、「クライアント」などと呼ばれることもある。

　個人所有の注文住宅の場合には、建築主が建物の所有者であり居住者となり、賃貸住宅の場合には、賃貸人となる地主や賃貸事業者が建築主となる。また、分譲マンションの場合には、ディベロッパー（開発業者）、建売住宅の場合には、分譲業者が建築主となる。

　建築主が建物を業として販売する場合（分譲マンションや建売住宅）には、宅地建物取引業の免許が必要である。

(2)　設計者

　「設計者」は、建物設計を行う者（その者の責任において設計図書を作成した者。建築基準法2条17号）である。

　「建築士」とは、設計、工事監理等の業務を行うことができる資格の名称である（建築士法2条）。

　「建築家」（アーキテクト）という用語もあるが、これは法律上の用語ではなく、設計者を専門家、職業人という観点から見た呼称である。

　設計事務所、個人の建築士、ハウスメーカーやゼネコンの社員で建築士資格を有する者などが設計者となる。

　建築士法により、設計業務を行うことができるのは、小規模な建築を除いて、建築士に限られている（建築士法3条～3条の3）。建築士には、一級建築士、二級建築士、木造建築士の3種類があり、それぞれ、設計業務を行うことができる建物の用途・構造・規模・面積が定められている。

　耐震偽装事件後の建築士法改正により、一級建築士の中に、構造設計を専門とする「構造設計一級建築士」と設備設計を専門とする「設備設計一級建築士」が新たに設けられた（建築士法10条の2の2）。

(3)　工事監理者

　「工事監理者」とは、その者の責任において、工事を設計図書と照合し、それが設計図書のとおりに実施されているかを確認する者をいう（建築士法2条8項・建築基準法2条11号）。

　建築士法により、工事監理業務を行うことができるのは、原則として、建築士に限られている（建築士法3条～3条の3）。

　「工事監理」と類似しているが別の用語として「工事管理」（施工管理、現場管理、現場監督）がある。「工事管理」（「クダカン」、「タケカン」などともいう）とは、施工者側の現場代理人

（現場監督）等が工事の適切・円滑な進行のために施工方法や施工手順の立案・現場監督等を行うことである。「工事監理」（「サラカン」ともいう）は施工者から独立した工事監理者の業務であり、「工事管理」は施工者側で行う業務である点が「工事監理」と異なる。

工事監理は、工事自体のやり方や内容を設計図書と照合する業務なので、設計図書を作成した設計者に工事監理も合わせて依頼することが一般的である。

(4) 施工者（請負人）

「施工者」は、建築工事を実施する者である。

建築基準法上は「工事施工者」（建築基準法2条18号）、民法の請負に関する規定では「請負人」、民間（旧四会）連合協定工事請負契約約款では「請負者」、建設業法では「建設業者」（建設業法2条3項）とされている。

個人の大工、工務店（中小規模の建設業者）、ハウスメーカー（大手の住宅建設業者）、ゼネコン（ゼネラルコントラクター、総合工事業者（「建築工事一式」のように全般的な工事を主として請け負う業者））などが施工者となる。

建築主から工事を請け負った施工者は、傘下の専門工事業者に工事の一部を請け負わせることが多く、この場合、別の業者に請け負わせた者を一般に「元請人（元請業者）」、請け負った者を「下請人（下請業者）」などと呼んでいる。元請人は、建築主から見れば請負人であるが、下請人から見ると専門工事の発注者でもある。

また、一定規模以上の建設工事を請け負うためには、建設業法にもとづく建設業許可が必要である。

3 着工までの流れ

(1) 土地の購入

ア 通常の場合

土地（建設用地）を所有していない建築主が注文住宅の建築を計画する場合には、まず、土地の購入から始める。その場合、更地（建物が建っていない土地）を購入するのが一般的だが、これとは別に既存建物付の土地を購入して、その建物を解体してから新たに建物を建築することもある。

土地の売主は買主に対して瑕疵担保責任を負い、また、不動産業者（宅地建物取引業者）が土地売買を仲介した場合、買主に対して、土地の瑕疵や法令上の規制に関する説明義務違反による損害賠償責任を負う場合もある。詳細は省略するが、土地の売買で瑕疵担保責任・説明義務違反が問題となるケースとして、建ぺい率・容積率・接道義務・斜線制限などの建築法規による規制、土壌汚染・地中障害物、軟弱地盤などがある。

イ 建築条件付土地売買の場合

建築主が土地を購入して注文住宅を建築しようとする場合、建築主は設計者や施工者を自由に選ぶことができるのが通常である。

ところが、土地を購入する際に、土地販売業者によって建物を建築する業者が指定されている場合があり、これを「建築条件付売地」（建築条件付土地売買。「売り建て住宅」と称することも

ある）。

　建築条件付売地とは、宅建業者が自己の土地を販売するにあたり、土地売買契約後一定期間内に自己又は自己の指定する建設業者との間で建物の建築工事請負契約を締結することを条件としている土地のことをいう。一定期間内に指定業者と請負契約を締結できない場合には土地売買契約は解除される。一度土地を購入した買主は余程のことがない限り土地売買を解除しようとは考えないので、事実上、指定業者と請負契約を締結することを強制される。その結果、不当に高い価格で請負契約を締結させられたり、指定業者の設計・施工能力が不十分であるのに請負契約を解除できないなどの問題が生じることがある。

(2)　地盤調査

　土地を購入してから住宅を設計・建築する前に、土地についての調査（地盤調査等）を行う必要がある。

　「地盤調査」とは、地盤の地質構成、地下水位、地盤の強度や変性特性・物理的性質などを調査・試験することをいう。地盤調査は、主に地盤の性質に応じた建物基礎を設計、築造するために行われるが、軟弱な地盤の上に建物を建築した場合、建物の荷重によって建物が沈下するおそれがあり、その結果、建物が部分的に偏って沈下（不同沈下）し、傾いてしまった場合などには、建物に様々な瑕疵が生じる。そのような事態を避けるために、地盤調査を行った上で、地盤の性質にあった適切な基礎構造を考察、検討し選択する必要がある。

　その他、地盤調査には、地盤の掘削・山留めの施工計画を立てるのに必要な地盤情報を得たり、地中障害物（埋設物等）の有無を確認するという目的が含まれる場合もある。

　上記のように、地盤調査は建物基礎の設計と密接に関連する作業なので、設計者又は施工者を選定した後に、設計者又は施工者の助言にもとづいて地盤調査業者に調査を依頼することが多い。

　地盤調査の方法は数多くあるが、主なものは以下のとおりである。

① 標準貫入試験 （ボーリング試験調査）
・ボーリングを行って鉛直に地中に孔をあける。
・ボーリングロッドの先端に取り付けたサンプラーを孔の底に立てる。
・ロッドの上端に固定したノッキングヘッドに、63.5 kg のハンマーを75 cm の高さから自由落下させて、30 cm 貫入させるのに必要な打撃回数（N値）により地盤の強さ又は硬さを調査する。

② スウェーデン式サウンディング試験（SWS 試験調査）
・スクリューポイントを取り付けたロッドの頭部に、100 kg までの荷重を加えて貫入量を測定し、貫入が止まったらハンドルを回転させ、ロッドを25 cm 貫入するのに要する回転数（180度で一回転とカウント）を測定、記録し、これを換算式を用いて計算することにより地盤の支持力を算定する調査方法。

　①の標準貫入試験を行うには、10 m の深さで２〜３箇所を調査すると数十万円前後の費用がかかるが、②のスウェーデン式サウンディング試験は安価かつ容易な調査方法であり、費用は数万円程度で済むので、一般的な木造住宅ではスウェーデン式サウンディング試験を採用すること

が多い。

　地盤調査の結果地盤が軟弱であることが判明した場合には、地盤改良工事を実施したり、基礎構造を杭基礎仕様としなければならず、その分工事費用も増える。

(3)　設計・工事監理委託契約の締結

　住宅を建築するためには、まず、住宅の設計をしなければならない。

　設計（監理）・施工分離方式の場合、建築主は、施工者から独立した設計者に設計業務を委託する。設計者となるのは、建築士事務所登録をした建築士である。

　この場合、建築主は、設計者に、設計業務と同時に工事監理業務を委託するのが通常である（設計・工事監理委託契約の締結。）。

　設計者が行う設計業務とは、建物の「設計図書」を作成することである。「設計図書」とは、「建築物の建築工事実施のために必要な図面（現寸図その他これに類するものを除く。）」（＝設計図）及び「仕様書」からなる（建築士法2条6項）。

　設計図書は、請負契約の目的となる建物の品質を定める最も重要なものであり、請負代金算定の根拠となる工事見積書とともに、工事請負契約書に添付されるべきものである。施工者は設計図書のとおりに工事を施工しなければならない。つまり、設計図書によって工事請負契約の内容が定まる。設計図書が工事請負契約書に添付されていない場合もあるが、この場合でも同様である。

　住宅を建築するにあたり、設計図書以外にも、「施工図」や、「竣工図」が作成されることが多いが、これらの図面は「設計図書」とは異なる。

　「施工図」とは、施工者が、設計図を基に、現場の施工を進めていくために作成する図面（工事監理者が承認した施工図を「承認図」という）のことで、設計図だけでは施工をするのに十分でない部分を補うための詳細図や、下請業者が実際に部材等を制作する場合に作成する工作図などが施工図である。設計図書と施工図の内容がいささか異なってしまうこともあるため、どちらを契約内容とするのか、契約変更の有無などが争点となることがある。しかし、施工図は、あくまでも設計図書を補うなどの目的で施工者が作成するものであり、施工図が作成されると直ちに設計図書の内容が変更されるわけではなく、工事監理者が施工図を承認して初めて設計変更などがなされたことになる。ただし、設計変更によって工事代金額の増減が発生する場合、建築主の承諾なしに工事監理者が設計変更を承認すると、後にトラブルの原因になることがある。

　「竣工図」は、工事完了後、工事中に生じた設計変更などを図面上でも修正して、最終的に完成した建物の現状を表現した図面である。施工者が、工事完了後に、設計図の修正図と施工図を合わせて竣工図として、建築主に引き渡すのが通常である。

　鉄筋コンクリート造の建物では施工図・竣工図を作成するのが通常であるが、木造住宅の小規模な建物では施工図・竣工図を作成しないことも少なくない。

　設計及び工事監理の業務報酬については、昭和54年建設省告示第1206号「建築士法25条の規定に基づき建築士事務所の開設者がその業務に関して請求することができる報酬の基準」が定められていたが、実際の設計・工事監理報酬の相場はこの告示によって算出される報酬額とはあまり一致しないともいわれていたため、平成21年1月7日に新しい業務報酬基準（平成21年国土交通

第3編　各論

省告示第15号・「建築士法の規定に基づき、建築事務所の開設者がその業務に関して請求することのできる報酬の基準を定める件」）が定められた。この新しい業務報酬基準では、業務経費と技術料等経費によって構成する実費加算方式を原則とした上で、実用性を考慮して略算方式についても定めている。

(4) 建築確認

　建築主は、建築工事に着手するにあたり、建築確認を申請して確認を受けなければならない。建築確認とは、これから建築しようとする建物が建築基準法その他の建築関係法令に適合しているかを審査する手続である。

　確認の申請先には、2通りある。一つは、特定行政庁（都道府県知事又は市区町村長）の建築指導課・建築審査課等に所属する「建築主事」（建築基準法4条、6条）。もう一つは、民間の指定確認検査機関（建築基準法77条の18以下。財団法人や会社）の確認検査員である（建築基準法6条の2）。

　確認申請者は建築主であるが、通常は代理者（設計者や、施工者のゼネコン・工務店に所属する建築士など）が建築主に代わって申請手続を行う。

　設計図書を作成し、建築確認を申請したところ、建築関係法令に適合していない箇所を指摘されて、法令に適合するように訂正を行うケースもしばしばある。

　審査に合格すると、建築主事や確認検査員は建築主に「確認済証」を交付する（建築基準法6条4項、6条の2第1項）。

(5) 施工者の選定・工事請負契約の締結

　設計・施工分離方式の場合、設計図書が作成された後に、設計図書にもとづいて工事を行う施工者を選ぶが、建築確認後に施工者を選ぶこともある（この場合、確認申請書の「工事施工者」欄には「未定」と記載する。）。

　施工者を選定するためには、施工者の候補に、設計図書にもとづいて工事代金額の見積書を作成、提出させるが、複数の施工者に見積を依頼し、それぞれを比較検討する場合もある（競争方式、相見積）。しかし、施工者のひとつが不相当に低い見積額を提示して工事を受注し、着工後に工事の追加・変更があったと主張して工事代金の増額を要求してトラブルになることもしばしばある。

　それらの作業を経たあと、条件に合致した施工者と建築主が工事請負契約を締結することとなる。工事請負契約書には、契約約款、工事見積内訳書、設計図書が添付されることが多く、工事見積内訳書には、材料や工事の内容・数量・単価が記載されており、設計図書に次いで請負契約の具体的内容を特定するための重要な資料となる。もっとも、設計図書には記載されている工事項目が工事見積内訳書に記載されていない（見積落とし）こともあり、注意を要する。

　工事請負契約書には、民間（旧四会）連合協定工事請負契約約款を添付した契約書や、ハウスメーカーなどが独自に用意した契約書を使用する場合などがあるが、この中には消費者に不利な条項が定められていることもあるので、注意が必要である。

　一般的に建築主と請負契約を締結した施工者が元請として複数の専門業者に下請として工事を請け負わせることが多いが、下請が適切に施工するように管理、監督すること（工事管理）は元

請の責任でもあるが、下請の管理、監督が不十分であることが建物の瑕疵の原因となる場合も多くみられる。

4　着工から工事完成までの流れ

(1)　施工

　工事請負契約を締結した後、施工者が建築工事に着工する。

　施工者は、設計図書にもとづいて工事を完成する義務を負っており、前述のとおり、施工者が、設計図書をもとに工事現場用の細部の施工方法を記載した「施工図」を作成する場合がある。この場合、施工者は、施工図について工事監理者の承認を受けてから施工に取りかかるのが通常である。

　もっとも、施工図について工事監理者の承認を受けたかどうか争いがある、あるいは、工事監理者が行った変更等を建築主が知らなかったことが原因で、設計変更の有無を巡っての紛争が生じることがある。

(2)　工事監理

　建築主が設計者に、設計業務のみを依頼する場合と、これに加えて工事監理業務を依頼する場合がある。

　工事監理者は、工事を設計図書と照合し、それが設計図書のとおりにきちんと実施されているかを確認する。

　監理業務の内容は監理委託契約（監理契約）によって定まる。例えば、民間（旧四会）連合工事請負契約約款（監理業務委託書）では、監理業務として次の各業務を挙げている。

- ・監理業務方針の協議等
- ・設計意図の把握等のための業務
- ・設計意図を施工者に正確に伝えるための業務等
- ・施工図等を設計図書に照らして検討及び承認する業務
- ・施工計画を検討し助言する業務
- ・工事の確認及び報告
- ・条件変更による設計変更
- ・工事費支払審査を行う業務
- ・官公庁等の検査の立ち会い等
- ・監理業務完了手続
- ・関連工事の調整を行う業務等

(3)　中間検査

　一定の建物については、工事の途中で建築主事又は指定確認検査機関による中間検査を受けることが義務付けられており、中間検査の対象となるのは、3階建以上の共同住宅の床・梁に鉄筋を配筋する工事及び特定行政庁がその地方の建築物の建築動向又は工事に関する状況その他の事情を勘案して指定する工程（例えば、3階建以上の木造建物の場合には屋根の小屋組及び軸組工事の完了時と定めている特定行政庁が多い）である（建築基準法7条の3　中間検査特定工程）。

(4) 工事の追加・変更

建築工事においては、工事請負契約締結後に工事の追加、変更や減工事がしばしば行われる。「追加工事」とは、当初の請負契約の内容に含まれていない工事の実施を新たに合意すること、「変更工事」とは、当初の請負契約の内容に含まれている工事を一部変更することを合意すること、「減工事」とは、当初の請負契約の内容に含まれている工事を一部中止することを合意することをいう。変更工事は、同一工事箇所について減工事と追加工事を同時に行うものである。

建築主は設計図書だけでは建物のイメージをつかむことが難しく、着工後に建物が形として現れてから自分のイメージとの齟齬に気づいて工事の追加・変更を希望することがしばしばある。また、設計段階で想定していた地盤条件と実際とが異なったために基礎の設計を変更したり、建築主事・指定確認検査機関からの指摘、指導によって設計を変更する場合もある。中には、当初設計の段階で仕様が細部まで特定されておらず、仕様が特定された段階でそれが当初設計からグレードアップされたかどうか（追加工事か否か）が問題となるものや、工事監理者は工事の追加・変更を認めたが注文主が認めていないとしてトラブルになるケースもある。

工事の追加・変更は、施工途中に口頭で合意されることが少なくない。また、当初設計の内容が細部まで特定されておらず不明確な場合もあり、それが工事の追加・変更にあたるのか、追加・変更を当事者間で合意したか、更に、追加・変更の金額等についてもしばしば紛争が生じる。

(5) 工事完成・引渡

ア 工事完了検査

工事が完了すると、工事完了検査を行う。

工事完了検査には、①建築基準法上の工事完了検査と、②工事監理者による検査、③建築主による検査がある。

①の建築基準法上の工事完了検査は、建築主事又は指定確認検査機関が行う。建築主は、建築確認を受けた工事を完了した日から4日以内に建築主事等に完了検査申請書を提出しなければならない。建築主事等は、申請を受けてから7日以内に建築基準関係法令に適合しているかどうかを検査し、適合していれば「検査済証」を交付する（建築基準法7条、7条の2）。

②の工事監理者による完了検査は、工事監理者が建築主から委託された監理業務として行う検査である。工事監理者は、完成した建物が設計図どおりに施工されているかどうかを検査して工事監理報告書を作成して建築主に提出する（建築士法20条3項）。

③の建築主による完了検査は、建築主が注文主の立場で、工事が契約内容どおりに完成しているかどうか等を検査するものである。建築主は、工事の完成・引渡しと引換えに工事代金を支払う義務を負っているが、工事が完成したかどうかは検査しなければ判断できないため、検査は建築主にとって重要なものである。民間（旧四会）連合協定請負契約約款では、建築主による検査に合格した後に、引渡・代金支払を行うとされている（同約款26条1項）。

イ 引渡等

検査終了後に建物を建築主に引き渡す。

引渡しとは、建物の占有を移転することであるが、実務上は、工事完了引渡証明書（施工者が

作成）・検査済証・建物の鍵を交付することによって引渡しを行う。引渡しと引換に工事残代金を支払うのが通常である。

　建築主は、建物の引渡しを受けると、建物の表示登記・所有権保存登記を申請する。建物表示登記申請書には、通常は工事完了引渡証明書・検査済証を添付する。表示登記が完了した後に所有権保存登記を申請する。

　施工者は、工事完了後に「竣工図」を建築主に交付する。竣工図は、工事中に発生した工事の追加・変更などを反映させて完成した建物を正確に表現した図面であり、通常、設計図の修正図と施工図を合わせて作成される。竣工図は、引渡から1～2か月後に交付されることも多い。

5　建売住宅・分譲マンションの場合

i　建売住宅や分譲マンションの場合、建売業者・ハウスメーカーやディベロッパーが建築主として建物を建築した後に、消費者に建物を分譲販売する。この場合、通常、建物を建築した施工者（建設業者、工務店やゼネコンなど）と消費者（買主）との間に直接の契約関係は成立しないが、施工者が消費者に保証書を交付したりアフターサービスを合意する場合もある。

ii　建売住宅やマンションの販売形態には、売主（建築主）が自ら販売活動を行う場合、不動産仲介業者が売買を媒介する場合、売主が販売代理業者に販売業務を委託する場合などがある。いずれの場合にも、売主は、不動産の売買、代理、媒介を業として行っているため、宅地建物取引業の免許が必要である。また、仲介業者や販売代理業者も宅地建物取引業の免許が必要である。

iii　建売住宅や分譲マンションの場合、消費者は施工段階に関与しないため、完成した住宅の欠陥の有無をチェックすることが困難である。

　また、建物が完成する前であっても、建築確認を受けた後であれば建物販売の広告を行うことができる（「青田売り」。宅地建物取引業法33条）ため、マンションでは建物完成前に販売広告を行うのが通常であり、建売住宅でも建物完成前に販売広告を行うことがしばしばある。この場合、消費者は、建物の現物を確認せず、注文住宅のように詳細な設計図を見ることもなく売買契約を締結する（通常、建売住宅・マンションの分譲販売では簡単な間取図・立面図しか交付されない）こととなる。

　このため、建売住宅や分譲マンションの場合、引渡時や引渡後に瑕疵等の問題に気づいて紛争が生じることが多い。

6　設計・施工一貫の場合

　個人が住宅を建築する場合、ハウスメーカー・工務店に「設計・施工一貫方式」（設計業務と施工業務を同一の者に委託・発注する方式）で工事を依頼することも多い。

　この場合、施工者側から独立した建築士による設計・工事監理がなされることが少なく、ほとんどの場合、施工者が設計（監理）と施工の両方を行っており、施工者の従業員である建築士などが形式的に工事監理者となる場合も多く、本来の意味での工事監理がなされていないことが多い。

　設計・施工一貫方式の場合、施工者側から独立した工事監理者がいないため、施工ミスを工事監理者によってチェックすることができない場合も見受けられ、それが欠陥住宅の発生する原因の一つにもなっている。

第3　欠陥住宅紛争解決までの手続の流れ

1　受任段階

(1)　事情聴取の際のポイント

ア　基礎的事実の聴取

相談の前提として、概ね以下の基礎的事実を把握することが必要である。

（※262頁に別添資料－四谷法律相談センターで使用している建築問題法律相談付票）

① 建築の種類・用途

　戸建てか、マンションか、店舗か等

② 供給形式

　注文住宅か、建売住宅か、売り建て住宅か、中古住宅か等

③ 工事種別

　新築か、増築か、改築か、リフォームか等

④ 相手方

　ハウスメーカーか、設計と施工が別か等。ハウスメーカーの新築住宅であれば設計・施工一貫が通常なので、当該会社のみが相手方となるが、設計者と施工者が別の場合、欠陥が、設計者・施工者のいずれの責任なのかによって相手方が変わる。

⑤ 構造・工法

　木造か、鉄筋コンクリート造か、鉄骨造か等、木造の場合、在来工法か、認定工法か、プレハブ工法か等

⑥ 引渡日・築後年数

　特に瑕疵担保責任の除斥期間・消滅時効の起算点として重要なチェックポイントの一つである。

⑦ 相談者が所持する関係書類の量・種類

　契約書、注文書、見積書、工事代金内訳書、設計図書、建物登記事項証明書、確認済証、検査済証、欠陥状況の写真、補修工事見積書、工程管理記録等。特に消費者側の相談を受ける場合、消費者は、こうした書面の交付すら受けていない場合もあるため、業者側に交付請求をする必要が生じることもある。

イ　契約内容等の把握

契約書、注文書、見積書、工事代金内訳書、設計図書等から、請負契約の内容を特定する。ただ、契約内容を特定するに不充分な契約書や設計図書も散見される。この場合、注文者の注文・希望の内容、業者の行った説明、業者のウェブサイトなど広く資料を収集し、総合的に判断する

こととなろう。

　なお、契約内容の中には消費者契約法等により無効となる条項もありうるので、検討が必要である（本書17頁以下参照）。

ウ　不具合事象・工事内容の把握

　相談者からの聴き取り、写真、契約書・設計図書と実態との不一致等から不具合事象を把握する。欠陥現象は、以下のように整理すると方針が立てやすい。

　① 絶対的瑕疵

　　雨漏りなど、少なくとも住宅の本来の性能から見て、問題が発生していること自体は明らかな欠陥現象。この場合は、当該現象の原因解明と補修方法の確定が主な検討課題となる。

　② 相対的瑕疵

　　傾き、傷、仕上げの不良など、その程度によって「瑕疵」か「許容範囲（受忍限度内）」かが争われる欠陥現象。この分類の欠陥現象では、評価が問題となるので、人によって評価が異なってくる場合もあり得る。そのため、誰が、いかなる基準で「瑕疵」の有無を判断するのかが問題である。

　③ 法律的瑕疵

　　容積率オーバー、消防法上の避難口の不設置など、純粋な法規違反が問題となる場合。この問題では、法規の内容・解釈が直接問題となる。

　④ 契約上の瑕疵

　　契約で合意された事項が守られていないことによって発生した欠陥現象。例えば、住宅の基本性能自体には問題は生じていないものの、グレードアップとして約された事項が施工されていない場合等。この場合は、設計図書や工事見積書に記載がないと水掛け論になりがちなので、合意を証する書面・録音等の有無等が重要な聞き取り事項になる。

　⑤ 瑕疵の有無の検討

　　建物の瑕疵の有無について検討する。瑕疵の判断基準については第4　2（241頁）を参照されたい。

エ　専門家への依頼の検討

　建築の専門家である設計者や施工者・不動産業者等との知識・経験のギャップを埋め、専門知識を補完して適切に主張・反論をするため、専門家の協力が必要となることが多い。また、私的鑑定書や意見書を作成するには、専門家の協力は必須といえる。

(3)　資料の収集方法

ア　基礎的資料の収集

　設計図書、見積書、確認済証等の基礎的資料が相談者の手元にない場合は、これらの所持者（施工者等）に請求する必要がある。また、特定行政庁（都道府県知事又は市区町村長）の建築指導課・建築審査課等の窓口で申請すれば建築計画概要書の閲覧（特定行政庁によっては、コピーを認めるところもある）が可能である（建築基準法93条の2、建築基準法施行規則11条の4）。

イ 標準的な設計・施工の水準を定める資料の収集

日本建築学会の建築工事標準仕様書（JASS）、旧：住宅金融公庫（現：住宅金融支援機構）の住宅工事共通仕様書、公共工事標準仕様書、その他各種団体による技術的基準が我が国の現在の標準的な技術水準の判断資料となる。これらの文書は、大手書店・専門書店等で入手する他、日本建築学会図書館・建設産業図書館等で閲覧等することもできる。

2 建築士への協力依頼

(1) 建築士への協力依頼の際の留意点

依頼の趣旨の明確化、専門分野の見極め、相手方業者との利害関係の有無、費用の確認に留意する必要がある。また、建築士にも専門分野（得意とする分野）があるので、事案・争点に応じて建築士を適切に選び、依頼することも重要となる。

(2) 建築士への依頼内容

現地調査、アドバイス、私的鑑定書・意見書の作成、裁判手続きへの関与等

(3) 費用の目安

一般的に、書面作成を伴わない簡易な私的鑑定だけであれば10万円程度、目視及び簡単な測定を伴う木造２階建て中小規模住宅の現地調査とともに私的鑑定書の作成まで求める場合は20万円から40万円程度はかかるようである。他の特殊な専門知識を必要とする場合で、その分野の技術者の協力が必要な場合や特殊な検査を伴う場合は、100万円以上になることもしばしばある。裁判所に提出する私的鑑定書の作成だけでは意味がないことが多く、事件終結まで随時相談に応じてもらう（専門家から説明・助言を受けなければ、主張書面を作成できない場合もある。）には100万円程度は考慮した方がよいであろう。

3 相手方との交渉

いきなり訴訟提起等の手段を採ることは少なく、消費者側と業者側（設計者・施工者等）で交渉を行い、補修工事の内容について任意の形で合意を行うことによる解決の可能性を探ることも多いと思われる。こうした交渉段階で紛争が解決することができれば、訴訟等に発展する場合に比べれば、時間的・経済的なコストも少なく済む。

しかし、往々にして、消費者側の主張する工事内容と業者側の主張するものとが著しく乖離し、交渉を尽くしたものの、最終的に訴訟等になってしまうことがある。また、一旦は交渉がまとまり、補修工事が完了したにもかかわらず、後日、同じような欠陥現象が再び発生し、トラブルがより深刻化するケースも少なくない。

こうした事態を避けるためには、やはり、消費者側も業者側も、原因究明をせずに、とにかく補修だけをしてしまおうという姿勢は避け、問題となっている欠陥現象の原因が何かという点を、ある程度の手間と時間をかけて探り、原因を確定した上で、それを除く方策を考察した後に、補修方法を検討するという順序を踏む必要がある。

こうした原因探求は、本来は業者側が率先して行うべきであるが、それをせずに、安易・安価な補修ですませようとする業者が少なくない。しかし、消費者側としては、一定の手間をかける

ことで欠陥の原因を解明できれば、再発を防止するための抜本的な工事計画を組むことも可能となり、費用を費やしても最終的にはメリットがある。そのため、自己の費用負担で建築専門家に依頼して調査をしてもらい、当該調査結果を踏まえて、業者と再度交渉を行うことが必要なことも多い。

4 紛争処理手続の選択

当事者同士の交渉では解決が困難な場合には、通常の事件では訴訟や民事調停手続といった裁判所が関与した法的手続をとることを検討することになろうが、欠陥住宅問題については、そのような裁判所が関与した手続のほかにも、建築瑕疵紛争の処理のために特に設けられた紛争解決手続（ADR）が整備されている。

各手続は取り扱う紛争の範囲や処理方法等が様々であり、事案に適した手続選択を行うことが肝要である。

(1) 建設工事紛争審査会によるあっせん・調停・仲裁

建設業法25条に基づき設置された建設工事紛争審査会（国土交通省に設置された中央建設工事紛争審査会と各都道府県に設置された都道府県建設工事紛争審査会がある。以下単に「審査会」という）による、あっせん、調停、仲裁の手続である。

審査会によるあっせん等の手続は、建設工事請負契約に関する紛争に特化して、専門的・技術的な知見を生かして、非公開で早期に解決を図るところに特長がある。

すなわち、審査会の審査には、弁護士等の法律委員のほか、建築・土木・電気・設備などの各技術分野の学識経験者や建設行政の経験者などの専門委員が関与しており、技術的・専門的な争点にも幅広く対応できるが、審査会が取り扱う紛争は、「建設工事の請負契約に関する紛争」（建設業法25条2項）に限られ、それ以外の紛争は審査の対象とならない。例えば、建売住宅における売主の瑕疵担保責任や、設計契約上の瑕疵が問題となるケースは、「建設工事の請負契約に関する紛争」ではないことから審査の対象とはならない。

審査会による紛争処理を申請する者は、申請手数料として、申請の種類、請求額によって定められた手数料を納付する必要がある。

なお、平成18年12月20日の建設業法改正により、仲裁だけでなく、あっせん・調停についても申請時に消滅時効の中断効が認められることとなった（ただし、時効中断効が認められるためには、あっせん又は調停が打ち切りの通知を受けてから1ヶ月以内に当該請求について訴えを提起する必要がある。建設業法25条の16）。

(2) 指定紛争処理機関によるあっせん・調停・仲裁

品確法に基づき指定住宅紛争処理機関として指定された機関（各弁護士会が設置する住宅紛争審査会が指定されている）による、あっせん、調停、仲裁の手続である。

住宅紛争審査会（正式には指定住宅紛争処理機関）によるあっせん等の手続は、品確法に基づき、平成12年10月からスタートした「住宅性能表示制度」を利用した住宅、及び住宅瑕疵担保責任保険が付された住宅に関し、弁護士及び建築士により構成された紛争処理委員が行う簡易迅速な紛争処理手続である。住宅瑕疵担保責任保険は、国土交通大臣に指定された住宅専門の保険会

社である住宅瑕疵担保責任保険法人が保険の引き受けを行う保険制度であり、瑕疵担保履行法により新築住宅の売主や請負人に対して瑕疵の補修等が確実に行われるよう保険や供託が義務付けられたものである（住宅瑕疵担保履行法3条1項、2項）。

　住宅紛争審査会は、上記の住宅について請負契約又は売買契約（建売住宅）に関する紛争を取り扱っている。前述の建設工事紛争審査会とは異なり、売主の瑕疵担保責任や設計契約上の瑕疵も手続の対象となるが、対象となる住宅等が上記要件を満たす住宅であること、すなわち当該住宅等が「設計住宅性能評価書」及び「建設住宅性能評価書」の両方を受けたものであること、又は、住宅瑕疵担保責任保険が付されたものであることが必要である（なお、「設計性能評価書」を交付されている場合であっても「建設性能評価書」を交付されていないケースが少なからずあるので注意を要する）。

　ちなみに、当該住宅の請負契約に関する紛争については、建設工事紛争審査会ないし住宅紛争審査会のいずれの機関にも紛争処理の申請が可能である。

　住宅紛争審査会へ申立人が納付する紛争処理申請手数料は、1件につき一律1万円である。

(3) 民事調停

　民事調停手続は、前述した建設工事紛争審査会や住宅紛争審査会によるあっせん等の手続とは異なり、取扱いの対象範囲の紛争に制限はなく、幅広い事件について話合いによる柔軟な解決を求めることができ、また調停委員に建築士等の専門家が指定された場合には、専門的知見の活用による迅速かつ適正な解決を期待し得る。同じく裁判所の関与のある手続である訴訟と比較して、印紙代が約2分の1で済むというメリットもある。

　もっとも、建設工事紛争審査会や住宅紛争審査会とは異なり、建築・住宅紛争の解決を専門とする機関ではなく、必ずしも建築の専門家が調停委員に指定されるとは限られず、専門的・技術的な問題のある紛争の解決には適さない結果となることもある。

　民事調停事件の管轄は原則として簡易裁判所であり、地方裁判所に申し立てるためには、管轄合意書の作成・提出等が必要となる。なお、後述するとおり、地方裁判所に提訴後に調停に付される場合が少なからずあり、その場合には東京や大阪等の大規模庁においては建築士などの専門家が調停委員として審理に参加し、効率的な審理運営が図られている。

(4) 訴訟

　上記の(1)ないし(3)の手続は、いずれも非公開の当事者の話合いに基づく紛争解決手続であるが、これらの手続による解決が難しければ訴訟による解決が検討される。

　従前、欠陥住宅問題を含む建築紛争事件に対しては、裁判所や当事者が建築の専門的知識に乏しく、必ずしも効率的な争点整理が行われておらず、審理が長期化しているとの指摘がなされてきた。こうした指摘に対し、東京地方裁判所や大阪地方裁判所等の大規模庁では、建築関係事件集中部が設けられ、建築紛争事件を集中的に取扱い、効率的な訴訟運営が図られている（東京地方裁判所における審理運営については次項に詳述する）。

　なお、多くの建設工事請負契約においては、民間（旧四会）連合協定工事請負契約約款のような定型の請負契約約款が用いられており、そのような約款の中には、建設工事紛争審査会等による仲裁契約を定めているかのような条項が規定されていることがある（所謂、仲裁条項。例え

ば、「当事者間の紛争は建設工事紛争審査会による仲裁手続において解決するものとする」という規定等）。仲裁契約が成立しているとすれば、訴訟は不適法として却下され得ることになる。民間（旧四会）連合協定請負契約約款に見られるこのような仲裁条項をもって仲裁契約であると解するか否かについては裁判例の判断は分かれていたが、昭和56年9月の約款改正により、約款本文中の仲裁条項は仲裁契約の定めではなく、別に「仲裁合意書」を作成してはじめて仲裁契約が成立することとされた。従って、仲裁条項があるからといって、訴訟提起を安易に断念することは妥当でない。

また、平成16年3月1日以降に締結された消費者と事業者との間の仲裁契約は、消費者側からの解除が可能である（仲裁法附則3条2項）。

5　訴訟手続の流れ～東京地方裁判所における審理手続きを中心に

(1)　建築関係事件集中部

建築関係事件では、瑕疵担保責任に基づく損害賠償請求や追加・変更工事代金請求が多く見受けられる。例えば、瑕疵の有無が争点となる事件では、不具合とされる箇所や事象が多岐・多数に及び、事実・争点の整理に時間がかかるため、当然、瑕疵かどうかの判断には建築に関する専門的な知見が不可欠である。また、追加・変更工事が争点となる事件でも、追加変更工事の合意を証明する書面が取り交わされていない場合も多く、合意の成否についての事実認定に困難が伴う場合も少なくない。明確な合意がない場合に、追加工事代金額として相当な額を認定するためにも、建築の現場や慣習を熟知した専門家の助力が重要である。

このように、建築関係事件は争点が多岐・多数に及び、事実認定に建築に関する専門的知見も必要であるため、東京地方裁判所では、建築関係事件については建築関係事件専門部（調停・借地非訟・建築部）である民事第22部に配点される場合が多く、専門家調停委員・専門委員制度の活用により、建築士等の専門的知見を利用した効率的な審理運営が図られている。ここでいう建築関係事件とは、特に建築に関する専門技術的な面が問題となる事件のみを指す。具体的には、①建物に関する請負代金又は売買代金請求事件、②建物の設計・施工もしくは監理の瑕疵又は建物の工事の未完成を原因とする損害賠償請求事件、③工事に伴う振動又は地盤沈下に基づく建物に関する損害賠償請求事件などである。建築関係事件集中部での審理を希望する場合は、訴状に、建築関係事件に該当すること及びその根拠事実を明記するべきである。

なお、東京以外の事件であっても、合意管轄で東京地方裁判所に提訴される事件は少なくないとのことである。このように建築に関する専門部は現在、東京地方裁判所のほか、大阪地方裁判所に、また、建築事件に関する集中部は札幌地方裁判所と千葉地方裁判所に設置されており、集中部では建築事件以外の通常事件も担当している。

(2)　審理の特徴

ア　訴訟と調停

東京地方裁判所建築関係事件専門部においては、専門委員の関与する訴訟手続と専門家調停委員の関与する調停とが併存する。専門委員ないし調停委員を関与させる時期等によって様々な方式に分かれるが、概ね以下のとおりに選択されていると思われる。訴訟と調停が並進する場合も

ある。

 ㋐ 訴訟手続を選択する場合

  ・合意による紛争解決の可能性が乏しい事案

  ・瑕疵原因の究明を厳密にするために鑑定を実施する必要のある事案

 ㋑ 調停手続を選択する場合

  ・合意による紛争解決の可能性がある事案

  ・訴訟コストの関係で鑑定を行うことが困難な場合

  ・調停委員会の調整的な役割が期待される事案

イ 専門委員制度

専門委員制度とは、裁判所が適正かつ迅速な審理をするためには、その対象となっている事柄を理解するために専門的知識・経験を必要とする場合に、当該分野の専門的知識・経験を有する者を訴訟手続（争点又は証拠の整理等、証拠調べ、和解等の各手続）に関与させ、その説明を聞くことができる制度である。専門委員は、当事者からの同意を得て、選任される。

専門委員は、無料の鑑定ではなく、また、当事者の証拠収集活動の一助ではないとされており、訴訟外での接触は禁止されている。ただ、専門委員に過度の負担をかけないことを条件に、かつ、事前に当事者全員の同意を取った上で、書面により評価を含む説明がなされる場合もある。また、事案によっては、当事者から専門委員に対する質問を文書で行うことが許容される場合もある。

ウ 付調停

訴訟の係属する裁判所の決定により調停に付される場合である。調停委員は、法律家調停委員1人、専門家調停委員1人の2人が原則である。

専門家調停委員は、意見を述べ、調査・査定もすることで当事者間の調整を図り、当事者間の合意形成の橋渡しをする役割を負っており、この点で、一応は専門知識を生かして争点整理に協力することが役割である専門委員と異なる。

調停は、訴訟と異なり、あくまでも当事者同士の自主的解決を目的とするものである。ただし、実際には争点整理型の調停もある。

エ 現地調査（現地見分、現地調停）・検証

建築関係事件では、瑕疵の態様や内容については直接現場を見た方がわかりやすいことが多く、現地調査等をすることが有用である。現地調査は、進行協議期日又は調停期日において裁判所及び当事者が事実上現場を見て、その結果を当事者が写真撮影報告書などの形で証拠化して提出することが多い。現地（調査）によらずに証拠調べとしての検証を行うことは少ない。

オ 鑑定

鑑定手続については、通常の民事事件の場合と変わりはない。ただ、鑑定作業に破壊検査やボーリング等の工事が必要となる場合が多く、外注によるコストもかかる。従って、鑑定費用は通常の民事訴訟に比べて高額化する傾向があり、通常は百万円前後から数百万円になることも多く、規模によってはこれを超えることもある。

なお、建築関係事件では、医療関係事件等のように鑑定人質問を行うことは稀である。

第4 法的な問題点

1 総論

i 消費者が住宅を取得する形態には、①請負型、②売買型の二種類がある。

① 請負型は、消費者が建築主となって、施工者に建物を建築させる場合を指す。消費者（建築主）と施工者との契約は、民法上の「請負契約」に該当するため、以下、これを「請負型」という。

② 売買型は、消費者が中古住宅を購入したり、ディベロッパー等の業者が建築主となって新築住宅、マンション等を建築し、消費者がディベロッパー等からこれらを購入する場合を指す。売主と買主（消費者）との契約は民法上の「売買契約」に該当することになり、これを「売買型」という。

この形態の違いにより、法的責任の追及方法や主体が異なってくることになる。

ii 請負型、売買型のいずれの場合にも、最も典型的な紛争は、建物の「瑕疵」すなわち建物の不完全性を巡る紛争である。瑕疵については、次項2及び3で詳述する。

建物に瑕疵がある場合、請負人又は売主の「瑕疵担保責任」が問題となる。

請負型の場合、請負人の瑕疵担保責任のほかに、設計者の債務不履行責任、監理者の債務不履行責任が問題となる。

売買型の場合、売主の瑕疵担保責任のほかに、施工者・設計者・監理者の不法行為責任（そのほか仲介業者の説明義務違反による責任など）が問題となる。

iii 「瑕疵」を巡る紛争の以外に、住宅建築に関する主な紛争には次のようなものがある。

（いずれも、「請負型」の場合に生じる紛争である）4（249頁）以下で詳述する。

① 追加・変更工事に関する紛争

② 建物の完成・未完成を巡る紛争

③ 請負契約の解除に関する紛争

④ 設計委託契約の成否・解約に関する紛争

2 工事の「瑕疵」について

(1) 「瑕疵」とは

請負においては、「瑕疵」とは、完成された仕事が請負契約で定められた内容どおりではなく、使用価値や交換価値が減少したり、当事者があらかじめ定めた性質を欠くなど不完全な点を有することをいう。売買の場合の「瑕疵」の定義も基本的にこれと同じであり、取引上通常有すべき品質・性能を欠く場合又は売買契約上予定した性質を欠いていることをいう。なお、民法改正により瑕疵担保責任の制度が廃止されるが、建築紛争では引き続き「瑕疵」という用語が用いられる。詳細は259頁。

(2) 「瑕疵」の判断基準

東京地方裁判所建築訴訟対策委員会は、「①建築基準法等の法令の規定の要件を満たしているか、②当事者が契約で定めた内容、具体的には設計図書に定められた内容を満たしているか、③

②に含まれる問題ですが、住宅金融公庫（現在の住宅金融支援機構）融資を受けることを予定した建築物において公庫融資基準を満たしているか、④以上のいずれにも当たらないが、我が国の現在の標準的な技術水準を満足しているか等の基準が考えられます」としている（「建築鑑定の手引き」判時1777号3頁）。ただ、契約内容に違反すれば直ちに瑕疵に該当するというのではなく、軽微な約定違反は瑕疵とは評価されないこともある。この意味で瑕疵とは純粋な事実ではなく、実質的・規範的概念であり、多分に法的評価を伴うものであるとの分析もなされている（判タ1148号4頁）。従って、瑕疵の有無を検討するにあたっては、技術的な要素だけではなく上記の点などを総合的に評価する必要がある。以下、詳述する。

① 契約書・設計図書

上記のように、建物の瑕疵とは建物が請負契約又は売買契約で定められた内容どおりではないことをいうので、瑕疵の有無を判断する際には、まず契約の内容を確定する必要がある。

契約の内容を直接・明示的に示すものとして、契約書・設計図書（設計図・仕様書等）がある。契約で特に合意した仕様に反する場合には、法令違反や構造上の安全性の問題がなくても瑕疵に該当する（最判15年10月10日判時1840号19頁参照）。

また、請負の場合には施工者が建築主に工事代金の見積書（工事見積内訳書）を提出するのが一般的であるが、見積書には材料や工事の内容・数量・単価が記載されており、設計図書に次いで請負契約の具体的内容を特定するための資料となる。

施工図など、設計図書以外に請負契約締結後に作成された図面は、直ちに契約の内容となるわけではないので注意が必要である。

契約書や設計図書との不一致の内容、程度が軽微な場合には、瑕疵と評価されない場合もある。

もっとも、契約書等では建物の仕様、品質、性能が明示的に定められていない場合もある。その場合には、建物の種類、契約締結時の事情、代金額などのほか、後述する建築基準関係規定、旧公庫仕様書、学会が定める技術的基準、品確法所定の「参考となるべき技術的基準」等を総合考慮して、契約の合理的解釈を行うことになる。

② 品確法による住宅性能評価書

品確法では、設計又は建設された住宅について、日本住宅性能表示基準にもとづいて「住宅性能評価書」を交付する「住宅性能表示制度」を設けている。

この制度を利用して、請負契約締結時に注文主に設計住宅性能評価書が交付された場合、又は新築住宅の売買契約締結時に買主に建設住宅性能評価書が交付された場合には、請負人又は売主が契約書において反対の意思表示をしない限り、その表示された性能の住宅の完成、引渡しを目的とする契約を締結したものとみなされる（品確法6条1項、3項）。したがって、この場合は評価書に記載された内容が契約内容となる。

③ 建築基準関係規定

建築基準関係規定とは、建築基準法・施行令・施行規則、旧建設省や国土交通省の告示のほか、都市計画法、消防法、宅地造成等規制法等の14種類の法令をいう（建築基準法6条1

項、施行令9条）。これらの法令は建築確認審査の対象となっており（建築基準法6条1項、4項）、建物について要求される最低基準を定めたものであるから、通常は注文者は適法な住宅を望むはずであるし、業者もあえて違法建築をしようとしない。従って、明示の合意がない限り建築基準法に満たない契約内容は存在しないはずであり、これらの基準に違反する場合には、当事者が特に最低基準と異なる契約を締結したなどの特段の事情のない限り、瑕疵にあたる。

④　旧公庫基準

旧住宅金融公庫（現在は住宅金融支援機構）は、その定めた基準（工事共通仕様書）に適合した住宅についてのみ融資を行っていた。一般に、旧公庫基準は建築基準法よりも厳しい基準となっていた。

旧公庫基準（仕様書）に従う旨の合意がある場合（公庫融資対象住宅の場合）には、公庫基準に従うことが契約の内容になっていると認められる。

公庫融資の対象となっていない建物についても、公庫基準が一種の技術的基準として瑕疵の有無の判断基準となるか否かについては、裁判例も結論が分かれている（肯定例として神戸地判平成9年8月26日欠陥住宅判例第1集40頁、否定例として神戸地判昭和63年5月30日判時1297号109頁等）。

⑤　学会定める技術的基準

学会による標準的技術基準が瑕疵の判断基準に用いられることもある。

例えば、（一社）日本建築学会は、建築物の技術的基準として、「建築工事標準仕様書」（JASS。1～27）をはじめ、設計、施工、構造計算等に関する各種の基準、指針、手引等を作成している。これらの基準等は設計、施工の実務において広く用いられており、有力な瑕疵の判断材料となる。日本建築学会が作成した技術基準を瑕疵の判断材料とした判例として、大阪地判昭和57年5月27日判タ477号154頁、大阪地判昭和62年2月18日判タ646号165頁などがある。

⑥　品確法の定める「参考となるべき技術的基準」

品確法は、「住宅紛争処理の参考となるべき技術的基準」を定めている（品確法74条、平成12年建設省告示第1653号）。例えば、住宅の種類ごとに、建物の勾配や傾斜の基準、部位ごとにひび割れの幅などが定められている。

この技術的基準は、指定住宅紛争処理機関（住宅紛争審査会。建設住宅性能評価書が交付された住宅及び住宅瑕疵担保責任保険が付された新築住宅に関する紛争処理を行うADR機関）による紛争処理を迅速・適正に行うために設けられたガイドラインであり、この基準にもとづいて法律上一定の瑕疵が推定されるものではないと解されている。もっとも、一定の不具合事象があった場合に一定の構造的な瑕疵が存在する可能性をレベル分けしており、瑕疵の有無を判断する一要素とはなりうる。

(3)　具体的な瑕疵の判断方法

ア　欠陥現象と欠陥原因

訴訟等において瑕疵（欠陥）の有無を具体的に判断する場合、不具合と欠陥原因とを区別する

必要がある。「不具合」は表面的に現れている現象に過ぎない。例えば、「雨漏り」のケースでは、「室内の壁に水漏れによる染みができた」というのが「不具合」であり、その「不具合」の原因となったサッシ周りの防水紙の施工不備などが欠陥原因である。欠陥原因が、契約や法令で定められた「あるべき状態」に合致していない場合に、瑕疵が認められる。

　そして、「あるべき状態」の判断基準となるものが、上記(2)で述べた、契約書・建築基準関係規定、旧公庫基準、各種の技術的基準などである。

イ　瑕疵判断の具体例

以下、結露のケースを例に具体的な瑕疵の判断方法について説明する。

① 「結露」とは、空気中に含まれる水蒸気が、冷たい物体に触れて水に変わり、物体に水滴が付着する現象をいう。

　　冬は、室内温度が高く外気温は低いので、外気によって冷やされた壁、床、窓ガラスなどに室内の空気が触れると、各部位の室内側の表面に結露が生じたり（表面結露）、各部位の構成材の内部で結露が発生する（内部結露）。

　　夏は、外気温が高く湿気を含んでいるので、外気が建物の中に入り込んできたときに冷房などで冷却された部位に結露が生じる。

　　結露が生じると、水滴により壁面や天井にしみ・汚損が生じるだけでなく、カビやダニの繁殖を促進し、それが原因で居住者に喘息やアレルギー等の健康被害を招くこともある。また、木材を腐らせてしまい建物の耐久性を損なうこともある。

　　このように、結露は、建物の室内外の温度及び湿度の差が大きいことが原因となって生じることが多いので、結露を防止するためには、断熱、防湿、通気・換気などの措置を講じる必要がある。

② それでは、建物に結露という「不具合」が生じたときに、どのようにしてそれが瑕疵にあたるかどうかを判断すればよいのか。

　　まず、結露が生じた原因（断熱施工の不備なのか、居住者が石油ストーブなど水蒸気を発生させる暖房を使用し過ぎるなどの使用方法の問題か、等）を明らかにする必要がある。

　　結露が生じた原因が断熱材の厚さ不足や欠損にあることが判明した場合、次に、それが「あるべき状態」と合致していないといえるか、が問題となる。

　　建築基準関係法令で断熱工法に関して規定しているものはないため、法令以外の基準にもとづいてこの点を判断する必要がある。

　　例えば、設計図書に断熱材の厚さや施工方法が具体的に記載されていれば、それと異なる方法で断熱材が施工されていた場合には、契約で定められた内容に合致していないために瑕疵に該当すると認めることができる。

　　設計図書に断熱材に関する具体的な記載がないが、建物が住宅金融支援機構（旧住宅金融公庫）の融資対象となっているという場合には、住宅金融支援機構が定めた工事仕様書には断熱工事の標準仕様が定められているので、その仕様に合致しているかを基準に判断する。

3 「瑕疵」がある場合の関係者の責任

(1) 請負人の瑕疵担保責任

ア 瑕疵担保責任の内容

㋐ 瑕疵修補請求権（民法634条1項）

注文者は請負人に対して、相当の期限を定めて瑕疵の修補を請求できる（同項本文）。

ただし、瑕疵が重要ではなく、その修補に過大な費用がかかる場合には、修補請求することができない（同項ただし書）。

㋑ 損害賠償請求権（民法634条2項）

瑕疵の修補に代えて、又は瑕疵の修補とともに損害賠償請求することができる。この損害賠償の範囲は履行利益にまで及ぶ（通説）。

通常、修補費用（修補に代えて損害賠償を請求する場合）、瑕疵の調査費用などが損害賠償の対象となる。このほか、次のような損害項目が問題となる。

① 建替費用相当額

建物に重大な瑕疵があって建て替えるほかない場合には、注文者は請負人に対し、建物の建て替えに要する費用相当額を損害としてその賠償を請求することができる（最判平成14年9月24日判時1801号77頁）。

② 建替工事期間中の引越費用、代替住居費用について

建替費用相当額の請求を認めた上記の最高裁判例の原審は、認定した建替えに要する費用に、建替えに伴う引越費用や建築工事中の代替住居の家賃等も含まれると判断している（東京高判平成14年1月23日公刊物未登載）。

③ 再築建物の表示・保存登記費用

瑕疵が重大で建物を建て替えなければならなかった場合、再築建物の表示・保存登記費用の賠償が認められている（大阪地判平成10年7月29日金判1052号40頁）。

④ 営業上の損害

建物の瑕疵補修工事期間中に建物を使用できず営業上の損害（賃料収入や店舗の売上の喪失など）が発生した場合には、休業損害の賠償が認められる。

⑤ 弁護士費用

弁護士費用については、不法行為に基づいて損害賠償を請求した事案だけでなく、債務不履行、瑕疵担保を理由として損害賠償を請求した場合についても認められるケースが多いが、請求を認めない判例も一部に見られる。

瑕疵の程度や当事者の力関係（一般人同士の紛争か、業者と一般人の紛争か）などにより実質上の判断を加えていると評価できる。

⑥ 慰謝料

慰謝料請求を肯定する判例、否定する判例がある（肯定例として、神戸地判平成14年11月29日裁判所ウェブサイト、大阪高判昭和58年10月27日判時1112号67頁。否定例として京都地判平成12年11月22日欠陥住宅判例第2集316頁）。

肯定する判例は、瑕疵の重大性、瑕疵と安全性の関係、住宅への思い（長年の夢、待

望、期待)、瑕疵による著しい(長期間の)不快、不便、心労、瑕疵担保責任を負う側の不誠実な交渉態度、損害算定困難事例の補完、調整を考慮しており、否定する判例では、瑕疵が軽微で修補可能、施主側に損害拡大原因があること、代金に比して高額な物的損害賠償が認定される、売主が業者でない等の要素を考慮しているようである。

(ウ) 契約の解除権 (民法635条)

建物の建築工事請負の場合、注文主は、建物に瑕疵があっても契約を解除することができないとされている(同条ただし書)。これは、建物完成後に契約解除が認められると、請負人は建物を取り壊さなければならず、請負人にとってあまりに過酷であるし、社会経済的にも損失が大きいからである。

もっとも、上記のとおり、建物に重大な瑕疵があって建て替えるほかない場合には、注文者は請負人に対し、建物の建替えに要する費用相当額を損害としてその賠償を請求することができるとして、実質的に解除を認めたに等しい結論を導いた判例がある(最判平成14年9月24日判時1801号77頁)。

また、近時では、建て替えなければならない程度の重大な瑕疵がある場合には、端的に注文者からの解除を認める判例も出ている(京都地判平成16年3月31日欠陥住宅判例第4集140頁)。

イ 瑕疵担保責任の免除 (注文主の指図等)

瑕疵が、注文者の提供した材料の性質又は注文者の与えた指図によって生じた場合には、請負人は瑕疵担保責任を負わない(民法636条本文)。

もっとも、請負人が注文者の供した材料又は指図が不適当であることを知りながらこれを告げなかった場合、担保責任を免れることはできない(同条ただし書)。

注文者が工事に関して素人である一般消費者で、請負人が設計・施工一貫方式で工事を請け負った場合には、素人の建築主が多少無理な指図をしたからといって、プロである施工者は、指図が不適当であることを知るべき立場にあるので、同条に基づいて請負人が免責されるケースは少ないであろう。他方、設計・施工分離方式で、設計者が注文者に代わって施工者に与えた指図が誤っていた場合には、施工者が同条にもとづいて免責される可能性は設計・施工一貫型の場合よりも大きいと考えられる。

ウ 瑕疵担保責任の存続期間

(ア) 民法上の存続期間

民法では、請負人の瑕疵担保責任の存続期間(除斥期間)について次のように定めている

① 木造建物又は地盤の瑕疵(民法638条1項本文):引渡後5年間

② 石造、土造、れんが造、コンクリート造、金属造その他これに類似する建物(民法638条1項ただし書):引渡後10年

実務上は、請負契約や約款により、期間が短縮されていることが多いが、品確法の施行後は、品確法によって瑕疵担保責任期間が10年と義務づけられている部分についてはこれと同様に定めるケースが増えている。

工事請負契約や約款の特約条項として、i木造建物等は1年、iiコンクリート造等は2年が多い。

なお、瑕疵担保責任による請求権を保存するためには、期間内に、担保責任を問う意思を裁判外で明確に告げることで足り、裁判上の権利行使をするまでの必要はない（最判平成4年10月20日判時1441号77頁）。

　注文主がこの除斥期間内に権利行使をした場合でも、請負人の瑕疵担保責任は引渡しから10年の消滅時効により消滅する。

　㈠　「住宅の品質確保の促進等に関する法律」（品確法）による特例

　品確法では、請負契約が平成12年4月1日以降に締結された場合、「構造耐力上主要な部分又は雨水の浸入を防止する部分」に限って、請負人の瑕疵担保責任の存続期間を引渡しの日から10年とし、これより短い特約は無効としている（法94条）。なお、「構造耐力上主要な部分」の具体的内容は、法律施行令5条1項に、「雨水の浸入を防止する部分」の具体的内容は、同施行令同条2項に定められている。

(2)　売主の瑕疵担保責任

ア　瑕疵担保責任の内容

現行民法では次のとおり定められている。改正民法については258頁参照。

　㈠　解除権（民法570・566条1項前段）

瑕疵（隠れた瑕疵に限る）があるため、契約をした目的を達することができないときは契約を解除できる。

　㈡　損害賠償請求権（民法570・566条1項後段）

瑕疵があるために契約をした目的を達成できないときは、契約の解除とともに損害賠償請求ができる。

契約をした目的を達成できないとはいえないときは、損害賠償請求のみができる。ただし、賠償される損害は信頼利益に限られると解されている。

　㈢　瑕疵修補請求

原則として、瑕疵修補請求はできない。ただし、品確法が適用される新築住宅の場合、構造耐力上主要な部分等の瑕疵について瑕疵修補請求が可能である。

売買契約上、売主がアフターサービスを保証するなど瑕疵修補の合意がある場合には、契約に基づき瑕疵修補請求をすることができる。

イ　瑕疵担保責任の存続期間

　㈠　民法では、売主の瑕疵担保責任の除斥期間について、買主が瑕疵を知ってから1年（民法570条・566条3項）と定めている。

　　なお、瑕疵担保責任による請求権を保存するためには、期間内に、担保責任を問う意思を裁判外で明確に告げることで足り、裁判上の権利行使をするまでの必要はないのは、請負契約の瑕疵担保責任の場合と同様である。

　　買主がこの除斥期間内に権利行使をした場合でも、売主の瑕疵担保責任は引渡しから10年の消滅時効により消滅する（最判平成13年11月27日判時1769号53頁）。

　㈡　品確法施行（平成12年4月1日）後に新築住宅の売買契約が締結されている場合、「構造耐力上主要な部分又は雨水の浸入を防止する部分」の瑕疵については、売主の瑕疵担保責任

の存続期間は引渡から10年である（品確法95条）。

(3) 「請負型」における設計者・監理者の債務不履行責任

ア 設計者の債務不履行責任

建築主が設計者との間で設計契約を締結している場合、設計者もその義務違反（設計上の過失）と損害との因果関係が認められれば、設計契約上の債務不履行責任を負う。

設計者は、その義務の内容が契約によって定められている場合には、契約の定めに従って業務を行う義務を負う。

契約に義務の内容が具体的に定められていない場合には、建築主の要求を専門技術的な設計条件に置き換え、その条件のもとで設計者の創造性を加えながら設計を行うという設計業務の特質に照らして、設計者の義務の内容を判断することになる。

設計者の債務不履行責任の存続期間は、設計契約の法的性質を請負契約と解した場合は設計業務完了から1年間（民法637条。除斥期間）、準委任契約と解した場合は10年間（民法167条1項。消滅時効。商行為の場合には商法522条により5年）である。

※設計契約の法的性質については、「7 設計委託契約の成否・解約」（251頁）を参照。

イ 工事監理者の債務不履行責任

工事監理者も、その義務違反（監理上の過失）と損害との因果関係が認められれば、工事監理契約上の債務不履行責任を負う

工事監理者の負う義務とは、「監理契約に基づいて、工事を設計図書と照合してそれが設計図書のとおりに実施されているかいないかを確認し、工事が設計図書のとおりに実施されていないと認めるときは直ちに施工者に注意を与え、施工者がこれに従わないときにはその旨を建築主に報告すべき義務」（福岡高判61年10月1日判タ638号183頁）である。

なお、名義貸しをした監理者については、建築主との間で監理契約を締結していないので債務不履行責任を追及することはできないが、不法行為責任を追及できる可能性がある（最判平成15年11月14日判時1842号38頁）。

債務不履行責任の存続期間（消滅時効の期間）は、監理契約の法的性質について準委任契約（通説）と解すれば、監理業務の完了から10年間である（民法167条1項）。

この点、施工者（請負人）の責任が存続期間の経過により消滅した場合には、たとえ、工事監理者の責任の存続期間が経過していなくても同時に消滅するという判例（東京地判平成4年12月21日判時1485号41頁）がある。

(4) 「売買型」における施工者・設計者・工事監理者の不法行為責任

売買型においては、買主と施工者・設計者・工事監理者との間に契約関係がないため、不法行為責任の追及の可否が問題となる。

この点について、最判平成19年7月6日判時1984号34頁は、以下のように判示している。

「建物の建築に携わる設計者、施工者及び工事監理者（以下、併せて「設計・施工者等」という。）は、建物の建築に当たり、契約関係にない居住者等に対する関係でも、当該建物に建物としての基本的な安全性が欠けることがないように配慮すべき注意義務を負うと解するのが相当である。そして、設計・施工者等がこの義務を怠ったために建築された建物に建物としての基本的

な安全性を損なう瑕疵があり、それにより居住者等の生命、身体又は財産が侵害された場合には、設計・施工者等は、不法行為の成立を主張する者が上記瑕疵の存在を知りながらこれを前提として当該建物を買受けていたなど特段の事情がない限り、これによって生じた損害について不法行為による賠償責任を負うというべきである」

また、同じ事件の第二次上告審である、最判平成23年7月21日判時2129号36頁は、「建物としての基本的な安全性を損なう瑕疵」とは、居住者等の生命、身体又は財産を危険にさらすような瑕疵をいい、建物の瑕疵が、居住者等の生命、身体又は財産に対する現実的な危険をもたらしている場合に限らず、当該瑕疵の性質に鑑み、これを放置するといずれは居住者等の生命、身体又は財産に対する危険が現実化することになる場合には、当該瑕疵は、建物としての基本的な安全性を損なう瑕疵に該当すると解するのが相当である」と判示している。

平成19年最判及び平成23年最判以降は、多数の下級審判決が上記の枠組みに従って判断をしている。

なお、不法行為責任が問題となる事案は、売買型に限られるわけではない。請負型においても、「建物の基本的安全性を損なう瑕疵」がある場合、施主は、瑕疵担保責任期間が経過していても、不法行為の時効が到来（民法724条前段）又は除斥期間満了（民法724条後段）までは、施工者に対し、損害賠償を請求することが可能である（平成19年最判と同じ判断枠組みを採用して施主と契約関係がある工事監理者の不法行為責任を認めた裁判例として、東京地判平成20年1月25日判タ1268号220頁がある）。

(5) 「売買型」における仲介業者の説明義務違反による責任

建物の買主と仲介業者が仲介契約を締結している場合、この仲介契約の性質は準委任契約（民法656条）なので、仲介業者に善管注意義務（民法644条）違反がある場合は、買主は、債務不履行による損害賠償請求が可能である。

なお、買主は、売主が契約している仲介業者との間には委託関係がないが、仲介業者は、「業者の介入を信頼して取引をなすに至った第三者一般に対しても、信義誠実を旨とし、目的不動産の瑕疵、権利者の真偽等につき格段の注意を払い、もって取引上の過誤による不測の損害を生じさせないよう配慮すべき業務上の一般的な注意義務がある」（東京高判昭和32年11月2日判タ76号44頁）といえるので、仲介業者がこの義務に違反している場合には不法行為を理由とする損害賠償請求をすることが可能である。

4 追加・変更工事に関する紛争

請負契約では建築の過程で追加・変更工事が行われることが少なくなく、「追加・変更工事の合意の有無」「追加・変更工事の代金額」について紛争になるケースがある。

(1) 追加・変更工事の合意の有無

追加・変更工事に関しては、そもそも、当該追加・変更工事について、当事者の合意の有無が問題となるケースも多い。

この場合、追加・変更契約も請負契約であると解されるため、原則として追加・変更代金を請求する請負人側が合意の立証責任を負うと解される。

(2) 具体的な代金額

ア 有償か無償か

追加・変更工事を行うという合意があったことには争いがないとして、有償か無償かが問題となるケースもある。

この場合、施工者が追加・変更工事を行う場合には施工者に経済的支出があるのが通常であるから、無償とする旨の合意については、無償を主張する注文者が立証責任を負うと解される。

その場合、当該工事の決定から完成に至るまでの経過や、工事の内容・程度を総合考慮のうえ判断されることになると考えられる。

イ 具体的な代金額

工事が有償であるとして、代金額が未確定の場合、その具体的な代金額をどう決めるか。

基本的には、工事の内容に相応する合理的な金額ということになると考えられるが、より具体的には、使用された部材のグレード、工事期間、工事の難易度、業界一般の相場、建物の価値の増加の程度を考慮して決定されると解される。

(3) 予想外の事態発生の場合

天災等の不可抗力や工事現場の状況が当事者の予測と異なっていたこと（予想外の地下埋蔵物の存在、想定外の軟弱地盤との遭遇など）により、契約当初の予想に反して追加・変更工事が必要となった場合も紛争になるケースが多い。

かかる場合、本来の追加・変更工事の問題というより、いわゆる「事情変更の原則」の適用の問題となり、場合によっては、契約内容の改訂権（具体的には、追加代金の請求が認められる）、契約の解除権が認められる可能性がある。

5 建物の完成・未完成に関する紛争

請負型においては、消費者つまり注文主は建物の完成に対し、報酬を支払う義務を負う。そのため、「建物が完成した」といえるのはどの段階かが問題となる。

この点について、判例は、請負工事が当初予定された最終の工事過程まで一応終了し、建築された建物が社会通念上建物として完成しているかどうか、主要構造部分が約定どおり施工されているかどうかを基準に判断している（東京地判平成3年6月14日判時1413号78頁）。

6 請負契約の解除に関する紛争

i 建物の完成後に瑕疵が判明した場合の対処方法は、3で述べたとおりである。では、建物の完成「前」に、瑕疵が判明した場合、注文者としてはどのような対応をすることが考えられるか。

まずは、請負契約で定めたとおりに補修することを求め、それで瑕疵が解消されれば問題ないが、請負人が補修に応じない場合には、注文者としては、契約の解除（民法541条）を検討することとなろう。

契約の解除の効果については、遡及効があり、当事者双方は原状回復義務を負う（民法545条1項）のが原則であるが、建物の建築途中で契約を解除する場合には、最判昭和56年2月17

日判時996号61頁が、「工事内容が可分であり、かつ当事者が既施工部分の給付について利益を有する時は、特段の事情のない限り、既施工部分について契約を解除することができない」と判示している。すなわち、工事途中の建物も、その後、工事を加えることで完成建物とすることができるという意味でそれ自体独立した客観的価値があることが通常であり、既施工部分については契約を解除することができず、報酬を払う必要がある。

ⅱ　なお、建物の完成のため他の業者に建築を依頼する場合、当初の請負人が一貫して工事をした場合と比較して割高となる場合が多いであろうが、この余分な代金負担については損害賠償請求をすることができる（最判昭和60年5月17日判時1168号58頁）。

7　設計委託契約の成否・解約

ⅰ　消費者つまり建築主と設計者との間では、設計委託契約の成立・不成立を巡り紛争になることも多い。営業活動としての設計の相談が進展していくうちに設計契約書を締結しないまま設計業務に入っていく場合など、設計委託契約の成立時期は不明確なことが多いところ、明解な意思表示がなされていない場合に、いかなる要素で、設計委託契約が成立したとみるべきか問題となる。

　この点、判例は、設計図や見積書の作成交付、建築確認申請手続代行をするに必要な書類の作成などの諸般の要素を考慮して決定するとしている。（東京地判平成3年5月30日判時1408号94頁）

ⅱ　設計委託契約が建築主により解約された場合、解約前になされた業務の報酬が請求できるかという点も紛争になることが多い。

　上記は設計委託契約の法的性質にかかわるところ、判例・学説としては、大きく①請負説、②（準）委任説、がある。（準委任説にたつものとして、例えば京都地判平成5年9月27日判タ865号220頁）

　準委任説は、契約が建築主の事情により終了した場合、民法656条が準用する648条3項により「既にした履行の割合に応じて報酬を請求」することができることとなる。
請負契約説は、危険負担の問題となり、「債権者の責めに帰すべき事由によって債務を履行することができなくなったとき」（民法536条2項）といえるので、債務者たる設計者は「反対給付を受ける権利」＝報酬請求権を失わないこととなる。従っていずれの構成にたっても、報酬は請求することができる。

　なお、上記京都地判平成5年9月27日では、報酬金額について合意がない場合の報酬について、「設計図作成に要する日数に一日当たりの人件費を乗じて算出された金額を相当な報酬とする」と判示している。

8　リフォームに関する問題点

ⅰ　増築、改築、模様替、修繕などのいわゆるリフォームに関するトラブルも相変わらず多い。
　住宅を建築する施工者は建設業の許可を受けているのが通常であるが、軽微な建設工事のみを請け負うことを業とする者は、建設業の許可が不要である。「軽微な建設工事」とは、建築

一式工事（総合的な企画、指導、調整のもとに建築物を建築する工事）以外の工事では金額が 1 件あたり 500 万円未満（税込）の工事、建築一式工事では金額が 1 件あたり 1500 万円未満（税込）の工事又は延べ面積が 150㎡ 未満の木造住宅工事をいう。リフォーム工事は、軽微な建設工事に該当することが多く、悪徳リフォーム業者がこの規定を悪用して、建設業の許可を受けずに、高齢者などを狙って不必要なリフォーム工事や質の低いリフォーム工事を施工することも多い。

ⅱ 悪徳リフォーム業者と契約を締結してしまった場合でも、以下の方法によって契約を解消することが可能である。

ア 特商法（詳細は本書 44 頁以下参照）

訪問販売、電話勧誘販売によってリフォーム工事契約を締結した場合には特商法が適用されるので、以下のような対処が可能である。

　① クーリングオフ

注文者は、業者が消費者（注文者のこと）に対して交付するよう法律で定められている書面（法定書面）を受領した日から 8 日間は、無条件で契約を解消することができる（法 9 条等）。

法定書面が交付されなかった場合や、法定書面の記載事項に不備がある場合には、8 日間経過後も契約を解消することができる。第 2 編第 2 章第 2　4(1)（59 頁〜）。

　② 契約の取消し

業者が事実と違うことを告げたり（不実告知）、又は故意に事実を告げなかった（事実不告知）ことにより、消費者が誤認して契約を締結してしまった場合には、消費者は契約を取り消すことができる（法 9 条の 3 等）。平成 28 年改正により契約を取り消すことができるのは、追認をすることができる時から 1 年間、又は契約締結から 5 年以内とされている。第 2 編第 2 章第 2　4(3)（65 頁）。

イ 消費者契約法（詳細は本書 17 頁以下参照）

訪問販売によって契約を締結したものではないために特商法が適用されない場合であっても、消費者契約法にもとづいて契約を取り消すことが可能な場合がある。

業者が、重要な事項について、事実と異なることを告げたり、不利益な事実を故意に告げなかったり、契約の目的となるものについて断定的な判断の提供をしたりしたために、消費者が誤認した場合、消費者が業者に対してその住居等から退去するように意思表示をしたのに退去しなかったり、消費者が勧誘されている場所から退去したいとの意思表示をしたのに退去させなかったりしたために、消費者が困惑した場合、あるいは当該消費者にとって通常の分量を著しく超えることを業者が知りながら契約締結した場合には、消費者である注文者は契約を取り消すことができる（法 4 条）。

契約を取り消すことができるのは、追認をすることができる時か又は困惑から脱したときから 1 年、又は契約締結から 5 年以内である（法 7 条）。

ウ 民法

詐欺や強迫によって契約を締結させられたときは、契約を取り消すことができる。また、錯誤無効を主張できる場合もある（なお錯誤については改正民法により取消の対象となった）。

第5　法令

　欠陥住宅紛争を解決する上で必要な法令を整理した。まず、関係当事者（建設業者・建築士・宅地建物取引業者）を規律する法令について整理し、次に、建築基準等について規律する法令について整理した。そして、最後に、紛争処理段階で問題となる法令について整理した。適宜紛争解決に必要な範囲で参考にして頂きたい。

1　関係当事者を規律する法令

　建築紛争の相手方である施工者、設計者、工事監理者、宅地建物取引業者は、建設業法、建築士法、宅地建物取引業法等の規制を受け、違法建築に関与したときには行政庁による建築基準法9条の3等の監督権が発動されるとともに、これらの規定が私法上の注意義務を基礎付ける一要素ともなる。買主、注文主から依頼を受けた弁護士としては民事責任を追及するのみならず、行政庁に対する監督権発動を促すなど徹底的な責任追及をすべきである。

(1)　建設業者に対する規制（建設業法）

ア　建設業の許可

　建設業を営もうとするものは原則として国土交通大臣又は、都道府県知事の許可を受けなければならない（法3条）。

イ　建設工事の請負契約に関する規制

　工事内容・代金・設計変更の場合の代金変更・債務不履行の場合の違約金など一定の事項を定めた請負契約書の作成義務（法19条）、不当に低い請負契約代金の禁止（法19条の3）、建設工事の見積義務（法20条）、前受払金に対する保全措置（法21条）、一括して下請させること（いわゆる丸投げ）の禁止（法22条）などの規制がある。

ウ　施工技術の確保

　建設業者は工事現場における建設工事の施工の技術上の監理をつかさどる主任技術者又は監理技術者を置かなければならない（法26条）。

エ　監督・許可の取消

　建設業者が建設工事を適切に行わなかったために公衆に危害を及ぼしたとき、請負契約に関し不誠実の行為をしたとき、など一定の場合には国土交通大臣又は都道府県知事は指示を行うことができ指示に従わない場合には営業停止を命じることができる（法28条）。

　建設業者が許可要件を満たさなくなったときなど一定の場合には、国土交通大臣又は、都道府県知事は、当該建設業者の許可を取り消すことができる（法29条、29条の2）。

(2)　建築士に対する規制（建築士法・建築基準法）

ア　建築士制度

　建築士は、国家試験に合格した上で、国土交通大臣又は都道府県知事の免許を受けなければならず（建築士法4条）、新築建物については、建物の用途や規模、高さなどに応じて所定の等級の建築士でなければ設計又は工事監理をしてはならない（同法3条以下）。

イ　建築士の工事監理に関する規制

　建築士が設計を行う場合においては、設計図書に記名捺印しなければならず（同法20条）、設

計にかかる建築物が法令又は条例の定める基準に適合するようにしなければならない（同法18条）、名義貸しの禁止（同法21条の2）などの規制がある（同法18〜22条）。また、工事監理契約を締結するに際し、あらかじめ、管理建築士その他の建築士より、従事することになる建築士、報酬の額、支払の時期、契約の解除に関する事項等の重要事項の説明をしなければならず（同法24条の7）、延べ面積が300平方メートルを超える建築物の場合、書面により工事監理契約を締結する義務がある（同法22条の3の3）。なお、建築基準法9条の3は、一定の場合には違反建築物の設計者・監理者に免許取消その他の措置を講ずるものとしている。

ウ 懲戒

建築士が建築基準法・建築士法などに反したとき・業務に関して不誠実な行為をしたときなどには国土交通大臣又は都道府県知事から業務停止、免許取消しなどの処分を受ける場合がある（同法10条）。

建築士や建設業者の処分情報が公開されており、国土交通省ネガティブ情報検索サイト（http://www.mlit.go.jp/nega-inf/）で検索できる。

(3) 宅地建物取引業者に対する規制（宅地建物取引業法）

ア 宅地建物取引業者

国土交通大臣又は都道府県知事の免許を受けて、業として、宅地建物の売買・交換・賃貸借又はこれらの代理・媒介をするものを宅地建物取引業者という。

イ 宅地建物取引業法の規制

宅地建物取引業者は誇大広告の禁止（法32条）、広告の開始時期の制限（法33条）、自己に属しない宅地又は建物の売買契約締結の制限（法33条の2条）取引態様の明示義務（法34条）などの規制を受けるほか、重要事項説明書の交付（法35条）、瑕疵担保特約等契約に関する一定事項の書面の交付（法37条）重要な事項の不告知・不実告知の禁止等（法47条以下）などがある。

ウ 重要事項説明義務

宅地建物取引業者は、売買等の契約に際して、宅地建物取引士をして各当事者に対し、登記事項、私道負担、ライフライン、解除に関する事項、手付金や違約金に関する事項などの重要事項を記載した書面を交付して重要事項の説明させなければならない（法35条）。重要事項については国土交通省令（宅地建物取引業法施行規則16条等）を参照する必要がある。

2 建築基準等を規律する法令

(1) 建築基準法

建築物の敷地、構造、設備及び用途に関する最低の基準を定め、国民の生命、健康及び財産の保護を図る法律である。建築物単体の性能を確保する規定（単体規定）と都市計画区域等市街地内での街並を統制する規定（集団規定）及び基準適合性を確認する手続規定がある。この法律の下には、建築基準法施行令、建築基準法施行規則、建築基準法関係告示が定められている。

建築基準法の単体規定、集団規定、手続規定について少し説明する。まず、単体規定としては、構造強度に関する規定、防火・避難関係の規定、一般構造・設備に関する規定等がある。

次に、集団規定としては、接道に関する規定、建物の用途に関する規定、建ぺい率、容積率、

道路斜線、隣地斜線、天空率、北側斜線、日影による高さ制限（日影規制）、地区計画についての規定等の規定がある。

そして、手続に関する規定その他としては、建築確認の手続、建築確認の対象、違反建築物に対する措置、工作物への準用の規定等がある。

近年、耐震偽装事件を経て、建築確認手続において、構造計算適合性判定の導入がなされた。

(2) 建築基準法施行令

建築基準法の規定を受けて法律の規定の具体的な内容、数値、法律を実現するための方法等を定めている政令。

(3) 建築基準法施行規則

建築基準法と建築基準法施行令を実施する際に必要とされる設計図書や事務書式を定めている省令。

(4) 建築基準法関係告示

主に建築基準法施行令の規定のさらに細目を定めている国土交通省（旧建設省）の告示。

(5) 建築基準関係規定

建築確認の際、当該建築物が適合することを要求される法令である（建築基準法6条1項）。建築基準関係規定とは、建築基準法令の規定（建築基準法並びにこれに基づく命令及び条例の規定）その他建築物の敷地、構造又は建築設備に関する法律並びにこれに基づく命令及び条例の規定で政令で定めるものをいう（建築基準法6条1項）。

建築基準法施行令9条では、建築基準関係規定として、消防法、駐車場法、水道法、下水道法、宅地造成等規制法、都市計画法、浄化槽法などの特定の条文をあげている。さらに、建築基準法施行令9条に規定されていなくとも、高齢者、障害者等の移動等の円滑化の促進に関する法律の14条1～3項（同法14条4項参照）、都市緑地法35条、36条、39条1項なども建築基準関係規定と定められている（同法41条）。

ア　消防法

火災を予防し、警戒し、国民の生命、身体及び財産を火災から保護するとともに、火災又は地震等の災害に因る被害を軽減し、もって安寧秩序を保持し、社会公共の福祉の増進に資することを目的とする法律である。防火対象物（建築物）の用途ごとにどのような消防用設備（消火設備、警報設備、避難設備）が必要かが規定されている。住宅への住宅用防災機器（防災警報器、防災報知設備）設置・維持の義務づけもなされている（法9条の2）。

イ　都市計画法

都市計画の内容及びその決定手続、都市計画制限、都市計画事業その他都市計画に関し必要な事項を定めることにより、都市の健全な発展と秩序ある整備を図り、もって国土の均衡ある発展と公共の福祉の増進に寄与することを目的とする法律である。

都市計画の内容としては、市街化区域・市街化調整区域の区分、地域・地区（用途地域等）、都市施設（公園、道路等）、市街地開発事業、地区計画などがある。

これらの都市計画の内容ごとに、建築・開発規制（都市計画制限）が定められている。例えば、市街化区域・市街化調整区域の別で開発許可の要否が異なっている。地域・地区の違いによ

り、建築行為の規制が異なる。地域・地区により建てることのできる建築物の容積率、建ぺい率は、建築基準法に規定されている範囲の中から都市計画決定により定められる。地域・地区により建てられる建築物の用途、斜線制限は、建築基準法に規定されている。都市施設、市街地開発事業施行区域、地区整備計画の区域内の建築規制も規定されている。

ウ　宅地造成等規制法

宅地造成に伴い、がけくずれや土砂の流出を生じるおそれのある市街地などにおいて、宅地造成工事による災害を未然に防止するために必要な規制を行う法律である。宅地造成規制区域において宅地造成を行う場合、都道府県知事の許可を要する。宅地造成とは、宅地以外の土地を宅地にするため又は宅地において行う土地の形質の変更のうち、切土により2mを超えるがけを生じる場合、盛土により1mを超える盛土を生じる場合などである（法2条2号、施行令3条）。

エ　高齢者、障害者等の移動等の円滑化の促進に関する法律（バリアフリー新法）

高齢者、障害者等の移動上及び施設の利用上の利便性及び安全性の向上の促進を図り、もって公共の福祉の増進に資することを目的とする法律である。対象建築物として特定建築物（学校、病院、劇場、物品販売店舗、ホテル、事務所、共同住宅、老人ホーム等、主として多数の者が利用する建築物。法2条16号）、特別特定建築物（特別支援学校、病院、劇場、物品販売店舗、ホテル、老人ホーム等特定建築物のうち不特定かつ多数の者が利用し、又は主として高齢者、身体障害者が利用する建築物で移動等円滑化が特に必要なもの。法2条17号）がある。特定施設（出入口、廊下、エレベーター、便所、駐車場等）の構造及び配置に関する基準（車いす使用者と人がすれ違う廊下の幅の確保、車いす使用者用のトイレ等に関する基準）として、建築物移動等円滑化基準（バリアフリー化のための最低レベルの基準）と建築物移動等円滑化誘導基準（バリアフリー化のための好ましいレベルの基準）がある。建築主は、特別特定建築物のうち政令で定める規模（床面積（増築若しくは改築又は用途の変更の場合にあっては、当該増築若しくは改築又は用途の変更に係る部分の床面積）の合計2000平方メートル（施行令5条18号に掲げる公衆便所にあっては50平方メートル）。法施行令9条）以上の新築等をしようとする場合は建築物移動等円滑化基準に適合させる義務があり（法14条1項）、特定建築物を新築等しようとする場合は同基準に沿う努力義務がある（法16条1項）。建築物移動等円滑化誘導基準を満たす特定建築物の新築等をしようとする建築主等は所管行政庁による計画の認定を受けて容積率の特例、低利融資などの支援措置を受けることができる。

オ　建築基準関係規定となる条例

建築基準法の規定を受けて地方公共団体が定めたもので、建築確認の手続において条例への適合の確認を要する。東京都の場合、東京都建築安全条例、東京都日影による中高層建築物の高さによる制限に関する条例、東京都文教地区建築条例、東京都駐車場条例などがある。

3 紛争処理段階で問題となる法令

(1) 民法・会社法

ア 契約責任の追及

① 請負契約の場合

建物が完成する前であれば、注文者は請負人に対して債務不履行責任（民法415条）の追及が可能であり、建物完成後であれば、債務不履行責任の特則である瑕疵担保責任（民法634条）の追及が可能である（詳細は、245頁「第4　3(1)　請負人の瑕疵担保責任」参照）。

② 売買契約の場合

建物に隠れた瑕疵が存在する場合には、買主は売主に対して瑕疵担保責任（民法570条、566条1項）の追及が可能である（詳細は、247頁「第4　3(2)　売主の瑕疵担保責任」参照）。

なお、品確法により、平成12年4月1日以降に契約した新築住宅の買主には、瑕疵修補請求が認められている点については後述のとおりである。

イ 不法行為責任の追及

請負契約関係ないし売買契約関係にある場合でも、不法行為責任の要件をみたす場合には、不法行為責任を追及することも可能である（請求権競合関係）。

相手方が法人で、その法人に対する責任追及が困難な場合（債務超過や破産状態であるなど）には、その取締役等個人に対する損害賠償請求も検討すべきである（会社法429条、旧商法266条の3）。

(2) 住宅の品質確保の促進等に関する法律（品確法）

ア 概要

品確法は、住宅の品質確保の促進、住宅購入者等の利益の保護、住宅に係る紛争の迅速かつ適正な解決を図り国民生活の安定向上と国民経済の健全な発展に寄与することを目的として、平成11年に制定され、平成12年4月1日から施行されている。その主な内容は、①住宅性能表示制度の創設、③住宅に係る紛争処理体制の整備、③瑕疵担保責任の特例である。

イ 住宅性能表示制度の創設と住宅に係る紛争処理体制の整備

住宅性能表示制度とは、国土交通大臣が定めた日本住宅性能表示基準に基づいて、登録住宅性能評価機関が申請者の求めに応じて住宅性能評価を行い、住宅性能評価書（設計住宅性能評価書・建設住宅性能評価書）を交付する制度である（法3、5、6条）。

上記住宅性能評価書のうち、建設住宅性能評価書の交付を受けた住宅の建設工事の請負契約又は売買契約に関する紛争については、国土交通大臣が指定した指定住宅紛争処理機関（住宅紛争審査会）のあっせん、調停及び仲裁を利用することができる（法66、67条）。

ウ 瑕疵担保責任の特例

品確法は、新築住宅の取得契約（請負・売買）において、構造耐力上主要な部分等（住宅の構造耐力上主要な部分又は雨水の浸入を防止する部分として政令で定めるもの）の瑕疵について、瑕疵担保責任の特例を定めた。

まず、品確法では民法に規定がなかった売主に対する瑕疵修補請求権が認められた（法95条3項）。

また、瑕疵担保期間が引渡しから10年に延長され（法94条1項、95条1項）、この期間を10年未満とする特約は無効である（法94条2項、95条2項）。他方、20年以内であれば、特約で瑕疵担保期間を伸長することが可能である（法97条）。

(3) 特定住宅瑕疵担保責任の履行の確保等に関する法律（履行確保法）

履行確保法は、平成17年の耐震偽装問題の発生を契機として住宅購入者等の利益保護の観点から平成19年5月に制定された。その主な内容は、①業者（建設業者・宅地建物取引業者）が負う品確法上の瑕疵担保責任履行の資力を確保するために業者に供託ないし保険契約締結を義務付け、さらに、②保険の引受主体を整備し、③紛争処理体制を整備するものである。

履行確保法により保護される「住宅」は、品確法上の新築住宅（法2条1項）に限られ、また、供託・保険契約による保護の対象になる「瑕疵」についても、品確法に定める「構造耐力上主要な部分等」（住宅の構造耐力上主要な部分又は雨水の浸入を防止する部分として政令で定めるもの）の瑕疵に限られる（法2条4～6項）。

そして、住宅瑕疵担保責任保険契約が付された新築住宅の建設工事の請負契約又は売買契約に関する紛争については、国土交通大臣が指定した指定住宅紛争処理機関（住宅紛争審査会）のあっせん、調停及び仲裁を利用することができる（法33条）。この点、供託制度を選択した新築住宅については、この紛争解決手段を利用できないので注意が必要である。

なお、履行確保法は平成20年4月1日から施行されているが、瑕疵担保責任の履行のための資力確保義務付け規定については平成21年10月1日から施行されているので、平成21年10月1日以降に引き渡される新築住宅から供託・保険加入が強制されることになる。

(4) 製造物責任法

建物自体は製造物責任の対象とはならないが（法2条1項）、建物の部品・部材等は製造物責任法の対象となるので、これらに欠陥があるために建物に欠陥が生じたような場合には、部品・部材等の製造業者に損害賠償請求することも検討すべきである。

第6　民法改正について

1　民法改正について

平成29年6月2日、120年ぶりとなる民法改正法が公布された。この改正法の施行日は、公布日から3年以内である。同改正により、請負・売買の分野も大きな影響を受けた。改正民法は、施行日後に締結された契約について適用される。

2　改正の主要点

ここでは、住宅問題に関係する瑕疵担保責任についての改正のポイントについて概説する。詳細は、当弁護士会「住宅紛争審査会運営委員会」の「改正民法・品確法対応　Q＆A住宅紛争解決ハンドブック」編著　第二東京弁護士会住宅紛争審査会運営委員会　発行　株式会社ぎょうせい）を参照されたい。

(1) 「瑕疵」という用語の廃止

改正民法では「瑕疵」の文言が削除され、「目的物が種類又は品質に関して契約の内容に適合しない」場合の責任（以下「契約不適合」という）という用語が使用される。

(2) 債務不履行責任への統一

「瑕疵担保責任」という用語も廃止されて、契約不適合の場合の責任は、基本的に債務不履行の一般原則に従うことになった。その結果、①売買について現行民法に規定されている「隠れた」瑕疵であるという要件は不問となった。②契約不適合があった場合に損害賠償の責任を問うためには、帰責事由が必要となった。もっとも、帰責事由がなかったことの立証責任は、施工業者・売主側が負う。③請負の場合、土地工作物についても契約解除が可能となった。

(3) 責任追及期間の改正

現行民法では、瑕疵担保責任を追及できる期間について、請負と売買とでそれぞれ異なる除斥期間が定められている（246、247頁参照）。改正民法では請負と売買の除斥期間が統一されて、いずれも「不適合を知った時から1年以内」に不適合を通知しなければ失権することとされた。

(4) 売買についての追完請求権の新設、代金減額請求権の拡充

売買の目的物に契約不適合があるときは、買主は、売主に対し、目的物の修補、代替物の引渡しによる履行の追完請求が可能となった。

また、売買の目的物に契約不適合があるときは、買主は、代金減額請求が可能となった。同様に、請負でも、報酬の減額請求が可能となった。

3 他の法律への影響

民法の改正に伴い、品確法、履行確保法等の関係法令も改正された。

品確法上は、「瑕疵」を「種類又は品質に関して契約の内容に適合しない状態」と定義し、引き続き、「瑕疵」の用語を使用する（履行確保法上も同様である。）。

第7 参考文献・資料

1 文献

① 主として法律実務・訴訟実務に関する文献

- 欠陥住宅被害全国連絡協議会編 「消費者のための欠陥住宅判例」第1集〜第6集 民事法研究会
- 東京地方裁判所建築訴訟対策委員会編著 「建築訴訟の審理」 判例タイムズ社
- 日本建築学会編著 「戸建住宅を巡る建築紛争」 丸善
- 横浜弁護士会 「建築請負・建築瑕疵の法律実務《建築紛争解決の手引》」 ぎょうせい
- 齋藤隆編著 「建築関係訴訟の実務」（改訂版）新日本法規
- 松本克美・齋藤隆・小久保孝雄編 「専門訴訟講座② 建築訴訟」 民事法研究会
- 塩崎勤・安藤一郎編 「新・裁判実務体系 第2巻 建築関係訴訟法」 青林書院

・中野哲弘・安藤一郎編 「新・裁判実務体系 第27巻 住宅紛争訴訟法」 青林書院

・日弁連発行 日弁連研修「欠陥住宅被害救済のための主張・立証」(2006.12.15) レジュメ

・日弁連発行 日弁連研修「建築紛争解決の手法を学ぶ」(2008.2.18) レジュメ

・日本建築学会発行 日本建築学会講演会「失敗の要因と建築紛争の事例」(2007.2.16) レジュメ

・第二東京弁護士会住宅紛争審査会運営委員会編「改正民法・品確法対応 Ｑ＆Ａ住宅紛争解決ハンドブック」(2017.9.10) 株式会社ぎょうせい

② 法律実務及び建築技術の両方に関する文献

・99建築問題研究会著 「欠陥住宅紛争解決のための建築知識」 ぎょうせい

・99建築問題研究会著 「住宅建築トラブル相談ハンドブック」 新日本法規

・岩島秀樹・青木清美編 「建築瑕疵の法律と実務」 日本加除出版

③ 主として建築技術に関する文献

・日本建築学会編集 「建築紛争ハンドブック」 丸善

・住宅金融支援機構監修 「住宅工事仕様書」(旧住宅金融公庫仕様書)

・日本建築学会 「構造用教材」

・日本建築学会編著・発行の「建築工事標準仕様書」(JASS)・同解説 (1巻〜27巻まで)、各種基準・指針

④ 建築関係法令に関する文献・法令集

・国土交通省住宅局建築指導課編 「図解建築法規」 新日本法規出版

・国土交通省住宅局建築指導課／建築技術研究会著 「基本建築基準法関係法令集2017年版」 建築資料研究所

・国土交通省住宅局建築指導課／建築技術者試験研究会著 「基本建築関係法令集」〔法令編〕・〔告示編〕 霞ヶ関出版社

・東京建築士会 「東京都建築安全条例とその解説」

⑤ 建築に関する雑誌

・雑誌「建築知識」 エクスナレッジ

2 法律相談窓口

・四谷法律相談センター (建築士と弁護士による建築専門相談を実施している。
　要予約。電話03−5312−2818)

・(公財) 住宅リフォーム・紛争処理支援センター
　(相談窓口(住まいるダイヤル) 0570−016−100/03−3556−5147

3 紛争解決機関

・指定住宅紛争処理機関 (住宅紛争審査会。弁護士単位会)

・仲裁センター (第二東京弁護士会)

4　関係団体のウェブサイト等

・(公財) 住宅リフォーム・紛争処理支援センター　http://www.chord.or.jp/
品確法に基づく住宅紛争処理支援センターとして住宅に関する相談全般を受け付けており、
ホームページ上に相談事例が多数掲載されている。

・(公社) 日本建築家協会 (JIA) 関東甲信越支部建築相談委員会建築相談室
http://www.jia-kanto.org/members/kaiin/iinkai/soudan/index.html
http://www.jia-kanto.org/soudan/
建築士の中でも建築工事監理の専業団体。住宅を中心とする市民向け建築相談を予約制で受け
付けている。支部には、首都圏建築相談室、JIA 神奈川、JIA 千葉、JIA 埼玉があり、全国の
支部にも建築相談室が設けられている。現地調査等の受任可能。

・(一社) 東京建築士会　http://www.tokyokenchikushikai.or.jp/
住宅に関する一般消費者向けの情報提供、建築士による建築相談窓口の案内が掲載されてい
る。また、建築士の検索が可能。

・(一社) 日本建築学会　http://www.aij.or.jp/de-tabe-su.html
日本建築学会の図書館の蔵書・論文等の検索が可能。これまでの公庫仕様書・住宅工事仕様書
も収蔵されている。

－建築問題法律相談付票－

①担当建築士名
②相談期日
③相談者名
④相談対象建築物等の概要

建築用途 ［・戸建て住宅 ・集合住宅 ・併用住宅 ・その他（　　　　　　　　）］
供給形式 ［・注文 ・分譲建売 ・売建、建築条件付き ・中古売買 ・コーポラティブ ］
所有形式 ［・自己所有 ・区分所有 ・賃貸］
　　　　 ［・事業用 ・自己使用］
工事種別 ［・新築 ・増改築 ・内装 ・外装改修 ・その他（　　　　　　）］
相手方 ［・名称（　　　　　　　　　　　　　　　　　　）］
　　　　 ［・設計者 ・工事監理者 ・ハウスメーカー ・工務店 ・建設会社 ・内装工事
　　　　　　会社 ・事業者（デベロッパー）・仲介不動産業者 ・管理会社 ・不明 ］
構　　造 ［・木造 ・RC ・SRC ・混構造 ・その他（　　　　　　）］
工　　法 ［・木造軸組工法 ・木造枠組壁工法 ・ハウスメーカー工法 ・プレファブ
　　　　　　工法 ・その他（　　　　　　　）］
集合住宅該当部分
　　　　 ［・専用部分 ・共用部分］
階数 ［ 地下階数（　　　）、地上階数（　　　）、瑕疵発生階（　　階）］
床面積 ［ 敷地面積（　　）延べ面積（　　）］
基礎工法 ［・杭基礎 ・直接基礎（・ベタ基礎、・独立基礎、・布基礎（底盤の有、無））
　　　　　・地盤改良（有、無）］
築後年数 ［ 竣工年月日（　　　）、引き渡し年月日（　　　）、取得年月日（登記　　）］
主な仕上 ［ 外部仕上 屋根（　　　　　　）外壁（　　　　　　）］
　　　　 ［ 内部仕上（床　　　　　　壁　　　　　　天井　　　　　　）］

⑤書類等の有無

契約書 ［・設計契約書 ・監理契約書 ・請負契約書 ・売買契約書 ・賃貸借契約書
　　　　　・その他 ・なし ］
書類等 ［・建築確認済証（添付図面）・検査済証 ・契約書（設計契約書、監理契約書、
　　　　　請負契約書、売買契約書、賃貸借契約書、その他）・契約約款（有・無）
　　　　　・見積明細書 ・設計図書 ・住宅金融公庫融資住宅（有、無）・保証書
　　　　　・住宅性能評価書 ・現場写真 ・その他（　　　　　　　　　　）］

⑥所見・メモ

第5章　インターネットに関連する消費者被害

第1　インターネットの特質とインターネット消費者被害の理解及び心構え

1　インターネットの特性

　インターネットは、もはや消費生活に必須のものとなっている。例えばショッピングサイトやオークションサイトでの物品やサービスの購入に用いられ、さらにはネットバンキングやネットトレーディング等によって高額な資金移動も可能であり、これに相応する機密性の高い通信方法も用意されている。

　しかし、インターネットという「仮想現実」内では、匿名による情報の発信が事実上可能で、通信の相手方の実世界における名称や所在地等を知ることが困難である。そのため、悪質な業者が自己の名称や規模を偽る、あるいは誇大広告や虚偽広告を行う等の方法で消費者被害をもたらす事例が後を絶たない。これらの被害は、たとえ少額であっても、他の消費者被害と比較して、その救済が困難である。

　インターネットにおける通信や取引、データの送受信等には、物理的な取引等とは大きく異なる点があり、その違いをもたらす要因として、インターネットの①匿名性、②広域性、③双方向性、④仕組みの複雑性　が挙げられる。このような特徴が、インターネットによる消費者被害の防止や解決を難しくしている。消費者被害の対策にあたっては、これらインターネットの特徴の理解が必要となる。以下では、これらの特徴と消費者被害の関係について述べる。

①　インターネットの匿名性

　　インターネットでは、事実上、匿名による情報発信が可能であり、消費者被害における加害者の特定が困難なことが多い。これに加えて、通信媒介業者の守秘義務の存在（電気通信事業法第4条）、通信履歴（ログ）の一般的な保管義務の不存在等があいまって、被害者の救済を阻害する要因となっている。

②　インターネットの広域性

　　インターネットを用いれば、世界のどこへでもほぼ瞬時に通信することができる。この広域性がインターネットの利便性を高めている反面、海外の悪質な業者が我が国の消費者に対して被害を及ぼす結果も招いている。このような海外の業者に対しては、法的措置に時間と費用がかかるため、特に被害救済が困難となる。

　　なお、インターネットにおけるサーバ（通信に関する情報を処理するコンピュータ）のアドレス（URL = Uniform Resource Locater。例えば http://www.niben.or.jp/ 等）の末尾が「jp」であったとしても、そのサーバが日本国内にあるとは限らない。日本語で記載されたウェブサイトであって、「jp」のついた URL であれば、日本国内の消費者が利用することは十分に考えられるが、実際のサーバが海外にある可能性もあって、加害者の特定・被害回復が困難になることも多い。

③ インターネットの双方向性

インターネットにおいては、誰もが情報を受信できるだけでなく、発信することも可能である。これもインターネットの利便性を高める要因である。しかし、消費者自身が情報を軽率に送信して消費者被害の危険性を高めることもある。そればかりか、情報発信により第三者の著作権やプライバシーの侵害、個人情報の漏えい等を招くこともあり、消費者自身が意識せずに（消費者問題以外の事件の）加害者になる可能性さえある。インターネットの利用にあたっては消費者自身の危険の招来だけでなく、自らが加害者になりうることを念頭に慎重にコミュニケーションしなければならない。

④ インターネットの仕組みの複雑性

一般消費者は、インターネットの技術的な仕組みを知らなくても、メールで通信したり、ウェブサイトを閲覧したりすることができる。しかし、インターネットやコンピュータにおける処理について知識が不足しているために、上記の匿名性、広域性、双方向性等が内包する危険を意識することなく安易に契約を締結してしまうことが多い。通信相手である会社の実在性や、実在する会社のウェブサイトであることを確認するためには電子証明書による方法[73]があるが、電子証明書を用いていない会社やウェブサイトも多いため、常に利用可能な方法ではない。結局は、サイト上の記載のみから相手の会社を安易に信用してしまいがちなのが実情である。

以上のように、インターネットによる消費者被害には他の類型の消費者被害にない特徴があり、これらの特徴を考慮した対策が必要となっている。

2 インターネットの構造、仕組み

(1) インターネットの構造

インターネットは本来「ネットワークを相互につなげるネットワーク」を意味するが、現在では世界各地域に広がったコンピュータ・ネットワークを TCP/IP（Transmission Control Protocol/Internet Protocol）という世界標準の技術的規約（プロトコル）で連結することで構築された、ネットワーク網を指す。

インターネットの構造の特徴は、下図のとおり相互接続された多数のサーバにより全体が結合された分散管理型ネットワークだという点にある。インターネットは多数のサーバが、いわば「横のつながり」によって個々に連結されたものの集合体である。この点で、全体又は利用者全員を統括管理するような、従来の電話回路網やパソコン通信等とは決定的に違っている。

---

73 "https"で始まる URL の場合には、そのドメイン（"niben.or.jp"など）の電子証明書により、正当性が確認される仕組になっている。

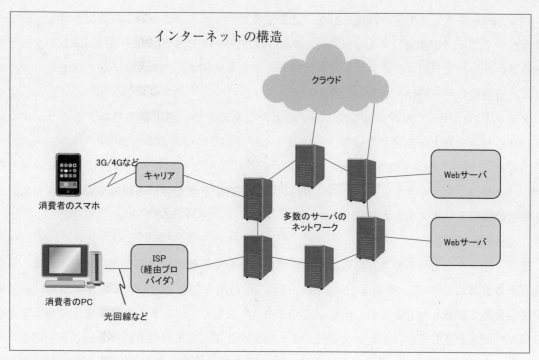

インターネットの構造

(2) インターネットにおける通信の仕組み

インターネットに接続されたサービスを、消費者が利用する場合には、NTT-Docomo 等のキャリアや、ISP（Internet Service Provider。経由プロバイダと言われることもある）を介して接続するのが一般的である（上図の左部分）。

例えば、ウェブサイトの閲覧をする場合には、取得しようとするサイトを特定する情報が、消費者からキャリア又は ISP に送信され、そこから、目的のウェブサーバまでいわば「バケツリレー式」に送信される。どのサーバも、他の全てのサーバと直接に結合されているわけではないので、複数のサーバを経由して目的の Web サーバに送られる。Web サーバに情報が到達すると、今度は逆のルートで、ウェブページの内容が送られてくる。

実際には、ウェブページを URL（例えば、http://www.niben.jp/index.html）で指定する。サーバ間の通信では、URL が、IP アドレス（インターネットにおける番地のような情報）に変換されて使用される。IP アドレスには、従来から使われてきた IPv 4 という体系と、最近利用が進んでいる IPv 6 という体系がある。IPv 4 は、 0 から255の数字を 4 個並べた形（例えば、122.216.23.212）で表される。これは 2 の32乗個（約40億個）のアドレスしか扱えないため、現在では足りなくなっている。これに対して、IPv 6 のアドレスは、 4 桁の16進数を 8 個並べた形（例えば、2001：0218：200d：0253：0153：0254：0170：0142）で表され、 2 の128乗個（約340兆× 1 兆× 1 兆個）のアドレスが扱える。現在では、IPv 4 の新しいアドレスの取得はできなくなっており、IPv 6 への移行が進められている。

(3) クラウド[74]について

最近は、クラウドの利用も広がっている。クラウドはサービスに利用するサーバの数やスト

---

74 従来は利用者が手元のコンピュータで保管・利用していたデータやソフトウェアを、クラウドサービスを提供する事業者のサーバに保管し、ネットワーク経由で利用者が利用できるようにするサービス。例として Google ドライブ、DropBox、iCloud、OneDrive など

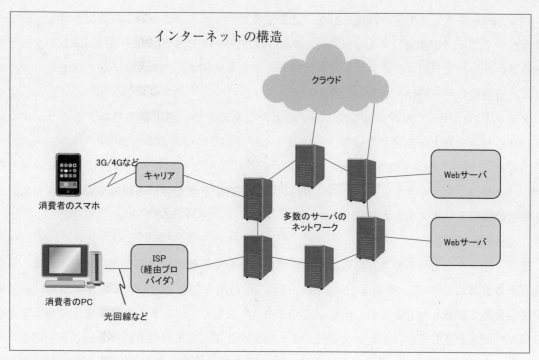

レージ（ハードディスク等）の数を必要に応じて変更できるものである。例えば、あるウェブサイトへのアクセスが非常に多くなれば、そのためのサーバの数を増やし、同じURLのサービスを多数のサーバで分担する。ファイルの保管サービスも同様で、ファイルスペースが足りなくなれば、自動的にサーバ数を増やして対応する。

　クラウドは、サービスの実現方式に関するものであるため、利用者が意識することは少ないが、サービスの向上が容易になる等、利用者から見た利便性の向上にも寄与している。しかし、その反面、サーバの物理的な（設置）場所がわかりにくくなっており、場合によっては海外のサーバを利用するケースも生じるため、現地の法律が適用されたり、情報漏えいや滅失の危険もある点に留意すべきである。

(4)　仮想通貨等

　近時、インターネットを通じた電子的な決済手段として仮想通貨の利用が広がっている。仮想通貨それ自体は、「ブロックチェーン」と呼ばれる暗号的な仕組みを用いるもので高い技術的安全性を備えているものも多いが、国家が定めた通貨ではなく、システムも発展途上にあることから種々の問題が生じている。資金決済法による規制が及び、取扱事業者には登録義務が課せられるほか、同法の令和元年改正法により事業者に対する規制が強化され（本書4頁）、金融商品取引法、金融商品販売法の規制も及ぶようになる。なお改正法により正式な名称が「暗号資産」に変更されている。

3　相談を受ける際の準備・心構え

　インターネット消費者被害の相談は、当然、ウェブサイトなどインターネット上の情報の確認が不可欠であるため、弁護士はPCやスマートフォンを用意しておく必要がある。規約や契約内容などはインターネットでしか確認できないような場合も多い。相談者にも、相談の際には、あらかじめ印刷したものを持参してもらうか、その場で画面を確認できるようにPCやスマートフォン（メールやSNSなどのやり取りが問題になる場合はその場で確認できるようにした方が良いし、特定の機種やソフトでないと閲覧できないような場合は必ず）を持参してもらうようにしたい。少なくとも、URL等は確認しておきたい。

　インターネットは匿名性が高く、相手を特定できない場合も多いので、相談に際しては、いかに相手を特定できるか（なりすましの可能性なども考慮）を意識したい。また、Webサイトなどはすぐに消去される可能性があるため、早めに印刷するかスクリーンショットやウェブアーカイブ[75]などでその場で証拠化をしておきたい。

　インターネットにおいては、次々に新しい技術や事業（詐欺的なものも含めて）が出てくるので、あらかじめ知っておくことが望ましいが、知らない場合には、素直に相談者に聞いて仕組みなどを理解するところから始める必要がある。

75　http://archive.is/やウェブ魚拓（http://megalodon.jp/）などのサービスで取得できる

第2　インターネット消費者被害に関連する法律

インターネット上の消費者取引においても、消費者契約法をはじめとする消費者関連諸法令が当然に適用される。ここでは、これらの諸法令のうち、インターネット消費者被害の解決のために必要なものを紹介する[76]。

1　特定商取引に関する法律（特商法）

インターネットでの取引は特商法の「通信販売」に該当し（法2条2項）、販売業者・役務販売事業者は同法第2章第3節の規制を受ける。具体的な規制内容については67頁を参照のこと。

重要なものとして、メール広告規制がある。メール広告については、通信販売を行う事業者が行うもののみならず、同事業者から一括して受託する事業者からのものであっても、消費者があらかじめ承諾・請求しない限り原則的に送信が禁止された（オプトイン規制・法12条の3、同条の4）。オプトイン規制の違反は行政処分及び罰則の対象となる。なお、同様のメール広告規制は、連鎖販売や業務提供誘引販売業にも適用される。

また、インターネットオークションにおいては、個人名で登録されていても事業者と同様に継続的かつ大量に出品・落札を繰り返して利益を上げる者もおり、かつ、そのような者の取引実績を信頼して取引する消費者もいて、消費者と特商法上の「販売業者」が曖昧になることもある。そのため、経済産業省及び消費者庁は、どのような頻度・態様で取引を行う者が特商法上の「販売業者」に該当するかにつき、「インターネット・オークションにおける販売業者にかかるガイドライン[77]」で主要な論点を整理し、一定の指針を公表している。

2　電気通信事業法

プロバイダや携帯電話のキャリアなど、電信電話やインターネット通信などの電気通信（放送を除く）を提供する事業者（電気通信事業者）を規制する法律である。電気通信事業者には特商法は適用されず、電気通信事業法により規律されている。本法では事業者の検閲の禁止（法3条）や通信の秘密（法4条）が規定されている。

携帯電話サービスの加入に再するトラブルの多発を受けた平成27年5月22日改正により、消費者保護ルールが充実・強化され、説明義務の充実、書面交付義務、初期契約解除制度[78]・確認措置[79]、禁止行為、代理店に対する指導等の措置義務などが定められた（民事効があるのは、初期契約解除制度・確認措置）。改正に併せて総務省では「電気通信事業法の消費者保護ルールに関するガイドライン」を改訂し、利用者が利用実態等に対応した料金プランを選択できるよう事業者・代理店には適切な説明を求めている。

---

76 総務省管轄のものは同省の HP でガイドライン等を公開しているので参照
　　http://www.soumu.go.jp/main_sosiki/joho_tsusin/d_syohi/kankei_hourei-guideline.html
77 http://www.meti.go.jp/policy/economy/consumer/consumer/tokutei/jyoubun/pdf/auctionguideline.pdf
78 利用者は、相手方の同意なく、契約締結書面受領時等から8日間は、理由を必要とせずに、書面による意思表示によって契約を解除できる制度。ただし、付随して締結された物品（端末機器等）の売買契約やレンタル契約等に解除の効力は及ばない。また、有料オプションについても別途解除の手続きが必要になる。
79 初期契約解除対象として指定される移動通信サービスのうち、事業者が代替的取り組みを講じて、利用者の利益が保護されているとして総務大臣の認定を受けたサービスについては、初期契約解除に代えて「確認措置」が適用される。関連契約も解除可能。

3　特定メールの送信の適正化等に関する法律（迷惑メール防止法）

　広告宣伝の手段として送信されるメール（広告宣伝メール）を規制する法律である。広告メールには原則的にオプトイン規制が導入されており、広告宣伝メールの送信者にはその氏名・名称の表示及び受信拒否のための連絡先の表示が義務づけられている。

　ただし、電気通信事業法に違反する広告宣伝メールは、自動プログラムにより機械的かつ無差別に送信されることが多い（いわゆる「スパムメール」）。スパムメールにおいては、消費者が受信拒否の意思を表示すると、かえって情報（当該メールアドレスの有効性など）を送信者側に与えてしまうといった二次被害を誘発する可能性があるため、注意が必要である。

4　電子消費者契約及び電子承諾通知に関する民法の特例に関する法律（電子消費者契約法）

　この法律は、インターネット取引において、マウスの誤操作などにより発生する消費者トラブルを回避するため、民法の錯誤規定を修正するものである。

　電子消費者契約法は、消費者がインターネットやメールなどを介して事業者との間で行う契約（電子消費者契約）において消費者が行った意思表示に要素の錯誤があり、かつその錯誤が、①意思表示をする意思がなかったとき、あるいは②異なる意思表示をする意思があったとき、のいずれかに該当する場合には、民法95条ただし書の適用を原則的に排除する（法3条本文）。これにより、消費者は、自らに重過失があっても錯誤無効（民法改正後は取消）の主張が可能となる。

　ただし、事業者側が消費者に対し、確認画面などにより契約の意思の確認を求める措置[80]を講じていた場合などには、民法95条ただし書の適用は排除されない。そのため、消費者側に重過失があれば、錯誤無効（取消）を主張することができない（法3条ただし書）。

5　その他のインターネット関連諸法令

　以上述べてきたものの他に、インターネットにおけるトラブルを防止又は解決するために欠かせない法律についても、ここで紹介する。

(1)　特定電気通信役務提供者の損害賠償責任の制限及び発信者情報の開示に関する法律（プロバイダ責任制限法）

　インターネットで誹謗中傷や著作権侵害等の違法な情報が流通した場合について、一定の要件のもとで、プロバイダやウェブサイト運営者（特定電気通信役務提供者）に対し、違法な情報の送信防止措置を講じること及び違法情報の発信者情報を被害者に開示することを認め、そのかわり、これらの送信防止措置・情報開示措置によって情報の発信者が損害を被ったとしても、賠償責任を免除する法律である。

　もっとも、本法の適用範囲は名誉毀損や著作権侵害等、情報自体が違法と評価される場合に限

80「電子商取引及び情報財取引等に関する準則」に例が載っている
　http://www.meti.go.jp/press/2015/04/20150427001/20150427001-3.pdf

られ、誇大広告等には適用されない。また流通する情報が「不特定又は多数」に送信される必要があり、１対１の通信であるメールには適用がないこと等が問題とされており、法改正が望まれている。

なお、本法については、一般社団法人テレコムサービス協会を中心として運用されているプロバイダ責任制限法ガイドライン等検討協議会において、各種ガイドラインが公表されている[81]。

(2) インターネット異性紹介事業を利用して児童を勧誘する行為の規制等に関する法律（出会い系サイト規制法）

18歳未満の者（児童）を児童買春等の犯罪から保護するため、インターネット異性紹介事業（いわゆる出会い系サイト）を規制する法律である。出会い系サイト運営事業者に対し、都道府県公安委員会への届出（法７条）、広告・宣伝の際の児童による利用禁止の明示（法10条）、利用者が児童でないことの確認（法11条）、児童を異性交際の相手方へ誘引する内容の書き込みの削除（法12条）等を義務づけている。また出会い系サイト利用者に対し、児童を異性交際の相手方となるように誘う書き込み等を禁止し（法６条）、違反者には罰則を科している（法33条）。

(3) 青少年が安全に安心してインターネットを利用できる環境の整備等に関する法律（青少年インターネット環境整備法）

インターネットに青少年の健全な成長を著しく阻害する情報（有害情報）が多く流通していることから、青少年にその活用能力を習得する措置を講じ、インターネット関係事業者に対しフィルタリングの普及促進を図るよう義務づける法律である。本法ではまた、18歳未満の者が利用する携帯電話に、保護者が不要の申し出をしない限りフィルタリングサービスの利用を義務づけている。

(4) 個人情報の保護に関する法律（個人情報保護法）

情報ネットワークの発展に伴い、個人情報の利用が著しく拡大したことから、個人情報の適正な取扱いに関し、基本理念等を定め、国及び地方公共団体の責務、個人情報を取り扱う事業者の遵守すべき義務等を定め、個人情報の有用性と保護の調和を図った法律である。

本法は、個人情報データベース等を事業の用に供している者を「個人情報取扱事業者」と定義し（法２条３項）、同事業者に対して個人情報の利用目的を明示させ（法15条）、個人情報の適正な取得（法17条）や管理（法20条）・監督（法21条、22条）、第三者提供（法23条）等の利用に対して各種の規制を加えている。また、個人情報取扱事業者が保有している個人情報（保有個人データ）につき、一定の要件を満たす場合には情報主体である個人からの開示（法25条）、訂正（法26条）、利用停止（法27条）の請求を認め、個人情報の適正利用の保護を図っている。

(5) 不正アクセス禁止法

ネットワークを通じて他人の管理するコンピュータを無許可で使用する行為を禁止する法律である。他人のIDやパスワード等を利用する「なりすまし」（法２条４項１号）、ソフトウェアのセキュリティ上の脆弱性を利用する「セキュリティホール攻撃」（法２条４項２号、３号）をそれぞれ不正アクセス行為と定義し、これらの行為を処罰するとともに（法３条、11条）、ID、パスワード等の不正取得行為（法４条）と漏洩行為（法５条）、不正アクセス助長行為（法９条）

---

81 http://www.isplaw.jp/

も併せて処罰対象としている（法12条）。

第3 類型別のインターネット消費者被害の実態と対処法

1 インターネットへの接続（プロバイダ契約等）の際のトラブル

⑴ インターネットへの接続の前提となるプロバイダ契約、電気通信事業者の義務

　一般の消費者などがインターネットに接続するには、電気通信事業者である経由プロバイダ（以下においては単に「プロバイダ」）との間でプロバイダ契約を締結する必要がある。プロバイダは契約に基づき、消費者の使用する情報端末に対してIPアドレスを割り付ける（電気通信役務の提供契約）。これにより、一般の消費者はPCや携帯電話、スマートフォンなどの情報端末を通じてインターネットに接続できることになる。

　電気通信事業法（以下「法」）上、電気通信事業者やその代理店・取次店・業務委託者（末端まで）は、契約及び更新の際には消費者に対し、契約条件等を説明する義務を有し（法26条）、説明事項も定められている（施行規則22条の2の3第1項及び第2項）。また、この説明は、説明事項を分かりやすく記載した説明書面[82]を交付し、これに基づき行わなければならない（施行規則22条の2の3第3項）。さらに、高齢者や未成年者等、特に配慮が必要となる利用者に対して、その知識、経験、契約目的等に配慮した説明を行う必要がある（適合性の原則。施行規則22条の2の3第4項）。そして、契約成立後にも書面の交付[83]が義務付けられている（法26条の2）。

⑵ プロバイダ契約に関するトラブル

　プロバイダ各社が提供する通信サービスの料金体系は、1か月あたりのパケット通信量に応じて課金される「従量制」や月額料金が固定されている「定額制」、これらを組み合わせたもの、さらには通信手段によって定額制と従量制を使い分けるものなど、様々である。その上、各種の割引サービスがオプションとして付加されたり、ハードウェア（PCや電話機など）との一括購入により実質的な値引きが行われることもあり、極めて複雑な構造を有している。消費者が理解不十分のまま契約を締結してインターネットを利用すると、想定される料金以上の金額を請求される、あるいは宣伝されているような通信速度を得られないなど、様々なトラブル発生の原因となる。また契約書が紙媒体で交付されず、ウェブ上で確認できるだけだったり、契約内容を十分に確認することなく契約するケースもあり、トラブルが多い。

　さらに、近時は、最初の数ヶ月は無料だからと十分な説明をせずにオプションとしての有料の映画や音楽等の配信サービスに加入させられ、サービスに加入していることに気づかなかったり忘れたりして無料期間を過ぎ、毎月サービス料を支払っていたことに後から気づくなどというトラブルも発生している。

---

82 利用者の了解でメールやウェブページ等で代替可能であるが、了解の意思表示については適正に取得する必要があり、トラブルが生じている場合は、了解が適正に取得されているとはいえないと考えられる。
83 書面の交付は、紙媒体によるのが原則だが、利用者の承諾を得て、メールやウェブページへの掲載、CD等の電子媒体を交付するなどの方法で行うことも可能。

(3) トラブル時の対処法[84]

ア 初期契約解除制度の利用

電気通信サービスの提供契約[85]について、利用者が、相手方の同意なく、契約締結書面受領時（役務提供開始日がそれより遅い時は役務提供開始日）から8日間、理由を必要とせずに、書面による意思表示によって契約を解除できる制度（初期契約解除制度）が導入された（法26条の3）。これに反する特約は無効となる（法26条の3第5項）。

事業者等が初期契約解除に関する事項について虚偽説明をしたことにより、利用者がその内容が事実であると誤認し、これによって初期契約解除可能な期間に解除しなかった場合には、事業者は、「不実告知後書面」を交付しなければならない。利用者は同書面の受領日を含む8日間の期間は、契約解除可能となる（法第26条の3第1項括弧書き、施行規則第22条の2の8）。

初期契約解除の意思表示をすると電気通信サービスの提供契約は解除される。ただし、付随して締結された物品（端末機器等）の売買契約やレンタル契約等に解除の効力は及ばない。また、有料オプションについても別途解除の手続きが必要になり[86]、事業者等はこうしたサービスを契約書面に記載しなければならない（省令22条の2の4第2項2号ト）。

解除がなされた場合、利用者は解除までの通話や通信（契約解除に伴い同時に契約解除された付随的有償継続役務も含む）の料金、工事費（光ファイバーやCATVなどの場合）、契約締結費用（事務手数料、上限3000円）、法定利率による遅延損害金を負担するが、上限も定められている（法26条の3第3項、施行規則22条の2の9）。

対象となる電気通信役務（PHS、公衆無線LAN、DSLサービス、IP電話などは対象外）
［移動通信サービス］※確認措置適用の場合（後記）及びプリペイド契約の場合は除く
① MNO[87]の携帯電話端末サービス（スマートフォン含む）
② MNOの無線インターネット専用サービス[88]
③ MVNO[89]の期間拘束のある無線インターネット（月額基本料金を超える違約金が生じるもので自動更新や更新後の違約金発生の有無は問わない）
［固定通信サービス］
④ FTTHインターネットサービス（光ファイバー利用の家庭用高速データ通信サービス）
⑤ CATVインターネットサービス（ケーブルテレビ）
⑥ ④・⑤向けの分離型ISPサービス（足回り回線とは別にISPのみ提供）
⑦ DSL向けの分離型ISPサービス（電話勧誘による遠隔操作で変更されることが多い）

イ 確認措置制度の利用

初期契約解除対象として指定される移動通信サービスのうち、事業者が代替的取り組みを講じて利用者の利益が保護されているとして総務大臣の認定を受けたサービス[90]については、初期契

---

84 前記の電気通信事業法の消費者保護ルールに関するガイドライン参照。
　　http://www.soumu.go.jp/main_content/000406001.pdf
85 利用者に不利な料金等の変更が含まれる変更契約。更新契約にも適用。
86 事業者からの自主的に契約解除に応じるのは自由で、電気通信役務がないと履行ができない場合には債務不履行により解除となると考えられる。
87 携帯電話やPHSなどの移動体回線網を自社で保有し、通信サービスを提供する事業者（いわゆるキャリア）例）NTTドコモ、ソフトバンクなど
88 タブレット、モバイルWi-Fiルーター等のデータ通信専用の端末向けに提供されるインターネット接続サービスで、携帯電話サービスのアクセスネットワークを利用するもの。例）モバイルWiMAXなど
89 移動体回線網を自社で保有せず、キャリアからネットワークを借りて、格安スマートフォンなどのサービスを提供する事業者
90 総務大臣による確認措置の認定を受けた電気通信役務の名称等は、
　　http://www.soumu.go.jp/main_sosiki/joho_tsusin/d_syohi/shohi.htm 参照

約解除に代えて「確認措置」が適用される。具体的内容は事業者から交付される書面に記載されるが、一定の要件を満たす必要がある（施行規則22条の2の7第1項5号）。

オプションや機種本体の売買契約などの関連契約も解除可能で、初期契約解除と異なり、事務手数料の負担も不要である。

ウ その他

プロバイダ契約の加入時にトラブルが発生した場合、消費者はまず、契約時に交付を受けた書面などにより契約条件を確認すべきである。プロバイダ等からの説明義務が十分に果たされていない場合、消費者はこれを理由にプロバイダ契約を解除するか、重要事項の不告知又は不実告知等があったとして消費者契約法4条から同7条に基づき契約を取り消すことができる。

2　インターネットを介した取引におけるトラブル

インターネットを介した消費者取引（Business to Consumer、B to C）は、一般に、電子消費者取引と呼ばれている。本項目では、電子消費者取引における典型的な消費者トラブルとその対処法を述べる。なお、電子消費者取引には、消費者関連諸法が適用されるところ、経済産業省は「電子商取引及び情報財取引等に関する準則」を公示しており、法解釈の指針として役立つ。

(1)　ネットショッピング

ネットショッピングにおいて、クレジットカードを利用して商品を購入したが、商品が送られてこないといったトラブルが頻発している。特に、売主が海外の事業者の場合に多い。このような場合、まずは、売主に連絡して、配送状況を確認すべきである。何らかの事情で配送が遅れているのであれば、適切に対応するよう売主に求めることによって問題が解決することもある。

では売主と連絡が取れない場合や、売主が配送に応じない場合はどうすればよいか。

ア　カード会社に対する支払停止の抗弁

割販法は、クレジットカードを用いた取引等を対象に、消費者が、カード会社からの立替金支払請求を拒むことを一定の条件下で認めている。例えば、支払総額が4万円以上（リボルビング方式は3万8千円以上）であり、売買契約締結時から支払の終了までが2か月を超える時期・期間である等の要件を満たせば、消費者は、同法30条の4に基づき支払停止の抗弁権を主張して、カード会社からの立替金支払請求を拒むことができる（105頁）。

なお、クレジットカードの契約約款にも同様の規定が存在する場合があるので、契約約款の確認も必要である。

イ　カード会社との交渉

カード会社が引き落としを強行するような場合、引落口座のある銀行に事情を説明して引き落としの停止を要請するか、銀行の口座残高を0円にしてカード会社との交渉に臨むことも検討すべきである。ただし、この手段ではブラックリストへ登録されるおそれもあるので、あらかじめカード会社に対し、そうした措置を採らないよう文書で警告する必要がある。

なお、国際ブランド（例えばVISAやマスターカードなど）のクレジットカードを使用した場合であれば、当該カード会社独自のチャージバック制度によって、代金を支払わずに済むか、既払代金の返還を受けられる可能性があるから、カード会社に対し、チャージバック[91]の手続を

採るよう求めることも検討すべきである。ただし、当該制度の適用基準は会社毎に異なり、強制することができない点、注意が必要である。

ウ　海外の事業者に対する請求

商品が送られてこないままカード会社による決済が終了してしまい、上記方法によっても既払代金の返還が受けられない場合、消費者は、売主に対し、商品の引渡請求や代金の返還請求を行う。最終的には、訴訟手続によって判決を獲得し、強制執行を行うことになるが、売主が海外の事業者の場合、日本国内で裁判を行うには、準拠法や国際裁判管轄等の問題がある。

準拠法は「法の適用に関する通則法」により決定されるが、「消費者がその常居所地法中の特定の強行規定を適用すべき旨の意思を事業者に対し表示したときは、当該消費者契約の成立及び効力に関しその強行規定の定める事項については、その強行規定をも適用する」（通則法11条）と定めており、特商法や消費者契約法の強行規定を適用することができる。なお、日本の裁判所が言い渡した判決の効力については相互保証主義が適用されるため（民事訴訟法118条参照）、条約を締結していない国では、その国で判決を取り直して強制執行しなければならない。

一般に、海外の事業者に対する訴訟は様々な困難を伴うことから、取引においては相手方の信用力を十分に調査した上での慎重な取引が望まれる。

なお、国民生活センター越境消費者センター（Cross-Border Consumer Center Japan：CCJ）では、海外ショッピング（インターネット・店頭取引を含む）に関するトラブル相談を受け付けており、海外の窓口となる機関と連携し、相手国事業者に相談内容を伝達するなどして海外事業者に対応を促し、消費者と海外事業者の間のトラブル解決を補助している。

エ　インターネットショッピングモール運営者に対する責任追及

取引がショッピングモールサイトで行われた場合、例外的に、モール運営者に対してその責任を追及できる可能性がある。具体的には、①モール運営者が売主であると誤って判断するのもやむを得ない外観が存在し、②その外観の存在についてモール運営者に責任があり、③利用者が善意無重過失の場合には、商法14条又は会社法9条の類推適用により、モール運営者に責任を追及できる余地がある（「電子商取引及び情報財取引等に関する準則」Ⅰ−6参照）。

(2)　インターネット・オークション[92]

ア　ノークレーム・ノーリターンについて

インターネットを利用して競売を行うネットオークションにおいても、様々なトラブルが報告されている。もともと出品物が不良品であるにもかかわらず、出品者が、ネットオークションの商品紹介に「ノークレーム・ノーリターン」と記載していることを根拠に、落札した一般消費者からの解除・返品等に応じないといったトラブルはその典型例である。

(ア)　特商法の適用

特商法によれば、落札者である消費者は原則として商品を受け取った日から8日以内であれ

91　チャージバックとは、クレジットカードが第三者に不正利用されたような場合、カード会社が売上をキャンセルし、カード利用者に対する請求を中止し又は利用者に対し支払い済みの代金を返金するシステムで、VisaやMasterCardなど国際ブランドが各自に定めたルールに従って運用されている。カード利用者がカード発行会社に不正を申請することで手続が開始されるが、具体的なルールは各ブランドによって異なる。

92　出品者が、事業者であるか否かの判断は前記のとおり。

ば、契約を解除して送料自己負担で返品できる（同法15条の2第1項）。ただし、出品者である事業者が、商品広告の画面及び最終申込み画面の双方で「通信販売における返品特約の表示についてのガイドライン」[93]にしたがって返品に関する特約を明確に表示している場合、消費者は契約解除できない（同法15条の2第1項ただし書、同法施行規則9条、16条の2）。

　(イ)　消費者契約法の適用

　消費者契約法によれば、瑕疵に基づく損害賠償責任の全部を免除する条項は無効とされている（同法8条1項5号、10条）ので、「ノークレーム・ノーリターン」との記載があっても、出品者は当該損害賠償責任を免れることはできない。

　また、不実告知（同法4条1項1号）又は不利益事実の不告知（同法4条2項）により、購入申込みの取消が認められうる。ただし、取消権には消費者が不実告知等による誤認に気づいたときから1年の短期消滅時効が適用されるため（同法7条1項）、注意が必要である。

　(ウ)　出品者が非事業者である場合

　出品者が事業者ではない場合、落札商品に関する売買契約には消費者関連諸法令の適用はなく、民法の規定が適用される。出品者による「ノークレーム・ノーリターン」の表示は、瑕疵担保責任を免除する旨の特約として原則的に有効であるが、出品者が出品物に瑕疵があること等を知っていながらこれを告げずに取引した場合には瑕疵担保責任を免れることはできず（民法第572条）、落札者は契約解除や損害賠償の請求が可能である（なお民法改正後は契約不適合責任となる）。

　また、引き渡しを受けた商品が使用に耐えないほどの不良品だった場合など、信義則に照らして特約を無効と解すべき場合もある。事情によっては、錯誤無効（改正民法後は取消）（民法95条）や詐欺取消（民法96条1項）が認められる可能性がある。

(3)　未成年による取引について

　ネットショップやネットオークションにおいて、未成年の子が親のID・パスワードを使用し、親の名前で勝手に商品を購入・落札してしまったというトラブルもある。

　ア　出品者との関係

　子は、自己のために売買契約を締結したものとしてその履行責任を問われる可能性があるが、未成年であれば原則として契約を取り消すことができる（民法5条2項）。ただし、親の同意があると誤信させるために詐術を用いた場合には取消権を行使できない（同21条）。「詐術を用いた」ものに該当するか否かは具体的な事情を総合考慮して実質的に判断されるが、インターネットの特性上、「詐術」とまで評価されるほど積極的な行動（例えば慎重な年齢確認において詐術を用いた場合など）が要求される。

　一方、親は落札の意思表示を行っていないので、売買契約の効果は原則として親に帰属しない。しかし、ID・パスワードの管理が杜撰であったなど（例えば、子も使用しているPCの脇にID・パスワードをメモして貼っておいた等）、親自身に帰責性が認められる場合には表見代理の規定（民法109条、110条、112条）が類推適用され、親にも契約の効果が帰属しうる。

　イ　クレジットカード会社との関係

---

93 http://www.caa.go.jp/trade/pdf/130220legal_6.pdf

一般的なクレジットカード約款においては、家族による不正使用の場合にはカード会員が立替払金の支払い義務を免れない旨の規定が定められている。したがって、当該規約の下では、会員である親が支払義務を負うことになる。

ただし、下級審判決の中には、カード会員の家族等による不正使用の場合であっても、上記規定に基づきカード会員が立替払金の支払義務を負うには、カード会員に重過失あることが要求されると判断したものもある（長崎地佐世保支判平20.4.24金判1300号71頁、判タ1291号50頁）。

⑷　高度にシステム化された取引について

電子消費者取引には、ネットショッピングやネットオークションの他に、ネットバンキングやネットトレーディング等、より高度なシステムを使用した複雑な取引もある。

これらの取引の契約約款は、より複雑で専門的な条項からなり、例えばシステムダウンによって消費者に発生した機会損失に関する免責条項などは、経験の浅い消費者が一読しただけでは理解できない内容も多い。このような取引も消費者関係諸法令の適用対象である。

ネットでのFX取引において、システムトラブルによりロスカット・ルールが発動されなかった事案において、業者にロスカット・ルールの適切な発動の義務を認め[94]、免責の規約も消費者契約法8条1項1号、同項3号に照らして、解釈をし責任を認めた裁判例もある。

システムを理解し、いかにそこに消費者関係諸法令を当てはめるかが大事である。

⑸　電子消費者取引に関連した詐欺について

インターネット取引では、匿名性から相手方の特定が困難である。この特質を悪用した業者等が、第三者の氏名を冒用し、あるいは架空名義を使用して消費者から金銭等を詐取し責任追及を免れようとする事例が後を絶たない。以下、典型的な事例とその対策を説明する。

ア　フィッシング詐欺について

フィッシング詐欺とは、実在する銀行やカード会社などを装い、消費者に対して本物のウェブサイトに酷似した偽のウェブサイトのURLリンクを貼ったメール等を送りつけ、メール受信者に偽のウェブサイトへアクセスするよう誘導した上、暗証番号やクレジットカード番号などの個人情報を入力させ、その情報を盗んで預金の引き下ろしやクレジットカードの不正利用を行う犯罪である。

㋐　事前の対策

フィッシング詐欺への対策・予防としては、自己の預金口座やクレジットカードの暗証番号を第三者に開示しないことが最重要である。暗証番号等を聞き出す内容のメールは、送信者が取引銀行であるかのように装うものが多いので、決して騙されないよう十分注意しなければならない。銀行担当者がインターネットや電話、メールを通じて顧客の暗証番号等を聞き出すことはありえず、このような場合はフィッシング詐欺と考えて間違いない。メールの真偽を確認したい場合には、銀行担当者に直接電話でメール内容について照会するなどの方法を採ると良い。

㋑　事後の対応

個人のインターネット・バンキング利用者の預金口座から不正な払戻しが発生した場合には、

---

94 取引要綱に「できる」という文言を用いてロスカット・ルールの記載があったとしても、ロスカット手続に着手するかどうかを被告が自由に判断できると解するのは相当ではない

たとえ銀行が無過失であったとしても、利用者に過失がなければ「原則補償」、利用者に過失があるか、又は重過失の場合には「個別対応」する旨の申し合わせがなされている（平成20年2月19日「『預金等の不正な払い戻しへの対応』について」）。被害を確認した場合には速やかに銀行へ連絡し、補償又は減額補償を受けられるようにすべきである。

クレジットカードでの被害においても、カード加入時に不正利用に対する保険に自動的に加入している場合がほとんどである。この場合、保険適用期限が限られていることが多いため、速やかにカード会社に連絡すべきである。

イ　ワンクリック詐欺について

㋐　代金支払義務の有無

インターネットのアダルトサイトを閲覧しようとしてボタンをクリックすると、「会員登録が終了しました。入会金4万円を指定口座に振り込んでください。あなたの個人情報は登録されましたので入金がない場合は損害賠償等を請求します」などと、突然、契約の締結を一方的に宣言し代金請求を告知する画面が現れるケースがある。架空請求の典型的な事例で、ワンクリック詐欺とも呼ばれている。

このような画面には、消費者の「個人情報が登録された」旨が、IPアドレスなどと併せて表示されることもある。しかし、インターネットの構造上、自らが情報を開示することさえなければ、消費者側の個人情報が事業者側に伝わることはない。このような表示は、単に消費者の知識不足を利用した詐欺の一手段に過ぎず、信用してはならない。当該画面を信じて消費者がサイト運営者に対しメールや電話で連絡すると、かえって消費者の個人情報がサイト運営者に明らかになり、以後、執拗な請求を受けることもある。決してサイト運営者に連絡してはならない。

なお、クリックしたボタン等に「入会ボタン」などと表示されていた場合でも、消費者は錯誤無効（民法改正後は取消し）を主張でき、代金支払を拒みうる（民法95条）。消費者の申込みに関する意思の有無についての確認措置が取られていないので、民法95条ただし書の適用が排除され、重過失があっても錯誤無効を主張できる（電子消費者契約法3条）。

㋑　支払ってしまった場合の対策

消費者が請求された金銭を支払ってしまった場合、直ちに警察に通報して被害届を提出した上、犯罪利用預金口座等に係る資金による被害回復分配金の支払等に関する法律（振り込め詐欺救済法）に基づき、預金口座を凍結し、被害回復分配金を受領するという手段をとる（112頁〜。手続の詳細については、預金保険機構のウェブサイトを参照。なお、分配金は、当該口座に振り込んだ被害者の被害額の割合に応じて支払われる）。サイト運営者に対して損害賠償又は不当利得を請求することもできるが、加害者を特定することは困難で、振込先の預金口座も、違法に取得した第三者名義のものであることが多い。

ただし、最近、裁判所が、口座名義人を相手方とした振込先口座に対する仮差押命令を発令する事案が増加している。東京地裁では、債務者の表示に厳密な特定性を要求しない取扱いが始まっている（このような類型の民事保全手続の場合は、申立てと同時に取扱金融機関に対する調査嘱託申立てを行う）。また、口座名義人に対する不当利得返還請求・共同不法行為に基づく損害賠償請求も理論的には可能である。

上述のとおり、インターネットの事実上の匿名性から、現実における相手方の特定は困難である。そのため、この特質を悪用した業者等が、第三者の氏名を冒用し、あるいは架空名義を用いた上で、消費者を欺いて金銭などを詐取したまま行方をくらまし、責任追及を免れようとする事例が後を絶たない。これらの業者等は消費者に対し、時には甘言を弄し、時には脅迫的まがいの言辞を用いて金銭を請求するが、その請求のほとんどは法律上支払う義務のないものである。このようなトラブルに巻き込まれた場合、支払の根拠が明らかになるまで支払ってはならない。万が一支払ってしまうと、他の悪質業者に情報が流れ、同様の請求を繰り返し受けることもあるため、注意が必要である。

3　サクラサイト[95]（出会い系サイト）

　サクラサイトとは、一見すると普通の出会い系サイトのようであるが、サイト業者に雇われた"サクラ"が異性、芸能人、社長、弁護士、占い師などのキャラクターになりすまして、消費者のさまざまな気持ちを利用し、サイトに誘導したりサイトの利用者を勧誘するなどして、メール交換等の有料サービスを利用させたり、直接電子マネーや金銭を送付させるようなサイトである。異性との出会い以外に、付き合えば多額の金銭を交付するなどと誘うケースも多い。

(1)　相手方（サクラ）に対する責任追及（直接型の場合）

　サイトを通さず、直接相手に電子マネーや金銭を送付させるケースへの対応は、通常の詐欺事案と同様である。相手方の特定などでサイトに協力を求めたり、サイトぐるみであればサイトに責任追及することも考えられる。

(2)　運営業者に対する責任追及

　サイトの利用料を支払わせるケースでは、直接やり取りしている相手（サクラ）が誰であるか特定することは不可能であるし、あまり意味がない。利用料を受け取っているサイト運営業者に対して料金の支払を拒んだり返還を求めるべきである。

　もっとも、消費者契約法（4条）による取消にせよ不法行為に基づく損害賠償にせよ、サクラサイトとしてサイト運営業者に対して返金等の請求をするには、消費者がサイト運営業者に雇われたサクラによって騙されて利用させられたことの立証が必要となる。騙されたことはメールのやり取りが残っていれば問題ないが、通常、サクラサイト事件では、解約をしてしまったりサイトのメール保存期間が終了しているなどの理由で、メールのやりとりが既に閲覧できなかったり残ってないことが多い。またメール交換相手がサクラであることの直接的な立証も容易でない。

　そこで、参考になるのが、サクラサイト被害対策弁護団が取得した東京高判平成25年6月11日である（フロンティア21事件逆転勝訴判決）。当該事案ではサイト内メールはほとんどなく、一部のサイトについてメールが届いたことを知らせるお知らせメールが若干残っているのみという状態だったが、残っていた通知メールとサイトへの支払い記録、本人の記憶に基づき、できる限り詳しく事実を再現した陳述書の作成・提出により、裁判所が当該陳述書に基づいた事実を認定した（通知メールすら全くないサイトでのやりとりについても、陳述書の記載のとおり認定され

95　従来は、「悪質出会い系サイト」などと呼ばれていたが、実際には出会いを目的としないサクラによって、消費者が有料メール交換サイトを利用させられる被害が多発したため、呼称が変更された。

た）。また、見も知らない一般利用者に対して指示に従えば高額な資金援助をするという話があり得ないほど不自然で、メール交換の相手方に実現する意思・能力がないのが明らかであること、メール交換相手の指示に合理性を見いだしがたいこと、高額な利用料を支払わせることによって利益を得るのがサイト運営業者であることから、メール交換相手は一般の会員ではなく、サイト運営業者が組織的に使用している者（サクラ）と認定した。

よって、実際のメールのやり取りがほとんどなくても、サクラであると直接は立証できなくとも、少なくとも裁判においてはサクラサイトと認定される可能性はある。

また、メールの相手方のポイント購入及び利用履歴など（売上の帳簿）の開示を求めて、相手が出さなければ、サクラであると事実上推認させるというやり方も考えられる。

詐欺であることが明らかな場合については、振り込め詐欺救済法に基づく口座凍結も利用できる（112頁参照）。

(3) その他

クレジットカード支払いの場合には、支払停止の抗弁やチャージバックの要請も検討が必要である（105頁、273頁参照）。また、サクラサイトは決済代行業者を利用しているケースが多く、サイト運営会社だけでなく顧客管理責任などを理由として決済代行業者も加えて交渉をするのも有効である（111頁参照）。

4 ネット上の中傷・炎上

(1) 消費者も加害者になりうるトラブル

インターネットの利用者は、単に閲覧したり物を購入するだけでなく、自分自身が電子掲示板（BBS）やSNS等に投稿したり、ブログを立ち上げたりして情報発信することができる。しかし掲示板やSNS等では匿名やハンドルネームにより本名を隠すことができるため、発言が無責任になったり過激になる場合もある。ネット上での非難や誹謗中傷がエスカレートして収拾がつかなくなる事態をネットスラングで「炎上」などと呼ぶ。

ネット上の中傷・炎上は取引のトラブルと同様に頻発し、フリマサイトやオークションサイトで不実の評価を書き込まれ、取引停止処分を受けるといった取引上の実害が発生することもある。

(2) プロバイダ責任制限法の活用

インターネットにおいて、被害者を中傷する投稿は、サイト管理者等が削除しなければ誰でも閲覧できる状態が続く。また中傷・炎上は匿名で行なわれることが多く、加害者の特定が困難で、被害者から加害者に対する名誉毀損訴訟の提起が難しいのが普通である。

したがって、被害の相談を受けた弁護士は、インターネット関連事業者に対して、被害の拡大を防ぐために投稿内容を削除すること、被害回復を図るために加害者の氏名・住所の特定を求められ、これらの事務処理のためプロバイダ責任制限法を活用することになる。

(3) トラブルへの対応

ネット上の中傷は、単なる中傷から「炎上」まですぐに被害が拡散していき、コピー＆ペーストで他のサイトにまで飛び火する可能性もある。被害者のプライバシー情報が検索により発覚

し、その情報が拡散される危険もある。このように時間とともに広がりと重大さを増していく可能性が高いため、相談を受けた弁護士は、まず被害の実態を把握し、被害状況に応じて迅速かつ適切に対処する必要がある。

　被害者からの相談の多くは、①中傷・炎上の投稿を削除してほしい、というものと、②加害者に責任追及をしてほしい、というものである。いずれの処理も、プロバイダ責任制限法に定められた手順に則って事務処理を行なうのが適切であり、その際にはプロバイダ責任制限法ガイドライン等検討協議会が定めた「プロバイダ責任制限法　名誉毀損・プライバシー関係ガイドライン」が参考になる（http://www.isplaw.jp/にリンクがある）。

　ネット中傷に関する相談を受けた弁護士が実務上行うべき処理は、次のとおりである。

ア　相談を受けたら行うべき事実調査

㋐　被害に関する証拠の保全

　被害状況に関する証拠を保全する。中傷・炎上サイトの画面をプリントアウトしても PDF ファイル等で記録してもよいが、サイトの URL が明確になっていること（ヘッダーやフッターの URL が省略される可能性に注意）、証拠として保全した日時だけでなく、投稿された日時やスレッド番号、レス番号等、投稿を特定する内容が記録されていることが必要である。

　さらに、BBS の構造上、投稿を受け付ける URL と、投稿が表示される URL が異なる場合がある。加害者の氏名や住所を特定するためには、表示のある URL だけでなく、投稿を受け付ける URL を特定する必要が出てくることもあるから注意しなければならない（この場合は、ウェブページの HTML 言語を解析する作業が必要となるなど技術的知識が若干必要となる。）。

㋑　サイトのレジストリ（登録）の確認

　ネット上の中傷・炎上が行われているサイトの管理や運営の責任者が誰なのかを確認する。管理運営者のドメイン名（URL の「xxxx.com」等の部分）を「Whois サービス」（例えば、JPRS の WHOIS Gateway　http://whois.nic.ad.jp/cgi-bin/whois_gw 等）で検索し、ドメイン名登録者名と登録住所地を特定する。

　プロバイダ責任制限法に基づく各種要請は、レジストリに登録されたドメイン名登録者、又はサイト運営・管理の責任者に対して行うことから始まる。

イ　投稿の削除の手順

　相談者からネット上の中傷・炎上投稿を削除してほしいとの依頼を受けた場合、サイトのドメイン名登録者に対し、プロバイダ責任制限法３条に基づく送信防止措置を行う。被害者が送信防止措置を申し立てると、ドメイン名登録者は投稿した者（発信者）に対して照会手続を行う。発信者から回答が７日以内にあった場合は、双方の言い分からドメイン名登録者が投稿の削除が相当かを判断して削除を行い、回答がなければドメイン名登録者が自らの判断で削除する。

　もっとも、匿名での投稿については、たとえドメイン名登録者であっても発信者を特定して照会を行うことはできないことが多い。このような場合、被害者から送信防止措置の申し立てがあると、ドメイン名登録者はサイト利用規約などの自主基準によって投稿を削除するかどうかを決める。ドメイン名登録者が投稿を削除しなかった場合は、違法状態を放置した責任を追及することが可能となる。

ウ　加害者に対して責任追及を行う場合

相談者が加害者に対し、被害回復のための損害賠償責任を追及する場合には、加害者の氏名と住所を特定しなければならない。法4条に基づき、サイトのドメイン名登録者に対し、加害者すなわち違法情報の発信者に関する発信者情報の開示を求めることになる。

しかしながら、発信者情報開示においては、(i)ドメイン名登録者も加害者の住所氏名を知ることができない、(ⅱ)インターネット通信事業者のもとでは、通信履歴（ログ）が短時間で消去されてしまう、という2つの大きな問題点がある。

そのため、発信者情報の開示要請を行うにあたっては、次の手順を踏まなければならない。

㈎　発信者情報の開示要請を繰り返して加害者の氏名を特定する

被害者から依頼を受けだ弁護士は、まず、中傷・炎上投稿先サイトのドメイン名登録者に対し、中傷・炎上投稿に関する日時、URL、投稿内容を特定して発信者情報の開示要請を行う[96]。ドメイン名登録者は、被害者からの要請を受け、法の定める開示要件が具備されれば発信者情報を開示しなければならないが、インターネットの通信の特質から、ドメイン名登録者に保管されている通信履歴は、IPアドレス、投稿時刻（タイムスタンプ）等に限られるのが通常で、加害者に関する氏名や住所などの情報は明らかにならない。そこで、弁護士は開示された情報をもとにさらに調査を続けることになる。

サイトのドメイン名登録者から開示を受けたIPアドレスは、中傷・炎上投稿の際に利用された経由プロバイダに割り当てられたものである。したがって、弁護士はさらにこのIPアドレスをJPRSのWhois Gateway（https://www.nic.ad.jp/ja/whois/ja-gateway.html）で検索し、経由プロバイダを特定し、発信者情報の開示要請を繰り返し、最終的に加害者のISPを特定し、契約者情報の開示を受けて加害者の住所と氏名を特定する。

㈏　通信履歴（通信ログ）の保全を怠らない

ISPは大量な通信を管理しているから、通信記録（通信ログ）を短期間のうちに削除する。大手ISP保存期間は90日程度である。中傷・炎上投稿先のドメイン名登録者からIPアドレスを取得し、割当先のISPを特定した場合、できるだけISPに対して通信履歴の保全仮処分を行ない、証拠の散逸を避けるべきである。

プロバイダ責任制限法に関連する仮処分についての裁判所の運用に関する文献としては、「東京地方裁判所民事第9部におけるインターネット関係仮処分の処理の実情」（判タ1395号）が参考になる。

㈐　発信者情報の開示要請における厳格な要件に注意

中傷・炎上投稿について発信者情報を開示する場合、サイトのドメイン名登録者やISPが任意の開示に応じないこともある。この場合には、加害者に対する責任追及の前提として、ISP等に対する発信者情報の開示を裁判手続を通じて求める。裁判実務についてはやや古い文献だが、「名誉毀損訴訟解説・発信者情報開示請求訴訟解説」（判タ1360号）が参考になる。

中傷・炎上投稿の発信者情報の開示を受けるに当たっては、要件に注意しなければならない。

96　ただし、プロバイダ責任制限法が及ぶ範囲は日本の特定通信役務提供事業者に限られるから、外国の事業者に対する開示要請は困難を伴う。ただし、ツイッターへの開示要請について米国本社に対する開示請求が認められた裁判例が存在する（http://www.courts.go.jp/app/files/hanrei_jp/185/086185_hanrei.pdf）。

プロバイダ責任制限法では、「侵害情報の流通によって当該開示の請求をする者の権利が侵害されたことが明らかであるとき」に限り開示が認められると規定されている（法4条1項1号）。この「権利侵害の明白性」については、他の投稿の内容、投稿がなされた経緯を検討するほか[97]、名誉毀損については公共性や公益目的、真実性や真実相当性の欠如など、違法性阻却事由（又は不法行為性阻却事由）も立証を要するとされている。したがって、発信者情報の開示請求については、通常の名誉毀損訴訟に比べても強固な立証に備えて証拠集めを行っておく必要がある。

ウ 中傷・炎上投稿先サイトのドメイン名登録者に対する責任追及

中傷・炎上先サイトのドメイン名登録者が、正当な理由なく削除要請に応じず、違法情報を放置した場合、サイト運営者に対して、損害賠償を請求しうる。サイト運営者が免責される要件については、プロバイダ責任制限法3条1項に規定されているが、違法情報を放置した場合にサイト運営者の責任を認めた例としては東京高判平成14年12月25日判時1816号52頁（動物病院対2ちゃんねる事件）等がある。

エ 重篤な事態には刑事手続その他の手続も検討しよう

中傷・炎上投稿の態様が過激だったり執拗だったり、被害としてきわめて重篤だと判断した場合には、刑事告訴等も検討すべきである。各都道府県警にサイバー犯罪の対策部署が設けられており、相談に応じている（http://www.npa.go.jp/cyber/soudan.htm）。

また、法務省人権擁護局ではインターネットを悪用した人権侵害に対し、相談受付窓口を開設している（http://www.jinken.go.jp/）。

5 オンラインゲームにおける消費者トラブル

(1) 未成年者による高額課金

近時は、PC、スマートフォン、携帯、携帯用ゲーム機等様々な端末で、手軽にオンラインゲームを利用できることから、未成年者が知識や経験の乏しいままにオンラインゲームを利用し、高額なゲーム利用料を請求される被害が増加しつつある。例えば、次のような事例がある。

・オンラインゲームが無料というテレビ広告を信じて、親が自分のスマートフォンからゲームのアカウント登録を行い、未成年の子にゲームを利用させていたところ、子がアイテムを多数購入して遊び高額な料金を請求された。
・未成年の子が、親のクレジットカードを無断で持ち出して、自分のスマートフォンからゲーム利用料決済用のクレジットカード登録し、年齢を20歳以上と入力してゲーム利用した結果、高額なゲーム料金を請求された。

上記事例においては、親がオンラインゲームの利用に同意を与えていた、あるいは、未成年者が詐術（前述のとおり一定の年齢確認措置を前提に積極的に騙したと評価できる程度の行為）を用いたと評価しうるものであり、未成年者の法律行為であっても取消しは難しい。ただし、オンラインゲームの運営会社によっては、初回限り、親に念書の提出等を求めた上で、ゲーム利用料の全部又は一部の免除を行う場合もある。

オンラインゲームの仕様自体に、年齢確認が不十分、無料サービスと有料サービスの区別が不

---

97 最判平成22年4月13日判タ1326号121頁

明確等の問題がある場合には、ゲーム利用料の支払いを一部拒める可能性がある。

(2) 有料ガチャ

「ガチャ」とは、オンラインゲーム上で使用できるキャラクター、アイテム等を、偶然性を利用してアイテム等の種類が決まる方式によって提供する方式をいう。

オンラインゲームで有料ガチャを引き、アイテムを引き当てる行為それ自体は、射幸性はあるもののガチャを通じてアイテムを購入する一つの取引と考えられ、景品表示法の景品規制の観点からは問題とならない。

しかしながら、有料ガチャについては、当選率の不透明性がユーザーの高額課金取引を誘発しているとの批判も強い。ユーザーに当選確率が高いと誤認させるような表示を行った場合や、公表している当選確率と実際の当選確率に著しい乖離がある場合には、景品表示法上の表示規制の観点から問題となりうる。

有料ガチャ自体は違法なものではないので、有料ガチャに対して高額課金を行ったが目的のアイテム等を得られなかったといって、ユーザーがゲーム運営会社に返金・損害賠償請求等を行うことは難しい。しかし、表示に問題がある有料ガチャについてはユーザーの批判が集まって社会問題化し、結果としてゲーム運営会社が自主的に返金を行った例がある。

ゲーム運営会社の業界団体は、ガイドラインにて有料ガチャでアイテムを取得するまでの推定金額の上限を定めることや、アイテムの提供割合を表示すること等を推奨しているが、ゲーム運営会社がガイドラインを遵守しているか疑わしい上、ガイドラインの内容そのものも不十分であるため、有料ガチャに関するトラブルは、後を絶たない。

なお、有料のガチャで得られるアイテムを数種類揃えて、レアなアイテムを得る仕組み（いわゆる「コンプガチャ」）は、「カード合わせ」に該当するため、景表法上禁止されている。

(3) アカウント停止・削除

ゲーム運営会社は、オンラインゲームの利用にあたって規約・ガイドライン等を設けているが、ユーザーが規約等に違反した場合に、アカウント停止・削除等の罰を受けることがある。例えば、ゲーム内通貨やキャラクター・アイテム等のRMTが明らかになった場合に規約違反としてアカウントが停止・削除されることなどである[98]。ユーザーにしてみれば、アカウント停止・削除によってゲーム内通貨やキャラクター・アイテム等が使用できなくなる不利益を被る。

一方で、ゲーム運営会社の規約等には、アカウント停止・削除等についてゲーム会社の広範な裁量を規定することが一般的であり、ユーザーがゲーム運営会社に対して損害賠償を求めることは実際には困難である。

また、誤認や巻き込まれなどの場合を除き、理由もなくゲーム運営会社はアカウント停止・削除等の処置を取ることはなく、RMTや不正行為（改造、チート等）がないか慎重な聴き取りも必要である。

---

98 RMT（リアルマネートレード、現実のお金での取引）で、実際に相当の価格で取引されるようなケースも珍しくない。ただし、ほとんどのゲーム運営会社は規約で禁止している。

第6章　公益通報に関する相談

第1　内部通報と消費者保護について

　近時、食品衛生法上認められていない物質が使用されているにもかかわらず、それを偽装して製造された食品が販売された事案や、百貨店で販売する商品の賞味期限表示が貼り替えられ、賞味期限切れ商品が販売された事案など、消費者の生命や安全に直結する多くの企業不祥事が報じられている。これらの企業不祥事の多くは、企業等（行政機関を含む。以下同じ。）の実情を知りうる者が企業の上席者、行政機関又はマスコミ等に対して行った内部告発によって発覚してきた。このような実例からも内部告発が事業者による法令遵守を促進し、消費者利益の擁護を図るために有益であることは明らかである。

　他方で、企業等の内部不正を告発した者は、その企業等から様々な不利益を受けてきた。代表的な例としては、解雇、降格及び就業禁止措置といった人事上の不利益のほか、通報によって企業の名誉・信用が毀損されたことを理由とする損害賠償請求や刑事告訴、通報を行うために行った資料の持ち出しが窃盗罪に当たるとする刑事告訴などを挙げることができる。

　以上のことから、内部告発者を保護し事業者による法令遵守を確保して消費者利益の擁護等を図るため、公益通報者保護法が制定され、平成18年4月から施行されている。

　内部告発を巡る法律問題は益々増加することが予想されるため、是非とも本稿をその解決に役立てて頂きたい。

第2　相談前に知っておくべき基礎知識 —通報者保護の法制度—

1　公益通報者保護法とその他の通報者保護法理との関係

　公益通報者保護法（以下「公通法」）は、「公益通報」をしたことを理由とする「公益通報者」の「解雇の無効」等を定めることにより通報者の保護を図っている。しかし、法改正に向けた取り組みが行われているものの、現状、その保護要件は極めて限定的である。そのため、同法の適用を受けうる事案は相当程度限定されると思われる。

　もっとも、公通法は労働法の特例であるから、公通法の要件を満たさず同法の適用を受けられない通報であっても、通報者は解雇権濫用の法理を明文化した労働契約法の規定など不利益取扱いを禁止する法令や権利濫用などの一般法理によって保護されうる。その旨は公通法6条に明記されている。

　したがって、通報者の保護内容を検討するに当たっては、公通法の適用の有無のみならず、他の法律や一般法理の解釈による保護の可能性をも併せて検討する必要がある。

　以下では、まず公通法が定める通報者保護の枠組みを概説し、次いで同法が適用されない事案における通報者保護の枠組みを概説する。

2　公益通報者保護法による通報者保護の枠組み

　公通法はわずか11条からなる法律であり、その内容は、大別して①同法の保護対象となる「公益通報」の要件を定めた部分（要件論）、②同法が適用される場合における保護内容を定めた部分（効果論）、③通報を受けた企業や行政機関が執るべき措置を定めた部分に分けられる。

　以下では、特に重要性の高い上記①②について順に説明を行う。

(1)　公益通報者保護法の保護対象（要件論）

ア　「公益通報」の定義

　一般に、「内部通報」や「内部告発」という言葉は、組織の内部不正を組織の内外に明らかにすること一般を指す言葉として用いられるが、公通法の保護を受けうる「公益通報」は法の要件を満たす通報だけであることに注意を要する。

　公通法における「公益通報」の定義は、法2条1項に定められており、以下の要件をすべて充足する必要がある。次項以下で、各要件の意義を説明する。

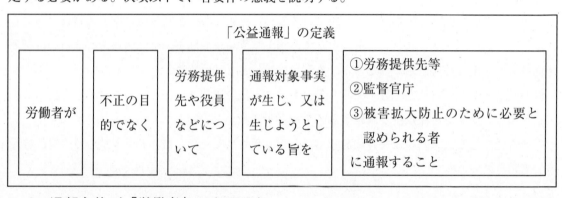

「公益通報」の定義

労働者が	不正の目的でなく	労務提供先や役員などについて	通報対象事実が生じ、又は生じようとしている旨を	①労務提供先等 ②監督官庁 ③被害拡大防止のために必要と認められる者 に通報すること

イ　通報主体が「労働者」であること

　通報の主体は、「労働者」でなければならない。「労働者」とは、労働基準法9条にいう労働者である（公通法2条1項柱書かっこ書き）。いわゆる正社員だけでなく、アルバイトやパート労働者も含まれる。委任契約や請負契約の形式がとられていても、実質的に指揮命令の下に従事する場合はこれに含まれる。　退職者が含まれるかという議論については含まないという解釈が有力であるが、法改正に向けた取り組みがなされている（平成30年消費者委員会公益通報者保護部会専門調査会報告書）

　また、派遣労働者が派遣先の事業者に対して行う通報、他の事業者（元請業者など）との請負契約その他の契約に基づいて事業を行う事業者（下請業者など）の労働者が、当該「事業」に従事する場合において当該他の事業者（元請業者など）に対して行う通報も、本法の保護対象となる（法2条1項2号及び3号）。

ウ　「不正の目的でなく」通報が行われていること

　本法の保護を受けるためには、通報が、「不正の利益を得る目的、他人に損害を加える目的その他の不正の目的でなく」行われたものでなければならない。名誉毀損罪においては、専ら公益を図る目的でなければ免責されないが（刑法230条の2）、そこまでは必要ない。

　通報者が他の問題での処分を免れたいとの思惑や会社に対する反感を有していたとしても、それだけでは「不正の目的」とはいえないと解されている。また、公益通報によって労務提供先等に経済的損失が生じ、又はその名誉が害されることとなっても、それだけでは「他人に損害を加

える目的」とはいえないと解されている。

通報者に「不正の目的」があることの主張立証責任は事業者側にあると考えられている。

エ　通報が「通報対象事実」を内容とすること

前述のとおり、一般に「内部通報」や「内部告発」という場合には、組織の内部不正を世に明らかにすることを広く指す意味で用いられるが、本法が保護対象とする通報は、「通報対象事実」を内容とするものに限られる。

「通報対象事実」とは、次のいずれかの事実をいう（法2条3項）。すなわち、

① 国民の生命、身体、財産その他の利益の保護にかかわる法律として別表に掲げるものに規定する罪の犯罪行為の事実

（別表）刑法、食品衛生法、金融商品取引法、JAS法、大気汚染防止法、廃棄物処理法、個人情報保護法、その他政令で定める法律（独占禁止法、道路運送車両法等）

② 別表に掲げる法律の規定に基づく処分に違反することが①の事実となる場合における当該処分の理由とされている事実等

オ　「通報対象事実」が労務提供先に関するものであること

また、「通報対象事実」は、労務提供先又はその役員、従業員、代理人等に関するもので、かつ、それが生じ、又はまさに生じようとしていることを内容とするものでなければならない。通報対象事実が「生じ、又はまさに生じようとしている」との要件は、被害発生の蓋然性、時間的切迫性に関する要件であるが、問題の性質や、予想される被害等を考慮して個別具体的に判断する必要がある。

カ　法が定めた「通報先」に対する通報であること

本法の保護対象となる通報は、次のいずれかの通報先に対して行われる必要がある。

① 労務提供先もしくは労務提供先があらかじめ定めた者

② 通報対象事実について処分もしくは勧告等をする権限を有する行政機関

③ その者に対し通報対象事実を通報することが、その発生もしくはこれによる被害の拡大を防止するために必要であると認められる者（例：マスコミ）

これらに対する通報であれば「公益通報」として保護の対象となりうるが、本法は、下表のとおり、通報先ごとに、保護の要件を書き分けている（法3条）。

通報先	真実性・真実相当性	通報の方法
内部通報 （3条1号）	通報対象事実が生じ、又はまさに生じようとしていると思料する場合	
行政通報 （3条2号）	通報対象事実が生じ、又はまさに生じようとしていると信ずるに足りる相当な理由がある場合	
外部通報 （3条3号）	通報対象事実が生じ、又はまさに生じようとしていると信ずるに足りる相当の理由がある場合	イ）前2号に定める公益通報をすれば解雇その他不利益な取扱いを受けると信ずるに足りる相当の理由がある場合 ロ）1号に定める公益通報をすれば当該通報対象事実に係る証拠が隠滅され、偽造され、又は変造されるおそれがあると信ずるに足りる相当の理由がある場合 ハ）労務提供先から前2号に定める公益通報をしないことを正当な理由がなくて要求された場合 ニ）書面（電子的方式、磁気的方式その他人の知覚によっては認識することができない方式で作られる記録を含む。第9条において同じ。）により第1号に定める公益通報をした日から20日を経過しても、当該通報対象事実について、当該労務提供先等から調査を行う旨の通知がない場合又は当該労務提供先等が正当な理由がなくて調査を行わない場合 ホ）個人の生命又は身体に危害が発生し、又は発生する急迫した危険があると信ずるに足りる相当の理由がある場合

(2) 公益通報者保護法による保護内容（効果論）

以上の要件をすべて充足することにより、当該通報は「公益通報」として本法の保護対象となる。本法は、「公益通報をしたことを理由」とする解雇の無効（法3条）、労働者派遣契約の解除の無効（法4条）、並びに降格・減給その他不利益取扱いの禁止（法5条）を定めている。

なお、当該各規定は、解雇や不利益取扱いが「公益通報をしたことを理由」として行われた場合にはじめて適用されるため、通報者側で解雇や不利益取扱いと通報との間の因果関係を主張立証する必要がある。しかし事業者はこの因果関係を否認し、解雇や不利益取扱いを行うに至った他の理由を主張することが通常であるため、因果関係の有無が争点となることが少なくないことに留意する必要がある。

3 公益通報者保護法以外の法令による通報者保護の枠組み

(1) 通報者保護のための法制度

公通法は極めて限定的な要件を定めているため、同法の適用を受けうる事案はそう多くはないことが予想される。しかし、通報者が労働契約法など不利益取扱いを禁止する法令や一般法理（権利濫用）の解釈・適用によって保護され得ることは、前述のとおりである。

したがって、通報者が保護されるか否かを検討するに当たっては、公通法の適用の有無のみならず、他の法律や一般法理の解釈によって保護されるか否かを検討する必要がある。

(2) 労働契約法による保護

ア　まず、代表的なものとして労働契約法14条から16条による保護がある。

同法14条は、出向命令が権利を濫用したものと認められる場合には当該命令を無効とする旨を、同法15条は、懲戒処分が客観的に合理的な理由を欠き社会通念上相当であると認められない場合には当該懲戒処分を無効とする旨を、同法16条は、解雇が客観的に合理的な理由

を欠き社会通念上相当であると認められない場合には当該解雇を無効とする旨を、それぞれ定めている。

　イ　公通法が適用されない場面において通報を理由とする不利益取扱いの有効性を判断した裁判例は多数存在する。それら多くの裁判例は、

　　　①　通報内容の根幹的部分が真実であるか、真実であると信じるにつき相当な理由があるか否か（通報内容の真実性）

　　　②　通報が（専ら）公益目的に出たものであるか否か（通報目的の公益性）

　　　③　通報の手段・方法が相当なものであるか否か（通報手段の相当性）

などといった観点から通報の要保護性を検討しており、通報がこれらを充足しているにもかかわらずそれを理由になされた不利益取扱いを違法無効なものと判断しているといえる（例えば、大阪地（堺支）判平成15年6月18日判タ1136号265頁（いずみ市民生協事件））。なお通報と不利益取扱いとの間の因果関係の有無が1つの大きな争点になることに留意する必要があるのは、公通法が適用される事案と同様である。

　ウ　不利益取扱いが違法であると判断された場合には、当該違法な不利益取扱いが不法行為を構成すると主張して慰謝料請求を行うべき場合もある。

　　　不利益取扱いに労働法上の違法性が認められ無効と判断された場合、当該取扱いが不法行為に該当するかについては議論がある。学説上、懲戒解雇や普通解雇が権利濫用にあたり無効と判断される場合であっても直ちに不法行為になるわけではなく、不法行為の成否については、故意・過失、損害の発生、因果関係といった成立要件を個々に検討した上で判断すべきとされている（菅野和夫‐労働法〔第9版〕489頁‐弘文堂、土田道夫‐労働契約法601頁‐有斐閣）。

　　　解雇が不法行為性を帯びる事例としては、使用者に積極的害意があるなど、解雇が著しく相当性を欠く場合などが挙げられている（荒木尚志‐労働法265頁‐有斐閣、土田・前掲601頁、西谷敏‐労働法433頁‐日本評論社など）。

(3)　労働契約法以外の法令による保護

　公通法6条は、同法が定める解雇等の無効を定める条項は、「通報をしたことを理由として労働者又は派遣労働者に対して解雇その他不利益な取扱いをすることを禁止する他の法令」の適用を妨げるものではないと規定しているが、これに当たるものとして、上記の労働契約法以外には次のような法令が挙げられる。

　　　①　労働者派遣法49条の3第2項

　　　②　賃金の支払の確保等に関する法律14条2項

　　　③　労働安全衛生法97条2項

そのほか、労働組合活動の一環として行った通報を理由とした不利益取扱いについては、労働組合法7条4号違反として無効となる。

(4)　継続的契約の解消からの保護

　ア　前述のとおり、公通法の適用対象となる「公益通報」は、労務提供先やその役員等に関するものでなければならない。そのため、ある事業者が、企業間取引を継続する過程において

知りえた取引先や取引関係者（取引先等）の不正を告発するような場合には、同法が適用されない。

　いわゆる雪印食品牛肉偽装事件[99]に代表されるように、ある事業者が、契約関係を持つ中で取引先等の不正行為に接することがありうる。通報が果たす社会的役割に鑑みれば、取引先等の不正を知った事業者が行う通報には公益性がある。ところが、そのような通報を行えば、通報を理由として相手方当事者やその他の取引先から取引を打ち切られるおそれがある。特に、中小企業ではその取引が事業の基盤となっていたり、長期的な取引の継続を見越して多大な投資を行っていることが少なくないため、通報を理由として取引が打ち切られた場合、通報した事業者は致命的な打撃を受けかねない。

　そのため、継続的契約をいかに保護するかということが問題となるが、ここでの問題は、広く私的自治が妥当する対等な当事者間における契約解消の場面であるから、基本的には民事法による一般的なルールの中で解決を図るほかない。

イ　継続的契約の解消に関する有効性判断枠組みについては、学説上、契約を解消したのが、商品又はサービスの供給者側なのか被供給者側なのか、また、契約の解消をきっかけとして請求を行うのが契約の解消者側なのか被解消者側なのかという各基準によって類型化され、類型ごとに検討が行われている（中田裕康 - 継続的売買の解消 - 有斐閣など）。

　裁判例は、継続的契約関係が両当事者の信頼関係を基礎とする契約であること等を理由として、賃貸借契約における信頼関係破壊の法理と同様、契約の解消に一定のハードルを設けることにより不当な契約解消の効力を否定し、被解消者を保護する判例法理を形成してきている（札幌高判平成23年7月29日判時2133号13頁など）。

　個々の事案における契約解消の有効性は、具体的な事実関係のもとでの個別判断にならざるを得ないが、そこでは①当事者の力関係、②商品又はサービスの供給を受ける側の対象商品への依存度、③事業における当該取引の占める割合、④契約履行のための当事者の投資、出捐、準備内容、⑤取引の実際の継続期間及び⑥取引停止の予告期間等が考慮されることになると解される。

第3　相談等を受ける際に注意すべき点

1　弁護士が通報に接する場面

　弁護士が不正行為の通報に接する場面には様々なものが考えられるが、典型的な場面として次のものが想定される。

　①　企業の不正に接し、通報を行うか否かを検討している者（通報検討者）から、通報を行うべきか否か、通報する場合の方法などについて相談を受ける場面

　②　通報を行った結果、現に不利益取扱いを受けており、その回復方法について相談を受け

---

99 雪印食品が行っていた偽装に巡る問題である。同社の取引先であった西宮冷蔵が雪印食品を告発した結果、西宮冷蔵は取引先を失い、廃業に追い込まれた。

る場面

　　③　企業等の外部通報窓口に就任し、通報を受け付け、また、不正の有無等について調査等
　　　を行う場面

そこで、以下では、これらの場面ごとに弁護士として注意すべき点を説明する。

2　通報検討者からの相談を受ける場合

(1)　弁護士が最も注意すべき点

　不正行為の通報を検討している旨の相談を受けた場合に、弁護士が最も注意すべき点は、端的
にいえば"仮に通報を行った場合に、通報者が通報を理由とした不利益を受けかねない状況を作
り出さないこと"である。ここでいう「不利益」は法律上のものに限られない。

　上述のとおり通報者は、公通法やその他の法令により一定の範囲で保護されうる。しかし、一
旦通報があると、通報に関する認識が不足している企業等ではもちろん、内部通報規程等を整備
している企業等においてすら通報者の詮索が行われることがあり、結果として通報者が特定され
てしまえば、通報者は企業等のいわば"造反者"として諸々の不利益を受ける危険に曝される。

　通報の方法に関する助言が不適切であったとして弁護士が懲戒処分を受けた事案も存在するか
ら、相談を受ける弁護士は上記のような事態を生じさせないよう十分に注意を払う必要がある。

　以下で述べる具体的な方法論も、以上のような考えに基づくものである。

(2)　通報者との連絡方法

　通報検討者からの相談を受ける場合、通報検討者の勤務先の固定電話や通報検討者が勤務先か
ら貸与されている携帯電話、職務上用いているメール、勤務先とのファクスなどでやり取りをす
ると、通報検討者や通報内容が勤務先に知られてしまうおそれがある。これらの使用は避けるべ
きである。

(3)　事実の聴き取り方法と法令等の調査

　ア　通報検討者から聴き取りを行うに当たっては、次の観点等への配慮が必要である。

　　①　そもそも不正が生じているといえるか

　　②　不正が生じているとして、通報者に不利益が及ばないように対処しつつ、通報対象
　　　事実を含む不正の事実を通報し、改善に結びつけることができるか

　　③　通報を行った後、万が一、通報を理由とした不利益取扱いが行われた場合、その違
　　　法を主張できるか

　イ　事実の聴き取りは、弁護士が日常的に行っている聴き取り方法をそのまま実践することに
　　より対応できることが多いと思われる。しかし、不正行為を「不正」たらしめる根拠法令が
　　当該弁護士の日常接するものでないこともあるから、根拠法令やその解釈の十分な調査が必
　　須となる。場合によっては通報検討者の方が根拠法令に精通していることもありうるので、
　　調査の足掛かりとして、根拠法令について通報検討者から聴き取ることも有益である。

　　　公通法は、前述のとおり同法別表記載の特定の法律違反行為にしか適用されないため、通
　　報検討者が訴える不正の内容が同法の適用を受けうる「公益通報」に該当するか否かについ
　　ては、特に慎重に検討を行う必要がある。

ウ　相談者が企業等の不正を訴えているつもりであっても、話をよく聞いてみると、当該相談者が個人的に受けた自己の被害（例えば自分自身へのパワハラ等）を訴えているだけであることも往々にしてある。

　　そのような個人的被害については（それが救済されるべきか否かという問題が別途存在するものの）少なくとも「通報対象事実」には該当しないから、公通法による保護対象とはならない。そのため、通報検討者が訴えている内容が「通報対象事実」に関するものといえるのか、それとも「自己の被害の救済」なのかという点についても留意する必要がある。

エ　通報を検討するようになった動機についても聴き取りを行う必要がある。

　　動機を聴き取ることによって不正内容の社会的重要性や切迫性を判断しやすくなるだけでなく、前述のとおり、不当な動機や目的による通報は、相談者が後日通報を理由とした不利益取扱いを受けた場合に保護の対象にならない可能性があるためである。

(4)　証拠の確保

ア　通報検討者が現にどのような資料を保有しているのか、現に保有する資料によって不正事実を十分に証明することができるのか、今後どのような資料を取得することができるのか、といった点についても冷静な判断が求められる。

　　通報対象事実を含む不正事実に関する資料は企業側に偏在していることが通常であるが、真に不正が生じているか否かを判断するためには、通報内容を裏付ける資料の確保が必須となる。

　　また、後日、万が一通報を理由として不利益取扱いを受け、それを争う場合には、通報内容の真実性（真実相当性）が問題となりうるし、上述のとおり、事業者は多くの場合、通報と不利益取扱いとの間の因果関係を否認してくるため、それらを覆すためにも裏付け資料の確保が重要となる。

イ　通報内容の真実性を立証するためには、多くの場合、内部資料の持ち出しや複写が必要となるが、通報後には通報者が解雇されたり自宅待機命令を受けるなどして、企業内にある裏付け資料に接触できなくなる可能性もある。そのため、通報前に証拠を確保しておく必要性は高い。

ウ　資料の持ち出しについては、就業規則に定める会社の内部資料の持出禁止規定への抵触を理由として、企業が通報者に対し不利益取扱いを行ったり、窃盗を被疑事実として、刑事告訴を行ったりする危険性もある。内部資料を持ち出す以上、この危険を完全に取り除くことは困難であるが、例えば内部資料を謄写する際に自ら購入したコピー用紙を用いたうえで、当該コピー用紙を購入した時の領収書を保管しておくなど、事業者に通報に必要な範囲を超えた無用な法益侵害を生じさせないよう行動することにより、上記のような危険性の現実化を回避することができる。弁護士としては、相談者に上記の危険性を説明したうえ、必要な範囲を超えて資料の持ち出しを勧めないよう助言する必要がある。

(5)　通報先の確認・検討

ア　公通法の適用を受けうる通報の場合には、通報先ごとに保護要件が異なるため、通報先の選定は重要な問題である。

イ　公通法の適用がない場合にも、通報先次第で通報者の実名が上司や関係者に知られてしまうことがありうるので、その選定は慎重に行う必要がある。

ウ　また、前述のとおり、公通法の適用がない場合において通報を理由とした不利益取扱いの有効性を判断するに当たっては「通報手段の相当性」が問題となる。公通法が、外部通報の要件を内部通報の要件よりも限定的に定めている精神に鑑みれば、内部通報を一切検討することなく外部通報に踏み切ることは、通報手段の相当性に欠けると判断されることもありうると思われる。

　近時は、通報の方法などを定めた社内通報規程を整備している企業等も増えてきているため、その有無及び内容を確認して、通報の内容も踏まえ、通報先を慎重に選定する必要がある。

(6)　通報の方法

ア　不適切な方法で通報を行ってしまうと、通報者に対する企業等や他の従業員等からの不利益取扱いが正当化されてしまうおそれがあるため、通報の方法についても慎重な検討が求められる。特に、通報を匿名で行うか実名で行うかの判断は、通報の方法を検討するに当たり、最も注意すべき点である。

　実名通報は、通報者が企業等から不利益取扱いを受ける契機になりうるので、通報者にはそのリスクを十分に説明する必要がある。それでもなお通報者が実名での通報を望み、かつ弁護士が代理人として通報を行うときには、実名通報のリスクの説明を受けて理解したこと、匿名通報という選択肢についても説明を受けたこと、それらを踏まえても実名で通報を望むことにつき、書面で同意を得ておくことが望ましい。

イ　企業等に不正の有無を調査させ改善を求めるためには、調査・改善すべき事項をできる限り特定したうえで通報することが有益であると考えられる。通報内容が抽象的であれば、企業等が真摯に調査・改善に取り組む意思を持っていたとしても、具体的な行動を取りづらいこともあるからである。

　もっとも、通報内容を特定すればするほど、通報を行い得る従業員が限定されてしまうため、通報者が特定されてしまう危険性が高まる。そのため、通報内容をどの程度特定するかという判断は、以上の点を比較衡量した上で慎重に行う必要がある。

ウ　企業等が社内通報規程等を設け、通報の方法を定めている場合には、そこで定められている方式に基づいて通報を行うのが通常であるが、定めがない場合に、口頭で通報を行うべきか、書面によるべきか、という点についても検討する必要がある。

　前述のとおり、通報後に不利益取扱いが行われた場合、通報と不利益取扱いとの間の因果関係の有無が争点となりうるため、その立証のためには、いつの時点で、どのような内容の通報を行ったのかということを明確に形に残しておく必要がある。

　そのため、基本的には、内容証明郵便により通報を行うことが望ましいと思われる。

3　通報によって不利益を受けている者から相談を受ける場合

(1)　処分理由の確認

不利益取扱いが通報を理由としたものかを判断する必要がある。

　通報と不利益取扱いとの間の因果関係は明確でないことが通常であり、事業者は他の諸々の事情を指摘して通報と不利益取扱いとの間の因果関係を否認するから、それを覆すことができるか否かの検討・判断が必要となる。

(2)　救済方法の選択

　不利益取扱いに対して採り得る方法としては、訴訟、労働審判、労働局の ADR、労働委員会に対する救済申立てなどがあるが、その選択基準は通常の労働事件の場合と同様である。

　その他、雇用契約上の地位にあることを仮に定める仮処分や、賃金仮払いの仮処分を申し立てることも検討する必要がある。

(3)　請求内容の検討

　請求の内容（請求の趣旨）は、基本的には不利益取扱いの違法を主張する通常の労働事件と同様であるが、不当な動機・目的に基づく不利益取扱いについて慰謝料を請求すべき場合もありうることは、前述のとおりである。

4　外部通報窓口としての職務を行う場合

(1)　外部通報窓口を担う弁護士に求められる事務

　近時、弁護士が、企業等との間で契約を締結し、当該企業の外部通報窓口（「ヘルプライン」や「ホットライン」と呼ばれることが多い）に就任することが多くなっている。

　外部通報窓口に就任した場合に、いかなる事務処理が求められ、その反面としていかなる権限が付与されるのかということは、弁護士と企業等との間の契約によって定まる。例えば、通報を受け付けたうえ、通報者が訴える事実関係を整理し、企業等にその真偽の調査を求めることだけが委任事項とされることもあれば、通報を受け付けるだけでなく、通報にかかる事実の真実性を調査したうえ、企業等に対しその報告を行うことまでが委任事項に含まれることもある。更に進んで不正の原因についても調査・検証したうえ、再発防止策を提言することまで委任事項に含まれることもあるし、通報を理由として不利益取扱いを行った者に対する一定の処分権限が付与されることもある。

　現に通報を受け付けた場合には、以上のような個別の委任事項に沿った対応を行う必要があり、弁護士である以上、受け付けた通報を右から左へ企業側に転送することが求められているわけではない。外部通報窓口を務める弁護士の対応が不適切であったために通報が生かされず、不正行為が是正されないという事態は、厳に避けなければならない。

(2)　通報を受け付けた場合の注意点

　通報を受け付けた場合に、"通報者が通報を理由に不利益を受けかねない状況を作り出さないこと"に注意すべきことは、上述したところと同様である。

　外部通報窓口の存在意義は、通報者が報復を恐れることなく、企業等から独立した第三者に通報を行いうる制度を設けることにより通報の意義を高める点にある。そのため、実名通報が行われた場合でも、その実名を企業側に告げるべきか否かについては慎重に判断し決定する必要がある。また、不正の有無を調査するため、企業側の従業員等に接触する場合にも、カバーストー

リーを用意したり、調査対象を意図的に広げるなどして、通報者が特定されないような工夫を行う必要がある。

第4　参考文献・資料など

1　文献

日本弁護士連合会消費者問題対策委員会 - 通報者のための公益通報者保護・救済の手引 - 民事法研究会

升田純 - 裁判からみた内部告発の法律と実務 - 青林書院

内閣府国民生活局企画課 - 公益通報関係裁判例集 - 商事法務

浜辺陽一郎 - 内部通報制度　仕組み作りと問題処理 - 東洋経済新報社

田口和幸ほか − 公益通報者保護法と企業法務 - 民事法研究会

宮崎貞至 - 図説　公益通報の全て - ぎょうせい

2　相談窓口

〒100−0013　東京都千代田区霞が関1−1−3　弁護士会館9階

第二東京弁護士会「公益通報問題」係

TEL：03−3581−2425

第7章　宗教的活動と消費者問題

第1　はじめに

　霊感商法や霊視商法、オウム真理教、法の華三法行の足裏鑑定、神世界、高島易断等の問題が、社会的に注目され、宗教や占い[100]、開運グッズ[101]、自己啓発セミナー[102]等に関する様々なトラブルが弁護士に持ち込まれることが多くなった。夢中になっている本人からではなく家族や友人からの相談も多い。詳細に相談者や周囲の関係者から事情聴取すると、関係している組織や団

---

100 占い師と何度も有料でメールをやり取りさせる占いサイト（国民生活センター2016年5月30日公表）
　　http://www.kokusen.go.jp/jirei/data/201605_1.html
101 開運ブレスレットや数珠の購入をきっかけに、"除霊のため""運気を上昇させるため"と、次々に開運商品を売りつける手口に要注意！（国民生活センター2012年2月2日公表）
　　http://www.kokusen.go.jp/news/data/n-20120202_1.html
　　「幸運」を手に入れるつもりが「不幸」を招くことも…−請求金額が高額化!!開運グッズや祈祷等を次々と勧める業者にご注意−（国民生活センター2014年6月9日公表）
　　http://www.kokusen.go.jp/news/data/n-20140609_1.html
102 例えば、ホームオブハート事件（東京地判平成19年2月26日・判時1965号81頁、東京高判平成21年5月28日。自己啓発セミナー団体内で執拗かつ暴力的に恐怖心を繰り返しあおられ、所持金などを支払わされたことによる損害賠償請求が認められた例。）

体の放置しがたい諸問題が見えてくることがある。宗教的団体関連のトラブルでも躊躇することなく、通常事件と同様に取り組む姿勢が望ましい。

　日弁連は平成7年11月16日に「宗教的活動名目の各種資金獲得活動に関する実態と問題点」と題する意見書[103]を、平成11年3月26日には「反社会的な宗教的活動にかかわる消費者被害等の救済の指針」と題する意見書[104]をそれぞれ公表しており、参考にすべきである。

第2　法律相談のチェックポイント

1　弁護士が相談を受ける際の基本姿勢

　相談者の多くは、心の悩みや家庭問題など通常の金銭トラブルの範囲を超えた深刻な事態にあるし、精神状態も未整理なことが多い。被害者本人を批判する前にその事案がどのような法的対処にふさわしいものか、また対処自体が可能か否かを慎重に検討すべきである。家族からの相談の場合には、将来的には本人が被害に気づいた上で本人から受任するということになるだろうが、ひとまず、家族が本人に対し批判的になりすぎて本人を追い込まないようにアドバイスする必要があるケースも多い。家族に対し、本人と十分話し合って、本人の教団内での活動の実情を素直に話せる雰囲気をつくるよう指導することも大切であり、このような地道な作業から相談活動は始まる。また、家族からの相談の段階でも、必要な資料の収集は始めておいた方がよい。

　宗教関連の相談では、相手方となる団体が如何なる団体かを十分掌握する必要もあるので、相談者の持っているパンフレット等の資料に目を通すことが不可欠である。最終的には外形的行為態様が先例の基準に照らして相当な範囲から逸脱しているかを客観的に判断して法律構成を決めることになる。

2　情報収集の重要性

　宗教に関係した相談で注意すべきは、それが宗教活動として社会的に容認されるもの（法的に違法とまではいえないもの）か、それともなんらかの法的措置を講ずるべきものかという判断が難しいところである。

　その判断を誤らないようにするためには、その団体の実情について書かれた文献や既にその団体の問題に取り組んでいる弁護士や宗教家等に意見を聞くことが有益である。そのような情報は全国霊感商法対策弁護士連絡会（03-3358-6179）や日弁連の消費者問題対策委員会等に問い合わせるとよい。

3　宗教的活動の相当性についての判断基準

　日弁連が平成11年3月に公表した「反社会的な宗教的活動にかかわる消費者被害等の救済の指

---

103 『宗教名目による悪徳商法』（緑風出版、宗教と消費者弁護団ネットワーク編）に全文が収録されている。
104 『宗教トラブルの予防・救済の手引』（教育史料出版会発行、日弁連消費者問題対策委員会編）に収録されているほか、日弁連ウェブサイト https://www.nichibenren.or.jp/activity/document/opinion/year/1999/1999_13.html にも掲載されている。

針」では、「宗教的活動にかかわる人権侵害についての判断基準」が列挙されている。相談を受けるに際し、どのような点をチェックすべきか検討するにこの判断基準は有益である。

　以下に、その判断基準全文を掲載する。これらの判断基準に注目しながら、本人や家族から事情を聞き、法的な助言をすることになるが、宗教被害の原因となる背景には、親子や夫婦の関係のあり方や家庭内、職場内の悩みといった様々な課題があることが多く、弁護士による宗教被害の救済においても、これらの課題をどう解決するかという点に関するカウンセリング的な活動が解決に至るまでの過程でかなりのウエイトを占めるといっても過言ではない。

　1　献金等勧誘活動について
(1)　献金等の勧誘にあたって、次の行為によって本人の自由意思を侵害していないか。
　①　先祖の因縁やたたり、あるいは病気・健康の不安を極度にあおって精神的混乱をもたらす。
　②　本人の意思に反して長時間にわたって勧誘する。
　③　多人数により又は閉鎖された場所で強く勧誘する。
　④　相当の考慮期間を認めず、即断即決を求める。
(2)　説得・勧誘の結果献金等した場合、献金後間もない期間（例えば1ヶ月）はその返金の要請に誠意をもって応じているか。
(3)　一生を左右するような献金などをしてその団体の施設内で生活してきた者がその宗教団体等から離脱する場合においては、その団体は献金などをした者からの返金要請にできる限り誠実に応じているか。
(4)　一定額以上の献金者に対しては、その宗教団体等の財政報告をして、使途について報告しているか。
(5)　お布施、献金、祈祷料等名目の如何を問わず、支払額が一定金額以上の場合には受取を証する書面を交付しているか。
　2　信者の勧誘について
(1)　勧誘にあたって、宗教団体等の名称、基本的な教義、信者としての基本的任務（特に献金等や実践活動等）を明らかにしているか。
(2)　本人の自由意思を侵害する態様で不安感を極度にあおって、信者になるよう長時間勧めたり、宗教的活動を強いて行なわせることがないか。
　3　信者及び職員の処遇
(1)　献身や出家など施設に泊り込む信者・職員について
　①　本人と外部の親族や友人、知人との面会、電話、郵便による連絡は保障されているか。
　②　宗教団体等の施設から離れることを希望する者の意思は最大限尊重されるべきであるが、これを妨げていないか。
　③　信者が健康を害した場合、宗教団体等は事由の如何にかかわらず、外部の親族に速やかに連絡をとっているか。
(2)　宗教団体やその関連の団体・企業などで働く者については、労働基準法や社会保険等の諸法規が遵守されているか。
　4　未成年、子どもへの配慮
(1)　宗教団体等は、親権者、法定保護者が反対している場合には、未成年者を長期間施設で共同生活させるような入信を差し控えているか。
(2)　親権者・法定保護者が、未成年者本人の意思に反して宗教団体等の施設内の共同生活を強制することはないか。
(3)　子どもが宗教団体等の施設内で共同生活する場合、親権者及びその宗教団体等は、学校教育法上の小中学校で教育を受けさせているか。また、高等教育への就学の機会を妨げていないか。
(4)　宗教団体等の施設内では、食事、衛生環境についてわが国の標準的な水準を確保し、本人にとって到達可能な最高水準の身体及び精神の健康を確保するよう配慮されているか。

第3　救済のための法理論

1　不法行為の成立要件について

　判例は、宗教的活動の一環として行われたものであっても（献金勧誘行為の宗教行為性は認めつつも）、献金勧誘行為が違法であるか否かの判断は法律上の争訟として司法権の判断対象であ

り、その違法性の判断基準は、献金勧誘行為の目的、手段、結果を総合考慮して判断すべきものであるとしている。すなわち、宗教的活動を標ぼうする資金集め活動が献金の勧誘名目であれ、祈祷料、占い料、物品販売等の名目であれ、目的・手段・結果を総合考慮して社会的に許容される範囲を逸脱している場合、不法行為が成立する[105]。

2　信者の活動と使用者責任

　一般に、宗教団体の信者は当該宗教団体の職員ではない。しかし宗教団体の信者の中には、ボランティアのごとく無給で布教活動や献金勧誘などの資金獲得活動を行い、その宗教団体に貢献する者もいる。そのような信者の宗教活動は実質的に宗教団体の手足としての活動であって、そこから得られる利益は一方的に当該宗教団体が享受するのに、信者の宗教活動の行き過ぎなどから生ずる被害につき、信者とは別人格であることや法に基づく指揮監督関係にないことを理由に当該宗教団体の責任が全く問われないのは不合理である。報償責任の見地[106]から、宗教団体と信者との関係についても、信者が当該宗教法人の実質的指揮監督にもとづいて違法な資金獲得活動などをしたときには、宗教団体にも使用者責任が認められることは当然である[107]。このことは多くの裁判例でも肯定されている[108]。

3　不法行為に基づく損害賠償請求権の消滅時効の起算点

　不法行為を原因とする被害者の損害賠償請求に対して、宗教的団体等から、時効消滅の主張がなされる場合がある。

　しかし、民法724条の「損害及び加害者を知った時」とは、単に損害を知るにとどまらず、加害行為が不法行為であることをもあわせて知ることを要する[109]。前掲東京地判平成12年12月25日が、「本件のように組織的にされた不法行為の場合は、被害者である原告らにおいて事実関係を把握するだけの情報や資料等を入手することは極めて困難であるのみならず、宗教的行為において詐欺的・脅迫的勧誘が行われた不法行為においては、当該宗教行為を教義の一環として受け入れている限り不法行為であると認識できないから、当該宗教における教義を信仰する心理状態が継続している限りは、時効は進行しないというべきであり、原告らにおいて、右心理状態から解放された時期は、マスコミ報道等を見て被害対策弁護団の存在を知り、同弁護団の弁護士と相談した時点であると考えられるから、平成八年の時点で弁護士と相談し、平成九年一月に提訴している本件においては、消滅時効は完成しておらず、被告らの主張は理由がない。」としているように、いわゆるマインドコントロールが解け、弁護士に相談するに至ってから時効の進行が開始

105 福岡地判平成6年5月27日判時1526号122頁（上告棄却確定）、神戸地判平成7年7月25日判時1636号78頁（確定）、広島高岡山支判平成12年9月14日判タ1755号93頁、長崎地判平成13年9月26日判タ1124号197頁、札幌地判平成13年6月29日判タ1121号202頁、東京地判平成20年1月15日判タ1281号222頁、東京地判平成12年9月27日判タ1050号145頁、東京地判平成12年12月25日判タ1095号181頁ほか。
106 民法715条は、他人を使用することによって自己の活動範囲を拡張し、利益を収める可能性が増大しているのであるから、それに伴って生ずる損害もまた負担するのが正義・公平に合致するという報償責任の原則に基づいている。
107 棚村政行「霊感商法と民事責任」青山法学論集第36巻第4号（1995年）6頁。
108 横浜地判平成5年6月30日・判時1473号117頁、前掲福岡地判平成6年5月27日等。
109 大判大正7年3月15日・民録24輯498頁。

すると考えてよいというべきであり、同趣旨の裁判例も多い。

4　詐欺・強迫、消費者契約法や特商法による取消、錯誤無効、クーリングオフ

(1)　はじめに

　宗教的名目を有する行為が献金勧誘行為、祈祷などの役務提供行為、あるいは物品販売行為などのように契約（意思表示）を対象としている場合に、その意思表示が詐欺・強迫によるものであれば取り消しうるし、錯誤に基づくものであれば無効（改正民法後は取消し）を主張しうることは当然である。

(2)　消費者契約法や特商法による取消とクーリングオフ

　重要事項についての不実告知、断定的判断の提供、不利益事実の不告知や困惑等によって誤認した結果なされた意思表示は消費者契約法4条に基づく取消の対象にもなる[110]。

　また、訪問販売や電話勧誘販売であれば、特商法によるクーリングオフ規定の適用もある。法定事項についての不実告知は取消の対象にもなる（特商法9条の3、24条の2。本書45頁、71頁）。

(3)　強迫について

　強迫で留意すべきは、一般人にとってはほとんど恐怖をもたらさない信者らの言動であっても、被害者が特定の考え方を受け入れている状況でそれに乗じて金銭を交付させる目的で害悪を告知した場合、成立の余地があるという点である。

　例えば、「無間地獄に落ちる」「霊界で永遠に苦しむことになる」等の言辞は、地獄や霊界を信じない者にとっては何の意味もない。しかし、無間地獄の存在を信じ込まされていたり、霊界の存在やそこで苦しむ先祖の存在がある限り不幸が起こると信じている者にとっては、死に比肩する畏怖や恐怖の対象となる。しかもその言辞が、信頼すべき「偉い先生」や霊能師、解脱者等によって一定の環境下で重々しく告知された場合、金銭を交付するかさもなくば死以上の苦しみかという重大な選択を迫られることになる。

　日本社会においては、「先祖の因縁」や「霊界の先祖が浮かばれない」という考え方に基づく先祖供養が広く信仰を集めている。この考え方を一歩進めて、供養の証として金銭を交付すべきだという説得は日本人に馴染みやすい。この日本人の宗教心の傾向が悪質な団体によって悪用され、意識的に先祖供養や霊界・地獄の考え方が教え込まれ、その上で金銭交付を迫る行為が現に行われている。

　したがって、強迫の認定に当たっては、以上の当事者間の特殊な関係を前提に、前述した不法行為の成立要件と同様に、①害悪を告知する側の目的、②害悪告知の態様、③結果を総合的に勘案して検討するべきである。特に、害悪を告知する側の目的の認定に当たっては、同一教団信者による類似事案についての認定等組織的背景を十分参酌する必要がある[111]。

110　平成30年法律第54号による消費者契約法の改正により、霊感その他合理的に実証することが困難な特別な能力による知見として、そのままでは重大な不利益を与える事態が生ずる旨を示して不安をあおり、契約することにより確実にその重大な不利益を回避することができる旨を告げてなされた消費者契約も取消しうるものとされた（同法4条3項6号）。この改正は、令和元年6月15日から施行された（本書29頁～）。

(4) 詐欺・錯誤について

献金等の金銭交付を要求する側の人物につき、霊能力がないにもかかわらずこれがあるかのように装っていたなど、重要な事実を故意に偽ったことが立証されたり、消費者側の思い違いをことさら惹起させるような説得活動をしたことが証拠上認められる場合は、詐欺による取消ないし詐欺を理由とする不法行為が成立する余地がある。また、消費者側の誤信や思い違いがなければ、合理的に判断して金銭交付をしなかったであろうと認められる場合には、錯誤を理由とする無効（改正民法では取消し）の主張が認められるであろう。

後述するように、刑事事件においてさえ、客観的に立証可能な重要な事実を故意に偽った場合、詐欺罪が成立する。したがって、たとえ宗教的活動の外観で金銭交付の勧誘がなされた場合であっても、故意に重要な事実を偽っている場合には、詐欺や錯誤が成立し被害者の損害回復を認めることができる。宗教的動機に基づいた金銭交付行為であっても、何ら特別扱いをする理由はない。

例えば、宇宙パワーを有すると自称する中国人女性が、日本テレビの番組や出版物を通じ、「宇宙パワー」により難病を治療すると称し、番組や出版物を見て来訪した難病患者らに対して高額の対価を要求した行為を、難病患者らに対する詐欺行為に当たるとして不法行為に基づく損害賠償を認容した事例[112]や、「被告明覚寺の僧侶らは、因縁や霊障を見極める特殊な能力はなく、ただ、供養料獲得のマニュアルやシステムに則って、執拗に因縁や霊の恐ろしさを解いて原告らを不安に陥れ、供養料を支払いさえすれば不幸や悩みから逃れられると誤信した原告らに供養料名目で金銭を支払わせていたものと認めるのが相当であり、これは、詐欺行為として違法と言うべきである」と判示して被告明覚寺の使用者責任を認めた霊視商法の事例[113]などがある。

なお、霊界があると思っていたがなかった、メシアと思っていたが違っていた、教団の教え自体が誤りだった等の主張がなされる訴訟であっても、外形的・客観的に行為態様が問題とされる場合は、前述の目的、手段、結果の総合考慮による不法行為や強迫・詐欺等の不法行為が成立しうる。しかし、教義の解釈論が主張や立証の中心になるような場合には、法律上の争訟に当たらないとされる場合があるので注意を要する。

5 公序良俗違反

信者の献金等の勧誘行為が、社会通念上正当視され得る範囲を超えていると認められる場合には、その超えた部分については公序良俗に反して無効である。具体的認定においては、契約締結に至る経緯（勧誘文言や動機）、金額の多寡、長期かつ高額の契約となった理由等を総合的に考慮することになる。特に暴利行為とも言うべき法外な価格で物品を購入させた場合には、この法理による解決がなじむことも多い[114]。

---

111 オウム真理教に対する土地建物の贈与の意思表示が脅迫に基づくものと判断され、その取消が認められた事例として、東京地判平成8年6月5日判時1578号64頁（確定）がある。
112 東京地判平成9年5月27日判時1636号78頁・判タ942号267頁。
113 大阪地判平成10年2月27日判時1659号70頁。
114 典型的事案として、名古屋地判昭和58年3月31日判時1220号104頁、東京高判平成14年2月27日判時1792号63頁、広島地判昭和61年10月23日判時1218号83頁等がある。

6　布教の自由との関連

(1)　問題の所在

　宗教的活動名目でなされた加害行為は、宗教団体に勧誘する活動と密接不可分になされることも多い。また、被害者に財物を交付させることについて、加害者は多少なりともその宗教心や信仰心に動機付けられて加害行為をする場合がある。このような加害行為について、憲法上保障されている布教の自由や信教の自由との関わりで、不法行為などの成立要件に再検討を要するか否か、あるいは違法性が阻却されることはないのか。

　この問題については、宗教団体や個人による消費者個人に対する接触やはたらきかけがたとえ伝道の一環としてなされたものであっても、その一事をもって不法行為や公序良俗違反等の規定の適用が排除又は緩和されるとすべき理由はなく、その態様や程度が社会的に許容しうる限度を超えるときには、これらの規定が適用されると解すべきである。最高裁も、「私人相互間において憲法20条1項前段及び同条2項によって保障される信教の自由の侵害があり、その態様、程度が社会的に許容し得る限度を超えるときは、場合によっては、私的自治に対する一般的制限規定である民法1条、90条や不法行為に関する諸規定の適切な運用によって法的保護が図られるべきである（最大判昭和63年6月1日判時1277号34頁、いわゆる「自衛官合祀拒否訴訟」）と判示している。また、宗教法人法86条も、「この法律のいかなる規定も、宗教団体が公共の福祉に反した行為をした場合において他の法令の規定が適用されることを妨げるものと解釈してはならない」と定めている。

(2)　宗教上の自己決定権

　信教の自由は、内心における信仰の自由をその本質とする。いかなる宗教をどのような理由で選択しようと絶対的に自由である。憲法上の根拠として、人格権に重きを置けば憲法13条、宗教性に着目すれば憲法20条で保障される権利ということになる。この理は、いわゆる憲法直接適用説にあってはもちろん、間接適用説にあっても、他者の宗教選択の自由を不当に侵害してはならないという形で私人間においても当てはまる。宗教上の自己決定権は、憲法に基礎を置く重要な基本的権利であり、法的利益なのである。

(3)　布教の自由の限界－布教に際しての説明義務

　不法行為法上の違法性は、被侵害利益の性質と侵害行為の態様との相関関係から判断される。そして、ここでの被侵害利益は、憲法上絶対的に保障されるべき個々人の信仰の自由の一部であり、何を信ずるか（あるいは信じないか）の自己決定権である。これに対比される加害組織側の布教の自由は、内心における信仰そのものではなく対外的活動である。信教の自由は憲法20条により保障されるが、それが第三者への働きかけを伴う場合には公共の福祉による制限を受ける（最判昭和38年5月15日刑集17巻4号302頁（加持祈祷事件））。

　宗教性を秘匿した勧誘の問題点について、法の華に関する、前掲東京地判平成13年4月23日は、「一般に、宗教は、必ずしも合理性を有しないから、社会通念から見て、当該宗教の要求する金員の出捐や修行に、一見不合理と思われる点があったとしても、宗教的意義に基づくものであり、その点の説明を受けて勧誘が行われる限りにおいては、高額の金員の出捐、過酷な修行などが許容されることがあり得るのは前記のとおりである。しかし、これが許されるのは、宗教的

意義を持つ行為として行われているからであり、宗教であることを明示せずにこれを勧誘するなどした場合には、勧誘を受けた側には、宗教的意義に基づき金員を出捐するという意識がない以上、思い違いが生じやすいこととなる。したがって、被告法の華において、宗教であることを秘匿し、あるいは明示に告げないで勧誘活動を行うことは、不相当なやり方であるとの評価を免れないといえる」と判示した。また、やはり法の華に関する前掲名古屋地判平成13年6月27日は、「被告法の華の方針として、ことさら研修の内容を説明せず、また、研修内容や高額な費用の宗教的な意味も説明せずに研修参加を勧誘していたもので、その結果、研修参加者のほとんどが、それらについて十分理解しないまま、研修に参加していたと認められる。したがって、被告法の華が原告らを研修に参加させたこと自体、前記特段の事情が認められない限り、原告らの宗教上の自己決定権の侵害として違法になる」とした。

　インフォームド・コンセントの法理の先進国であるアメリカのカリフォルニア州最高裁（大法廷判決1988年10月17日）は、元信者が米国統一教会に損害賠償を請求した事件につき、被布教者の認識と同意を得ずに強度の説得にさらす行為は詐欺として司法審査を受けるとした。また、ヨーロッパ議会本会議が1984年5月に採択した「宗教団体に与えられた保障の下で活動している新しい組織による様々な法の侵害に対するヨーロッパ共同体加盟諸国による共同の対応に関する決議」（EC決議）は宗教団体につき13の評価・判断基準を示すが、そこでも、「入信の勧誘の間は、その運動の名称及び主義が、常に直ちに明らかにされなければならない」とされている。EC決議は、「反社会的な宗教的活動にかかわる消費者被害等の救済の指針」と題する前掲日弁連意見書の資料にも日本語訳が揚げられており、日弁連ウェブサイトでも確認できる。

(4)　未成年者の保護

　布教に際し、宗教団体が未成年者と財産法上の契約を締結した場合、未成年者側が行為無能力を理由にこれを取り消し得ることは言うまでもない（民法4条2項）。

　そして、未成年者に対する教育援助としては、第一次的には子の監護・教育の権利を有し義務を負う親権者（民法820条）又は後見人（同857条）のそれが重視されるべきである。市民的及び政治的権利に関する国際規約（いわゆる「B規約」）18条4項及び児童の権利に関する条約（いわゆる「子どもの権利条約」）14条2項はこの理を明らかにする。日本国政府はいずれの条約についても批准済みであり、日本国内において実定法としての効力を有すると考えられる。

　これらの規定は、当然、親権者らから未成年者への宗教的教育権を制約する行為の違法性判断のための資料となり得る。すなわち、親権者らの関与を意図的に排除した上での未成年者への宗教的勧誘は、親権者らの宗教的教育権を侵害する不法行為を成立させることがあり、また親権者らのこの権利は未成年者保護のためのものであるから、その侵害は同時に当該未成年者に対する不法行為を成立させることもあり得る。

　なお、親権者らのこの権利は同時に未成年者に対しての義務でもあるから、濫用にわたってはならない[115]。親権者がその子を、その発達段階も考慮せずに、劣悪な生育環境を余儀なくさせる宗教団体に引き入れることは正当な親権の行使とみなされない場合もある。

　他方、未成年者への布教活動は、未成年者の成長・発達とその人生に重大な影響を及ぼすこと

115　徳島地判昭和58年12月12日判時1110号120頁参照。

が必然である。したがってこのような布教活動は、親権者らの意向を十分尊重してなされなければならないだけでなく、当該未成年者が他と相談したり慎重に意思決定ができるように、決定に至るまで十分な時間的余裕を与えるべく配慮されなければならない。前述の EC 決議 a は「未成年者は、その人生を決定してしまうような正式の長期献身を行うように勧誘されてはならない。」とし、同 b は、「金銭的又は人的貢献について、相応の熟慮期間が設けられるべきである」（ただし、この条項は未成年者に限られない）としている。

(5) 法律上の争訟か否か

宗教的団体の責任を追及する場合には、司法権の権限が問題となる場合がある。原告の請求にかかる事実認定の前提として、宗教上の教義の当否や救いの宗教的意義など、宗教上の価値に関する判断が中核を占め且つ不可欠の場合については、裁判所法 3 条の「法律上の争訟」に当たらず、司法権は及ばないとされているからである[116]。

しかし、いかに宗教上の教義の実践であっても、資金獲得活動などの対外的行為については、社会的にみて相当と認められる範囲を超えたものは許されないことはすでに詳しく述べたとおりであり、対外的行為が社会的にみて相当と認められる範囲を超えたものであるか否かは、宗教上の教義の当否といった宗教上の価値に関する判断に立ち入ることなく判断することができ、現に裁判所はこれまでにも判断を重ねてきている。

7　刑事制裁について

刑事手続に関連して、弁護人が宗教の自由やマインドコントロールを主張した例はこれまでにも多数あるが、次のような多くの例において、裁判所はそれらの主張を排斥し、刑事責任を肯定している。

(1) 加持祈祷による身体被害、経済的被害と宗教の自由

宗教行為としてなされたものであったとしても、生命や身体の安全に現実に危害が加えられた場合には犯罪は成立し、憲法上保障されている信教の自由も一定限度の制約がある[117]。また、宗教的信念のない者が宗教行為を装って金員を搾取する行為や、恐怖に陥れた上で金員を取得する行為は、詐欺罪や恐喝罪に該当する[118]。

(2) 宗教活動のための募金活動と詐欺

宗教活動のための募金行為が詐欺罪に問われた事案において、この故意の認定にあたっては同種前科の内容によって認定することができるとの判例[119]があり、宗教的確信をもって金員の交付をさせたという主張があっても、その行為態様や生活状況・前歴等を総合考慮して詐欺の故意が認められるとしている。

(3) 霊視商法〜本覚寺事件など

名古屋地裁は、霊視商法の手口について、教祖的立場にあった元宗教法人本覚寺の代表役員に

---

116 例えば最判昭和56年 4 月 7 日民集35巻 3 号443頁（板まんだら事件）、同旨東京地判平成 2 年 2 月28日判タ
　　739号230頁。
117 最大判昭和38年 5 月15日刑集17巻 4 号302頁。
118 最決昭和31年11月20日刑集10巻11号1542頁。
119 最決昭和41年11月22日判時467号65頁。

対し、詐欺罪の有罪判決を言い渡した。被害者やその家族に霊がとりついているか否かを識別したり、その霊を成仏させるなどして被害者の悩みごとを解決する霊能力がないのに、嘘を言って供養料名目で合計約2150万円をだまし取ったとして、懲役6年の実刑判決を下した（名古屋地判平成11年7月23日別冊消費者法ニュース「宗教トラブル特集」192頁以下）。同判決は、信教の自由の観点から、「社会通念」というあいまいな基準ではあるが、詐欺罪の成立に一定の絞りを課している。しかし宗教と関係のない通常の詐欺事件なら「社会通念」という絞りはないのに、宗教のからむ詐欺事件にだけ、この基準で絞りをかけるのは、「宗教を特別扱いするものではないか」という批判もあった。

その後、別の団体の霊視商法類似事件である青森宝冠堂事件に関し、青森地裁は、「社会通念」という絞りを採用せずに端的に詐欺罪を認定し、教祖的立場の主宰者に懲役6年6月の実刑判決を下した。被告人は控訴、上告したが、いずれも棄却され確定している[120]。

(4) 法の華三法行・足裏鑑定事件（東京地判平成17年7月15日判時1933号131頁）

宗教法人「法の華三法行」の代表役員（被告人A）及び責任役員（被告人B）が詐欺罪に問われた事案である。東京地裁は、「教団が宗教法人として、一定の宗教活動を行ってきたことは明らかであって、この点についてまで否定するものではない。とりわけ、被告人Bについては、教団の教義を（中略）信じていることは否定できないところであり、その意味では、同被告人の本件共謀は信仰を背景としたものということができる。しかし、被告人両名が、現実にした各行為は、そのような教義理解をはるかに逸脱し、自分又は家族に病気等の問題を抱え悩んでいる被害者らに対し、共犯者らと共謀の上、自ら又は共犯者らを介して、『修行に参加すれば病気は治る。』などとあからさまな嘘を言って、その旨誤信させて法外な金員を要求し、これを交付させたという詐欺行為そのものである。これらの行為が著しく反社会的で違法なものであることは明らかであり、憲法20条1項の信教の自由の保障の限界を逸脱したものというほかなく、これを詐欺罪として処罰することは、何ら憲法の前記条項に反するものではない。」と判示し、詐欺罪の成立を認めた。

(5) オウム真理教の信者による地下鉄サリン事件等

オウム真理教の信者らにより、通勤時間帯の地下鉄内にサリンを撒布して12名の死者を出した地下鉄サリン事件、元信者殺害事件、弁護士一家殺害事件等多数の重大事件が起こされ、一連の刑事判決が出された。弁護人の主張の中には、被告人が教祖からマインドコントロールを受けていた点を挙げて、責任能力や期待可能性を争ったり、減刑事由としたりするものもまま見られたが、いずれも否定されている[121]。

(6) 統一協会関連会社による霊感商法事件

統一協会の関連会社である印鑑販売会社が、「先祖の因縁がある」などと不安を煽って高額の印鑑を購入させた霊感商法事件について、同社社長らに対して、特商法違反で執行猶予付の有罪判決がなされた。判決は、「会社は被告も含めて従業員全員が統一教会の信者で、販売手法が信

---

120 青森地判平成11年11月18日、最決平成15年12月9日刑集57巻11号1088頁。
121 東京地判平成12年6月6日判時1740号109頁（控訴審東京高判平成16年5月28日判時1901号146頁も同旨、上告棄却最判平成21年12月10日集刑299号565頁）、東京地判平成12年7月17日判タ1091号181頁、東京高判平成13年12月13日判タ1081号155頁（上告棄却最判平成17年4月7日集刑287号321頁）。

仰と混然一体となっているマニュアルによって周知されている」「相当高度な組織性が認められる継続的犯行の一貫で、犯情は極めて悪い」として、霊感商法が統一協会の組織的犯行であることを認定した[122]。

(7) 条例等の適用について

多くの地方公共団体にはいわゆる迷惑防止条例があり、たかり行為、押売行為等の禁止が定められている。これらに該当するいずれの行為も、宗教行為として行われたとしても正当化される性格のものではなく、市民社会における守らなければならない当然のルールである。これまでにも、これら条例に基づいて教団信者が検挙された例がある。

8　行政処分について

平成20年3月26日、経済産業省が、宗教法人幸運乃光（通称名「高島易断崇鬼占相談本部」「高島易断総本部」）に対して、特商法の違反行為[123]を認定し、同月28日から3か月間、同法人の訪問販売に関する勧誘、申込みの受付及び契約の締結を停止する旨の業務停止命令を出した。宗教法人に対して特商法に基づく行政処分を行った初めてのケースであったが、宗教団体であるか否かを問わず、開運グッズの販売業者による同様の違反行為は後を絶たない[124]。今後も宗教的活動に関する被害について特商法に基づく行政処分がなされることが期待される。

第4　参考文献等

・宗教と消費者弁護団ネットワーク編『宗教名目による悪徳商法』（緑風出版、平成8年）
・日弁連消費者問題対策委員会編『宗教トラブルの予防・救済の手引－宗教的活動にかかわる人権侵害についての判断基準』（教育史料出版会、平成11年）
・日弁連消費者問題対策委員会編『宗教トラブルはいま－判例と報道から見えてくるもの』（教育史料出版会、平成15年）
・消費者法ニュース別冊『宗教トラブル特集』（平成15年）
・山口広「高島易断による霊感商法の実態」（『宗教法』第29号所収、平成22年）
・平野裕之「霊的サービス取引の法的問題点」（『消費者取引と法―津谷裕貴弁護士追悼論文集―』所収、民事法研究会、平成23年）
・山口広＝滝本太郎＝紀藤正樹『宗教トラブル110番（第3版)』（民事法研究会、平成27年）

---

122 東京地判平成21年11月10日公刊物未登載
123 不実告知（特商法6条1項）、威迫・困惑（同条3項）、目的隠匿の上での公衆の出入りする場所以外での勧誘（同条4項）、勧誘目的等不明示（同法3条）、法定書面不交付（同法5条1項）、契約解除に伴う債務の一部履行拒否（同法7条1号）、適合性原則違反勧誘（同法7条3号、省令7条3号）が認定された。
124「商品無料!!」、「必ず願いがかなう!!」などをうたう悪質な開運ブレスレット販売事業者に御注意ください（消費者庁平成25年3月21日公表）http://www.caa.go.jp/trade/pdf/130321kouhyou_2.pdf

第8章 フランチャイズ事件取扱の視点

第1 フランチャイズ契約を取り巻く状況

　一般社団法人日本フランチャイズチェーン協会（以下、「JFA」という。）による平成30年度の調査（2018年9月発表）では、全国のフランチャイズチェーン数は1339、店舗数26万3490件、年間売上高25兆5598億円に上っている。従事する労働者数や利用する消費者数を考えると、日本の一大産業である。

　しかし、フランチャイズ本部でなくフランチャイズ加盟店に目を転じてみると、加盟店の多くは個人加盟であり、脱サラした事業未経験者が事業の情報及び経営ノウハウを得て経営をするために加盟しているのが実態である。

　このように加盟店が経営について本部に依存する関係があるため、本部と加盟店との間には、事業者と消費者のそれと同様に資力格差と情報格差が存在する場合が多く、本部が自己に有利な加盟契約書を作成することが多い。

第2 フランチャイズ契約とは

1 フランチャイズの概念

　中小小売商業振興法第11条ではフランチャイズ事業を「特定連鎖化事業」と呼び、「連鎖化事業であって、当該連鎖化事業にかかわる約款に加盟者に特定の商標、商号その他の表示を使用させる旨及び加盟者から加盟に際し加盟金、保証金、その他の金銭を徴する旨の定めがあるもの」と定義している。

　類似制度として開業支援事業、特約店・代理店契約や業務委託契約があり、連鎖化に着目すれば、マルチ商法とも類似している。初期投資が少なければ特商法に定める業務提供誘引販売取引にあたる場合がある。

　さらに、フランチャイズ契約は、数多くの条項で成り立っており、フランチャイズ契約だけでなく付随する多くの契約（建物賃（転）貸借契約、リース契約、継続的売買契約、集合動産譲渡担保契約など）もある。

2 フランチャイズ契約の法的性格と当事者

　フランチャイズ契約は、JFAの定義からみても、本部が経営ノウハウを与え、加盟店がこれに対して対価を支払う継続的役務契約であり、主として準委任契約としての法的性格を有すると考えるべきである（セブン-イレブン請求書引渡（仕入値開示）請求訴訟最高裁平成20年7月4日判決）。

　フランチャイズ事業契約当事者は、フランチャイズ本部と加盟店が基本で、フランチャイズ本部がマスターフランチャイザーとサブフランチャイザーに分かれている場合、加盟契約当事者

（一般に「オーナー」と呼ばれる）以外に連帯保証人、コンビニでは「専従者」「共同フランチャイジー」が存在する場合がある。

　連帯保証人には多くの場合親族がなるが、フランチャイズ契約の保証は根保証であり（民法第465条の２第２項）、フランチャイズ契約の連帯保証人にこれらの条項を活用できるか検討を要する。

３　フランチャイズ契約に組み込まれている本部に有利な仕組み（利害相反関係）

(1)　多額の加盟金又は預託金の不返還特約

　加盟金ないしは加盟時準備金を支払う契約が多く、内訳を明確にせずに開店の権利として高額な加盟金を支払わせるフランチャイズ本部もあり、不返還特約が付されていることが多い。

(2)　工事業者や仕入れ業者の指定制・推薦制

　フランチャイズでは、システムの統一性の観点から工事業者や仕入れ業者を指定している本部が多く、非常に高額な工事請負契約を締結させられる場合がある。またシステムの統一性の観点から、同じ原材料を使用することを義務付けられることもあり、加盟店が仕入業者を指定されるために同じ品質でも価格交渉ができず高い仕入を強要される場合がある。

　このような仕入強要は独占禁止法上の不公正取引に該当するおそれがある。

(3)　売上・粗利に比して高額なロイヤルティ

　ロイヤルティの定め方は、売上に対して比率を定めるもの、粗利に対して比率を定めるもの、定額制などがある。

　コンビニの場合、粗利（売上の約３割）の６割程度をロイヤルティとしている。対売上比では18％程度であり、これに対して加盟店の純利益は２～３％である。仮に、あるフランチャイズが月200万円の売り上げでロイヤルティが定額10万円とすると、対売上比５％のロイヤルティだが、粗利が100万円、家賃が40万円、人件費が40万円、その他雑費に加えて、10万円のロイヤルティを支払うと利益はなく赤字になる。

(4)　コンビニにおける売上金全額送金システムなどの会計システム

　加盟店は独立事業者と契約では定めながら、売上金全額を送金させて売上金の管理権が全くなく資金運用権を本部に奪われ、さらに加盟店が本部に預けた金員は無利息とする「オープンアカウント」という決済方法をコンビニ業界では用いている。

(5)　中途解約の制限

　中途解約ができる場合の要件として、本部の同意を要するとし、かつ６か月前など長期の期間を設定し、口頭でなく書面による申出という要件を設定している。「やむをえない」解約の場合でも「やむをえない」と「本部が認める」場合と規定されている。

　中途解約条項があったとしても、中途解約違約金が残期間のロイヤルティ全額であったり、1000万円を超える高額なものだったりする本部がある。

(6)　フランチャイズ・イメージ違反という約定解除事由の設定

　本部指導に対する個別の些細な違反も、イメージ違反と言われ警告書が送られることがある。

第３編

各論

305

イメージ違反が約定解除事由と定められているので解除が認められる恐れがあるため、加盟店が委縮して不利益でも本部に従うことになる。

債務不履行解除の場合は、中途解約違約金よりさらに高額な損害賠償額の予定がある。

(7) 初期投資額に比べ不当に短い契約期間

店舗経営をするフランチャイズであれば、初期投資額が5000万円程度になる。ところが、契約期間が3年であったりして、更新問題や競業避止義務問題が起きる。

また、コンビニでも10年の契約にもかかわらず15年の返済期間を設定するなどして、日販が低い場合は再契約しなければ初期投資を回収できない仕組みになっている。

(8) 本部の一方的更新拒絶ないし新たな合意による契約継続のみ認める条項

更新が本部の恣意的な選択により行われる危険がある。契約文言上は加盟店には止める選択しかない。

第3 法的規制について

1 開示規制

中小小売商業振興法第11条が、フランチャイズ契約につき開示すべき事項や開示することが望ましい事項を定めている。

また、独占禁止法は、公正取引委員会が「フランチャイズ・システムに関する独占禁止法上の考え方について」（平成14年4月24日公表、平成22年1月1日改正、いわゆる「フランチャイズ・ガイドライン」）を作成しており、本部の勧誘が欺瞞的顧客勧誘となるかは、「重要な事項について、十分な開示を行わず、又は虚偽若しくは誇大な開示を行い、加盟者募集に係る本部の取引方法が、実際のものよりも著しく優良又は有利であると誤認させ、競争者の顧客を不当に誘引するものであるかどうか」で判断するとしている。

しかし、実際の裁判においては、信義則上生じる情報提供義務の違反の有無を争点とし、債務不履行ないしは不法行為に基づく損害賠償請求権の存否が争われることになり、実質的規範として機能するのは民法の一般原則しかないのが現状である。

2 関係規制

上記フランチャイズ・ガイドラインでは、「フランチャイズ契約又は本部の行為が、フランチャイズ・システムによる営業を的確に実施する限度を超え、加盟者に対して正常な商慣習に照らして不当に不利益を与える場合」には、優越的地位の濫用（独占禁止法第2条第9項第5号）に、また「加盟者を不当に拘束するものである場合」は抱き合わせ販売等・拘束条件付き取引となるとされている。

3 諸外国の法令による規制の在り方

フランチャイズ発祥の地である米国ではFTC規則（1979年）があり、開示項目の定め、開示

時期、売上・収入・利益の見込み情報に関する取扱、契約書等の写しを契約の5日以上前に交付する義務などが定められている。また米国の各州によっても規則があり、カリフォルニア州、アイオワ州など独自に規制をしているが、徹底した情報開示を定めている。

ヨーロッパでは、UNIDROIT（私法統一国際協会）モデルがあり、開示書類の交付義務（14日以上前）、開示事項の定め、開示交付義務違反、重要事実の不実表示又は表示の欠缺の場合の解約権（解約権は1年以内の行使）などの規制がある。

アジアでは、韓国にもFC規制法があり、米国と同様、開示規制が主である。

オーストラリアでは徹底した開示規制とともに、スモールビジネスに対する約款法があり、不公正と定められた契約条項が無効となる。

第4　論点ごとの考え方と判例

1　本部の経営ノウハウや経営指導能力が欠如し詐欺的勧誘があった場合

会社の上場のために加盟店を増やそうとして不適切な立地診断をしたり、専門的な経営指導を行う能力もないのに経営指導ができると説明しこれを誤信させて契約させるなど詐欺的勧誘をしたとして、加盟金返還請求を認めた例（フジオフード・ベンチャー・リンクまいどおおきに食堂集団訴訟事件判決（東京高判平成21年12月25日、平成21年(ネ)第1043号損害賠償本訴請求、各損害賠償反訴請求控訴事件））がある。

経営指導義務違反による損害は、民事訴訟法第248条により、1店舗あたり1月2万円とした。詐欺的勧誘を立証できるときは加盟店勝訴の判例がある。

2　売上予測に関して情報提供義務違反があった場合

(1)　売上予測が実際と乖離して損害が発生した場合に記載すべきフランチャイズ契約紛争の不法行為の要件事実

若柳善朗創価大学法科大学院教授・弁護士によれば以下のとおりである（山浦善樹編「民事要件事実講座5、企業活動と要件事実」（青林書院）の145p以下）。

①　権利又は法律上の保護利益の存在　フランチャイジーの財産の総体
②　①に対する加害行為
　　フランチャイザーによる売上・収益予測が外れたこと
③　②についての故意又は過失
　　「できる限り客観的かつ正確な情報を提供する義務」の存在とフランチャイザーの提供した売上・収益予測に合理性のなかったことという義務違反の事実
④　損害の発生とその数学
⑤　②と④との因果関係

(2)　主張における要件事実の指摘の重要性

不法行為の要件事実を指摘することは重要である。フランチャイズ訴訟は、加盟店側の不満が大量にあり、あらゆる不公正な取引の事実を全て俎上に乗せると裁判所は焦点を定めることができなくなる。従って、最も重要かつ不満の根源である構成にして要件事実を明確に主張すべきである。

(3) 参考となる裁判例

ア 福岡ポプラ事件（平成18年1月31日判決（福岡高等裁判所平成16年㈱第205号損害賠償（本訴）、求償金等（反訴）請求控訴事件））

福岡高裁は、「契約締結に向けた準備段階において、フランチャイザーは、出店予定者に対し、フランチャイズ契約を締結してフランチャイジーになるかどうかの判断材料たる情報（その核心部分は、対象店の売上や収益の予測に関するものである）を、適時に、適切に提供すべき義務があり、また、当然のことながら、その情報はできる限り正確なものでなければならないというべきである」と述べ、売上や収益予測に関する情報の「適時適切提供義務」を認め、出来る限り正確なものでなければならないとして、情報提供義務を拡大した。

そして、「フランチャイジーになろうとする者（出店予定者）は、フランチャイザーが提供した情報について、自ら検討した上で、自らの判断と責任においてフランチャイズ契約を締結していると解すべきであるから、フランチャイザーは、その提供した情報が虚偽である等、フランチャイジーになろうとする者の契約締結に関する判断を誤らせるおそれの大きいものである場合に限って、信義則上の義務違反として、フランチャイジーがこうむった損害を賠償する責任を負うと解すべきである」とした原審の判断について「実質的にはほとんど意味のないものに堕しかねない」と批判した。

イ シェーン英会話教室損害賠償請求事件（東京地裁平成21年3月3日判決、平18㈱26015号損害賠償請求事件）

売上予測の手法に客観性がないとして、信義則上の情報提供義務違反を認めたうえで、過失相殺5割として損害賠償請求を認めた。その判断手法は立地診断及び売上予測・収益予測の細かな内容に及び参考になる。

3 契約継続中における指導援助義務とその違反（ロイヤリティ支払拒絶の可否）

(1) 経営指導義務の内容

具体的な指導義務は、週1回臨店するなどと事前説明があるとか、マニュアルの交付などの外形的な事項については、比較的認定されやすい。

しかし、実際には加盟店側には利益を上げるための効果のある指導がされなかったという不満が多く、その場合には効果のある指導とは何かを特定しなければ義務の内容を主張したことにならないところに、主張の困難性がある。

前出のまいどおおきに食堂東京高裁判決では、専門性あるSV（経営指導員）による経営指導が義務になっていたことを認定した上で、そのSVの育成が行われず低レベル指導しかしていなかったとして経営指導義務違反を認めた。

(2) ロイヤルティの支払拒絶の可否

ロイヤルティは経営ノウハウの提供の対価である。

しかし、経営ノウハウの提供には、商標・屋号の使用、仕入システムなどの使用なども含まれているので、指導援助義務の対価に相応する部分がいくらになるのかを確定することが困難である。

ロイヤルティの支払請求訴訟を提起された場合、ロイヤルティ支払義務の履行期は契約で定められていたとしても、同時履行の抗弁の主張ができる（東京地裁平成22年7月29日判決　ピタットハウスロイヤリティー等請求事件）。

信義則上抗弁を認め、ロイヤリティの支払義務を否定した例がある。（静岡地裁浜松支部平成20年10月27日判決、平成17年(ワ)第459号契約金等請求事件）。

4　契約終了（解約・撤退・契約更新）をめぐる問題

(1) 解除と高額な損害賠償の予定

加盟店が債務不履行で解除された場合、高額な損害賠償額の予定が問題となるが、営業権及び商品代金の合計額の4倍以上になるロイヤルティ120カ月分の損害賠償金は、著しく不公正だとして、公序良俗違反を理由に適正な損害賠償額を超える部分については無効として、違約金の定めの一部30か月分のみを有効とした例がある（東京地判平成6年1月12日判時1524号56頁〔ニコマート事件〕）。

また、契約上は3400万円強の約定損害金の請求権があるともいえるが、解約に至る経過を踏まえて、信義則上、違約金請求ができないとした判例もある（東京地判平成18年2月8日判決、「サンクス印西運動公園店事件」平成15年(ワ)第82号解約金等請求本訴事件、同105125号反訴事件）

(2) 中途解約条項及び違約金の定め

高額な違約金条項が公序良俗違反となった例として、解約時に一律800万円と定められた解約一時金のうち30万円の限度で有効とした例がある（浦和地判平成6年4月28日判タ875号137頁〔日本さわやかグループ事件〕）。

サンクス東埼玉事件（平成19年2月14日判決、さいたま地裁平成17年(ワ)第769号　解約金等請求事件）は、コンビニ開店後5年を超えた場合は、本部は投下資本を回収しているので、加盟店が赤字の場合に本部が解約違約金を請求することは憲法22条に定められた営業の自由や経済活動の自由（一定の継続的契約からの離脱を含む）に反し公序良俗違反となると判示して、違約金条項を無効と判断した。

(3) 合意解約をする場合の留意点

合意解約の場合には、加盟店が解約違約金を支払わないことが多い。その場合も、店舗買取価格の決定（契約に定めがある場合もある）、原状回復に伴う費用の範囲や在庫の買取価格、本部の連絡ミスによる1ヶ月分の使用料の発生など、様々な価格・費用の交渉が必要となる。保証金を入れている場合の返還額・時期についても確認が必要である。

内装設備・備品などは、期間中の減価償却後の価格で本部が買い取る場合もある。

リース契約については、本部が引き取る場合にリース会社の同意が必要である。

(4) 競業避止義務の問題

　競業避止義務の規定がない場合は問題ないが、競業避止義務が規定されている場合は、過度に規制しており条項が無効とならないか、主体、事業内容など競業となる要件、競業した場合の損害の有無などを検討する必要があるが、競業避止義務の規定を公序良俗に反し無効とした判例もある（東京地判平成21年3月9日「ジェイテック事件」（平成18年(ワ)第24341号、平成19年(ワ)第19360)）。

(5) 加盟店が契約を更新したいが更新拒絶された場合

　まず、更新規定の書きぶりを確認する。契約書に自動更新と記載されているか、新たに契約すると記載されているかで更新の期待度に差があると判断されることがある。

　更新拒絶については、自動更新規定の設けられているフランチャイズ契約のみならず文言上契約期間が定められていたとしても、その継続期間が満了した場合、更新拒絶の意思表示を行うのに際して、信義則上やむを得ない事由がなければ契約の更新を拒絶することはできないと解する判例がある（東京地判平成22年5月11日平成20年(ワ)第36892号「ほっかほっか亭総本部対プレナス損害賠償請求事件」）。

5　損害論

　フランチャイズ訴訟は、多くの場合、契約締結時の情報提供義務違反による損害賠償請求となるが、信頼利益ではなく、履行利益も含めて相当因果関係の範囲であれば認容されている。

　通常請求する損害は、加盟金、保証金、開業準備金、店舗賃貸費用（賃料、敷金・保証金、仲介手数料、礼金）、内装工事費、什器・備品代、広告費等の初期投資額である。

　そのほか、ロイヤリティ、開店後の赤字、契約しなければ退職せず就労で得られていたであろう賃金なども請求している。営業費用などは、認められても1年間分程度が多い。

第5　加盟店から法律相談を受ける場合の若干の留意点

1　契約前の相談

　業界の実態を知らせるとともに、冷静に客単価と客数を計算する。

　初期投資の回収年数を計算して、過大な初期投資でないか確認する。当該立地での通行量や視認性、競合店の状況を自分で調べるように助言する。契約書を見ながら契約内容を説明する。

2　契約後の相談

　契約前の説明とどこが違うか確認する。納得できない場合、経営していても赤字が拡大する場合は、撤退を考える。この場合も、契約条項を見ながらリスクを検討し、加盟店が納得のいく方向性で法的主張が可能かを検討する。

第6　参考文献（文中他）

商業界「フランチャイズハンドブック」社団法人フランチャイズチェーン協会編

有斐閣「フランチャイズ契約論」小塚荘一郎著

商事法務研究会「フランチャイズシステムの法理論」川越憲治著

青林書院「フランチャイズ契約の法律相談」西口元、木村久也、奈良輝久、清水建成編

花伝社「コンビニの光と影」本間重紀編

第3編　各論

索　引

索引

全訂版あとがき

　今回の改訂版は、328ページに亘る全面改訂版というべきもので、当消費者問題対策委員会の
ここ10年の活動の、総決算といえる本になった。今回、この「あとがき」を書けることを非常に
嬉しく思っている。

　もっとも本書で特筆すべきは、分量でなく、その内容である。前回の四訂版を構成から見直
し、全面的に分かり易くしたほか、第7章の公益通報に関する相談については、当委員会の公益
通報部会の委員が一から書き下ろした。当然、消費者契約法、特定商取引法、割賦販売法、金融
商品取引法、商品先物取引法等の法改正に対応していることに加え、2020年から施行される民法
改正の内容にも配慮している。消費者問題の法律相談に関する専門書は他にもあろうが、金融・
住宅・インターネット・医療等から、宗教・フランチャイズ・公益通報等の関連分野に至るまで
全てをカバーした書籍は、本書以外に存在しないだろうと自負している。正に、この一冊があれ
ば足りるという内容になっているので、是非、お手に取って頂きたい。

　本書の作成に当たっては、次ページに掲載した各執筆担当者全員の協力があったのは間違いな
いが、特に、膨大な時間を費やして編集作業を行われた篠島正幸弁護士の尽力がなければ、本書
を発刊することはできなかった。この場を借りて、全執筆者を代表し、深く感謝の意を表した
い。

　なお、全面改訂とはいえ、本書は旧版の上に成り立つものである。四訂版の執筆・編集担当者
は五十嵐潤、石岡良子、石田拡時、猪久保博成、今井多恵子、上床竜司、大橋正典、小川典子、
亀山訓子、北畑有梨、紀藤正樹、木村壮、坂勇一郎、佐藤淳、佐藤和樹、島幸明、瀬川宏貴、曽
我部高志、髙木薫、高橋康夫、田上潤、武井一樹、田畠宏一、富田裕、中川佳代子、中野和子、
中村聡、中村新造、中村美智子、花垣存彦、福田隆行、藤田城治、牧戸美佳、松尾文彦、宮内
宏、吉田大輔である。本書の執筆者は次頁に掲載した。

　本書が、消費者問題の紛争処理に携わる、一人でも多くの方々の元に届くよう願い、改訂版の
あとがきとする。

2020年2月
第二東京弁護士会消費者問題対策委員会
委員長　島　幸明

全訂版執筆担当者

（五十音順。いずれも弁護士（執筆時））

井田　光俊	今井多恵子	上床　竜司	永　　滋康	江川　　剛	大窪　和久
大沼　卓朗	大橋　正典	加藤　慎之	金田　万作	川井　康雄	坂　勇一郎
榊山　彩子	坂根　響子	酒迎　明洋	篠島　正幸	島　　幸明	庄野　　信
白井　晶子	関口　公雄	髙木　　薫	高根　和也	高橋　宣人	田上　　潤
武谷　　元	田中　雅大	東角　祐磨	富田　　裕	中川佳代子	福岡充希子
藤田　　宏	藤田　　裕	増村　圭一	松尾　文彦	御船　　剛	宮内　　宏

編集担当者
篠島　正幸

消費者問題法律相談
ガイドブック
〔全訂版〕

2020年3月1日全訂版第一刷

編　集　第二東京弁護士会消費者問題対策委員会

発　行　第二東京弁護士会

　　　　東京都千代田区霞が関1―1―3

　　　　弁護士会館9階

　　　　電話　03（3581）2255（代）

　　　　http://niben.jp/

発　売　株式会社　大学図書

印　刷　名鉄局印刷株式会社